Beat Imhof

Wohin unsere letzte Reise geht

Beat Imhof

Wohin unsere letzte Reise geht

Die Rückkehr in die jenseitige Heimat

Aquamarin Verlag

Deutsche Originalausgabe:
1. Auflage 2018

Voglherd 1
85567 Grafing
www.aquamarin-verlag.de

Umschlaggestaltung: Annette Wagner

Druck: CPI • Birkach

ISBN 978-3-89427-806-9

Wer weiß,
ob das Leben nur ein Sterben ist,
das Sterben aber Leben.

Euripides

Inhalt

Leitgedanken

Sterben ist das Auslöschen der Lampe bei Sonnenaufgang,
nicht das Auslöschen der Sonne.

Rabindranath Tagore, Philosoph

Der Tod ist nur das Anhalten auf der Station
während der Reise zur Quelle des Lebens.

Franz Hartmann, Schriftsteller

Wenn man der Sache auf den Grund geht, ist unsere Vorstellung
vom Tode die Antwort auf alle Fragen des Lebens.

Dag Hammerskjöld, UNO-Generalsekretär

Man stirbt, wie man lebt. Das Sterben gehört zum Leben
und nicht zum Tod.

Ludwig Marcuse, Philosoph

Es gibt für den Menschen keine Freiheit, solange seine Angst
vor dem Tod nicht überwunden ist.

Albert Einstein, Physiker

Du lebst vom Tod so, wie vom Menschen her,
und wenn der Tod stirbt, gibt es kein Sterben mehr.

William Shakespeare, Schauspieldichter

Wir sterben viele Tode, solange wir leben,
der letzte ist nicht der bitterste.

Heinrich Wigger, Schriftsteller

Niemand kennt den Tod, es weiß auch keiner,
ob er nicht das größte Geschenk für den Menschen ist.
Dennoch wird er gefürchtet, als wäre es gewiss,
dass er das schlimmste aller Übel sei.

SOKRATES

Im Tod geht eine Türe auf, nicht zu.

WILLIGIS JÄGER, THEOLOGE

Indes wir hienieden um ihn trauern, ist darüber Freude,
dass der Mensch zu ihrer Welt geboren wurde,
so wie wir Erdenbürger die Unsrigen mit Freude empfangen.
Wenn ich einst ihnen folgen werde,
wird für mich nur Freude sein, denn die Trauer
bleibt in der Sphäre zurück, die ich verlasse.

JOHANN GOTTLIEB FICHTE

Vorwort

Wir sitzen alle im gleichen Zug
und reisen quer durch die Zeit.
Wir sehen hinaus. Wir sahen genug.
Wir fahren alle im gleichen Zug
Und keiner weiß, wie weit.
ERICH KÄSTNER

Anlässlich eines Vortrags in einem Rotary Club fragte ich meine Zuhörer: „Wohin führt unsere Reise nach dem Tod?" Ein Zuhörer meinte: „Niemand weiß es." Ein anderer antwortete: „Ins Nichts, denn mit dem Tod ist alles aus." Ein dritter wagte kühn zu behaupten: „Es ist noch keiner zurückgekommen." Wer so spricht, der beweist damit lediglich, dass er nicht informiert ist. Bei der nachfolgenden Aussprache erzählte der Oberarzt eines Krankenhauses, eine schwer kranke Patientin habe ihn gefragt: „Wohin gehe ich, wenn ich gestorben bin?" Da er in arge Verlegenheit geraten sei, habe er den Chefarzt gerufen. Doch dieser hielt sich für dieses Problem nicht für zuständig. Auch die anwesende Stationsschwester war um eine Antwort verlegen. So ließ man die Oberschwester kommen, eine Ordensfrau. Doch außer einiger frommer Bibelsprüche wusste auch diese wenig zu sagen.

Es ist erstaunlich, wie wenige Menschen sich ernsthaft darum bemühen zu erfahren, was auf sie zukommen wird, wenn ihre letzte Stunde geschlagen hat. Nicht wenige verdrängen diesen Gedanken, weil er bei ihnen aufgrund falscher Vorstellungen nur Angst und Schrecken hervorrufen würde. Andere sagen sich: „Lassen wir uns überraschen" – als ginge es dabei um eine „Fahrt ins Blaue".

Im irdischen Leben befinden wir Menschen uns wie auf einer Reise. Wir sind hier auf der Durchreise als Passanten und Asylanten mit beschränkter Aufenthaltsbewilligung. Eine langfristige Bleibe ist uns nicht gewährt.

Wer je die Absicht hat, in ein fremdes Land auszuwandern, der wird sich zuerst erkundigen müssen, wohin seine Reise geht, welche Verhältnisse er antreffen wird und wie die Lebensbedingungen sind, die sich ihm dort bieten werden. Wenn es aber um jenes Land geht, in das wir eines Tages mit Sicherheit auswandern werden, nämlich am Ende unseres irdischen Daseins, da bleibt so mancher Mensch im Ungewissen und Unklaren und hat keine Ahnung, wohin seine letzte Reise geht.

Wenn wir in der Zeit zurückblicken, sehen wir zahlreiche Menschen nicht mehr unter uns, die wir früher gekannt habe. Es liegt eine gewisse Wehmut im Gesang des Komponisten *Peter Gripekoven* (1870-1929), wenn betagte Menschen singen: „Die alten Straßen noch, die alten Häuser noch, die alten Freunde aber sind nicht mehr.“ Wohin sind sie entschwunden? Wenn wir in die nächsten hundert Jahre vorausblicken, stellen wir fest, dass jene, die dann unsere Erde bewohnen werden, jetzt noch nicht hier sind. Woher werden sie kommen? Unser Erdendasein besteht in einem fortwährenden Entstehen und Vergehen. Allerdings kommen wir nicht aus dem Nichts und verschwinden auch nicht ins Nichts. Im Gegenteil: Wir haben eine große Vergangenheit hinter uns und eine noch größere Zukunft vor uns jenseits von Geburt und Tod. Mit *Goethe* können wir sagen: „Es ist eine Ferne, die war, von der wir kommen. Es ist eine Ferne, die sein wird, zu der wir gehen.“ Der amerikanische Neurochirurg *Eben Alexander* ist aufgrund seines Nahtod-Erlebnisses zur Gewissheit gelangt: „Wir kommen von woanders her, und es ist uns bestimmt, dorthin zurückzukehren.“ (1) Unsere menschliche Existenz kennt sowohl ein Vorher als auch ein Nachher, das weit über das jetzige Dasein hinausragt.

Es ist tragisch zu sehen, wie nichtsahnend und unwissend sehr viele Menschen ihre letzte Reise unvorbereitet antreten. Kein vernünftiger Mensch unternimmt eine weite Reise, ohne sich rechtzeitig darauf einzustellen. Doch wenn es darum geht, für immer den bisherigen Lebensbereich zu verlassen und in ein fernes, fremdes Land auszuwandern, brechen die meisten ahnungslos und ziellos ins Unbekannte auf, weil sie sich lebenslang nur mit diesseitigen Dingen beschäftigt haben, als würden sie für ewig hier sein. So singen sie unbeschwert das Lied von *Nico Dostal* (1895-1981) „Es wird in hundert Jahren wieder so ein Frühling sein" und bedenken nicht, wie kurz unser Leben bemessen ist. Hinzu kommt, dass viele Menschen völlig falsche Vorstellungen darüber haben, was allenfalls nach dem Tode folgt und wie das Leben danach weitergehen könnte. Gefangen in veralteten Lehren, irrtümlichen Ansichten und falschen Vorstellungen leben sie wie in einem geistigen Vakuum dahin, das ihnen weder Trost noch Hoffnung bieten kann, nicht im Leben und nicht im Sterben.

Wer eine große Reise vor sich hat, der sollte sich sorgfältig darauf vorbereiten. Anhand einer Check-Liste wird er überlegen müssen, was er als Reisegepäck mitnehmen will und was er zurücklassen kann, um sich nicht unnötig zu belasten. So ist es auch vor unserer Abreise aus dieser Welt. Von allem Vergänglichem müssen wir uns verabschieden. An der Werkstattwand einer Autogarage las ich folgenden Spruch:

Es ist alles nur geliehen
hier auf dieser schönen Welt,
es ist alles nur geliehen
aller Reichtum, alles Geld.
Es ist alles nur geliehen,
jede Stunde voller Glück,
musst du eines Tages gehen,
lässt du alles hier zurück.

Je mehr und je früher wir uns darauf einstellen, umso leichter wird es gelingen, uns möglichst wenig unnützen Ballast aufzubürden. Entscheidend ist, sich zu überlegen, was wir auf unsere letzte Reise mitnehmen wollen. Dies hängt davon ab, was wir am neuen Ankunftsort benötigen und als unentbehrlich gebrauchen können. So manches, was uns im Leben wichtig schien, zählt nun nicht mehr, weil die Währung und Wertung eine andere sein wird. Wenn wir dann nicht mit leeren Händen dastehen wollen, müssen wir unser Jenseitskonto rechtzeitig mit gültigen Werten dotieren.

Wie bei jeder langen Reise müssen wir gelegentlich umsteigen, um das Fahrzeug zu wechseln, damit wir weiterkommen. Die gegenwärtige Reise-Etappe mag kurz oder lang sein, stets ist sie nur ein kleinerer oder größerer Abschnitt auf dem langen Weg durch mehrere Erdenleben. Wesentlich dabei bleibt, dass wir unseren vorgesehenen Fahrplan einhalten und stets unser Endziel im Auge behalten.

Der Tod gehört zum Leben, genauso wie die eine Seite einer Medaille ohne die andere nicht denkbar ist. Man kann nicht die eine bejahen und die andere zugleich verneinen. Wir leben erst dann ganzheitlich, wenn wir den Tod als Teil des Lebens in unser menschliches Dasein einbeziehen. Die Erfahrung zeigt, dass Menschen, die sich ihrer Sterblichkeit bewusst sind, viel sinnvoller und nachhaltiger leben als jene, die diese nicht wahrhaben wollen.

Wie unsere irdische Reise mit dem Tod nicht zu Ende geht, sondern ihre Fortsetzung in einer jenseitigen Welt findet, soll im vorliegenden Buch ausführlich behandelt werden. Es will der Leserin, dem Leser als eine Art Reiseführer in die Hand gegeben sein, damit die Einsichtigen sich darauf vorbereiten können, um nicht eines Tages als „blinde Passagiere“ irgendwelchen dämonischen Schlepperbanden in die Fänge zu geraten und durch sie in die Irre geführt zu werden. Auch möge es jene als Trostbuch begleiten, die sich vor dem Sterben fürchten und vor dem ängstigen, was danach folgt. Wer aber darüber Bescheid weiß, der wird mit Zuversicht und Gelassenheit den Tag erwarten, an dem seine Abreise fällig wird, die ihn von dieser Welt trennt, um ihm neue Daseinsmöglichkeiten in einer anderen Welt zu eröffnen. Der indische Weise *Mahatma Gandhi* (1869-1948) sah dies so:

Ein Seher hat uns Wanderer genannt.
Und das ist wahr.
Wir sind nur wenige Tage hier
und dann sterben wir nicht,
sondern gehen nur nach Hause.
Welch schöner Gedanke!

Einleitung

Niemand weiß, was der Tod ist, nicht einmal,
ob der Tod nicht für den Menschen das größte
ist unter allen Gütern.
PLATON

Als es *Ramana Maharshi* (1879-1950) in jungen Jahren zum ersten Mal bewusst wurde, dass er eines Tages sterben werde, fragte er sich: „Wenn ich sterbe, was stirbt dann in mir oder an mir?" Nach längerem Nachdenken kam er zur Einsicht: „Ich bin eigentlich ein todloses Wesen. Was an mir stirbt, ist nicht mein Ich, sondern nur meine äußere Körperhülle, die mir vorübergehend geliehen ist. Also bin ich nicht wirklich mein Körper, sondern etwas, das der Tod nicht berühren kann." Als in den späteren Jahren Tausende von Menschen den „Weisen vom Berge Arunachala" aufsuchten, stellte er jeden vor die Frage: „Wer bist du eigentlich? Wer bist du wirklich?" (1) Was am Menschen sterblich und vergänglich ist, das ist sein äußeres Aussehen und sein zeitliches Ansehen. Was jedoch überlebt und erhalten bleibt, das ist sein geistiges Wesen. Von seiner irdischen Abkunft her ist der Mensch dem Tod geweiht. Von seiner geistigen Herkunft her aber ist er ein Wesen unvergänglicher Natur.

Der Tod ist nicht etwas Endgültiges, sondern nur etwas Vorübergehendes. Er ist nicht das Ende, sondern die Wende; nicht ein Untergang, sondern ein Übergang; nicht ein Abbruch, sondern ein Aufbruch. Der

Tod ist nicht das Finale des Lebens, sondern das Signal für einen neuen Seinszustand.

„Man lebt erst dann wirklich, wenn man diese Realität akzeptiert hat“, heißt es im Buch „Gelebtes Sterben“ von *Jane Wheelwright.*

Jene, die den Menschen vereinfacht nur als eine Zweiheit von Körper und Seele bezeichnen, halten den Körper für sterblich, die Seele aber für unsterblich. Sobald es aber darum geht zu beschreiben, was die Seele eigentlich ist, stellt sich meistens eine heillose Begriffsverwirrung ein, so etwa bei den Fragen: Haben Tiere und Pflanzen auch eine Seele? Hat die Seele ihren Sitz im Gehirn? Überlebt die Seele den Tod? Bei den gegebenen Antworten fällt einem auf, dass die Naturwissenschaften unter der Seele etwas völlig anderes verstehen als die Geisteswissenschaften.

Die Biologen bezeichnen die Seele als jene Energie, die macht, dass etwas lebt. Daher spricht sie von Lebensenergie. Die Psychologie versteht unter Seele das „Psychische“ und meint damit die Summe aller bewussten und unbewussten Seelentätigkeiten des Menschen. (2) Dem gegenüber setzt die Philosophie die Seele mit dem menschlichen Erkenntnisvermögen gleich und spricht von Vernunftseele. (3) Die Theologie bringt die Seele mit dem Geistprinzip des Menschen in Übereinstimmung. Für sie ist die Menschenseele ein „Gottesfunken“, eine von Gott geschaffene geistige Wesenheit, die unsterblich ist. Aus dieser Sicht lebt die Seele nach dem Tod weiter und setzt ihre Reise in höheren Sphären fort. (4) In der Parapsychologie gilt die Seele zunächst als etwas Feinstoffliches im Gegensatz zum grobstofflichen Körper. Sie wird mit etwas Leichtem, Luftigem und Hauchartigem verglichen. Daher ist sie in früheren Zeiten für etwas Hauchartiges (gr. *psyché*: Atem, Hauch) gehalten worden, das im Moment des Todes ausgehaucht wird. Im Altertum wurde die Seele oft als Schmetterling oder als leichter Vogel dargestellt in der Annahme, dass die Seele, ähnlich wie die Bewohner der Lüfte, der Erdenschwere zu entfliehen vermag, so im Traum und im Tod. (5)

Dieser „Seelenvogel“ wurde von den Steinzeitmenschen bereits vor 15.000 Jahren in den prähistorischen Höhlenmalereien von Lascoux in der französischen Dordogne dargestellt. Im alten Ägypten wurde die Seele der Verstorbenen auf der Innenseite der Sarkophage und an den Wänden der Grabkammern im „Tal der Könige" ebenso als Vogel mit ausgebreiteten Flügeln und einem Menschengesicht gemalt. (6) Der mittelalterliche Maler *Hieronymus Bosch* (um 1450-1516) sah in seinen visionären Jenseitsbildern die Seelen der Verstorbenen, wie sie von Flügeln getragen zum Himmel aufsteigen. Auch im Bilderzyklus „Die Seelenreise" des Malers *Louis Janmot* (1814-1892) fliegen die Seelen nach dem Tod als beflügelte Wesen ins Jenseits. In alten Bauernhäusern wurde früher in der Wohnstube ein „Seelenfenster" angebracht, durch das die Seele eines Verstorbenen ins Jenseits entfliehen konnte. Dieses ähnelt dem „Seelenloch", das in vorgeschichtlicher Zeit in Steinkammern und Steinkisten, in denen die Toten beigesetzt wurden, den Seelen der Verstorbenen ermöglichen sollte, den Ausgang ins Jenseits zu finden.

Schließlich gibt es auch jene, die nichts von einer eigenständigen Seele wissen wollen. Sie betreiben Psychologie ohne Seele. Zu diesen zählt der englische Hirnforscher *Josef Campbell,* der in seinem Buch „Der Irrtum mit der Seele" sich ereiferte: „Alle reden von der Seele, um das Wundertier Mensch über seine Mittiere zu erheben. Doch die Seele, die gibt es nicht, weil der Mensch sie nicht braucht. Alles, was wir seelische Regungen nennen, sind nichts anderes als elektrische Erzeugnisse im Gehirn." (7) Aus dieser Sicht wäre auch die Liebe zweier Menschen nichts weiter als ein physikalischer Kontakt, der zu einer chemischen Reaktion führt. Wer seelische Reaktionen auf reine Hirntätigkeiten beschränkt, der wird dem Psychiatrieprofessor *Daniel Hell* von der Universität Zürich zustimmen, der meint: „Auch wem es in Zukunft gelingen dürfte, mit immer besseren Techniken immer feinere Gehirnvorgänge sichtbar zu machen, wird keine Seele finden." (8) Allerdings gibt er zu, dass wir Menschen mehr sind, als unser Gehirn vermuten lässt.

Um bei dem so oft missverstandenen und verwirrenden Begriff *Seele* Klarheit zu schaffen, ist es notwendig, zwischen Seele und Geist zu unterscheiden. Bereits die alten Ägypter haben die belebende Seele „Ma" von der geistigen Seele „Ka" abgegrenzt. In der hebräischen Sprache der Bibel bedeutet das Wort „nefesch" der Lebenshauch oder die Lebenskraft. Dagegen meint das Wort „ruach" den Geist des Menschen. *Platon* (427-347 v. Chr.) machte beim Menschen einen begrifflichen Unterschied zwischen der sterblichen Seele (*psyché*) und dem unsterblichen Geist (*nous*). Sein Schüler *Aristoteles* (384-322/21 v. Chr.) jedoch sprach die reine Geistigkeit nur der ewigen Gottheit zu und erklärte den Menschen als eine untrennbare Zweiheit von Körper und Seele. Beide gehörten für ihn untrennbar zusammen und ergänzten sich als das formende und geformte Prinzip, ähnlich wie die gedachte Form einer Vase zu deren gewordener Gestalt.

Die heutige Verwirrung um die beiden Begriffe Seele und Geist setzte im Abendland ein, als *Thomas von Aquin* (um 1225-1274) das aristotelische Menschenbild in die von der christlichen Lehrautorität anerkannte scholastische Philosophie übertrug. Er nahm an, „im menschlichen Embryo sei in der ersten Zeit seiner Entwicklung nicht eine geistige, sondern nur eine vegetative Seele wirksam, die von den Eltern gezeugt wird. An deren Stelle trete später eine Seelenkraft, die zugleich sensitiv und vegetativ tätig sei. Erst ab dem Zeitpunkt, da sich während der Schwangerschaft der kindliche Organismus entsprechend entwickelt hat, werde diese Lebenskraft von Gott in die unsterbliche Geistseele umgewandelt." (9) Daher gehören seiner Meinung nach Körper und Seele wesenhaft und untrennbar zusammen.

Im Mittelalter nahm *René Descartes* (1596-1650), der Begründer der modernen Philosophie, eine Zweiteilung in der Natur vor, indem er die ausgedehnten Dinge (*res extensa*) von den denkenden Dingen (*res cogitans*) trennte. Zu letzteren zählte er nur den Menschen. Alles andere, auch Pflanzen und Tiere, galten für ihn als seelenlose Dinge mit reinem Sachwert. Dies führte zu der verhängnisvollen Annahme, der leider auch die christlichen Kirchen beipflichteten, dass Pflanzen und Tiere kein Lebensrecht in juristischem Sinne haben. (10)

Die Lehre von der Leib-Seele-Einheit wird bis in unsere Zeit von namhaften christlichen Theologen vertreten. So lehrte *Norbert Luyten*, „dass man die Geistseele nie als ein vom Körper getrenntes Wesen sehen darf". (11) *Wolfhart Pannenberg* behauptete, dass es im Menschen keine vom Leib untrennbare selbstständige Seele geben könne. (12) Diese Annahme führt zu der verfehlten Vorstellung, dass mit dem Tod des Körpers auch die Seele stirbt. In unserer Zeit ergab sich daraus die irrige Ganztod-Theologie, wie sie vor allem von den bibeltreuen Theologen *Brunner, Althaus* und *Cullmann* verteidigt wurde. Danach sollen Körper und Seele des Menschen erst am Jüngsten Tag zu neuem

Leben auferweckt werden. Daher nannte *Oscar Cullman* den Glauben an das unmittelbare Weiterleben der Seele nach dem Tod „eines der größten Missverständnisse des Christentums". (13) Wen wundert es da noch, dass heute bei den widersprüchlichen theologischen Lehrmeinungen auf die Frage, was nach dem Tode komme, viele Menschen ratlos und sprachlos werden.

Aufgrund der heute zahlreich mitgeteilten Nahtod-Erlebnisse und außerkörperlichen Erfahrungen drängt sich uns ein neues Menschenbild auf, welches die bisherige Verwirrung um den Begriff „Seele" beseitigen kann. Dieses verlangt, dass klar zwischen der Vitalseele und der Geistseele unterschieden wird. Die *Vitalseele* ist die Lebensenergie, die allem Lebendigen eigen ist. Sie ermöglicht es den Pflanzen, den Tieren und den Menschen zu leben und zu überleben. Nach dem Gesetz von der Erhaltung der Energie wird sie nicht jedes Mal neu geschaffen und wird auch nicht bei jedem Tod zerstört. Sie wird immer nur umgewandelt, indem sie auf dem Weg der Vererbung von Generation zu Generation weitergetragen und durch lebendige Nahrungszufuhr erhalten wird. Der biologische Entwicklungsweg des menschlichen Körpers reicht, wie die moderne Evolutionslehre beweist, tief ins Pflanzen- und Tierreich zurück. Diesem verdanken wir unsere körperliche Existenz gemäß dem *Goethe*-Wort: „Da regst du dich nach ewigen Normen / über tausend, abertausend Formen / und bis zum Menschen hast du Zeit." Dem gegenüber ist unter der *Geistseele* ein eigenständiges Wesen zu verstehen, das geistigen Ursprungs ist und deshalb den Tod des sterblichen Körpers überlebt.

Wie bedeutsam die Unterscheidung zwischen Vitalseele und Geistseele ist, zeigt sich eindrucksvoll bei siamesischen Zwillingen. Diese Bezeichnung bezieht sich auf die beiden Zwillingsbrüder *Chung* und *Bung* aus Siam, dem heutigen Thailand, die an ihren Lenden zusammengewachsen waren. Solches kann geschehen, wenn bei eineiigen Zwillingsschwangerschaften die beiden Embryos sich nicht vollständig getrennt entwickeln können, sondern an gewissen Körperstellen miteinander verwachsen bleiben. In solchen Fällen strömt die lebenserhaltende Kraft der Vitalseele gleichzeitig und gleichsinnig durch beide Körper des Geschwisterpaares. Ihre Geistseelen aber sind voneinander unabhängig. Wenn nun der eine Zwilling einer tödlichen

Krankheit erliegt, wird der andere unrettbar in Mitleidenschaft gezogen und stirbt ebenso. Dagegen können ihre Geistseelen unabhängig voneinander ihre getrennten Wege weitergehen.

Die Geistseele stammt aus der geistigen Welt, steigt zur Menschwerdung im Verlauf der Schwangerschaft in den kindlichen Körper hinab, so wie man in ein Fahrzeug einsteigt. Sie wird nicht, wie die Theologen in ihrer Mehrzahl noch heute spekulieren, im Moment der Zeugung bei der Verschmelzung der elterlichen Zellen oder kurz danach direkt von Gott aus dem Nichts erschaffen. Diese existiert vielmehr schon vorher auf einer geistigen Ebene und körpert sich im Verlauf der Schwangerschaft ein. Diese Lehre von der Präexistenz der Geistseele wurde bereits im christlichen Altertum vom großen Kirchenlehrer *Origenes* (um 185-254) vertreten. Leider ist sie am Konzil von Konstantinopel im Jahr 553 nach heftigem Parteien- und Meinungsstreit als Irrlehre verurteilt worden. (14)

Im Tod verlässt die Geistseele den Körper wieder und kehrt in die geistige Welt zurück. Ihr Dasein jedoch begann vor ungezählten Inkarnationen in unserer geistigen Urheimat, aus der sie ehemals selbstverschuldet herausgefallen ist. (15) Mit dem begnadeten Musiker *Yehudi Menuhin* (1916-1999) wollen wir festhalten:

> Jeder Augenblick im Leben ist ein
> neuer Aufbruch,
> ein Ende und ein Anfang,
> ein Zusammenlaufen der Fäden
> und wieder ein Auseinandergehen.

Teil I

Vom Leben zum Tod

Des Todes rührendes Bild steht nicht als Schrecken
dem Weisen und nicht als Ende dem Frommen.

J. W. von Goethe

„Das Leben ist ein Sein zum Tode" war eine der berühmten Aussagen des Philosophen *Martin Heidegger*" (1889-1976). (1) Aus dieser Erkenntnis ergibt sich die Begrenztheit unserer irdischen Lebensdauer, die mit dem Tod endet. In dieser Sicht leben wir ebenso auf das Leben wie auf den Tod hin. Deshalb vergleichen wir unseren Lebenslauf gerne mit einem Fluss, der nur in eine Richtung fließt.

Hier stellt sich die Frage nach dem Sinn von Leben und Tod. Wer dem Tod keinen Sinn zu geben vermag, der kann auch im Leben keinen Sinn finden. Wer Angst hat vor dem Tod, der hat häufig auch Angst vor dem Leben. Indem wir die Tatsache des Todes anerkennen, bejahen wir auch das Leben, das uns für kurze Zeit geliehen ist. Das Geheimnis des Todes ist seit jeher ein Rätsel, das die Menschen bis zum heutigen Tag beschäftigt. Noch immer gilt die Feststellung von *Hildegard Schäfer*: „Das Mysterium des Todes ist die größte Herausforderung an den menschlichen Geist." Für den Nicht-Wissenden ist der Tod die endgültige Katastrophe, für den Wissenden ist er der Höhepunkt des Lebens.

Die letzte Reise

Als aus der Raupe ein Schmetterling wurde,
da weinten die Erdenwürmer.

Esoterische Weisheit

Einen Tag vor seinem Tod sagte der Maler *Arnold Böcklin* (1827-1901), dass er sich nun auf eine große Reise begebe. Er sah das Leben als eine Reise, die nach dem Tod in einer jenseitigen Welt ihre Fortsetzung findet. Das gilt für uns alle, denn wir Menschen sind hier auf unserer Erde bloß auf der Durchreise. Dies lehrt uns die nachfolgende kleine Symbolgeschichte:

„Ein jüdischer Rabbi wohnte in einem einfachen Zimmer. Dieses war recht bescheiden eingerichtet: Da stand ein Tisch, davor ein Stuhl, in der Ecke eine Liege, daneben ein paar Bücher in einem Holzgestell, das war alles. Eines Tages trat ein Besucher ein und sah erstaunt, wie einfach der gelehrte Mann da hauste. „Rabbi, wo habt ihr eure Möbel?“, wollte der Fremde wissen. „Und wo sind deine?“, fragte dieser zurück. „Meine Möbel? Ich habe keine bei mir, ich bin ja bloß auf der Durchreise.“ „Ich auch“, war die Antwort des jüdischen Gelehrten.“ (2)

Der Mensch ist tatsächlich das einzige Lebewesen auf unserer Erde, das sich seiner Endlichkeit und seiner Sterblichkeit bewusst werden kann. Pflanzen und Tiere können dies nicht, weil ihre Denkfähigkeit nicht über ihre gegenwärtige Lebenssituation hinausreicht. Allein der Mensch ist in der Lage, nicht nur über sein Hier und Jetzt nachzudenken, sondern auch sich über seine eigene Vergangenheit und seine Zukunft Gedanken zu machen. Fragen wir uns also: Was geschieht mit uns, wenn wir sterben? Das Sterben gleicht dem Einschlafen am Abend, um am anderen Morgen zu erwachen. Deshalb wird der Tod seit jeher der Bruder des Schlafes genannt. Unsere Einstellung gegenüber der Sterblichkeit ist eine recht zwiespältige. Für die einen ist der Tod die unerwünschte Katastrophe, für andere der Beweis eigener Ohnmacht und Hinfälligkeit. Der Tod gehört zum irdischen Leben; er ist ein Teil unseres menschlichen Daseins.

In der gesamten belebten Natur findet seit Jahrmillionen ein ständiger Wechsel von Entstehen, Vergehen und Neuwerden statt. Es ist ein fortschreitender Stirb- und Werdeprozess, den es zu akzeptieren gilt. Wir alle müssen mit *Goethe* begreifen, was er in seinem „West-östlichen Divan“ bekennt:

Lange hab' ich mich gesträubt
Endlich gab ich nach;
Wenn der alte Mensch zerstäubt,
Wird der neue wach.

* * *

Und solang du dies nicht hast,
Dieses „Stirb und Werde“,
Bist du nur ein trüber Gast
Auf der dunklen Erde.

Insofern ist das Sterben ein ganz normales Ereignis, das dem Weiterbestehen und der Höherentwicklung des Lebens dient. Gestorben wird auf unserer Erde sicher längst bevor es Menschen gibt, nämlich seitdem die einzelligen Urtierchen sich vor Jahrmillionen zu mehrzelligen Lebewesen entwickelt haben. Also ist der Tod als biologisches Phänomen eine der klügsten Erfindungen des Lebens und nicht der „Sünde Sold“. (3)

Eigentlich beginnt unser Sterben gleich nach der Geburt. Der Psychiater *Gion Condrau* sah es richtig: „Sobald ein Mensch zum Leben kommt, ist er alt genug zu sterben.“ (4) Es ist wie bei einem Hausbau; sobald dieses fertig erstellt ist, beginnen schon die Reparaturarbeiten. Fortlaufend werden Körperzellen abgebaut und neu aufgebaut, um so den Körper am Leben zu erhalten. Sobald mehr Zellen abgebaut als erneuert werden, beginnt das Altern. So ist das Älterwerden ein langsames Sterben in Etappen. Wir sollten uns daher mit dem Gedanken an den eigenen Tod rechtzeitig vertraut machen und anfreunden, weil er in allem Lebendigen als Möglichkeit stets gegenwärtig ist. Daher ist es völlig verfehlt, den Gedanken an den Tod zu verdrängen. Der Arzt *Josef Gander*, mit dem ich manches gute Gespräch über Leben und Tod führen konnte, schreibt in seinem Buch „Stoff und Geist, Raum und Zeit“: „Wohl keine andere psychische Lebensäußerung im menschlichen Dasein wird so oft verdrängt, so vielfach missachtet und durch intellektuelle Überlegungen verneint, wie das ständig erwachende und pochende Bewusstsein des Todes.“ (5)

Der Tod hat mehrere Gesichter, je nachdem wo und wie wir ihm begegnen. Die alten Griechen dachten sich den Tod als schönen Jüngling, der die Lebensflamme auslöscht. Im europäischen Mittelalter erscheint er in vielen Malereien als „Schnitter Tod“ hoch zu Ross, manchmal als knochiger Sensenmann oder als dürres Gerippe mit Sichel und Stundenglas. In der jüdischen Kabbala ist die Rede vom Todesengel, der uns Menschen auf die letzte Reise schickt. *Franz von Assisi* (1181-1226) sprach vom „Bruder Tod“. Zu Zeiten des großen Sterbens bei den Epidemien von Pest oder Cholera schufen Künstler ganze Bilderzyklen mit der Bezeichnung „Totentanz“. Bekannt sind die Holzschnitte des Malers *Holbein d. J.* (1497/98-1543), auf denen der Tod als Geiger zum letzten Tanz aufspielt und die sterblichen Tänzerinnen und Tänzer küssend umarmt. In neuerer Zeit wurde er beschwichtigend „Gevatter Tod“ geheißen. Der Dichter *Matthias Claudius* (1740-1815) beschreibt ihn als „Freund Hein“. *Peter Allmend* nennt ihn gar den „größten Heiler der Menschheit“, unseren „treuesten Freund und edelsten Helfer, den großen Menschenfreund“. (6)

Manchmal kommt der Tod wie ein Dieb in der Nacht, manchmal wie ein guter Helfer am Tage oder als rettender Engel zur frühen Morgenstunde. Der Gedanke, dass wir im Leben stets vom Tod begleitet sind, war *R. M. Rilke* (1875-1926) vertraut, als er über ihn schrieb:

Du kommst und gehst. Die Türen fallen
viel sanfter zu, fast ohne Wehen;
Du bist der Leiseste von allen,
die durch die leisen Häuser gehen.

Man kann sich so an dich gewöhnen,
dass man nicht aus dem Buche schaut,
wenn deine Bilder sich verschönen,
von deinem Schatten überblaut,
weil dich die Dinge immer tönen,
nur einmal leis' und einmal laut. (7)

Einen ähnlichen Gedanken finden wir beim österreichischen Schriftsteller *Karl Heinrich Waggerl* (1897-1973): „Immer ist der Tod unterwegs, der düstere Engel. Wir kommen aus dem Dunkeln, anfangs ist die Welt noch klein zwischen den fünf Brettern der Wiege. Aber die Welt wächst mit uns, auch der Mut, die schöne und törichte Kühnheit der Jugend, Liebe kommt dazu, dann ist es schon mehr der Freude und der Qual, Kummer des Herzens, Schuld des Blutes. Wir treiben umher, kämpfen uns müde, und am Ende ist die Welt wieder klein zwischen den fünf Brettern des Sarges. Ach, Jahr um Jahr, es ist dennoch eine kurze Zeit, und unser letzter Schrei ist nur ein Widerhall des ersten." (8)

Damit wir uns der dauernden Anwesenheit des Todes bewusst bleiben, wurden im christlichen Mittelalter einprägsame Mahnsprüche verfasst wie „Memento mori – Gedenke des Todes" oder „Media in vita in morte sumus – Mitten im Leben sind wir vom Tod umgeben". Der Augustinermönch *Thomas von Kempis* (1330-1471) gab in seinen mystischen Schriften den Rat: „Alles, was du denkst und tust, alles soll so gedacht und getan werden, als wenn du heute noch sterben müsstest. Wenn du heute dazu nicht bereit bist, wie willst du es morgen tun?" (9) Dieses sollte die Menschen zu einem guten Tod anleiten, weil zur echten Lebenskunst auch die Kunst zum rechten Sterben gehört. Wer sich dieser Wahrheit verschließt, der beraubt sich der wertvollen Erkenntnis, dass für uns hier auf Erden keine Bleibe ist. „Die Welt mit Scheuklappen zu verlassen und ohne die geringste Idee zu haben, was diese 'große Reise' bedeutet, sind die beklagenswertesten Bedingungen, die man sich vorstellen kann." Dies war die Ansicht des Jenseitsforschers *Raoul Montandon.* (10)

Aus jenseitiger Sicht ist die Sterbestunde des Menschen, ebenso wie seine Geburtsstunde, in seinem persönlichen Lebensplan bereits schicksalshaft vorgesehen. Die entscheidenden Ereignisse wie Geburt und Tod werden nicht dem Zufall überlassen. Selbst wenn sie künstlich durch medizinische Eingriffe verschoben werden, mag dies auch schon vorgeplant sein. Der Jenseits-Forscher *Walther Hinz* schreibt: „Wenn im Geistigen ein Wesen für die Menschwerdung vorbereitet wird, legt man zugleich seinen Lebensplan fest. Dabei wird auch die Lebensdauer aufgezeichnet. Diese gilt nicht auf den Tag genau, auch nicht auf den Monat, vielleicht nicht einmal auf ein bestimmtes Jahr, aber ungefähr wird die Lebenslänge festgelegt." (11) Auch aus naturwissenschaftlicher Sicht kann diese Lebens- und Sterbeplanung begründet werden. Der Anthroposoph *Guenther Wachsmuth* hat den kosmischen Zusammenhang von Geburt und Tod anhand zahlreicher astrologischer Geburts- und Todeshoroskope von bekannten Persönlichkeiten untersucht. Dabei stellte er fest, „dass die Himmelsschrift bei deren Geburt oder Tod nicht nur zufälliges Attribut war, sondern auf bestimmte Gesetzmäßigkeiten hinweist und Charakter, Lebensführung und Schicksalsveranlagung oft in markanter Weise zum Ausdruck bringt". (12) Ob dieser Zeitplan tatsächlich eingehalten wird, hängt weitgehend vom geistigen und seelischen Verhalten des Einzelnen ab. Es ist denkbar, dass jene, die ein sinnvolles Leben führen, von den jenseitigen Schicksalslenkern eine Zugabe an Jahren erhalten, während jene, die unvernünftig leben, vorzeitig aus dem Verkehr gezogen werden. Wen wundert es, dass bei der sinnlosen Lebensweise so vieler Menschen heute der natürliche Tod beinahe ausgestorben ist? Bereits der römische Philosoph *Seneca* (4 v. Chr. - 65 n. Chr.) stellte fest: „Die größte Zahl der Menschen stirbt keines natürlichen Todes, sondern mordet sich selbst durch eine verkehrte Lebensweise." (13)

In der heutigen Tiefenpsychologie gilt der Tod als *Wandlungssymbol*. Deshalb fordern uns Todesträume zur inneren Wandlung auf. Dies meinte wohl der Mystiker *Angelus Silesius* (1624-1677), als er schrieb: „Wer nicht stirbt, ehe er stirbt, der verdirbt." Im Mittelalter war es üblich, bei der Aufnahme in ein Kloster, in einen Geheimorden oder in eine esoterische Gemeinschaft sich bestimmten Einweihungsriten zu unterziehen. Dadurch sollte der eigene Tod symbolisch erlebt werden, damit der alte

Mensch stirbt und der neue Mensch zu höherem Bewusstsein erwacht. So wurde der Kandidat (lat. *candidus:* weiß) in ein weißes Totenhemd gehüllt und für eine Nacht in eine finstere Gruft geführt, manchmal sogar in einen Sarg oder Sarkophag gelegt, damit er in dieser „Grabesruh" sinnbildlich sterbe, um danach als Wissender und Eingeweihter in das Geheimnis von Leben und Tod neu geboren zu werden. (14) Dieses rituelle Sterben wird noch heute alljährlich im thailändischen Buddhismus gefeiert. Zu festlichem Anlass legen sich junge Menschen mit Blumen in ihren Händen wie Verstorbene in einen Sarg, um danach gereinigt und geläutert zu neuem Leben aufzustehen. (15)

Wer gedankenlos in den Tag hineinlebt und in Unwissenheit bleibt, könnte von seiner letzten Stunde überrascht werden, weil er den Zeigerstand auf seiner Lebensuhr zu wenig oder zu spät beachtet hat. Ein bewusstes Sterben hat uns der visionäre Schriftsteller *Gustav Meyrink* (1868-1932) vorgelebt. In einem Nachruf heißt es hierzu: „In der Morgenfrühe schob der schwerkranke Dichter, der die Nacht sitzend verbracht hatte, seinen Lehnstuhl zum Ostfenster des Raumes. Er rief Frau und Tochter zu sich und nahm ergreifend Abschied von ihnen, indem er ihnen für alles dankte, wodurch sie ihm sein Leben schön gemacht hatten. Dann bat er, ihn allein zu lassen, entblößte seinen Oberkörper und erwartete den Tod, das Antlitz gegen Osten gerichtet, die Augen groß, strahlend und jenseitig. Er starb angesichts der aufglühenden winterlichen Sonne, aufrecht und bei vollem Bewusstsein; ausdrücklich hatte er verboten, ihm schmerzstillende Mittel zu geben, selbst wenn die Schmerzen übermächtig werden sollten, denn er wollte bis zum letzten Augenblick sein volles, ungetrübtes Bewusstsein erhalten und 'wach' hinübergehen." (16)

Wenn es mit uns einmal soweit ist, sollten wir uns nicht allzu sehr auf den eigenen Körper einengen, denn wir sind mehr als bloß unser Körper. Gemeint ist, dass wir lernen müssen, über unsere körperlichen Begrenzungen hinauszuwachsen, sich von ihnen allmählich zu distanzieren, um fähig zu werden, unseren Körper Stück für Stück aus der Hand zu geben. Dies wird unter „ars moriendi", unter der Kunst des Sterbens, verstanden. (17)

Jenes sollte freilich ein Leben lang eingeübt werden. „Das Wesentliche dieser Kunst besteht darin, dass man jederzeit, inmitten von

Zukunftsplänen und regster Tätigkeit, auch bei blühender Gesundheit und frischer Kraft, in fröhlicher Heiterkeit und sicherer Zuversicht bereit ist, das 'andre Ufer' zu betreten, ohne die Möglichkeit der Rückkehr." (18)

Das Erlebnis des Sterbens

Geburt ist Vergehen und Erscheinen,
Leben ist Bleiben und Verweilen.
Sterben ist Gehen und Werden.
Tod ist Verschwinden und Sein.

J. F. Finck

Beeindruckend beschreibt der österreichische Schriftsteller *Franz Spunda* (1890-1963) das Sterbeerlebnis eines Wissenden: „Wenn der Mensch auf dem Totenbett liegt, mit wachem Geist und klarem Bewusstsein, dass die entscheidende Stunde bald kommt – was wird er dann tun? Wird er nach einem wissenschaftlichen Buch greifen, nach einem Modedichter der letzten Jahre? Nein, im Augenblick des Todes versagen sie alle! Nur die Erleuchteten, die im Leben schon jenseits des Grabes waren, können das himmlische Licht verkünden und die Gewissheit vermitteln, welche die letzten Stunden verklärt und heiligt."

Die heutige Sterbeforschung wurde bereits im Jahr 1966 vom Göttinger Universitäts-Professor *Walther Hinz* (19) als eigenständiger Forschungszweig der Natur- und Geisteswissenschaft angekündigt. Tatsächlich begann in der westlichen Welt in der zweiten Hälfte des 20. Jahrhunderts ein ernsthaftes Ergründen des Sterbevorgangs. Es waren in erster Linie Ärzte in Amerika, die sich mit dem Erleben von Sterben und Tod befassten. Als Pionierin dieses neuen Wissensgebietes ist die Schweizer Ärztin *Elisabeth Kübler-Ross* (1926-2004) zu nennen, die in den 1970er Jahren damit begonnen hat, in Spitälern und Kliniken sterbende Menschen zu beobachten und sie nach ihrem Befinden zu befragen. Ihre Forschungsergebnisse hat sie in mehreren Büchern veröffentlicht, die weltweite Anerkennungen fanden. (20-23) Inzwischen ist die Literatur zur medizinischen und psychologischen Sterbe- und Todesforschung, welche heute unter der Bezeichnung *Thanatologie* (gr. *thanatos*: der Tod) bekannt geworden ist, ins Unüberschaubare angewachsen. Durch sie wurden die jahrhundertealten theologischen Spekulationen, Vermutungen und Behauptungen über die „Letzten Dinge" ins rechte Licht gerückt.

Was wir bis heute aus diesem Erfahrungsgut zu wissen bekommen, stammt zur Hauptsache aus vier Quellen: 1. Aus Beobachtungen an Sterbebetten. 2. Aus Nahtod-Erlebnissen von Lebenden. 3. Aus medialen Berichten von Verstorbenen. 4. Aus Rückerinnerungen an frühere Erdenleben. Zunächst ging es in der naturwissenschaftlichen Jenseitsforschung um den körperlichen Vorgang des Sterbens, während sich die geisteswissenschaftliche Jenseitskunde für das seelisch-geistige Geschehen nach dem Tod interessierte. Was die Beobachtungen an Sterbenden betrifft, gehen diese entweder auf Selbstbeobachtungen zurück, wie dies beim Arzt *E. Wiesenhütter* (24) der Fall war, oder auf Fremdbeobachtungen an Sterbenden durch vorwiegend medizinisches Personal. (25)

Beim natürlichen Sterben unterscheiden wir in der Regel zwei Phasen: die Terminalphase und die Finalphase. In der *Terminalphase* (lat. *terminus*: Grenze, Übergang) geht es darum, vom irdischen Leben langsam Abschied zu nehmen. Dies kann sich bei Schwerkranken über eine längere Zeitspanne hinziehen. Der damit verbundene seelisch-geistige Entwicklungsprozess kann sich laufend verändern und wechselt von der Auflehnung gegen das unbarmherzige Schicksal mit Tagen und Nächten der Niedergeschlagenheit und Verzweiflung bis hin zum Aufkeimen neuer Lebenshoffnung, die schließlich in einem letztendlichen Verstehen die Annahme des Unvermeidlichen bringt. In diesem Reifungsprozess gelingt in der Regel allmählich die Aussöhnung mit der eigenen Sterblichkeit. (26)

Bei sterbenden Menschen, die nicht plötzlich und unerwartet aus dem Leiben scheiden, lassen sich häufig folgende fünf Erlebnisphasen unterscheiden:

1. Der Kranke oder betagte Mensch spürt aufgrund seiner allgemeinen Schwäche, dass sein Leben sich allmählich dem Ende

zuneigt. Aufmunternde Worte seiner Angehörigen, die ihn noch länger am Leben erhalten wollen, überhört er, weil er es besser weiß.

2. Der sterbende Mensch zeigt die innere Bereitschaft, seine letzte Reise antreten zu wollen. Er ist bereit, alles Vergängliche und Diesseitige loszulassen, das ihm immer weniger bedeutet. Er denkt immer häufiger ans endgültige Abschiednehmen.
3. Körper und Seele fangen an, ihre engen Bindungen und Abhängigkeiten zu lockern. Mit seinem Bewusstsein hält der Sterbende sich bald in der diesseitigen Sinneswelt auf, bald fühlt er sich von dieser enthoben in eine andere Daseinswelt. Wer sich ein Weiterleben über den Tod hinaus nicht vorstellen kann, der meint, er erliege Sinnestäuschungen, Einbildungen oder Traumvorstellungen.
4. Körperliche Empfindungen und Schmerzen nehmen ab. Der sterbende Mensch fühlt sich zunehmend erleichtert und befreit von der Last seines irdischen Daseins. Er hat immer weniger zu sagen und sehnt sich nach Ruhe und Frieden.
5. Manchmal kommt es zur Neubelebung der Sinnesfähigkeit. Blinde werden wieder sehend, wie dies beim völlig erblindeten *Johann Sebastian Bach* (1685-1750) der Fall war, oder das Gehör wird wieder wach, wie beim völlig tauben *Ludwig van Beethoven* (1770-1827), der das Gewitter hörte, das über Wien losbrach, als er im Sterben lag.
6. In den letzten Stunden des Lebens glaubt der Sterbende manchmal fremde Stimmen, ferne Musik oder Gesänge wahrzunehmen, oder er sieht von weitem verstorbene Angehörige, die ihm in die andere Welt vorausgegangen sind. Manch einem ist der Blick in eine jenseitige Dimension gegönnt. „Jetzt hab' ich es gesehen! Nun möchte ich gehen“, sagte ein mir bekannter Mann auf seinem Sterbebett.

In der *Finalphase* (lat. *finis*: Ende, Abschluss) des Sterbens befindet sich der materielle Körper in *Abbruchstimmung*. Diese Endphase des Sterbens ist gekennzeichnet von zunehmender Schwäche und Mattigkeit sowie von gelegentlicher Bewusstlosigkeit. Immer nachhaltiger verliert der physische Körper an Eigensubstanz. Nacheinander werden die vier Grundelemente, aus denen unser Körper besteht, abgebaut, nämlich zunächst die weiblichen Elemente Erde und Wasser, danach die männlichen Elemente Feuer (Wärme) und Luft. Diese Lebenskräfte schwinden allmählich dahin. Beim unerwarteten und plötzlichen Eintritt des Todes reduziert sich dieser Abbauprozess auf eine viel kürzere Zeit.

Zieht sich diese Endphase über Tage und Wochen dahin, verschwinden zunehmend die Hunger- und Durstgefühle. Wegen geringerer Nahrungsaufnahme kommt es zu fortschreitendem Muskelschwund und damit zu einem deutlichen Gewichtsverlust. Bei ungenügender Flüssigkeitszufuhr und vermehrter Schweißabsonderung trocknet die Haut langsam aus. In der Folge erschlaffen die Gewebe. Die Körpertemperatur nimmt ab, und das Kältegefühl erfasst die Hände und Füße. Die Haut wird blass und zieht sich zusammen, was zur Absonderung von kaltem Schweiß führt, die von Angehörigen oft falsch als Angstschweiß gedeutet wird. Zuletzt schwächt sich das Luft-Element ab, was den röchelnden Atem und Kurzatmigkeit auslösen kann. Auch die Sehfähigkeit, das Gehör, der Geruchs- und Geschmackssinn verlieren ihre Empfindungsfähigkeit. Der sprachliche Ausdruck wird zunehmend verlangsamt und undeutlich. Auch die räumliche und zeitliche Orientierung wirkt verunsichert. Nun ist der Lebenswille erschöpft und der Lebensdurst versiegt.

Was gelegentlich von den Anwesenden als „Todeskampf" gedeutet wird, ist gleichsam ein letztes Aufbäumen der Lebenskräfte und wird meist von einem zunehmenden Organversagen verursacht, das vom Sterbenden kaum bewusst wahrgenommen wird. So erzählte nach einem Herzinfarkt *C. G. Jung* seinem Freund *Miguel Serrano*: „Einmal war ich schwer krank, beinahe im Koma. Jedermann glaubte, ich litte schrecklich; ich empfand aber in Wirklichkeit etwas außergewöhnlich Freudiges. Es war, als ob ich hoch über meinem Körper schwebte." (27) Von einem ähnlichen Fall berichtet der Sterbeforscher *W. O. Roesermueller*: „Auf ihrer Hochzeitsreise wollte ein junges Paar seinen Onkel im Ausland besuchen. Als sie in sein Haus kamen, wurde ihnen mitgeteilt, dass der alte Herr im Sterben liege. Man hörte sein Stöhnen und Röcheln von weitem. Dies machte den Eindruck, als würde er schwer leiden. Als die Besucher in sein Schlafzimmer traten, sprachen sie ihn laut an. Da öffnete der Todkranke erstaunt seine Augen und fragte vorwurfsvoll: „Warum habt ihr mich aus dieser wunderbaren Herrlichkeit, die ich soeben zu sehen bekam, zurückgerufen?‘“ (28) Der Spitalseelsorger *J. Ch. Hampe* berichtet, dass er bei 4200 Sterbenden, denen er in ihren letzten Stunden beigestanden hat, lediglich in acht Fällen ein eigentliches Ringen mit dem Tod beobachten konnte. (29)

Menschen, die eine längere Leidenszeit hinter sich haben, erfahren kurz vor ihrem Tod häufig eine Phase deutlicher Besserung, sogar Befreiung von ihren Schmerzen. Der Psychologe *Friedrich zur Bonsen* glaubt: „Die Empfindungslosigkeit im Sterben ist eine Wohltat des Himmels, die den Menschen vor heftigen Erschütterungen der letzten Stunde gnädig bewahrt; er stirbt viel, viel ruhiger als die Umstände es zuzulassen scheinen.“ (30) Dies mag ein Zeichen dafür sein, dass die empfindsame Seele sich langsam vom Körper löst.

In der *Finalphase* befindet sich die Geistseele im Aufbruch, indem sie beginnt, sich vom Körper langsam zu befreien. Das Gefühl für den eigenen Körper, für dessen Schwere und Begrenzung, fällt bei Sterbenden zeitweise aus. Sie überschreiten mehrfach ihre Bewusstseinsschwelle. Bald sind sie in ihrer diesseitigen Erlebniswelt, bald halten sie sich in der todnahen Jenseitswelt auf. Das Wachbewusstsein schwindet zeitweise und wechselt sich mit einem schlafähnlichen Dämmerzustand ab. Zugleich stellt sich ein erhöhtes Bedürfnis nach Stille und Ruhe ein. Irdischen Belangen gegenüber wird der Mensch zunehmend gleichgültiger. „Eigentlich habe ich immer weniger zu sagen“, hörte ich einmal von einem Sterbenden. Er äußerte keine Wünsche mehr und wollte nur noch seine Ruhe haben. Für alltägliche Dinge war er nicht mehr ansprechbar. In Todesnähe kommt es häufig zu einer auffallenden Sinnesänderung. An Stelle des eigensinnigen Benehmens und Bestimmens tritt jetzt Gelassenheit und Friedfertigkeit. Dies ist ein Anzeichen dafür, dass der Sterbende nun bereit ist zum endgültigen Abschied und Aufbruch.

Recht häufig kommt es zu einer terminalen Erholungsphase in Todesnähe. Nicht nur die körperlichen Schmerzen lassen plötzlich nach, sondern auch die seelischen Beschwerden wie Angstgefühle, Verwirrtheitszustände oder Erinnerungsverluste verschwinden weitgehend. Sogar das Bewusstsein klärte sich wieder auf. Ich kannte eine

Frau, die während Jahren in einer krankhaften Wahnwelt lebte. Zwei Tage vor ihrem Tod aber war sie wieder klar bei Sinnen. Dies deutet darauf hin, dass die Seele sich langsam aus dem Körpergefängnis befreit. Der Biologe *Michael Nahm* spricht von der „terminalen Geistesklarheit". Ähnliches konnte er selbst bei schwer Dementen und Alzheimer-Patienten beobachten. (31) Noch erstaunlicher ist folgendes Beispiel: Ein hochgradig geistig behindertes Mädchen, das sein Leben lang für bildungsunfähig galt, fing auf dem Sterbebett kurz vor seinem Tod an, melodie- und wortgetreu religiöse Lieder zu singen, die es in früheren Jahren offenbar völlig unbewusst gehört und in ihrem Langzeitgedächtnis aufbewahrt hatte. (32)

Nun stellt sich die Frage: *Wann ist der Mensch wirklich tot?* Wenn auch der physische Tod augenblicklich eintritt, ist dieser Zeitpunkt nicht immer eindeutig feststellbar. Wichtige äußere Anzeichen dafür, dass ein Mensch für tot gilt, ist der Stillstand der Herz- und Hirntätigkeit, das Ausbleiben des Pupillenreflexes und der endgültige Atemstillstand sowie das Versagen aller Wiederbelebungsversuche. Dabei ist zu unterscheiden zwischen dem klinischen und dem biologischen Tod. Aus medizinischer Sicht wird der Mensch für *klinisch* tot erklärt, wenn die lebenswichtigen Organfunktionen nachweisbar und endgültig zum Stillstand gekommen sind. Davon zu unterscheiden ist der *biologische* Tod, nämlich der Zelltod. Bis alle Körperzellen ihre Tätigkeit eingestellt haben, dauert es in der Regel einige Stunden bis Tage. (33) Durch geeignete medizinische Maßnahmen ist es heute vielfach möglich, wichtige Lebenstätigkeiten künstlich aufrechtzuerhalten, so etwa bei Koma-Patienten. Die moderne Hightech-Medizin vermag den Menschen über den Organtod hinaus tage- wenn nicht wochenlang künstlich am Leben zu erhalten. Nach *spiritueller* Beurteilung ist der Mensch tot, wenn die „Silberschnur" reißt oder durchschnitten wird. Es handelt sich um eine Art feinstoffliche Nabelschnur, welche Körper und Geistseele verbindet.

Das Sterben gleicht der Geburt. Als Zeitpunkt der Geburt gilt der Moment, da die Nabelschnur des Kindes durchschnitten und das Neugeborene von der Mutter endgültig getrennt wird und eigenständig zu atmen beginnt. Ähnlich gilt der Mensch in dem Augenblick für tot, in dem die astrale Silberschnur reißt, womit der endgültige

Atemstillstand eintritt. Davon ist schon im biblischen Buch „Kohelet“ aus dem 3. vorchristlichen Jahrhundert die Rede, wo auf das Zerreißen dieser Verbindungsschnur zwischen Körper und Seele hingewiesen wird. Ein entsprechender Text lautet: „Ehe die silberne Schnur zerreißt, die goldene Schale bricht, der Krug an der Quelle zerschmettert wird, das Rad zerborsten in die Grube sinkt, der Staub auf die Erde zurückfällt.“ (Ko 12,6-7) Der spiritistische Philosoph *Allan Kardec* (1804-1869) erklärt hierzu: „Das Erlöschen des organischen Lebens trennt Seele und Leib durch das Reißen des fluidischen Bandes, das beide zusammenhält.“ (34) Und die Psychologin *Eva Billand* (*1940) ergänzt: „Im Augenblick nun, wo das silberne Band zwischen dem irdischen Körper und dessen schimmerndem Abbild durchtrennt wird, ist der Geistkörper frei und kann zu seinen Schutzgeistern und seinen Lieben, die in der Regel schon warten, in die geistige Welt eingehen.“ (35) Gleiches konnte der Sterbebegleiter *Robert Brown* (*1957) beobachten. Er schreibt: „Dank der Gabe der Hellsichtigkeit habe ich in allen Fällen gesehen, wie der Seelenkörper über das Scheitel-Chakra ausgetreten ist. Unsere Geistseele tritt durch den Scheitel aus, und wenn die letzte Verbindung zu unserem physischen Körper unterbrochen wird, dann sind wir genau an dem Punkt, an dem der Tod eintritt.“ (36) Dies ist im klinisch-toten Zustand, so etwa bei einem Koma-Patienten, bei einem Nahtod-Erlebnis oder bei einem Scheintoten noch nicht der Fall. Wahrscheinlicher jedoch ist dies beim Hirntod. (37)

Die vitalen Seelenkräfte ziehen sich kurz vor dem Übergang in die Kopfregion zurück, wo der Sterbende ein deutliches Pulsieren und Vibrieren verspüren kann. Dies bestätigt folgender Jenseitsbericht einer verstorbenen Frau: „Nach und nach begann sich das Bewusstsein, das normalerweise den ganzen Körper durchdringt, im Kopf zu verdichten. Ich wurde ganz und gar Kopf, nur Kopf. Dann hatte ich das Gefühl, als ob ich vollständig konzentriert auf einen kleinen Bewusstseinspunkt irgendwo mitten im Kopf war. So merkte ich, dass ich begann, mich weiter nach oben zu bewegen – dann folgte ein kurzer Black-out und ich war frei. Ich hatte meinen Leib verlassen.“ (38)

In der Endphase des Sterbens vollzieht sich der *Seelenaustritt*, der von Sensitiven oft beobachtet wird. So sah der hellsichtige *Erhard Bäzner*, wie sich die Lebensenergien sammelten, über dem Körper des Sterbenden eine eiförmige Wolke bildeten, aus der sich allmählich eine vollständige menschliche Gestalt formte, die schließlich dem leblosen Körper wie eine Kopie glich. (39) Eine Ärztin beschreibt den Seelenaustritt aus eigener Beobachtung recht ähnlich: „Ich habe den Nebel innerhalb von sechs Monaten zweimal aus Verstorbenen aufsteigen sehen. In dem Moment, da sie starben, leuchteten sie mit einem Strahlen auf, und ihre Augen füllten sich mit einem silbernen Glanz. Über ihrer Brust formte sich ein Nebel und schwebte dort… Der Nebel hatte eine Tiefe und eine komplexe Struktur. Er schien aus Schichten energetischer Bewegungen zu bestehen, was ihn nur unzureichend beschreibt, wie Wasser sich innerhalb von Wasser bewegt. Beim zweiten Mal spürte ich eine unsichtbare Präsenz, als stünde jemand neben mir und wartete darauf, dass die Patientin stirbt. Ich hatte keine Ahnung, wer oder was diese Präsenz war, aber wenn ich raten sollte, würde ich sagen, es war jemand, der die Patientin liebte. Das war mein Eindruck und mein Gefühl." (40)

In einem neueren Fall sahen Angehörige, wie aus der Schläfengegend eines Sterbenden eine blaue Kugel, nicht größer als ein halber Zentimeter im Durchmesser, langsam hervortrat. „Diese hatte jene blaue Farbe, die man auch an der Basis einer Kerzenflamme findet. Sie schickte weiße Strahlen aus. Ein paar Sekunden danach erhob sich die Kugel langsam über den Kopf des Sterbenden und driftete allmählich höher. Dann stieg sie auf, ging durch die Decke und war verschwunden." (41) Nach anderen Beobachtungen trat der Seelenfunke meist aus dem Herz-, Stirn- oder Scheitel-Chakra aus und blieb mit dem Astralkörper über den Tod hinaus verbunden. (42) Dem französischen Jenseitsforscher *Hippolyte Barduc* ist es gelungen, diesen schleierartigen Dunstkörper beim Sterben seiner Frau zu fotografieren. Der hellsichtige Maler *Franz Wenzel* hat diesen feinstofflichen Doppelkörper in mehreren farbigen Bildtafeln dargestellt. (43)

Nach dem Eintritt des Todes erstarrt der irdische Körper, der zur bloßen Hülle geworden ist. Das Gesicht wird zur Maske, zur Totenmaske. Es ist das „letzte Antlitz", wie es der Schriftsteller *Max Picard* (1888-1965) genannt hat. Er beschreibt dies wie folgt: „So intensiv ist das Gesicht des Toten da: die Zeit hört auf abzulaufen. Nichts sonst ist mehr, nichts geschieht mehr. Man schaut das tote Menschengesicht an und wird angeschaut von ihm. Schauen und Angeschaut-werden ist eins. Man ist vor dem Toten und zugleich verschwindet man vor ihm und ist im nächsten Augenblick wieder da: Dasein und Verschwinden gehen ineinander über." (44)

Nicht immer vollzieht sich der Sterbeprozess friedlich und harmonisch. Wo noch Belastendes nicht ausgesprochen ist und mitmenschliche Konflikte nicht ausgeräumt werden, wo noch Unfrieden und Unversöhnlichkeit die Seele bedrückt, da wird das endgültige Abschiednehmen erschwert. Deshalb ist es wichtig, dem Mut zum Verzeihen und Vergeben rechtzeitig den Vortritt zu lassen, denn was jetzt leichten Herzens möglich sein könnte, das sollte nicht auf später verschoben werden, damit es nicht einem friedvollen Weiterleben in der anderen Welt oft lange noch im Wege steht.

Was *Hermann Hesse* beim Anblick eines fallenden Blattes empfand, das gilt auch für die Menschenseele, die sich auf den Weg macht in eine andere Daseinswelt:

Spiel dein Spiel und wehr dich nicht,
Lass es still geschehen;
Lass vom Winde, der dich bricht,
Dich nach Hause wehen

Psychologie der Sterbefurcht

Das Bewusstsein, dass wir sterblich sind,
macht das Dasein erst menschlich.
MAX FRISCH

Fragt man Menschen auf der Straße, ob sie sich vor dem Sterben fürchten, wird dies in der Regel bejaht mit dem Hinweis auf das, was am Lebensende auf sie an Schmerzen und Beschwerden zukommen könnte. Eine Frau meinte: „Ich habe keine Angst vor dem Tod, aber beim Sterben möchte ich nicht dabei sein." Viele Menschen wünschen sich einen schnellen Tod, wenn möglich einen Sekundentod, weil sie sich vor einem langen und langsamen Siechtum fürchten. Ganz anders antwortete der Schauspieler *Mario Adorf* (*1930) im Jahr 1970 in einem Interview: „Ich denke sehr viel an den Tod. Ich denke viel über das Sterben nach. Ich möchte wissen, wie es ist. Ich möchte den Tod sehr gut kennen, bevor ich ihn erlebe. Und ich möchte langsam sterben, nicht schnell und unvorhergesehen. Sonst würde ich mich um das größte Erlebnis betrogen fühlen. Darum bereite ich mich seelisch auch gut darauf vor. Angst vor dem Tod kenne ich nicht." (45)

Im Gegensatz zur Angst ist die *Furcht* durchaus einfühlbar und verstehbar. Während die Angst als Bedrohung aus der unbewussten Seelenwelt empfunden wird, lässt sich die Furcht als Gefährdung aus der realen Außenwelt verstehen. Daher ist diese begründbar und einsichtbar. (46) Die Furcht ist ein Signal dafür, dass Gefahr droht, deren mögliche Ursachen durchaus realistisch sind. Deshalb sprechen wir von Realfurcht.

Die Furcht vor dem Lebensende ist eine allgemeine und natürliche Instinktreaktion des angeborenen Selbsterhaltungstriebes. Eine eigentliche Sterbefurcht ist nur uns Menschen eigen, weil wir uns gedanklich vorstellen können, was uns bedroht. Der Schriftsteller und Bildhauer *Josef Anton Schneider-Franken* (1876-1943 mit seinem Künstlernamen *Bo Yin Ra*) vertritt in seinem Jenseitsbuch die Meinung: „Die meisten Menschen fürchten sich vor dem Sterben, weil sie nicht recht wissen, was dabei vorgeht. Jene aber, die sagen, sie fürchten sich nicht, gleichen Kindern, die in einem Boot aufs Meer hinausfahren, ohne die Gefahren zu kennen, die da draußen lauern." (47)

In den vergangenen Jahrzehnten wurden mehrere Befragungen durchgeführt, um zu erfahren, in welchem seelischen Zustand sich sterbende Menschen befinden und wie sie sich dabei fühlen und ob sie sie sich davor fürchten. So hat der französische Arzt *Raoul Montandon* im Jahr 1946 einen Bericht veröffentlicht, in dem ein Sterbender zu Protokoll gab: „Ich fühle mich leicht, glücklich und furchtlos." (48) Aufgrund zahlreicher Erlebnisse an Sterbebetten kam *Julius Bahle* in den 1960er-Jahren zur Erkenntnis: „Zu den allergrößten Irrtümern über den psychologischen Vorgang des Sterbens musste es vor allem deshalb kommen, weil der Akt des Sterbens bisher in der Regel vom Standpunkt und Erlebnis des gesunden Menschen beurteilt wurde." Nachdem er rund 4200 Sterbefälle beobachten konnte, kam er zum Schluss: „In Wirklichkeit ist das Sterben völlig angstfrei und in den meisten Fällen sogar beglückend schön." (49) Der Psychiater *Russel Noyes* und der Psychologe *Roy Kletti* von der amerikanischen Universität Iowa untersuchten in der Zeit von 1970-1980 insgesamt 114 Fälle von Sterbenden und stellten dabei fest, dass 64% der Befragten ihre allerletzte Lebensstunde in einem Zustand der Unbeschwertheit erlebten, und 23% gaben an, ein Gefühl der Zuversicht und der Gelassenheit zu erfahren. Nur 13% empfanden so etwas wie Furcht vor dem Ungewissen. (50)

Dass in der Regel die Mehrzahl der Menschen ihren Sterbevorgang nicht als schreckhaft und belastend bezeichnen, sondern eher als sanft, mild und friedlich beschreiben, bestätigt auch der Sterbeforscher *Johann Christoph Hampe* in seinem Buch „Sterben ist doch ganz anders". (51) Der Zürcher Architekt *Stefan von Jankovich* befand sich nach einem schweren Autounfall im Jahr 1964 in einem klinisch-toten Zustand. Er bestätigte mir in einem Gespräch, was er in seinem Bericht „Der Tod – Mein schönstes Erlebnis" beschrieben hat: „Ich war sehr erstaunt darüber, dass ich das Sterben gar nicht als unangenehm empfand. Ich fürchtete mich überhaupt nicht vor dem Tod. Alles war sehr natürlich und selbstverständlich, und ich war gefasst, dass mein Leben nun zu Ende geht. Ich empfand diese Situation als schön und befreiend.“ (52)

Diese Erfahrungen zeigen, dass die Sterbefurcht meist überbewertet wird. Furcht vor dem Tod haben weniger die Sterbenden als vielmehr die Lebenden. Es ist nicht das Sterben an sich, das wir befürchten, sondern unsere gedanklichen Vorstellungen davon. Der amerikanische Psychologe *Ben Roberts* hat im Verlauf der Jahre das Sterben zahlreicher Menschen beobachtet und stellte fest, dass es nicht der Tod an sich ist, sondern die Umstände, die zum Tode führen, wovor sich die Menschen ängstigen. So machen sich viele Sorgen um ihre lieben Angehörigen und fürchten sich davor, diese zurücklassen oder verlassen zu müssen. (53) In jüngeren Jahren bedauern nicht wenige, erworbenen Besitz und liebgewordenes Eigentum aufzugeben. Manchmal beschleicht den Sterbenden auch ein Gefühl, im Leben etwas verpasst oder falsch gemacht zu haben. (54) Die Sterbefurcht ist die Feindin der Lebensfreude. Ein Mann, der nach einem schweren Herzinfarkt wiederbelebt werden konnte, gestand seinem Arzt: „Die ersten 56 Jahre meines Lebens hatte ich ständig Angst vor dem Sterben. Ich war nur darauf aus, dem Tod auszuweichen, den ich als etwas Furchtbares betrachtete. Nach meinem Erlebnis erkannte ich, dass ich durch diese ständige Furcht meine Lebensfreude völlig vernachlässigt hatte.“ (55)

Das Sterben ist erschwert, wenn der Mensch allzu stark im Irdischen verankert ist und Mühe hat loszulassen. Auf die Frage, warum manche Menschen angsterfüllt sterben, antwortete der im Jahr 1944 an der Kriegsfront gefallene Heilpraktiker *Friedrich Taschner* über ein Medium aus der Jenseitswelt: „Das hängt damit zusammen, dass sie sich vom Diesseits nicht lösen können. Wenn die Menschen in der Todesstunde mehr Gottvertrauen hätten, würden sie sich das Sterben sehr erleichtern und sich einen besseren Weg in die geistige Welt bahnen.“ (56)

Wer sich ein solides Wissen darüber erworben hat, was im Sterben wirklich geschieht, der wird sich weniger davor fürchten als jene, die diesem Geschehen im Verlauf ihres Lebens möglichst ausgewichen sind. Ein wirksames Rezept gegen die Sterbefurcht fand der römische Philosoph *Lucius Seneca* (4 v. Chr.-65 n. Chr.): Er gab an: „Um den Tod nicht zu fürchten, denke ich ständig an ihn." Wer glaubt, dass wir nach dem Tod hinter einem schwarzen Vorhang für immer verschwinden, der fürchtet sich davor. Wer aber weiß, dass wir unser Leben im Tod nicht verlieren, sondern neu gewinnen, der wird ihm mit Zuversicht entgegengehen. Auf die Frage, ob er sich vor dem Sterben fürchte, antwortete mir ein alter Mann mit heiterer Gelassenheit: „Wissen Sie, ich sterbe nicht zum ersten Mal." Es ist nicht immer so, dass Sterbende in ihrer letzten Stunde in tiefe Bewusstlosigkeit fallen und sozusagen „sanft hinüberschlafen", wie es in manchen Todesanzeigen zu lesen ist. Nicht selten kommt es zu einer frohen Erwartungsfreude, wie zahlreiche sogenannte „Letzte Worte" Sterbender beweisen. (57) Bei sterbenden Menschen wird manchmal beobachtet, wie sich um deren Kopf ein seltsames Leuchten einstellt. In einem amerikanischen Spital wurde bei einem Mann an dessen Todestag von acht anwesenden Personen eine solche Lichterscheinung beobachtet. Sechs von ihnen gaben an, dies während mehrerer Stunden gesehen zu haben. Es kann dies ein Hinweis dafür sein, dass sich die Bewusstseinsseele freudvoll vom grobstofflichen Körper löst und wie in ein seliges Erwachen geht. (58) Zuversicht und Vertrauen geben uns nachfolgende Worte des Pfarrers und Sterbebegleiters *Hans Stolp*: (59)

Fürchte dich nicht vor der Reise, die mit dem Tod beginnt.
Alles, was du im Leben an Einsicht, Weisheit und
Erkenntnissen erworben hast,
wird hundertfach gesegnet werden
und dich reich und glücklich machen.

Fürchte dich nicht, sondern freue dich auf die Lieben,
die dich wie die Sonne wärmen, wie eine Mutter trösten
und wie ein Vater beschützen wird.
Fürchte dich nicht, sondern freue dich auf die Liebe.

Unbegründete Todesangst

Die Welt der Materie und alles, was zu ihr gehört, ist nur ein Traum im Vergleich zu dem Erwachen, das wir den Schrecken des Todes nennen.
KHALIL GIBRAN

Die Lebensangst und die Todesangst sind einander verwandt. Beide werden in der Psychologie auf die Geburtsangst zurückgeführt, die in der Verweigerung besteht, einen vertrauten Zustand verlassen oder verändern zu müssen. (60) Der Begriff „Angst" wird abgeleitet vom lateinischen Wort *angustus* für eng, beengt. Im Allgemeinen ist die *Angst* ein Gefahrensignal, ausgelöst durch ein Gefühl der Enge, der Beengung und der Beklemmung. Während die Furcht auf eine äußere Gefahr hinweist, geht es bei der Angst um ein Gefährdungsgefühl, das uns von innen her bedroht. Bei der Furcht glauben wir zu wissen, was uns bedroht; bei der Angst ist es vielmehr das Ungewisse, Unheimliche und Unergründliche, das uns in Panik versetzen mag.

Wenn ein Tier in die Enge getrieben wird, reagiert es oft reflexartig mit Schreckstarre, indem es sich wie tot stellt. In ähnlicher Weise verfällt der Mensch in der Panik in eine Art Bewegungsunfähigkeit, bei der er wie gelähmt erscheint, den Atem anhält und erbleicht. Die gegenteilige Reaktion ist der Bewegungssturm, bei dem er wie kopflos herumrennt, laut schreit und zittert. Der Puls wird beschleunigt, der Blutdruck steigt. Auch kann es zu Herzrasen, zu beschleunigtem Atmen, zu nervöser Unruhe kommen. Hält dieser Zustand an, spricht man von einer Angstkrankheit. Diese Angst hat häufig zu tun mit einem Gefühl der existenziellen Bedrohung. Dies ist der Fall in Lebensgefahr und bei der *Todesangst.* Verursacht wird diese meist durch die Angst vor dem Verlust des Ich-Bewusstseins und vor der endgültigen Vernichtung des eigenen Daseins.

Die Angst vor dem Tod erklärt *Rudolf Steiner* (1861-1925), der Begründer der Anthroposophie, mit falschen Vorstellungen über das, was der Tod ist oder bringt. Er schreibt: „Wenn der Tod etwas Schreckliches haben kann, so ist es nur deshalb, weil er hier gesehen wird als eine Auflösung, gewissermaßen als ein Ende. Von der geistigen Seite her, wenn zurückgeschaut wird zum Moment des Todes, erscheint der Tod immerfort als Sieg des Geistes, als das Heraus-sich-Winden des Geistes aus dem Physischen. Da erscheint er als das größte, herrlichste, als das bedeutsamste Ereignis." (61) Wer nun glaubt, er verfalle im Tod der totalen Vernichtung und Vergänglichkeit oder er verschwinde in einem abgrundtiefen Nichts, der bekommt es gewiss mit der Angst zu tun. Die Psychologin *Patricia Pearson* schreibt mit Recht: „Die Angst, beim körperlichen Tod vollkommen zu verlöschen, hat in der Menschheitsgeschichte mehr Leiden verursacht als alle körperlichen Krankheiten zusammen." (62)

Die Angst vor dem Tod, welche weniger die Sterbenden empfinden, sondern eher jene, die mitten im Leben stehen, beruht vielfach auf der Ungewissheit, ja auf der Unwissenheit darüber, was danach folgt. Ein wenig taugliches Mittel, die Todesangst zu überwinden, ist deren Leugnung und Verdrängung. Der griechische Philosoph *Epikur* (342-271 v. Chr.) versuchte sich aufgrund seines materialistischen Weltbildes einzureden: „Das schrecklichste Übel, der Tod, geht uns nichts an; denn solange wir da sind, ist der Tod nicht da, und wenn der Tod da ist, sind wir nicht mehr da. Der Tod geht also weder die Lebenden etwas an noch die Gestorbenen, denn wo jene sind, ist er nicht, und wo er ist, sind wir nicht." (63)

Es ist stets unser verunsichertes Bewusstsein, das sich den Tod angstvoll vor Augen hält. Das Unbewusste dagegen hat ein ganz natürliches Verhältnis zum Tod. Der Arzt und Psychologe *C. G. Jung* hat erfahren: „Im Ganzen war ich erstaunt, wie wenig Aufhebens die unbewusste Seele vom Tode macht." Und weiter schreibt er: „Ich bin als Arzt überzeugt, dass es sozusagen hygienischer ist, im Tod ein Ziel zu erblicken, nach dem gestrebt werden sollte, und dass das Sträuben dagegen etwas Ungesundes und Abnormes ist, denn es beraubt die zweite Lebenshälfte ihres Zieles." (64)

Bemerkenswert ist, dass all jene, die von ihrer Jenseitserfahrung im todnahen Zustand berichten, nicht mehr daran zweifeln, dass es nach dem jetzigen Leben weitergeht. Daher haben sie ihre Angst vor dem Tod weitgehend verloren. (65) So berichtet *Arthur Sanders,* wie er nach einer lebensgefährlichen Verletzung seinen Körper vorübergehend verlassen hatte und diesen außerkörperlichen Zustand mit Freude und Heiterkeit wahrnahm. Seither habe er keine Angst mehr vor dem Tode. Ähnlich sagte eine junge Frau, nachdem sie wiederbelebt wurde: „Ich fürchte mich nicht mehr vor dem Tod. Nachdem ich einmal seine Schönheit und das Entzücken, das er auslöst, erlebt habe, ist die Angst vor dem Tod ein für alle Mal gewichen." (66)

Das beste Mittel, die Todesangst zu überwinden, ist das regelmäßige und unverkrampfte Denken an den eigenen Tod. Eine angstfreie Haltung gegenüber dem Tod kann letztlich nur auf dem Weg der bewussten Auseinandersetzung und Anerkennung mit der eigenen Sterblichkeit gewonnen werden. Hierzu gehört, dass wir dem Tod nicht angstvoll auszuweichen versuchen, sondern Gefühle und Gedanken um unsere irdische Endlichkeit zulassen. *Seneca* übte sich zeitlebens darin: „Damit der Tod mich nicht ängstigt, denke ich ständig an ihn." In einem Brief vom 4. April 1787 an seinen Vater beteuerte das Musikgenie *W. A. Mozart* (1756-1791), dass kein Tag vergehe, an dem er nicht an seinen eigenen Tod denke. Er bekennt: „Ich habe mich seit ein paar Jahren mit dem Tod, mit diesem wahren Freund des Menschen, bekannt gemacht, so dass sein Bild nichts Erschreckendes für mich hat, sondern recht viel Beruhigendes und Tröstendes… Ich lege mich nie zur Ruhe, ohne zu bedenken, dass ich vielleicht – so jung ich bin – den anderen Tag nicht mehr sehen werde." (67) Ähnliches bestätigt der Schriftsteller *Elias Canetti*: „Seit vielen Jahren hat mich nichts so sehr bewegt und erfüllt wie der Gedanke an den Tod." (68) Der Theologe *Hans Küng* ist der Ansicht: „Wer sich täglich den Tod vor Augen hält, hat weniger Angst vor dem Tod." (69)

Wer dereinst dem eigenen Tod mit Gelassenheit begegnen möchte, der muss ihn bereits im Leben kennenlernen, indem er sich in Gedanken mit ihm als sein ständiger Begleiter vertraut macht. Es gehört zur klugen Lebensführung, jederzeit mit ihm zu rechnen und ihn nicht als Feind, sondern als Freund und Partner des Lebens zu sehen. (70) Bereits vor einem halben Jahrhundert hat der Schriftsteller *K. O. Schmidt* geschrieben: „Die Enge der Angst weicht, sowie wir lernen, durch den Tod hindurch und über den Tod hinaus zu schauen und unseren Weg durch das grenzenlose Reich der Wirklichkeit zu erspähen." (71)

Eine weitere Hilfe gegen die Todesangst ist das Gebet um einen „guten Tod". Ein Verstorbener aus dem Jenseits versichert uns: „Auch das Gebet hilft sehr viel. Wenn sich die Seele im Vertrauen auf Gott in der Entspannung löst, kann sie angstfrei hinübergehen, und der ganze Sterbevorgang ist leichter, denn drüben stehen die Helfer schon bereit. Sie können aber nur helfen, wenn die Angstblockaden, durch die sie ihre helfenden Hände nicht hindurchstrecken können, weg sind." (72)

Wer wirklich gelebt hat, der braucht sein Ende nicht zu bedauern. Für ihn wird der Tod zum Abschluss eines erfüllten Lebens. Gleichzeitig eröffnet er ihm eine neue Daseinsmöglichkeit, die ihn auf seiner Heimreise weiter- und seinem geistigen Ziel näherbringt. So sah es auch der französische Schriftsteller *Antoine de Saint-Exupéry* (1900-1944) in seiner Dichtung „Der kleine Prinz": „Hast du Angst vor dem Tod?", fragte der kleine Prinz die Rose. Darauf antwortete diese: „Aber nein. Ich habe doch gelebt, ich habe geblüht und all meine Kräfte eingesetzt, so viel ich konnte. Und Liebe, tausendfach verschenkt, kehrt wieder zurück zu dem, der sie gegeben hat. So will ich warten auf das neue Leben und ohne Angst und Verzagen verblühen." (73)

Der hellsichtige Pfarrer *Hans Stolp* bezeichnet den Augenblick des Todes als den „Höhepunkt des Sterbeprozesses", weil er die Vollendung und Abrundung unserer irdischen Lebensmission ist. „Der Kreis schließt sich. Es ist ein heiliger Moment, der nahezu immer einen tiefen Eindruck hinterlässt und sich bei den nahestehenden Menschen für immer einprägt." (74) Gleicher Ansicht ist die Ärztin *Karin El Souessi.* Sie hält den Tod geradezu für den Höhepunkt des Lebens, der möglichst bewusst und mit vertrauensvoller Zuversicht erwartet und erlebt werden kann. (75) „Elision" nennt den Tod den „wahren Freund des Menschen. Ewige Bindung an die Körperhülle wäre das traurige Los der Menschheit, reichte ihr der Tod nicht immer wieder seine gütige Hand, um sie aus der Enge des Leibes zu befreien. Er verdient es wahrlich, mit Ehrfurcht begrüßt zu werden, wenn er an die Türe klopft.

Manchen mag es vorkommen, als erscheine der Tod zur Unzeit, aber sie mögen versichert sein, keiner ist weiser und gütiger als der große Menschenfreund – der Tod.“ (76)

Mit *Hermann Hesse* können wir den Tod willkommen heißen:

Auch zu mir kommst du einmal,
Du vergisst mich nicht.
Und zu Ende ist die Qual,
und die Kette bricht.

Noch erscheinst du fremd und fern,
Lieber Bruder Tod,
Stehest als ein kühler Stern
Über meiner Not.

Aber einmal wirst du nah
Und voll Flammen sein –
Komm, Geliebter, ich bin da,
Nimm mich, ich bin dein.

Die beschützende Sterbebegleitung

Sterbebegleitung und Sterbehilfe sind zwei Themen, die heute immer häufiger auch in der Öffentlichkeit zur Sprache kommen. Die Gründe hierfür sind die Steigerung der Lebenserwartung, die Zunahme der unheilbaren Leiden, die Häufigkeit der Alterskrankheiten sowie die medizinischen Möglichkeiten der Lebensverlängerung. Immer häufiger stellt sich heute die Frage, sollen Ärzte und Pflegende alles in ihrer Macht Stehende tun, um den Tod eines Menschen so lange wie möglich hinauszuzögern? Soll ein sterbenskranker Mensch allen Möglichkeiten der Therapie unterzogen werden, um sein Lebensende so weit es geht hinauszuschieben, bis er austherapiert ist.

Bei den weiteren Überlegungen hierzu wollen wir klar unterscheiden zwischen Sterbebegleitung und Sterbehilfe. Bei der *beschützenden Sterbebegleitung* lässt man bei einer unheilbaren Situation der Natur ihren Lauf. Deshalb verzichtet man bewusst auf lebenserhaltende Maßnahmen. Das Hauptgewicht wird auf ein schmerz- und beschwerdefreies Befinden der kranken Person gelegt. Dabei geht es nicht mehr um die Heilung einer unheilbaren Krankheit oder um deren Behandlung, sondern es geht vorwiegend darum, die Lebensqualität des Patienten in seiner letzten Lebensphase nach Möglichkeiten zu erhalten und individuell zu gestalten.

Die meisten Betroffenen möchten möglichst beschwerdefrei und in der Begleitung von sorgenden und pflegenden Mitmenschen ihre letzte Lebenszeit verbringen. Der Arzt *Eckart Wiesenhütter* hat an zahlreichen Sterbebetten die Erfahrung gemacht: „Jedes Sterben ist anders, und was dem einen hilft, hilft deswegen noch längst nicht dem anderen. Deswegen ist auch die Frage, wie wir dem Sterbenden begegnen sollen, was wir ihm sagen dürfen, nicht allgemein gültig zu beantworten. Hilfe für den Sterbenden ist weniger das, was ich ihm sage, als das, was ich ihm bin." (77)

Bei längerem Krankheitsverlauf kann die Betreuung eines schwerkranken oder sterbenden Menschen sehr zeitaufwendig und pflegeintensiv sein. Die eigenen Angehörigen sind oft stark überfordert, so dass der Einsatz spezieller Dienste an einem geeigneten Ort, wo die entsprechenden Pflegemöglichkeiten und die notwendigen Hilfeleistungen gegeben sind, notwendig wird. Das ist in einem Spital oder in einer Klinik viel eher möglich als zu Hause. Daher sterben heute die Menschen viel seltener in ihrer eigenen Wohnung als früher. Nach einer Statistik starben in der Bundesrepublik Deutschland um 1910 nur 10% der Bevölkerung in einem Krankenhaus, 1966 waren es bereits 57%, um 1980 starben in größeren Städten bis zu 80% in Spitälern und 15% in Altersheimen." (78)

In unserer Zeit werden immer häufiger *Sterbehospize* eingerichtet. Unter einem Hospiz (lat. *hospitium*: Herberge, Gasthaus) ist heute nicht nur ein Pflegeheim als Endstation für Schwerstkranke zu verstehen, sondern auch eine Institution und Organisation, welche sich zum Ziel setzt, auf freiwilliger Basis sterbenskranken Menschen durch Achtsamkeit, Zuhören und Eingehen auf ihre alltäglichen Bedürfnisse zu betreuen und zu unterstützen. Auch für deren Angehörige soll eine familiäre, warmherzige Atmosphäre geschaffen werden, damit sie dem Unabwendbaren und Unausweichlichen gefasst begegnen können. In einem Sterbehospiz geht es also darum, Todkranke in ihrem Sterben „menschlich zu begleiten und ihre Würde bis ans Ende zu wahren". (79)

Im Bereich der beschützenden Sterbebegleitung steht heute die *Palliativ-Medizin* (lat. *pallium*: Schutzmantel, Umhüllung) immer häufiger im Vordergrund. Unter Palliation versteht man die Pflege und Begleitung einer Person, die an einer unheilbaren, tödlich verlaufenden Krankheit leidet. Es geht nicht bloß darum, den sterbenskranken Menschen seine letzte Lebensphase geduldig und möglichst schmerzfrei ertragen zu lassen. Ebenso wichtig ist es, auf seine persönlichen Wünsche und Bedürfnisse einzugehen und ihm seine Sorgen und Ängste zu erleichtern. Gleichzeitig kann er mit einem Schutzmantel, gewoben aus liebender Fürsorge und wohlwollender Anteilnahme, umgeben werden. Durch diese mitfühlende Zuwendung wird er wie in einen schützenden Mantel der Menschlichkeit eingehüllt.

Um den Gedanken der palliativen Hilfeleistung in der breiten Öffentlichkeit bekannt zu machen, wird seit dem Jahr 2005 alljährlich am zweiten Samstag im Oktober der „Welt-Palliativ-Care-und Hospiz-Tag“ durchgeführt. Als Leitbild gilt einerseits die biblische Erzählung vom barmherzigen Samariter (Lk 10,30-37) und anderseits die Legende vom *hl. Martin* (um 316-397), der als römischer Ritter und späterer Bischof von Tours seinen Mantel mit dem Schwert zerteilte und dessen eine Hälfte einem frierenden Bettler gab.

Heute gelten die Begriffe Palliativ-Pflege und Palliativ-Medizin für schmerzlindernde Maßnahmen bei unheilbar kranken Menschen. Der französische Arzt *Le Payne* hat hierfür die Formel vorgeschlagen: „Guérir quelquefois, soulager souvent, consoler toujours – Heilen manchmal, lindern öfters, trösten immer.“ Es geht dabei nicht um weitere Untersuchungen, Abklärungen und Therapien, sondern um fachgerechte Pflege und soziale Fürsorge. Diese kann für die Langzeitpflege auf einer Palliativ-Station oft recht aufwändig werden, denn „wenn nichts mehr zu machen ist, kann man noch sehr viel tun“, sagte eine erfahrene Pflegefachfrau. Dabei soll nicht alles Mögliche versucht, sondern das Notwendige getan werden, um größere Not abzuwenden.

Unter *Palliative Care* (engl. *care*: Fürsorge, Betreuung) ist eine Organisation zu verstehen, die in der unabwendbaren Endphase des unheilbar kranken Menschen dem Leben wie dem Sterben einen würdevollen und möglichst beschwerdefreien Platz einräumen will. Dazu gehört auch die Betreuung der Angehörigen beim Abschiednehmen sowie die seelsorgerische Begleitung, wenn diese erwünscht ist, unter Hinzuziehung eines fachlich ausgebildeten Seelsorge-Teams. Das erstrebenswerte Ziel der Palliativ-Care ist nicht die Lebensverlängerung, sondern der Erhalt oder die Verbesserung einer erträglichen Lebensqualität. Diese richtet sich nach den selbstbestimmenden Wünschen und Bedürfnissen der betroffenen Kranken und nicht nach den therapeutischen Möglichkeiten der Medizin. Es geht also nicht darum, dem Leben mehr Jahre, sondern den Jahren mehr Leben zu geben.

Der Arzt *Gian Domenico Borasio* (*1962), Inhaber eines Lehrstuhls für Palliativ-Medizin in Lausanne, setzt sich dementsprechend als

Forscher und Lehrer für medizinische, psychosoziale und spirituelle Sterbebegleitung ein. Seiner Ansicht nach könnten 90% der Patienten zu Hause sterben, wenn sie von geschulten Ärzten und ausgebildetem Pflegepersonal begleitet würden. (80)

Auch an der Universität München gibt es eine Professur für „Spiritual Care". Der erfahrene Palliativ-Arzt und ehemalige Neurochirurg *Peter Gruss* (*1940) aus Regensburg, mit dem ich in den vergangenen Jahren manches gute Gespräch führen konnte, schreibt in seinen medizinischen Erinnerungen: „Rational weiß der Mensch, dass er sterben muss, aber emotional neigt er durchaus zu der Vorstellung, er sei unsterblich. Das Erleben des natürlichen Sterbens, die Beurteilung dieses Phänomens und der Umgang damit sind sehr unterschiedlich." Für sich persönlich erhofft mein Freund, wie er mir versicherte, vor seinem Lebensende bei einem Arzt anzukommen, „der bereit ist, im richtigen Moment die Natur walten zu lassen, wenn er dies für richtig hält, und zwar ohne Patientenverfügung, ohne rechtliche Absicherung, sondern einfach durch den gesunden Menschenverstand". (81)

Bei der Palliativ Care geht es stets um den ganzen Menschen, um dessen Körper, Seele und Geist. Dies verlangt, dass sein körperliches, seelisches und geistiges Befinden zu berücksichtigen ist. Daher ist an diesem Bemühen ein weitgefächertes Netz von Einrichtungen und Fachpersonal beteiligt, das den kranken Menschen nach Möglichkeit auffangen soll. Dieses Netz ist befestigt an den tragenden Verankerungen der „Vier S", die da heißen: Selbstbestimmung, Schmerzlinderung, Sicherheit und Seelsorge.

In manchen modernen Spitälern greift man heute zur *„terminalen Sedierung"* (lat. *sedatio*: Beruhigung), indem der Kranke, um ihm in einer unerträglichen Schmerzsituation zu helfen, medikamentös in einen „letzten Schlaf" begleitet wird, freilich ohne direkte Tötungsabsicht, was als „humanes Sterben" bezeichnet wird.

Zur beschützenden Sterbebegleitung gehören demnach:

- Linderung und Minderung sinnloser Schmerzen
- Betreuung und Pflege in einem sozialverträglichen Umfeld

- Unterstützung bei dauernder Schwäche und Hilflosigkeit
- Menschliche Nähe und Anteilnahme bei fehlender Selbstständigkeit
- Auflösung von Missverständnissen und Konflikten mit Angehörigen
- Fachliche Beratung in persönlichen und familiären Angelegenheiten
- Hilfeleistung beim Erledigen von Problemen des Alltags
- Auskunftgeben darüber, wie es um die Gesundheit steht ohne Beschönigungen
- Erfüllung letzter persönlicher Wünsche
- Zeit und Gelegenheit geben zum Abschiednehmen
- Gewähren von Ruhe, Frieden und Versöhnung

Menschliche Nähe, liebende Geborgenheit und warme Berührungen sind oft das Letzte, was sich ein Sterbender wünscht. *Goethes* letzte Worte galten nicht dem Wunsch nach „Licht, mehr Licht!“, wie in seinen Biographien gerne erwähnt wird, sondern der väterlichen Bitte an seine Schwiegertochter: „Ottilie, gib mir dein gutes Pfötchen.“ (82)

Den Angehörigen obliegt es, einen sterbenden Menschen loszulassen, statt ihn aus selbstsüchtigen Gründen zurückhalten zu wollen. Der Psychiater *Carlo Zumstein* hat in einem Vortrag erklärt: „Je bereitwilliger und offener wir die Sterbenden in Liebe und Vertrauen begleiten und loslassen, desto einfacher ist es für die Seele heimzukehren.“ (83)

Der seelsorgerische Beistand gehört, sofern erwünscht, unbedingt zur religiösen Sterbebegleitung.

In ihrem Buch „Was wir noch tun können“ gibt *Elisabeth Kübler-Ross* wertvolle Hinweise, wie sich Sterbebegleiter ihren todkranken Patienten gegenüber verhalten sollen. Beim Lesen dieser Ratschläge ist mir aufgefallen, dass sie bei ihren zahlreichen Antworten die Frage „Was kommt nach dem Tod?“ kein einziges Mal erwähnt hat, obwohl sie selber beteuerte „ohne den Schatten eines Zweifels“ an ein Weiterleben zu glauben. Sie hielt sich einfach für dieses außer-medizinische Problem nicht für zuständig. (84) In Wirklichkeit fühlen sich die meisten Sterbebegleiter überfordert, wenn es um weltanschauliche Fragen geht, weil sie trotz ihres hervorragenden Fachwissens in dieser Hinsicht als Unwissende dastehen.

Die Psychologin und Theologin *Monika Renz,* die mehr als tausend Menschen bei ihrem Sterben begleitet hat, konnte feststellen, dass immer mehr Menschen in einem längeren Sterbeverlauf einen willkommenen spirituellen Reifungsprozess sehen und darauf ansprechbar sind. Ihre Studien haben gezeigt, dass bei richtiger Pflege und fachkundiger Betreuung 98% der Patienten friedlich und weitgehend schmerzfrei sterben können, wenn sie auch religiös betreut werden. (85) Die an Knochenkrebs schwer leidende Basler Ärztin *Kathryn Schneider* vertrat auf ihrem Sterbebett die Ansicht: „Gelänge es, das Tabu zu brechen und frühzeitig über die letzten Dinge zu reden, ginge es den Sterbenden und ihren Nächsten in vielen Fällen besser." (86)

Hierzu gehört auch das *Gebet* mit und für Sterbende. Dadurch können wir die Seele ins Licht begleiten, damit sie nicht finsteren Mächten in die Hände falle. (87) In einer Botschaft, welche die Ärztin *Uta Taschner* von ihrem verstorbenen Vater auf medialem Weg aus dem Jenseits erhalten hat, heißt es: „Wenn ihr betet, so betet auch für die Sterbenden, denn vielen sind diese Gebete eine ganz große Hilfe: Es ist ein Lichtstrom, ein Energiestrom, der sie einhüllt, ihre Einsamkeit durchbricht und sie ins große Ganze des göttlichen Seins einbindet, ob sie es spüren oder nicht. Wenn sie gehen, wenn sie sterben, nehmen sie es wahr und wenn es ein noch so kleines Gebet ist." (88)

Wenn die Kraft zur Selbstbestimmung schwindet, sollten wir die letzte Phase unseres Erdenlebens nicht von unserem menschlichen Eigenwillen abhängig machen, sondern uns mit Vertrauen einer himmlischen Macht überlassen, die es gewiss gut mit uns meint. Ein solides Gottvertrauen ist die wahre Kraft, die uns über alle Sterbefurcht und alle Todesängste hinwegtragen kann. Krankheiten und Leiden gehören naturgemäß zum menschlichen Leben, weil der Mensch anfänglich aus der Urordnung der geistigen Schöpfung selbstverschuldet herausgefallen ist. Eigentlich gibt es nur ein einziges Mittel, sich davon zu befreien, indem wir auf dem Weg der Gegenläufigkeit die Rückkehr in die ursprüngliche Harmonie schaffen und dadurch von jedem Tod befreit werden.

Einen hilfreichen Gedanken hat *Rainer Maria Rilke* seinem „Stundenbuch" anvertraut:

O Herr, gib jedem seinen eignen Tod.
Das Sterben, das aus jenem Leben geht,
darin er Liebe hatte, Sinn und Not.
Denn wir sind nur die Schale und das Blatt.
Der große Tod, den jeder in sich hat,
das ist die Frucht, um die sich alles dreht.

Unterstützende Sterbehilfe

Lerne zu leben und zu sterben.
Du wirst eine erhabene Ruhe
allen irdischen Dingen gegenüber gewinnen.
SENECA

Im Jahr 1955, wenige Tage vor seinem Tod, erlitt der 80-jährige Physiker *Albert Einstein* einen Arterienriss, der zu inneren Blutungen führte. Entgegen dem Rat seiner Ärzte lehnte er eine Notoperation ab mit der Begründung: „Ich gehe, wann ich will." (89) Ähnlich selbstbestimmend verhielt sich der große Psychologe *Carl Gustav Jung* in seinen letzten Lebenstagen. Als ihm nach einem Hirnschlag wegweisende Träume sein nahes Lebensende ankündigten, sagte er zu seiner Haushälterin vorwurfsvoll: „Ich möchte jetzt gehen, aber Sie lassen mich nicht gehen!" Zwei Tage danach verschied er. (90) In beiden Fällen ging es um die Erfüllung eines freigewählten und selbstbestimmten Todeswunsches.

Es kommt heute immer häufiger vor, dass unheilbar Kranke oder hochbetagte Menschen über ihr Lebensende selber entscheiden wollen. Handelt es sich um einen „Tod auf Verlangen" oder um aktive Beihilfe zum Freitod, spricht man heute vom „manipulierten Tod". (91) Während bis vor wenigen Jahrzehnten aktive Sterbehilfe kaum Zustimmung fand, ist die positive Einstellung hierzu heute deutlich gestiegen. So wird zunehmend nicht nur ein Recht auf das eigene Leben, sondern auch ein Recht auf den selbstgewählten Tod gefordert.

Nach einer Umfrage des Allensbach-Instituts aus dem Jahre 2001 befürworten 64% der Westdeutschen und 80% der Ostdeutschen die aktive Sterbehilfe bei unheilbar kranken Patienten. (92) Laut einer Studie aus dem Jahr 2002 ist die Mehrheit der Bevölkerung in der Schweiz für die rechtliche Freigabe der aktiven Sterbehilfe, 28%

wollen auf lebenserhaltende Maßnahmen am Ende ihres Lebens verzichten, 22% befürworten das Einnehmen von Schmerzmitteln mit lebensverkürzenden Nebenfolgen und 1,3% würden ein todbringendes Gift einnehmen. 61% fordern hierzu den Beistand einer ausgebildeten Pflegeperson. (93)

Gegenwärtig ist der „Tod auf Bestellung" durch unterstützende Sterbehilfe in vier europäischen Ländern erlaubt, nämlich in Belgien, Holland, Luxemburg und in der Schweiz. In den anderen Ländern gilt es als Straftat, einem anderen Menschen zu helfen, sein Leben zu beenden. In Deutschland zog der Bundestag im Jahr 2015 dieser Freitod-Begleitung enge Grenzen, indem er Sterbehilfeorganisationen, die einen kommerziellen Zweck verfolgen, aktive Sterbehilfe verbot mit der Begründung: „Der Mensch braucht Hilfe beim Sterben, nicht Hilfe zum Sterben." (94). Diese Einschränkung hat dazu geführt, dass in der Schweiz der Sterbetourismus aus dem Ausland deutlich zugenommen hat. Die Organisation „Dignitas" hat in den Jahren 2011 bis 2015 insgesamt bei 947 im Ausland gemeldeten Personen in der Schweiz Suizidhilfe geleistet. Im Jahr 2014 haben 742 Menschen, etwas mehr als 1% aller Verstorbenen in der Schweiz, einen begleiteten Freitod gewählt. Das ist ein Viertel mehr als im Vorjahr und zweieinhalbmal so viel wie im Jahr 2009. (95)

Laut einer Pressemitteilung hat im Jahr 2016 die Sterbehilfe-Organisation „Exit" in der Schweiz 722 Sterbewillige in den freigewählten Tod begleitet. Bei „Dignitas" waren es 221. Nur sechs von ihnen kamen aus der Schweiz. Die große Mehrheit reiste aus dem Ausland ein, nämlich aus Deutschland, aus Großbritannien und aus Frankreich. Einige wenige kamen aus Österreich, Israel, Kanada und aus den USA. Die Zahl der Freitod-Begleitungen hat, verglichen mit dem Jahr 2015, leicht abgenommen. Mögliche Gründe hierfür sind die besser ausgebaute Palliativ-Medizin und die Hospiz-Bewegung. Deutlich zugenommen hat die Mitgliederzahl bei „Dignitas". Sie stieg um 9% auf 7764. (96) Die Zahl der Mitglieder der Sterbehilfe-Organisation „Exit" nahm im Jahr 2016 um 12.087 auf 104.782 Personen zu. Drei Fünftel der Mitglieder sind Frauen. Das Durchschnittsalter jener, die sich dazu entscheiden wollen, in einer ausweglosen Situation durch unterstützende Sterbehilfe selbstbestimmend aus dem Leben zu scheiden, liegt bei 77 Jahren. Beachtenswert ist, dass von den vielen Tausenden, die ihre Mitgliedschaft in einer Sterbehilfe-Organisation unterschrieben haben, tatsächlich nur wenige am Ende diesen Ausweg wählen. Es verhält sich da wie mit einer Hausratsversicherung: Jeder hat eine, aber man ist froh, wenn man sie nie beanspruchen muss.

Sinn und Ziel der Freitod-Begleitung, wie sie in der Schweiz durch die Sterbeorganisationen „Exit" seit 1982 und „Dignitas" seit 1998 gegen Entgelt angeboten wird, ist in der Überschrift ihrer Mitgliederzeitschrift festgelegt und heißt: „Humanes Sterben in Würde und Selbstverantwortung". Nach dem Gesetz müssen sterbewillige Personen urteilsfähig und volljährig sein. Neuerdings wird die aktive Sterbehilfe nicht nur für unheilbar Kranke mit unerträglichen Schmerzen gefordert, sondern auch für solche, die zwar nicht hoffnungslos krank, aber lebensmüde und altersschwach geworden sind.

Eine gewisse Absicherung gegen ungewollte Maßnahmen zur künstlichen Lebensverlängerung bietet die rechtlich verbindliche *Patienten-Verfügung,* in der frühzeitig sein letzter Wille kundgetan wird. Dies setzt voraus, dass der Mensch im Vollbesitz seiner Entscheidungsfreiheit bestimmt, dass im Fall einer lebensgefährlichen Situation ohne Aussicht auf Heilung oder Besserung auf unerwünschte medizinische Bemühungen wie maschinelle Beatmung, Dialyse oder künstliche Ernährung zu verzichten sei. Schwierig kann es werden, wenn sterbenskranke Menschen nicht mehr über ihre eigene Entscheidungsfreiheit verfügen, wie dies bei Koma-Patienten oder bei schwerer Demenz und bei Alzheimer-Patienten der Fall sein kann. (97) Ob er dann im Ernstfall diesen Wunsch tatsächlich durchsetzen will oder kann, bleibt ungewiss. Entscheiden müssen dann die Angehörigen.

Wohl nur wenige bringen den Mut auf, im Ernstfall bewusst auf medizinische Eingriffe zu verzichten, wie ihn der Zürcher Strafrechts-Professors *Peter Noll* (1926-1982) bewiesen hat, der wegen seiner schweren Krebserkrankung eine Operation ablehnte, weil er nicht in die chirurgisch-urologische-radiologische Maschine hineingeraten wollte, mit der Begründung: „Weil ich dann Stück für Stück meine Freiheit verliere. Mit Hoffnungen, die zusehends kleiner werden, wird mein Wille gebrochen, und am Ende lande ich dann doch im bekannten Sterbezimmer, um welches alle einen bekannten Bogen machen: im Vorraum des Friedhofs." Bei seinem langen Warten auf den eigenen Tod lernte er den Wert des Lebens tiefer schätzen und gestand in einem Interview: „Ich kann Ihnen sagen, weil ich es in den letzten Monaten erlebt habe, dass der Gedanke an den Tod das Leben wertvoller macht." In seinem „Diktat über Sterben und Tod" gesteht er: „Sehen wir das Leben vom Tode her, werden wir freier, vieles wird leichter, manches intensiver. Etwas zum letzten Mal sehen ist fast so gut, wie etwas zum ersten Mal sehen." (98)

Die häufigsten Gründe, die für eine aktive Sterbehilfe genannt werden, sind folgende:

- Weil man nicht sinnlos unerträgliche Schmerzen erdulden möchte.
- Weil man befürchtet, zum hoffnungslosen Pflegefall zu werden.
- Weil man nicht vollständig auf fremde Hilfe angewiesen sein will.
- Weil man den Angehörigen oder Pflegenden nicht zur Last fallen möchte.
- Weil man nicht unnötig hohe Kosten verursachen will.
- Weil man meint, sich in der heutigen Gesellschaft oft nicht mehr zurechtfinden zu können.
- Weil man die Lebensfreude und den Daseinssinn verloren hat.
- Weil man nicht die Kontrolle über sich verlieren möchte.
- Weil man vermeiden will, am Ende des Lebens seine menschliche Würde zu verlieren.

Eine humanere Methode als die aktive Sterbehilfe mittels eines todbringenden Giftes ist der selbstgewollte Verzicht auf Nahrungsaufnahme, das sogenannte *„Sterbefasten"*. Im Gegensatz zum Gifttod ermöglicht der freiwillige Verzicht auf Nahrungs- und Flüssigkeitsaufnahme einen allmählichen und bewussten Abschied vom irdischen Leben. Wegen des vollständigen Nahrungsverzichtes werden die körpereigenen Abbauprodukte nicht mehr ausgeschieden, was nach zwei bis drei Wochen zu einer Selbstvergiftung und zu einem Organversagen führt. (99)

Es stellt sich die Frage: Ab wann wird das Leben für einen Menschen unerträglich? Was der eine tapfer durchhält bis zum natürlichen Ende, das mag für einen andern nicht mehr zumutbar sein. Demnach handelt es sich hier um eine subjektive Wertung, für die es keine allgemein gültigen Regeln oder Weisungen geben kann. Das persönliche Gewissen ist hierbei maßgebend. Entscheidend ist doch, ob der Mensch seinem Leben trotz der Schwere und Unerträglichkeit seines Daseins noch einen Wert abgewinnen und einen Sinn abringen kann. Ich habe den Verdacht, dass jene, die ihrem Leben ein freiwilliges und vorzeitiges Ende geben wollen, vor allem an einem tiefen Sinnlosigkeitsgefühl leiden. Hier gilt der Satz von *Friedrich Nietzsche*: „Wer ein Warum hat zum Leben, erträgt fast jedes Wie."

Es gibt Menschen, die trotz schwerster Gebrechen und Leiden ihr stark eingeschränktes Leben mit bewundernswerter Tapferkeit meistern und darin einen echten Sinn erkennen. In meinem Buch „Warum und wozu sind wir auf der Erde?" habe ich vier Persönlichkeiten vorgestellt, die gegenwärtig trotz all ihrer Leiden und Behinderungen ihr Dasein sinnvoll und mit Würde bewältigen. Erwähnt sei hierzu die erfolgreiche Schriftstellerin und Mundmalerin *Ruth Rieser* (*1943), die seit einem halben Jahrhundert nahezu vollständig bewegungsunfähig in einem Zürcher Spital liegt, zum Teil künstlich beatmet und ernährt werden muss und dennoch von sich sagen kann: „Ich liebe das Leben trotz allem." Sie hat während ihrer langen Leidenszeit fünf Fremdsprachen erlernt, mit Erfolg ein Fernstudium in Psychologie absolviert und betätigt sich noch heute als anerkannte Mundmalerin und Lebensberaterin. *Georg Farber* (*1974), der ohne Arme und Beine geboren wurde, beschreibt in seinem Buch „Ohne Leib mit Seele", wie er als ausgebildeter Psychologe in einer Wiener Klinik versucht, kranken und behinderten Patienten hilfreich zur Seite zu stehen. *Liliane Wyss* (*1978) erlitt als Biochemie-Studentin einen schweren Hirninfarkt und ist seither als Tetraplegikerin nahezu bewegungsunfähig. In Ihrem Buch „Rosenmeer. Eingeschlossen im eigenen Körper" schildert sie, dass es ihr möglich ist, mit Hilfe eines Schreib- und Sprech-Computers psychologische Vorträge zu halten und Seminare durchzuführen. Wie sie schreibt, hält sie ihr Leben für „durchaus lebenswert und sinnvoll". Die studierte Theologin *Simea Schwab* (*1970) kam ohne Arme und mit schmerzenden körperlichen Missbildungen zur Welt. Ihre Füße müssen ihre Hände ersetzen, mit denen sie auch alle Schreibarbeiten erledigt. In ihrem Buch „Fußnotizen aus meinem Leben" erzählt sie, wie sie als freischaffende Seelsorgerin und Erwachsenenbildnerin zahlreiche Vorträge und Seminare durchführen kann. (100)

Es vermag kein Naturwissenschaftler und kein Theologe genau anzugeben, von welchem Zeitpunkt an das menschliche Leben aufhört, als würdig und sinnvoll zu gelten. Verlieren wir unsere Menschenwürde, wenn wir zum hoffnungslosen Pflegefall geworden sind, wenn wir infolge fortschreitender Demenz unsere Angehörigen nicht mehr erkennen oder wenn wir in ein andauerndes Koma oder in eine „geistige Umnachtung" fallen? Jedem Wesen kommt aufgrund seiner Existenz eine ihm eigene menschliche Würde zu, die ihm ein Daseinsrecht zusichert, das nicht ohne Not missachtet werden darf. Diese Würde hängt nicht von seiner äußeren Fitness oder geistigen Wachheit ab. Wenn man deren Wert allein nach seiner körperlichen Tüchtigkeit einschätzen wollte, müssten wir alle im Alter unsere menschliche Würde einbüßen.

Die menschliche Würde hängt in erster Linie mit unserer geistigen Wesenheit zusammen, und diese kann weder verloren gehen noch kann sie uns genommen werden, solange wir leben. Wenn ein Mensch in Demut und Bescheidenheit seine Hilflosigkeit bei fortschreitendem körperlichen und intellektuellen Versagen oder Verfall eingestehen muss, schmälert dies seine Würde keineswegs. Sie besteht in seinem ganzen Menschsein, in seiner Identität, die selbst dann noch da ist, wenn er vergisst, wer er ist.

Bei einem Besuch in einem Altersheim sagte mir ein an Staublunge leidender ehemaliger Tunnelbauer: „Ich bin nichts mehr wert" – und bedauerte damit seine eingebüßte Arbeitskraft. Dennoch blieb er dabei freundlich, gütig, wohlwollend und achtenswert, bis er starb. Die Selbstachtung als Quelle der Würde blieb ihm auch im Sterben erhalten. Die Würde eines Menschen hängt nicht von dessen Gesundheit und Tüchtigkeit ab. Sonst müssten wir das Leben aller Schwachen, Behinderten und Kranken als würdelos bezeichnen.

Die *Befürworter* der begleiteten Sterbehilfe berufen sich auf das Recht der *Selbstbestimmung* des Menschen in Bezug auf sein Leben und auf seinen Tod. Zu diesen gehört der Philosoph *Andreas Urs Sommer,* der sich auf den Standpunkt stellt: „Der Mensch als endliches Wesen hat das Recht, dieser seiner Endlichkeit ein Ende zu setzen, sich selber abzuschaffen. Nichts und niemand zwingt ihn, die Spanne seiner Endlichkeit auszuschöpfen." (101) Andere sind der Ansicht, so wie es heute zulässig ist, die Geburt eines Kindes künstlich einzuleiten, sollte es ebenso erlaubt sein, den Tod auf Verlangen medikamentös herbeizuführen.

Zu den *Gegnern* der aktiven Sterbehilfe gehören in erster Linie die Vertreter der christlichen Kirche. Diese stellen sich auf den Standpunkt, der Mensch, als Geschöpf Gottes, sei nicht Herr über Leben und Tod. Sein Recht auf Selbstbestimmung könne das göttliche Gebot „Du sollst nicht töten" (2 Mo 20,13) nicht außer Kraft setzen. Daher wird das selbstbestimmte Töten am Lebensende als Mord bewertet. Im Jahr 1980 hat der damalige Papst in einer kirchlichen Verlautbarung festgehalten: „Dass nichts und niemand die Tötung eines unschuldigen Menschen zu gestatten vermag, sei dieser alt und gebrechlich oder von einer unheilbaren Krankheit gezeichnet oder dem Tode nahe." (102)

Hans Küng (* 1928) wagt hierzu einen Tabubruch, indem er sich vorstellt, im Fall einer unheilbaren und beschwerlichen Krankheit sein Leben durch aktive Sterbehilfe zu beenden, um in Würde sterben zu dürfen. Bereits im Jahr 2010 setzte er sich, gemeinsam mit dem Sprachwissenschaftler *Walter Jens* (1923-2013), für ein menschenwürdiges Sterben ein, bei dem auch die freie Selbstbestimmung um den eigenen Tod nicht ausgeschlossen sein soll. (103) Er hält es für jeden Christen für zulässig, sein Leben freiwillig zu beenden, wenn es für ihn unerträglich geworden ist. In einem Interview mit der Journalistin *Anne Will* erklärte der ehemalige Theologie-Professor: „Gerade weil ich an ein ewiges Leben glaube, darf ich, wenn es an der Zeit ist, in eigener Verantwortung über Zeitpunkt und Art meines Sterbens entscheiden." Es kann aber auch sein, dass er diesen Zeitpunkt verpasst, wie es seinem Freund und Mitautor *Walter Jens* geschehen ist, der sein leidvolles Dasein noch zehn weitere Jahre wegen seiner Alzheimer-Krankheit ertragen musste, und nicht mehr in der Lage war, selbstständig über den Zeitpunkt seines Todes zu entscheiden. (104) Auch der anglikanische Bischof *John Shelby Spong* spricht sich in seinem Buch „Jenseits von Himmel und Hölle" dafür aus, dass der

Mensch das Recht habe seine Tage „freiwillig, würdig und sinnvoll" zu beenden. Nach seinem Verständnis des christlichen Glaubens sei dies „eine zutiefst christliche Entscheidung, die das Leben achtet und nicht vernichtet". (105)

Die Mehrzahl der Ärzte beachten noch heute den Eid des *Hippokrates* (um 460-375 v. Chr.), des Begründers der abendländischen Medizin, der verlangt, dass der Arzt sich zum Lindern und Heilen verpflichten soll und niemals zum Vernichten von Leben hergeben darf. Auch von den meisten Juristen wird Widerspruch angemeldet, weil sie sich für das Lebensrecht des Menschen und nicht für sein Recht auf den freiwilligen Tod einsetzen wollen. Wenn man schon von einem Recht auf den eigenen Tod sprechen will, sollte man darunter das Recht auf seinen *natürlichen* Tod verstehen.

Aus psychologischer Sicht gab *C. G. Jung* einer lebensmüden Patientin, die an Freitod dachte, den Rat: „Die Idee des Selbstmordes, so menschlich begreiflich sie auch ist, erscheint mir nicht empfehlenswert. Wir leben, um ein möglichst großes Maß an geistiger Entwicklung und Bewusstwerdung zu erreichen. Solange das Leben irgendwie auch nur im geringsten Maße möglich ist – oder im geringsten Maße einen Sinn erkennen lässt – so lange sollte man am Leben festhalten, um es zum Zweck der Bewusstwerdung auszuschöpfen. Vor der Zeit das Leben abzubrechen heißt, ein Experiment zum Stillstand zu bringen, das wir nicht angelegt haben. Wir haben alle uns darin vorgefunden und müssen es bis zum Äußersten durchführen." (106)

Es ist eine Frage der Zumutbarkeit, wie weit ein Mensch in einer schier ausweglosen Situation seine Schmerzen zu ertragen vermag. Bekanntlich ist der Schmerz nicht objektivierbar. Das individuelle Schmerzempfinden ist subjektiver Natur und hängt stark von der körperlichen und seelischen Belastbarkeit sowie von der geistigen Sinnerkenntnis ab, die bei jedem Menschen anders sein kann. Zweifellos besitzt der Mensch die Freiheit, selber darüber zu befinden, wann er genug gesehen und gelebt hat, ob sein Weiterleben ihm und anderen noch etwas bringt und ob er seinem Dasein noch einen Sinn zugestehen kann. Letzten Endes muss jeder urteilsfähige Mensch selbst darüber entscheiden, wie weit sein Leben und Leiden für ihn einen Sinn hat. (107) Zu glauben, Gott wolle unser Leiden und dieses müssten wir klaglos hinnehmen, ist häufig ein Argument jener, die nicht oder noch nicht davon betroffen sind. Zwar war der mittelalterliche Mönch *Meister Eckhart* (1260-1327) der Ansicht, das Leiden sei das schnellste Pferd zur Vollkommenheit. Um dies so zu sehen, müssen wir aber wohl ein hohes Maß an geistiger Reife voraussetzen, die nur durch ein lebenslanges Bemühen um ein körperunabhängiges Bewusstsein zu erreichen ist.

Aus der Sicht des heutigen Geistchristentums ist zu bedenken, dass der Zeitpunkt des Todes im Lebensplan eines jeden Menschen vorgeplant ist, den er bei jeder Menschwerdung mit sich bringt. Gemäß den Belehrungen, die der katholische Pfarrer *Johannes Greber* (1876-1944) aus der Geisterwelt erhalten hat, ist die Stunde des natürlichen Todes in unserem ehemals frei gewählten Lebensplan vorgesehen, nicht aber die Art und Weise des Sterbens, für die wir weitgehend selber verantwortlich sind. (108) Daher wird ein Verstorbener, der ungerufen und unerwartet am jenseitigen Ufer ankommt, sei es infolge Freitod oder selbstverschuldetem Unfalltod, sei es durch selbstverursachte Krankheit, zunächst auf eine Warteliste gesetzt oder in eine Warteschlange eingereiht, bis seine vorausbestimmte Todesstunde gekommen ist. Diese Meinung wird auch von der ungarischen Seherin *Adelma von Vay* (1840-1924) geteilt, wenn sie schreibt, dass wir so lange an die Erde gebunden bleiben, bis zu der Zeit, wo wir auf natürliche Weise abberufen werden. (109) Der amerikanische Psychiater *Carl Wickland* (1862-1937) erklärt aufgrund seiner Jenseitskontakte in seinem Buch „Dreißig Jahre unter den Toten“ von einem seiner Patienten, der den Freitod gewählt hatte: „Seine übereilte Tat hält ihn in der Erdsphäre so lange fest, wie sein Leben bis zu seinem natürlichen Ende gedauert haben würde.“ (110) Manche Jenseitsforscher sind der Ansicht, dass ein Mensch, der vor dem Ablauf der für ihn bemessenen Lebensdauer durch eigenmächtige Selbstbestimmung stirbt, seinen richtigen Todestermin in einer erdnahen Sphäre abwarten müsse. Der führende Theosoph *Charles Leadbeater* (1847-1934) hielt es für denkbar, dass ein Mensch, der sich in diesem Leben eine schmerzliche Läuterung und geistige Reifung am Ende des Lebens ersparen will, diesen Prozess nach dem Tod in einer jenseitigen Sphäre nachholen muss. (111) Solche Gedanken sind den meisten Menschen freilich fremd, und sie werden überrascht sein, welche Konsequenzen ihr Handeln in der anderen Wirklichkeit haben wird.

Ob ein todkranker Mensch den Freitod wählt oder nicht, das hängt ganz davon ab, welchen Daseinssinn er seinem Leben trotz schwerstem Leiden zu geben vermag. Als Beispiel sei auf das Leben von zwei Männern hingewiesen, die von der gleichen unheilbaren Krankheit heimgesucht wurden, diese aber ungleich meisterten. In beiden Fällen handelt es sich um die todbringende und schleichend verlaufende Muskeldegeneration ALS (Amyotrophe Lateralsklerose). Am 16. Juni 2016 wurde im Fernsehkanal SFR 1 der Dokumentarfilm „Simons Entscheidung. Reise ohne Wiederkehr" aus dem Jahr 2015 ausgestrahlt. Dieser zeigt lebensnah das Leiden und Sterben des englischen Geschäftsmannes *Simon Binner* (*1957), der sich bei einer Sterbehilfe-Organisation in der Schweiz in den freigewählten Tod begleiten ließ. Der sprachgewandte und kontaktfreudige Mann, der es gewohnt war, seinen großen Freundeskreis mit seinem Humor zu erheitern, verlor durch die Krankheit seine Stimme vollständig. Er konnte sich mit seinen Angehörigen und Freunden nur noch schriftlich verständigen. Auch wurde er immer bewegungsunfähiger und landete schließlich im Rollstuhl. Deshalb hielt er sein Leben nicht mehr für lebenswert und entschloss sich, selbstbestimmt und vorzeitig aus seinem Leben zu scheiden.

Sein Leidensgenosse, auch ein Engländer, leidet seit fünfzig Jahren an der genau gleichen unheilbaren Erkrankung des Nervensystems mit fortschreitender Muskelschwäche und Lähmungen des Bewegungsapparates. Es ist der weltberühmten Astrophysiker *Stephen Hawking* (*1943), genannt „das Genie im Rollstuhl". Obwohl seine Ärzte ihm nur eine geringe Lebenserwartung voraussagten, hat er sich selber nie aufgegeben. Als Physiker hat er sich immer wieder neuen Aufgaben gestellt und neue Ziele angestrebt. Während mehreren Jahrzehnten war er Professor für Mathematik auf dem berühmten Lucasischen Lehrstuhl der Universität Cambridge. Fast vollständig bewegungsunfähig, hielt er während mehrerer Jahrzehnte mit Hilfe eines Sprech-Computers hochwissenschaftliche Vorträge an internationalen Kongressen. Für seine Beiträge zur modernen Kosmologie hat er zahlreiche Auszeichnungen erhalten. Mit seinem Schreib-Computer, den er lediglich durch seine Augenbewegungen betätigen kann, veröffentlicht er regelmäßig brillante Werke über Astronomie und Weltraumphysik. Trotz vollständiger körperlicher Hilflosigkeit blieb sein Geist hellwach, was für seine Lebensqualität entscheidend ist. Eines seiner nächsten Ziele ist für den heute 75-jährigen Forscher ein Flug in den Weltraum, wozu ihm die NASA bereits ein Gratis-Ticket zugestellt hat. In einem Computer-Interview erklärte er, dass ihn das Leben in jungen Jahren langweilte. Aber die Krankheit änderte alles: „Plötzlich begriff ich, dass es eine Reihe wertvoller Dinge gab, die ich noch tun könnte, wenn mir ein Aufschub gewährt würde." Bis heute ist sein Lebensmut ungebrochen. Er gestand vor kurzem: „Ich hatte ein gutes und erfülltes Leben." Allen behinderten Menschen rät er, sie sollten sich „auf Dinge konzentrieren, die ihnen möglich sind, statt solchen hinterherzutrauern, die ihnen nicht möglich sind". (112)

Aus diesen beiden Beispielen erkennen wir den großen Unterschied, was das Leben lebenswert macht und was nicht. Der eine fürchtete sich vor der totalen Hilflosigkeit und Sinnlosigkeit seines eher oberflächlichen Daseins; den anderen hält seine wissenschaftliche Tätigkeit trotz schwerster Behinderung am Leben. Er findet darin seine hoffnungsvolle Zuversicht, über Entstehung und Beschaffenheit des Universums neue Erkenntnisse zu gewinnen und diese weitergeben zu können.

Das ganze Leben gleicht dem Bearbeiten eines edlen Steines. Wer durchhält bis zum natürlichen Ende, selbst unter Schmerzen und Leiden, der gleicht einem wertvollen Rohling, den er durch sein stetes Bemühen bis zum letzten Schliff bearbeitet, damit dieser als kostbarer Diamant zu funkeln beginnt. Wer sein Leben tapfer durchsteht und sein Schicksal durchträgt und erträgt bis an sein natürliches Ende, der stärkt seine menschliche Würde und trägt weit mehr zu seiner geistigen Persönlichkeitsreife bei als jener, der sich in egoistischer Selbstentscheidung vorzeitig aus dem Leben davonmacht. Krankheit und Leiden gehören naturgegeben zum Dasein des Menschen auf dieser Erde als Folge seiner präkosmischen Fehlentscheidung, durch die er selbstverschuldet aus der gottgegebenen Ur-Ordnung herausgefallen und in Un-Ordnung geraten ist.

Im Sterben soll die Geistseele sich aus dem irdischen Körper herausarbeiten, ähnlich wie ein Schmetterling dies tut, wenn er sich von seiner Puppe befreit. Sie hat ihm lange Schutz und Geborgenheit gewährt, bis er seine volle Entwicklungsreife erreicht hat. Nun braucht er sie nicht mehr. Wie ratsam es sein kann, die Natur walten zu lassen und nicht selbstherrlich und vorzeitig einzuschreiten, lehrt uns nachfolgende Symbolgeschichte:

Vor Jahren ging ein Wanderer über ein Feld. An einem Strauch sah er, wie ein junger Schmetterling sich abmühte, seiner engen Puppenhülle zu entschlüpfen. Um dem zarten Tierchen die ganze Quälerei zu ersparen, nahm dieser Mann sein Taschenmesser zur Hand und schnitt die Puppe vollends auf. Da fiel der kleine Falter, bevor er genügend Zeit fand, seine Flügel zu entfalten und zu spannen, ins Gras und starb. Ohne je eine blühende Wiese gesehen zu haben, ohne den Duft einer Blüte wahrgenommen zu haben, ohne den süßen Nektar aus einem Blütenkelche getrunken zu haben wurde ihm sein zugedachtes Leben verwehrt. Hätte der vermeintliche Tierfreund nicht in das natürliche Geschehen eigenwillig eingegriffen, wäre der Schmetterling wohl am Leben geblieben und hätte sich eines schönen Sommers erfreuen können. (113)

Geleit nach drüben

So nimm denn meine Hände und führe mich
bis an mein selig Ende und ewiglich!

Julie Hausmann (1825-1901)

Sobald der sterbende Mensch sich anschickt, die irdische Welt zu verlassen, wird er in der Regel von Wesen erwartet, die über sein Kommen bereits unterrichtet sind. Nebst den eigenen Angehörigen, die ihm bereits vorausgegangen sind, handelt es sich meist um höhere Geistwesen, „deren Aufgabe es ist, ihm zu helfen, seine Situation zu verstehen und ihn seiner nächsten Bestimmung zuzuführen". (114) Manchmal werden jenseitige Wesen beauftragt, sich als „Empfangsgeister" bereit zu halten. Diese haben die Aufgabe, jene in die andere Welt zu begleiten, die von niemandem sonst erwartet werden und sich zunächst nicht zurechtfinden können. Eine Frau, die nach ihrem Übergang einen solchen Dienst übernehme konnte, erklärte: „Diese Seelen taten mir sehr leid, so dass ich gerne freundlich auf sie zuging und ihnen den Weg zeigte, den man mir vorher angegeben hatte." (115)

Andere himmlische Wesen, die Schutzengel und Geistführer genannt werden, sind uns als Wegbegleiter von Geburt an zugeteilt. Diese werden bereits lange vor unserer nächsten Menschwerdung für uns ausgewählt und uns als Geleitschutz zugewiesen. In einer medialen Jenseitsbotschaft belehrt uns ein Geistwesen durch mediale Vermittlung: „Wird nun ein solcher Geist in ein neues Menschenleben geführt, dann ist zu seinem Schutz ein Engel Gottes bestellt, der sich seines Schützlings annimmt." (116) Dieser ist angewiesen, dem Menschen mit Ratschlägen, Belehrungen und Schicksalslenkungen beizustehen und ihn nach Möglichkeit vor leiblichen und seelischen Gefahren, aber auch vor dämonischem Einfluss zu bewahren. Entscheidend ist freilich, wie weit der Mensch sich dieser geistigen Hilfe anvertraut und bereit ist, diese anzunehmen. Zu kleinen Kindern findet der Schutzengel meist leichten Zugang. Mit zunehmendem Alter jedoch gerät er bei vielen in Vergessenheit oder stößt auf Abwehr. Viele Erwachsene meinen, auf seinen Beistand verzichten zu können, und wenden sich kaum je an ihn. Glücklich sind jene, die sich seiner beim Übertritt in die geistige Welt wieder erinnern können. (117) Von hellsichtigen Menschen werden diese Helfergeister bereits unmittelbar vor dem Abschied eines Sterbenden beobachtet, wie sie sich als jenseitige „Geburtshelfer" um die Loslösung der Seele von seinem Körper bemühen.

Der Sterbeforscher *Bernard Jakoby* (*1957) beschreibt in seinem Buch „Wir sterben nie", wie beim Übergang in die andere Welt bei den meisten Sterbenden geistige Helfer und Betreuer zur Stelle sind, „um die Seele in Empfang zu nehmen und ihrer Bestimmung zuzuführen". (118) Ein junger Mann, der allein in seinem Krankenzimmer lag, hatte auf einmal das Gefühl, als ob da jemand anderer anwesend wäre. In einer medialen Durchgabe aus dem Jahr 1976 erzählte er: „Es wurde mir immer deutlicher, dass da jemand stand. Und dann habe ich sogar das Gesicht gesehen und die Umrisse des Körpers, zuerst sehr schleierhaft und vage, aber das Gesicht konnte ich gut sehen, ein Männergesicht, sympathisch, freundlich und zuversichtlich. Dieses sagte dann zu mir: 'Jetzt kommst du bald mit mir. Jetzt ist es gut. Jetzt bist du nicht mehr allein. Jetzt brauchst du nicht mehr lange hier zu liegen. Du musst dich jetzt nur noch von deinem Körper hier trennen, dann können wir weg von hier.'" (119)

Es scheint, dass es in der Engelwelt eine Art „Abholdienst" gibt, der aufgeboten wird, wenn Menschen aufgerufen werden, die diesseitige Welt zu verlassen. In einem medialen Heilungskreis, der vom deutschen Physiker *Werner Schiebeler* (1923-2006) jahrelang geleitet wurde, berichtete ein Verstorbener: „Ich bin sofort von mehreren liebevollen Geistwesen empfangen worden, die mich umgaben, mir freundlich zulächelten, mich keine Sekunde allein ließen und mir ein ganz herrliches Gefühl des Entspanntseins gaben… Sie nahmen mich mit. Ich habe gar nicht viel gefragt. Sie sagten mir ganz einfach, dass sie geschickt worden wären, um mich abzuholen." (120)

Laut einer Studie von *Emily W. Kelly* von der Universität in Virginia aus dem Jahr 2000 bestätigten 41% der befragten Patienten, die dem

Tode nahe waren, sie hätten verstorbene Verwandte gesehen. (121) Die beiden Psychologen *Karlis Osis* (*1917) und *Erlunder Haraldsson* (*1931) haben eine breitangelegte Studie über Sterbebett-Visionen in Amerika und Indien durchgeführt. Von 877 befragten Sterbenden gaben 75% an, sie hätten Verstorbene wahrgenommen, welche die Absicht bekundeten, sie abzuholen und ins Jenseits zu begleiten. (122) Bei einer Befragung von 1644 Sterbefällen, die von Ärzten und dem Krankenpflegepersonal von mehreren Spitälern durchgeführt wurden, erklärten 54%, sie hätten jenseitige Wesen gesehen und zum Teil sogar mit ihnen sprechen können. (123)

Eine Frau erzählte wenige Jahre nach dem Tod ihres Partners: „Als mein Mann starb, sah ich plötzlich eine schemenhafte Gestalt neben seinem Bett stehen, eine Frau. Sie war leicht durchsichtig, doch sonst sah sie aus wie ein normaler Mensch. Langsam beugte sie sich über das Bett meines Mannes. In ihrer ganzen Art, sich zu bewegen, sowie an ihrer Körperhaltung, spürte ich ihre Liebe. Ich wusste in diesem Moment – mit einer tiefen inneren Gewissheit – dass diese Frau seine Mutter war, die in jungen Jahren verstorben war und nun kam, um ihm zu helfen. Ich war ihr niemals begegnet, denn sie war schon verstorben, als ich meinen Mann kennen lernte. Sie streichelte auch das Gesicht meines Mannes. Sie tat es mit einer Zärtlichkeit, die mich heute noch tief berührt. Dann war sie weg. Das heißt, ich denke, dass sie sehr wohl noch dort war, ich sie jedoch nicht mehr sehen konnte. Nur für diesen einen, so intensiven Augenblick wurde der Schleier kurz gelüftet." (124)

Noch aufschlussreicher ist der Bericht des hellsichtigen *Anthony Tough*. Er sah, „wie durch den Spalt des Zimmers drei nebelartige Gestalten hineinwehten und am Sterbebett seiner Frau allmählich menschenähnliche Gestalt annahmen. Dann schwebten noch andere durchsichtige Gestalten herein und standen um das Bett. Diese versuchten, mit magnetischen Handbewegungen, den feinstofflichen Astralkörper vom sterbenden Körper zu lösen. Indem sie nach stundenlangem Bemühen das fluidale Band dazwischen zerschnitten, stieß die Sterbende einen letzten tiefen Seufzer aus. Dann verschwanden die Nebelgestalten mit ihr." (125)

Über einen ähnlichen Fall berichtete der Arzt *Dr. C. Renz* in einer medizinischen Zeitschrift. Sein Patient, ein amerikanischer Geschäftsmann, saß am Nachmittag des 23. Mai 1902 am Sterbebett seiner Frau. Aus seinem Bericht geht Folgendes hervor: „Um Viertel vor sieben Uhr abends sah ich unwillkürlich nach der Tür und bemerkte, dass drei getrennte, aber deutliche Wolkenstreifen ins Zimmer hineingeweht wurden." Dann sah er, wie die 'Wolken' sich dem Bett der Sterbenden näherten und dieses vollständig einhüllten. Er fährt fort: „Als ich dann in den Nebel starrte, gewahrte ich am Kopf meiner sterbenden Frau eine weibliche Gestalt... Sie war durchsichtig, aber wie ein heller Schein von leuchtendem Gold – eine Frauengestalt von so erhabenem Aussehen, dass mir die Worte fehlen, sie zu beschreiben. Gehüllt in ein 'griechisches' Gewand mit langen, lose herabhängenden Ärmeln stand die Gestalt in ihrem vollen Glanz und ihrer Schönheit unbewegt da, die Hände über meine Frau erhoben ... Zwei andere Gestalten in Weiß knieten an der Seite meiner Frau, anscheinend gegen sie gelehnt; weitere Gestalten schwebten mehr oder weniger deutlich über dem Bett. Über meiner Frau, aber durch ein Band mit ihr verbunden, das über dem linken Auge von der Stirne ausging, schwebte eine unbekleidete weiße Gestalt empor, offensichtlich der Geist meiner Frau. Zeitweilig verhielt sich die so an den Körper gebundene Gestalt vollkommen ruhig; dann schrumpfte sie zusammen... Sie war vollständig ausgebildet, einschließlich der Arme und Beine. Während die Gestalt des Geistes an Umfang abnahm, wendete sie sich öfters hin und her, schlug mit Armen und Beinen um sich, vermutlich um sich vom irdischen Körper freizumachen und zu entkommen.... Dann wurde sie wieder ruhig, nahm von neuem an Größe zu, und dasselbe Spiel begann von vorne. Diese Schauung, oder was es sonst war, habe ich ununterbrochen während der ganzen fünf Stunden gehabt, die dem Tod meiner Frau vorausgingen... Mit dem letzten Atemzug und Seufzer, als der Geist den Körper verlassen hatte, war auch das verbindende Band plötzlich gerissen und die Geistgestalt verschwunden. Auch die 'Wolken' und Geistwesen verschwanden augenblicklich, und seltsam: Das schwere Gefühl, das mich bedrückt hatte, war mit einem Male gewichen." (126)

Oftmals sind es Schutzengel oder ehemalige liebe Bekannte, die den Sterbenden abholen. Die hellsichtige Krankenpflegerin *Joé Snell* erlebte am Bett eines 17-jährigen Mädchens, das im Sterben lag, wie zwei engelartige Gestalten eintrafen. Sie erinnert sich: „Ich erkannte in den beiden zwei intime Freundinnen des Mädchens, die ein Jahr vorher gestorben waren. Gerade bevor die beiden erschienen, hatte das sterbende Mädchen geklagt: 'Es ist so dunkel geworden, ich kann gar nichts mehr sehen.' Aber die beiden Abholerinnen erkannte sie sofort. Ein liebliches Lächeln glitt über ihr Gesicht. Sie streckte die Hände aus und rief freudig: 'Oh, ihr seid gekommen, mich abzuholen. Ich freue mich, denn ich bin so müde.' Als sie ihre Hände ausstreckte, ergriff jeder der beiden Engel deren eine Hand. Ihre Gesichter waren leuchtend, und wie auch das Gesicht der Sterbenden strahlend lächelte, schienen diese die Hände der Sterbenden loszulassen, die dann auf das Bett zurückfiel. Ein Seufzer, wie von jemand, der sich glücklich dem Schlaf hingibt, kam von ihren Lippen, und dann war sie, wie die Welt sagt, tot. Die Engel blieben am Bett während des kurzen Augenblicks, bis die Geistform über dem toten Körper sich gebildet hatte. Sie erhoben sich dann und blieben einige Augenblicke neben ihr, die ihnen nun gleich war. Dann verließen drei Engel den Raum, wo vorher nur zwei gewesen waren.“ (127)

Manchmal findet sich eine ganze Schar wohlwollender Geister ein, die dem sterbenden Menschen behilflich sein möchten. Als eine französische Krankenschwester einen ihrer Patienten betreute, erwachte dieser plötzlich aus seiner Agonie und rief ganz erregt: „Sehen Sie, Schwester, da! Sehen Sie, wie es um mich wallt und schwebt? Sehen Sie die Nebel, die mich umkreisen. Oh, wie wohl mir diese Nebel tun! Wie sie meine lästigen Schmerzen aufheben, wie sie in mich hineindrängen, aus mir herausquellen und wieder versinken. Mir ist, als läge ich auf den langsam spielenden Wellen der Viloire, nein – es ist, als sei ich selbst eine dieser Wellen…“ Die Krankenschwester berichtet weiter: „Als ich mich wieder dem Bett des Schwerkranken zuwandte, gewahrte ich etwas Sonderbares. Um das Bett schwebten ein paar Gestalten, die aus Nebel und Licht zu bestehen schienen. Diese Nebel-Lichtgestalten schienen sich mit dem Sterbenden zu beschäftigen. Allerdings konnte ich nicht erkennen, was sie taten.“ (128)

Oft werden Menschen im Augenblick des Todes von ihrem verstorbenen Partner, von ihren Eltern und von nahen Verwandten begrüßt und abgeholt. Ich kannte einen Arzt, der im Sterben sich in den Kissen plötzlich aufrichtete und erstaunt rief: „Was, du bist da!“ Die Umstehenden wussten, dass er seine geschiedene, vor zehn Jahren verstorbene Frau sah, die ihn mit versöhnlichen Worten abholte. Je nachdem in welcher geistigen Gesinnung die Abhol-Geister den soeben Verstorbenen antreffen, begrüßen sie ihn freudig und heißen ihn willkommen, oder sie begegnen ihm mit ernster Miene, womit sie ihre Sorge um sein Seelenheil und ihr Missfallen über das gelebte Leben zum Ausdruck bringen. (129)

Wer sich im Verlauf seines Lebens um seine Fortexistenz nach dem Tod keinerlei Gedanken machte, in seinem Denken ein Weiterleben nicht für möglich hielt und sich nie der göttlichen Welt anvertraut hat, der darf kaum erwarten, dass er in seiner letzten Stunde von himmlischen Wesen freudig erwartet wird. So betont der Parapsychologe *Rudolf Passian* (*1924): „Nicht bei jedem soeben Verstorbenen ist sogleich der Schutzengel zur Stelle, am wenigsten bei Leuten, deren Denken und Handeln rein diesseitsbezogen oder gar kriminell war." (130)

Auch sind es nicht immer gutgesinnte Geistwesen, die sich beim Sterbenden einfinden. Ungläubige und unwissende Menschen geraten leicht in Gefahr, dass sie von niederen Geistern beeinflusst werden. Diese Lügen- und Truggeister versuchen, kaum dass die Geistseele den Körper verlassen hat, den Verstorbenen zu täuschen und durch ihre Verführungskünste auf ihre Seite zu ziehen. Nicht selten geschieht dies dadurch, dass diese sich als ihre Verwandten ausgeben, diesen täuschend ähnlich sehen, um ihr Vertrauen zu erschleichen und sie dann in die Irre zu führen. *Werner Schiebeler* hat in einem spirituellen Helfer- und Heilkreis in Ravensburg während vieler Jahre die Möglichkeit gehabt, mit Verstorbenen auf medialem Weg ins Gespräch zu kommen. Im Jahr 1977 schilderte ihm ein verstorbener Mann, der inzwischen im Jenseits die Seiten gewechselt hatte, wie er von Dämonen auf derartige Täuschungsmanöver und Verführungskünste geschult wurde. Sie wiesen ihn an, wie er mit verführerischen Versprechungen, böswilligen Einflüsterungen und raffinierten Verblendungen die Seele von Verstorbenen betören, ihre Denkkraft einnebeln und ihren Widerstand brechen könne.

Bei einer ähnlichen Gelegenheit erzählte eine Frau, die sich *Elisabeth* nannte: „Als ich starb, war es so, dass um mich herum zahlreiche verstorbene 'Verwandte' standen. In Wirklichkeit aber war nicht ein einziger echter Verwandter dabei. Die angeblichen Verwandten sahen aus, wie ich sie zu Lebzeiten kannte. Sie empfingen mich und nahmen mich mit. Da ich nie an ein Weiterleben nach dem Tod geglaubt hatte, war ich natürlich sehr erfreut. Ich habe es erst nach sehr langer Zeit gemerkt, dass es nicht meine wirklichen Verwandten waren. Da diese einiges von mir wussten, haben sie ihr Spiel sehr geschickt mit mir getrieben, um mich in die Irre zu führen."

Um einen ähnlichen Fall handelte es sich bei einem Mann namens *Georg,* der mit einundachtzig Jahren starb und sein Leben lang nie an etwas Höheres geglaubt hatte. Er wurde nach seinem Tod von „Abgesandten der anderen Seite" in Empfang genommen. Er sei, so berichtete er, von diesen ausgebildet und abgerichtet worden, um im Auftrag der dämonischen Geisterwelt sich bei soeben Gestorbenen als Verwandter vorzustellen, um diese zu täuschen und auf die falsche Seite zu ziehen. Dabei handelte es sich stets um verstorbene Menschen, die nicht an Gott glaubten und auch nie beteten. *Georg* erinnert sich: „Wir haben sie dann nicht mehr freigelassen. Diese Geistwesen konnten sich nicht mehr frei entfalten. Sie wurden von morgens bis abends bearbeitet, etwa drei bis vier Monate lang, um sie uns gefügig zu machen." (131)

Dies bestätigt auch *Manuela Oetinger*: „Die dunkle Seite ist sehr heimtückisch, listig und auch einfallsreich. Sie stellt selbst Suchenden eine Falle, wenn sie ihnen vormacht, sie hätten das Recht, über andere zu urteilen, die den Weg zur Liebe noch nicht gefunden haben oder ihn auf eine andere, ihnen fremde Weise gehen." (132)

In einer solchen bedrohlichen Situation kann ein ehrliches *Gebet* als wahrer Rettungsanker oder als hilfreicher Schutzschild dienen. In einer medialen Jenseitsdurchgabe schilderte ein Verstorbener: „Als ich starb, standen an meinem Bett drei Geistgestalten, die mir aus meinem und ihren früheren Lebzeiten auf Erden als sehr vertraute und liebe Menschen bekannt waren. Dazu kamen noch fünf weitere mir unbekannte Wesen. In einem Gebet zu Gott habe ich um Klarheit gebeten, ob die drei 'lieben' Geistwesen nun wirklich meine früheren Verwandten seien, die ich auf Erden so lieb hatte. Während meines Gebetes wurde mir dann eingegeben, dass die drei 'Lieben' gar nicht meine Verwandten waren, sondern zu Luzifers Seite gehörten. Die anderen fünf aber waren von der Seite Gottes und dazu bestimmt, mich abzuholen." (133)

Durch Gebete können helfende Schutzgeister herbeigerufen werden, welche uns in ihre Obhut nehmen. So bestätigt der Mönch *Maximos* vom Berg Athos in Griechenland: „Unser Schutzengel ist stets zugegen, wenn unsere Seele diese Welt verlässt und den materiellen Körper ablegt. In diesem Moment ist er da, um uns bei diesem schwierigen Übergang zu trösten und zu unterstützen und uns dann bei der Eingewöhnung in der geistigen Welt zu helfen.“ (134) Sehr zu empfehlen ist hierzu das „Herzensgebet“, wie es vor allem in christlichen Klöstern des Nahen Ostens gepflegt wird. (135) Dieses Gebet sollte freilich schon zu Lebzeiten eingeübt werden, damit es uns in Gefahren diesseits und jenseits der Todesschwelle himmlischen Begleitschutz bietet. Die Erfahrung zeigt, dass die Worte „*Jesus Christus*“ im Leben und im Sterben uns schützen können vor niederen, bösgesinnten Dämonengeistern und stattdessen gutgesinnte Helfergeister herbeirufen.

Die Sterbebegleiterin *Gabriela Rüegg* bezeichnet es als eine „Ehre, in diesem intimen Moment des Sterbens dabei sein zu dürfen“ und nennt den Augenblick, da ein Mensch sich von der diesseitigen Welt verabschiedet, einen „heiligen Moment“. (136) Dieser Ansicht wird sich mit Sicherheit der Sterbebegleiter und Pfarrer *Hans Stolp* anschließen, denn er schreibt: (137)

Fürchte dich nicht vor der Reise, die mit dem Tod beginnt.
Die Liebe der Engel wird dich tragen.
Deine Lieben, die bereits verstorben
und dir vorausgegangen sind,
stehen bereit, um dich zu begleiten
und dir eine Stütze zu sein.

Teil II

Vom Tod zum Leben

Von Leben zu Leben, von Strand zu Strand.
So ist der Tod auch nur ein Band.
Aber drüben am anderen Ufer liegt uns bereit
ein neues Gewand.

EMANUEL GEIBEL

Was geschieht mit dem Menschen nach dem Tod? Dies ist wohl die entscheidende Frage, welche sich die Menschen seit Jahrtausenden stellten und heute immer noch fragen, ohne erschöpfende Antworten zu bekommen. Es ist bedauerlich, dass Ansichten und Meinungen hierüber, die aufgrund mangelnden Wissens vor zweitausend Jahren als „göttliche Wahrheit" verkündet wurden, heute noch als gesicherte Glaubenswahrheiten vertreten werden. Aufklärung und Richtigstellung wären heute dringend nötig, ehe unsere Kirchen völlig leer geworden sind. Treffend hat der Schweizer Kardinal *Hans Urs von Balthasar* (*1905) den Erklärungsnotstand der heutigen Theologie über das nachtodliche Leben formuliert, indem er schrieb: „Was die Ansicht der heutigen Theologen über das Leben nach dem Tod angeht, ist es wie mit einem Zimmer, auf dessen Türe geschrieben steht: 'Wegen Renovationsarbeiten geschlossen.'" (1)

Nahtod-Erlebnisse

Wenn ein Mensch stirbt,
wird er Geist.
Wenn ein Geist stirbt,
wird er Mensch.
Novalis

Als *Elisabeth Kübler-Ross*, Ehrendoktorin zahlreicher Universitäten, in den 1980er Jahren dazu überging, sich mit Nahtod-Erlebnissen ihrer Patienten zu beschäftigen, da wurde sie von vielen ihrer Arztkollegen belächelt, für unglaubwürdig, ja sogar für „verrückt" gehalten. (2) Man warf ihr vor, den seriösen Pfad der Wissenschaft verlassen zu haben, weil sie sich mit Dingen befasste, die es nach der offiziellen Lehrmeinung der Medizin gar nicht geben konnte. Mehr Anerkennung auf diesem neuen Forschungsgebiet fand der kalifornische Psychiater *Raymond Moody* (* 1944), der bei seinen Arbeiten über die Nahtod-Erlebnisse noch im Bereich des erfahrbaren Diesseits blieb. (3)

Unter einem *Nahtod-Erlebnis* ist ein außerkörperlicher Bewusstseinszustand während einer lebensbedrohenden Situation zu verstehen. Dabei kommt es, unabhängig von jeder Gehirnfunktion, zu außersinnlichen Wahrnehmungen, die sowohl in die persönliche Vergangenheit als auch in die eigene Zukunft weisen können. Schätzungsweise 10-30% der Menschen, die dem Tode nahe waren, vermögen sich an entsprechende Erfahrungen zu erinnern. (4) Die häufigsten Auslöser von Nahtod-Erlebnissen sind schwere Unfälle, lebensgefährliche Erkrankungen, Operationen in Vollnarkose und Sterbebettvisionen. (5)

Zwei derartige Geschehnisse beeindruckten mich persönlich. Vor einigen Jahren wurde ein junger Mann nach einem misslungenen Freitodversuch zu mir in die psychologische Sprechstunde gebracht, damit er bei seiner Konfliktverarbeitung fachliche Hilfe bekomme. Gleich zu Beginn unserer Gespräche verriet er mir: „Eines kann ich nicht verstehen. Als ich auf der Intensivstation lag, nahm ich mich mit klarem Bewusstsein an der Zimmerdecke des Spitalzimmers schwebend wahr, während mein Körper unter mir in einem Bett liegend zu sehen war." Dieser Hinweis hat mich überzeugt, dass er ein Nahtod-Erlebnis hatte. Auf dieser Erfahrung konnte ich meine Therapie aufbauen und ihm klarmachen, dass mit dem Tod nicht alles aus und vorbei ist, wie er bisher meinte.

Mein inzwischen verstorbener Freund *Stefan von Jankovich* (1920-2002) erlitt im Jahr 1964 einen schweren Autounfall im Tessin, bei dem er während etwa fünf Minuten für klinisch tot galt. In dieser kurzen Zeit beobachtete er bei klarem Bewusstsein, wie von höherer Warte aus, das weitere Geschehen am Unfallort. Er erinnerte sich wenige Tage danach: „Ich schwebte über mir selbst. Ich betrachtete mich von jeder Seite und hörte zu, was ich selber sagte. Ich registrierte mit allen Sinnesorganen, was ich sah, spürte und auch was ich dachte. Ich konnte genau hören, was die Leute auf der Straße sprachen; ich konnte wahrnehmen, was sie dachten. Ich konnte beobachten, wie ein Arzt versuchte, mich wiederzubeleben." (6) In einem späteren Gespräch bestätigte er mir dieses Nahtod-Erlebnis.

Der früheste *historische* Bericht über eine Nahtod-Situation ist wohl die Geschichte vom Soldaten *Er*, dessen Erlebnis *Platon* in seiner Schrift „Politeia" ausführlich schildert: Dieser sei einst im kriegerischen Kampf gefallen und für tot gehalten worden. Nach mehreren Tagen wurde er mit anderen verstorbenen Kriegern auf einen Scheiterhaufen gebracht. Dort sei er plötzlich wieder ins Leben zurückgekehrt. Bald danach beschrieb er seine Beobachtungen, ähnlich wie dies auch heute Wiederbelebte tun, die ein Nahtod-Erlebnis hatten. (7)

Der wohl älteste Bericht über Nahtod-Erlebnisse aus neuer Zeit stammt vom Zürcher Geologen und Alpinisten *Albert Heim* (1849-1937), der im Jahrbuch 1892 des Schweizer Alpen-Clubs einige Erfahrungen in Todesnähe veröffentlichte, die von abgestürzten Bergsteigern, die den Unfall überlebt hatten, gemacht wurden. (8) Ein weiteres Erlebnisbeispiel aus jüngerer Zeit stammt vom Musiker *Bo Katzmann*: Dieser erlitt im Jahr 1972 einen Motorradunfall und wurde mit schweren Verletzungen in ein Spital eingeliefert. Bei der nachfolgenden Notoperation war er trotz Vollnarkose plötzlich bei klarem Bewusstsein. Er spürte, dass er sich über seinem Körper befand, der unter ihm auf dem Operationstisch lag. Gleichzeitig verstand er die Gedanken der anwesenden Personen. Er versuchte, dem Arzt klarzumachen, dass seine Bemühungen umsonst seien, da er ja für tot galt, doch dieser hörte ihn nicht. (9)

Seit etwa 150 Jahren hat die Nahtod-Forschung zu immer neuen Erkenntnisse geführt. Im Jahr 1936 hat der deutsche Jenseitsforscher *Emil Mattiesen* (1875-1939) in seinem dreibändigen Werk „Das persönliche Überleben des Todes“ zur Erforschung von Nahtod-Erlebnissen ein reichhaltiges Erfahrungsmaterial vorgelegt. (10) Dieses stimmt weitgehend überein mit jenem Nahtod-Erlebnis, welches der Arzt *Georg Ritchie* im Jahr 1954 hatte und in seinem Buch „Rückkehr von Morgen“ beschrieben hat. (11) Dieser außergewöhnliche Bericht veranlasste den kalifornischen Arzt *Raymond Moody*, von 1965 an während fünf Jahren nach ähnlichen Erlebnissen zu forschen. Er befragte 150 Menschen, die im medizinischen Sinne für klinisch tot galten, dann aber wiederbelebt wurden, nach ihren Erlebnissen in Todesnähe. Dabei stellte er fest, dass diese in auffallender Weise miteinander übereinstimmten und daher einen gewissen Wahrheitsgehalt haben mussten. Was er dabei über Nahtod-Erlebnisse in Erfahrung bringen konnte, beschrieb er in seinem Buch „Leben nach dem Tod“. (12) Dieses löste zunächst in Amerika, dann weltweit ein großes Interesse aus und veranlasste zahlreiche Mediziner zu ähnlichen Studien.

Die beiden Psychologen *Karlis Osis* und *Erlunder Haraldsson* haben in den 1970er Jahren bei Ärzten und Pflegefachleuten in mehreren Krankenhäusern über tausend Fallbeispiele von Patienten gesammelt und bei diesen außerdem 450 Interviews durchgeführt, um deren Nahtod-Erlebnisse wissenschaftlich zu erforschen. (13) In neuer Zeit hat *Kenneth Ring*, Psychologie-Professor an der Universität von Connecticut / USA , mehrere hundert Personen in der westlichen Welt nach ihren Nahtod-Erlebnissen befragt. (14) *Hubert Knoblauch* (*1959), Professor für Religionswissenschaft an der Universität Zürich, hat Ende der 1990er Jahre eine repräsentative Umfrage in Deutschland durchgeführt. Er stellte fest, dass vier Prozent der Befragten schon einmal ein Nahtod-

Erlebnis hatten. (15) Im Jahr 2001 veröffentlichte der holländische Herzspezialist *Pim van Lommel* eine gut dokumentierte Studie über Nahtod-Erlebnisse. Er befragte 350 Patienten, die einen Herzstillstand erlitten hatten und danach wiederbelebt wurden, nach ihren Erlebnissen im klinisch toten Zustand. Dabei stellte er fest, dass 12% von diesen im außerkörperlichen Bewusstseinszustand über echte Sinneswahrnehmungen und Erinnerungen verfügten, sich räumlich und zeitlich zu orientieren wussten und Informationen aus verschiedenen Daseinsebenen empfangen konnten. (16) Auch sollen sie Visionen gehabt und außersinnliche Wahrnehmungen erlebt haben. (17) Einen guten Gesamtüberblick zum Thema „Nahtod-Erlebnisse" vom Mittelalter bis zur Gegenwart bringt die amerikanische Religionswissenschaftlerin *Carol Zaleski* in ihrem Buch „Nah-Todeserlebnisse und Jenseitsvisionen." (18)

Anstelle der vielen ähnlichen Erlebnisberichte, die in letzter Zeit bekannt geworden sind, sei hier nur eine einzige Fallgeschichte erzählt, die alle wichtigen Merkmale dieses Phänomens aufweist: Ein Patient des französischen Arztes *Jean-Jacques Charbonnier* erzählte: „Direkt nach meinem Herzinfarkt trat ich aus meinem Körper aus. Ich schwebte an der Zimmerdecke und habe alles gesehen: ich habe alle Details meiner Reanimation mitbekommen. Ich wollte den Personen zurufen, die versuchten, mich ins Leben zurückzuholen, dass sie mich gehen lassen sollten, aber sie konnten mich nicht hören. Es ging mir wunderbar, und ich hatte überhaupt nicht den Wunsch, in meinen Körper zurückzukehren. Ich habe dann einen astralen Tunnel durchquert. Ich badete im Licht von bedingungsloser Liebe und hatte Glücksgefühle von unbeschreiblicher Stärke. Ich habe im Zeitraffer mein ganzes Leben in seinen kleinsten Details gesehen. Ich spürte das Gute und das Schlechte, was ich anderen angetan habe. Ich bin einem Lichtwesen begegnet, das unendliche Liebe ausstrahlte, das mich fragte, was ich aus meinem Leben gemacht habe und was ich für andere getan habe. Meine verstorbenen Eltern sind erschienen, um mich zu begrüßen und mir mitzuteilen, dass ich in meinen Körper zurück müsse, ich könne leider nicht bei ihnen bleiben, obwohl es mein sehnlichster Wunsch war. Sie haben mir eine Grenze gezeigt, die ich nicht überschreiten durfte. In dem Moment, in dem ich in meinen Körper zurückkehrte, fühlte ich alle meine Schmerzen wieder und war schrecklich traurig, dass ich dieses wunderbare Licht verlassen musste. Jetzt bin ich sehr glücklich, denn ich weiß, dass es ein Leben nach dem Tod gibt und ich eines Tages von Neuem in diesem Licht der Liebe sein werde. Ich weiß auch, dass es das Wichtigste auf dieser Erde ist, zu lieben und anderen zu helfen. Diese Erfahrung hat mein Leben grundlegend verändert. Nichts ist mehr so wie vorher." (19)

Das Erlebnismuster ist bei fast allen Nahtod-Erlebnissen recht ähnlich. Dieses enthält folgende Merkmale: Schmerz- und Schwerelosigkeit, außerkörperliche Selbstwahrnehmung, das Durchschweben eines Tunnels oder Kanals, die Begegnung mit einem Lichtwesen, der Lebensfilm und schließlich die Aufforderung, erneut ins irdische Leben zurückzukehren.

Dass dieser außerkörperliche Zustand nicht immer nur als beglückend erlebt wird, hat die Ärztin *Barbara Rommer*, aktives Mitglied der Internationalen Gesellschaft für Nahtod-Forschung, festgestellt. Von den rund 300 ihrer befragten Patienten bestätigten 18%, dass sie während ihres Seelenaustritts erschreckende und furchterregende Erfahrungen gemacht hatten. (20) Dies lässt vermuten, dass Menschen mit negativer Gesinnung ihren außerkörperlichen Zustand als belastend empfinden.

Ähnlich erging es dem Arzt und Psychologen *George Rodania*, der sich in jungen Jahren als Atheisten bezeichnete. Er erlitt im Jahr 1989 einen schweren Autounfall, bei dem er in einen anderen Bewusstseinszustand versetzt wurde, den er in völliger Dunkelheit erlebte. Später erinnerte er sich: „Ich hatte keine körperlichen Schmerzen und war nur meiner Existenz als Georg noch irgendwie bewusst. Doch überall um mich herum war Finsternis – die größte Finsternis, die es je gegeben hat. Das also umgab mich und drückte mich nieder. Ich war zutiefst erschrocken. Darauf war ich ganz und gar nicht gefasst. Schockiert stellte ich fest, dass es mich immer noch gab, aber ich wusste nicht, wo ich war. Der einzige Gedanke, der mir immer wieder durch den Kopf ging, war: Wie kann ich sein, wenn ich nicht bin? Das bereitete mir Kopfzerbrechen." (21)

Die *Kritiker* an derartigen Nahtod-Erlebnissen bezweifeln deren Echtheit und wollen diese auf das eigene Geburtserlebnis zurückführen oder auf Einwirkungen von Schmerzmitteln und Narkotika, auf den akuten Sauerstoffmangel im Gehirn oder auf die Ausschüttung von hormonellen Botenstoffen wie Serotonin, Dopamin und Anandamid. (22) Auch ein erhöhter CO_2-Gehalt im Blut könnte ihrer Meinung nach das Bewusstsein trüben, Sinnestäuschungen auslösen oder Halluzinationen hervorrufen. (23)

Der erfahrene Ausbildner für Sterbebegleitung, der Schweizer Theologe *Gabriel Looser* (*1948), erkennt in den Einwänden der Kritiker dieses Phänomens „eine Arroganz dieser Wissenschaften, alles kleinzureden, bis sie es erklären können. Dies geschieht letztlich wohl zur Abwehr der Infragestellung ihres Weltbildes, die zweifellos mit der Anerkennung dieser Erfahrungen einherginge – eines Weltbildes, das sich noch immer auf die materielle Dimension der Wirklichkeit einschränkt und alles darüber Hinausgehende als irreale Fantasie, als subjektive Willkür ablehnt und verdrängt." (24)

Gegen diese Bedenken sprechen die klaren Erinnerungen an das Nahtod-Erlebnis sowie die logische Folgerichtigkeit der Gedanken in den Aussagen der Betroffenen. Der Neurobiologe und frühere Professor an der Stanford Universität, *Willis Harmann,* ist überzeugt: „Das Faszinierende an außerkörperlichen Erfahrungen oder Nahtod-Erlebnissen ist, dass das, was auch immer dabei den Körper verlässt, die Erinnerung mitnimmt und die Fähigkeit besitzt, klar zu denken und wahrzunehmen." (25)

Kritik an den Nahtod-Erlebnissen kommt aber auch von theologischer Seite. Auf die Frage, was diese für das Leben nach dem Tod bedeuten, antwortete der katholische Theologe *Hans Küng*: „Ich sehe es als eine Pflicht theologischer Wahrhaftigkeit an, klar zu antworten: Solche Sterbeerlebnisse beweisen für ein Leben nach dem Tode nichts." (26) Dem ist insofern zuzustimmen, dass ins Leben zurückgekehrte Menschen nicht wirklich tot waren. Ihre Erfahrungen widersprechen jedoch eindeutig der immer noch verbreiteten theologischen Lehre, dass Körper und Seele des Menschen eine untrennbare Einheit darstellen. Der evangelische Theologie-Professor *Arthur Hoffmann* gibt zu, dass Nahtod-Erlebnisse „ein unbezweifelbarer empirischer Beweis für die Existenz einer vom Körper losgelösten Seele" sind. (27)

Klare Beweise für die Trennung von Körper und Geistseele liefern uns die Beobachtungen an Blinden, die im außerkörperlichen Zustand sehend waren. *Kenneth Ring* berichtet über seine Befragung von einunddreißig blinden Menschen. Unter denen befanden sich vierzehn Blindgeborene. Sie alle hatten schon einmal ein Nahtod-Erlebnis. Unter diesen versicherten 80%, dass sie in diesem vom Körper losgelösten Bewusstseinszustand normal sehen und hierfür auch Beweise nennen konnten. (28) Der Arzt *Jeffrey Long* hat in seiner umfassenden „Dokumentation über Nahtoderfahrungen" nachgewiesen, dass blinde Menschen in einem hirnunabhängigen Zustand nicht nur schärfer und genauer, sondern auch vielschichtiger und ganzheitlicher sehen können als normal Sehende. (29)

In letzter Zeit ist es gelungen, die Echtheit von Nahtod-Erlebnissen durch strenge Experimente nachzuweisen. Der Psychologe *Charles Tart* von der Universität von Kalifornien richtete folgende Versuchsanordnung ein: Er brachte an der Zimmerdecke seines Schlaflabors ein Brett an, auf dem er fünf Zahlen schrieb, die vom darunter stehenden Bett nicht einsehbar waren. So konnte er nachweisen, dass eine Versuchsperson nach dem Verlassen ihres physischen Körpers diese Ziffern korrekt lesen konnte. (30)

Ein amerikanischer Neurologe führte ein ähnliches Experiment durch: „In einem Operationsraum platzierte er einen Laptop knapp unterhalb der Zimmerdecke an einer Stelle, wo der Patient den Bildschirm nicht sehen konnte – es sei denn, er schwebte tatsächlich über seinem Körper, wie Nahtod-Betroffene häufig berichten. Konnte der Patient das per Zufallsgenerator erzeugte Bild auf dem Bildschirm nach seiner Rückkehr in den eigenen Körper richtig beschreiben, wie es tatsächlich geschehen ist, muss dies zumindest als ein starkes Indiz dafür, dass er seinen Körper tatsächlich verlassen hat, anerkannt werden." (31)

Durch derartige Versuche konnte in der Tat nachgewiesen werden, dass es sich bei echten Nahtod-Erlebnissen nicht um Einbildungen oder um Sinnestäuschungen handelt, weil die Versuchspersonen eindeutig die Aufschriften an der Rückseite von Apparaturen und Leuchten im Operationssaal lesen konnten. Auch waren sie in der Lage, sprachliche Äußerungen der Ärzte zu verstehen, deren Bekleidung zu beschreiben und deren Tätigkeiten im Operationssaal zu beobachten, obwohl ihre normalen Sinneswahrnehmungen bei tiefer Bewusstlosigkeit des Körpers ausgeschaltet waren. (32) Damit bewiesen sie, dass ein körperunabhängiger Bewusstseinszustand schon während des Lebens möglich ist und unser Ich-Bewusstsein nicht an die materielle Körperwelt gebunden ist, sondern auch getrennt davon in einer anderen Dimension für sich allein existieren kann. (33)

Eine weitere Folge solcher Nahtod-Erlebnisse ist bei vielen Betroffenen, dass sie keine Angst mehr haben, ihr Bewusstsein nach dem Tod endgültig zu verlieren, denn sie haben es an sich selbst erfahren, dass dies nicht geschieht. Der Ärztin *Mary C. Neal* wurde es bei einem Kajak-Unfall bewusst, dass für sie der Moment noch nicht gekommen sei, die jenseitige Empfangshalle zu betreten, weil ihre Reise auf Erden noch nicht beendet war und noch weitere Aufgaben ihrer warten, weshalb sie in ihren Körper zurückkehren musste. (34)

Bei vielen Menschen konnte nach einem Nahtod-Erlebnis eine auffallende Gesinnungsänderung festgestellt werden. Dies geschah aufgrund ihrer Erfahrung, dass es neben der materiellen Wirklichkeit noch eine höhere Dimension gibt, die uns im außerkörperlichen Bewusstseinszustand zugänglich wird. Dies bestätigte ein Mann nach einem Nahtod-Erlebnis: „Für mich ist der Schleier zwischen Leben und Tod sehr durchsichtig geworden. Zwischen der materiellen und der spirituellen Ebene liegt nur eine dünne Glasscheibe. Heute lebe ich mit sehr geringer Anhaftung an die Erde, was nicht heißt, dass ich sie nicht mag, sondern vielmehr, dass ich weiß, dass ich sie eines Tages verlassen werde. Das Einzige, was wir mitnehmen können, wenn wir sterben, ist das, was wir im Bewusstsein tragen, denn irdische Abhängigkeiten und materielle Dinge sind wertlos.“ (35)

Eine auffallende Änderung in der Einstellung zum Leben nach dem Tod konnte auch die englische Krankenschwester *Penny Sartori* feststellen, die bei ihrer langjährigen Arbeit auf der Intensivstation mehrerer Spitäler diesen Gesinnungswandel bei zahlreichen Patienten mit Nahtod-Erlebnissen beobachten konnte. (36) Manchen Menschen, die ihre Lebensweise und Weltanschauung nach einem Nahtod-Erlebnis grundlegend geändert haben, erging es wie dem Neurologen *Eben Alexander.* Der ehemalige Harvard-Professor beschreibt, wie er infolge einer schweren Erkrankung sieben Tage lang mit abgeschalteten Gehirnfunktionen im Koma lag und dabei beglückende Erfahrungen auf jenseitigen Daseinsebenen machte. Er bekennt in seinem Buch „Blick in die Ewigkeit“, dass die bedingungslose Liebe und Akzeptanz, die er durch seinen Blick über die Todesgrenze hinaus erlebt habe, für ihn „die wichtigste Entdeckung ist, die ich je gemacht habe oder machen werde“. (37)

Wer aus einem Nahtod-Erlebnis ins irdische Leben zurückgekehrt ist, erfährt häufig auch eine Veränderung in seiner bisherigen Lebensweise. Er wird in Zukunft bewusster leben, wird besser unterscheiden können, was im Leben wesentlich ist und was nebensächlich. So vieles wird er nicht mehr für selbstverständlich hinnehmen. Sein neugeschenktes Leben nimmt er als zweite Chance, die er besser nutzen will. So manch Vorübergehendes und Zeitbedingtes vermag ihn nicht mehr groß zu beeindrucken, weil er seine Bedeutungslosigkeit im außerkörperlichen Zustand erfahren hat.

Gelegentlich kommt es während eines Nahtod-Erlebnisses zu einer deutlichen Bewusstseinserweiterung und zu einem Eintauchen in eine Art universalen Wissenspool. Eine promovierte Historikerin in meiner Nachbarschaft versicherte mir, dass sie nach einem Autounfall, bei dem sie aus ihrem Auto auf eine benachbarte Wiese geschleudert wurde, in den wenigen Augenblicken, da sie sich außerhalb ihres Körpers fühlte, die ganze Atomphysik verstanden habe, um danach alles wieder zu vergessen. Eine andere Art von Bewusstseinserweiterung erfuhr der berühmte Seelenforscher *C. G. Jung* im Jahr 1944 nach einem Herzinfarkt, bei dem er dem Tode nahe war. In einem außerkörperlichen Zustand hatte er den bestimmten Eindruck, „als ob alles Bisherige von mir abgestreift würde. Alles, was ich meinte, was ich wünschte oder dachte, die ganze Phantasmagorie irdischen Daseins fiel von mir ab oder wurde mir geraubt; ein äußerst schmerzlicher Prozess. Aber etwas blieb, denn es war, als ob ich alles, was ich je gelebt oder getan hätte, alles, was um mich geschehen war, nun bei mir hätte. Ich könnte auch sagen: es war bei mir und das war ich. Ich bestand aus meiner Geschichte und hatte durchaus das Gefühl, das sei nun Ich. Ich hatte alles, was ich war, und ich hatte nur das.“ (38)

Manchmal werden den betroffenen Menschen in einem Nahtod-Zustand von hohen Engelwesen sinngebende Schicksalszusammenhänge deutlich gemacht, indem man ihnen Einblicke in ihre früheren Leben gewährt und sie auf ihre wesentlichen Lektionen und Lebensaufgaben hinweist, die sie zu lösen haben.

Aufgrund der nicht mehr zu leugnenden Nahtod-Erlebnisse, welche eine sehr große Anzahl von Menschen erfahren haben, lassen sich folgende zehn *Schlussfolgerungen* ziehen:

1. Wer einmal einen todnahen Zustand erlebt hat und aus seinem physischen Körper ausgetreten ist, der hat erkannt, dass der Tod nicht das Ende unseres Lebens bedeutet.
2. Er verliert die Angst vor dem eigenen Tod, weil es den Tod an sich gar nicht gibt, sondern nur das Leben und das Weiterleben danach.
3. Er erfährt, dass Körper und Seele auch während des Erdenlebens keine untrennbare Einheit darstellen, wie die heutige offizielle Theologie immer noch behauptet.
4. Er versteht, dass unser Ich-Bewusstsein nicht ein Produkt unserer organischen Hirntätigkeit sein kann, sondern eine Eigenschaft unserer körperunabhängigen Geistseele ist.
5. Aufgrund eines Nahtod-Erlebnisses weiß der Mensch, dass sein Wesen nicht materieller Natur ist.
6. Er begreift, dass er auch auf einer außerkörperlichen Daseinsebene selbstbewusst weiterleben kann.
7. Es ist ihm klar geworden, dass er nicht sein Körper *ist,* sondern dass er einen Körper *hat*, der nur vorübergehend zu ihm gehört.
8. Er weiß nun, dass er nicht als unbeschriebenes Blatt zur Welt kam, sondern eine Vorgeschichte hat, die über seine letzte Geburt hinausreicht.
9. Es wird ihm deutlich gemacht, dass sein Leben in großen Zügen vorgeplant ist und er es bereits vor seiner Menschwerdung so gewählt hat.
10. Er erkennt, dass er nicht zum ersten Mal hier auf der Erde lebt, sondern schon mehrmals hier war – in früheren Leben.

Wer nach einem Nahtod-Erlebnis mit dieser Bewusstseinserweiterung ins irdische Dasein zurückkehrt und daraus die richtigen Schlüsse zieht, der ist ein Wissender, ein Eingeweihter geworden. Sein Leben wird dadurch grundlegend verändert; dass dadurch sowohl unsere

Schulwissenschaften als auch die kirchliche Glaubensdoktrin ins Hintertreffen geraten und mit ihrem veralteten Welt- und Menschenverständnis nicht mehr mithalten können, ist die unausweichliche Folge davon. Es gibt heute eine wissenschaftlich begründete Nahtod-Psychologie, welche uns den Blick in eine bisher unbekannte Welt eröffnet.

Die Seele ist wie ein flügge gewordener Vogel, der seine bisherige Behausung verlässt und nun in die Weite fliegt. Ihr empfiehlt der Dichter *Hermann Hesse* (1877-1962):

Entreiß dich, Seele, nun der Zeit,
Entreiß dich deiner Sorgen.
Und mache dich zum Flug bereit
In den ersehnten Morgen.

Außerkörperliche Astralreisen

Das Erlebnis der Astralwelt gibt uns die
Gewissheit vom Fortleben nach dem Tod.
Karl E. Müller

Was bei einem Nahtod-Erlebnis geschieht, nämlich das Austreten der Seele aus dem eigenen Körper, kann sich auch in anderen Situationen unter weit weniger bedrohlichen Umständen ereignen, nämlich bei einer spontanen Astralreise, auch Astralexkursion, Ektosomatose oder Ekstase genannt.

Der Begriff „Astral“ wird abgeleitet vom griechischen Wort „astron“ oder vom lateinischen „astrum“ für Gestirn und Stern. Gemeint ist damit eine außerirdische Daseinswelt, nämlich die Sternenwelt. In der Theosophie und Anthroposophie versteht man darunter die überirdische Welt, die der Volksmund als das Jenseits bezeichnet. (39) Wer in der Lage ist, aufgrund seiner besonderen Veranlagung aus seinem Körper vorübergehend auszutreten und diese erdnahen Sphären zu bereisen, gilt in der Parapsychologie als *Astralwanderer.*

Eine Astralreise kann sich auf ganz natürliche Weise ereignen, nämlich während des Schlafes, im Zustand der Meditation oder in der Tiefenentspannung. Bei einem derartigen Seelenaustritt kann es zu einem „Vogelschau-Erlebnis“ kommen, in dem das Bewusstsein wie von außen oder wie von oben die Diesseitswelt betrachtet. Der feinstoffliche Astralkörper bleibt während dieser Grenzerfahrung mit dem grobstofflichen Körper durch die „Silberschnur“ verbunden, damit eine Rückkehr in den physischen Körper jederzeit möglich wird. Dies verhält sich etwa so, wie wenn ein Astronaut oder Kosmonaut während eines Weltraumspaziergangs durch ein Verbindungskabel an sein Raumschiff gesichert bleibt. Der *Astralkörper,* auch Fluidalkörper, Empfindungsleib oder Begierdeleib genannt, ist Träger unserer vitalen Seelenkräfte, nämlich unserer Gefühle, Stimmungen, Bedürfnisse, Triebe und Leidenschaften. (40) Gelegentlich kann sich diese feinstoffliche Körperhülle vom physischen Lebensleib abspalten und getrennt als Doppelkörper, Double oder Doppelgänger an verschiedenen Orten sichtbar in Erscheinung treten.

Dieser astrale Daseinsbereich ist übersinnlicher Natur und daher unserer alltäglichen Sinneswahrnehmung nicht zugänglich. Die Bewohner dieser erdnahen Welt sind die unsichtbaren Naturgeister, die Totengeister und die „Armen Seelen“ sowie die niederen Wesen der dämonischen Welt. Dies betrifft nicht jene hohen und tiefen Ebenen, welche die Religionen als Himmel oder Hölle bezeichnen. Vielmehr handelt es sich um eine Zwischenwelt, die mit den Verhältnissen auf unserem Erdplaneten noch recht viel gemeinsam hat. Daher treibt sich darin eine bunte Schar von Seelen herum, die vielfach noch gar nicht bemerkt haben, dass sie die Menschenwelt verlassen haben. Es sind vorwiegend solche Wesen, die nicht an ein Weiterleben nach dem Tod glauben konnten.

Wenn der Astralkörper den physischen Körper vorübergehend verlässt, bezeichnet man dies als Astralprojektion. Wie diese sich unbeabsichtigt und spontan einstellen kann, zeigt folgender Erlebnisbericht: *Sylvan Muldoon* erlebte als zwölfjähriger Junge, wie er aus dem nächtlichen Schlaf erwachte und bei klarem Bewusstsein unfähig war, zu sehen und zu hören. Dann spürte er auf einmal einen heftigen Druck am Hinterkopf, und gleichzeitig fühlte er, wie er schwerelos in die Höhe schwebte. Langsam kehrte seine Hör- und Sehfähigkeit zurück, und er stellte fest, dass er sich hoch über seinem Bett in der Luft befand, während er seinen schlafenden Körper unter sich im Bett liegen sah. Aus Angst, etwas stimme mit ihm nicht, wollte er zu seiner Mutter im Nebenzimmer eilen. Dabei lief er mitten durch die geschlossene Türe. Bei seiner Mutter angekommen, konnte diese ihn nicht wahrnehmen. Gleiches widerfuhr ihm bei seinen anderen Mitbewohnern im Haus. Bald danach fand sein Astralkörper wieder den Weg zurück in seinen physischen Körper.“ (41)

Ähnliches kann sich auch während einer mystischen *Ekstase* (gr. *ékstasis*: das Aus-sich-heraustreten) ereignen. Diese wird als eine Art religiöse Verzückung oder Entrückung im Sinne eines trance-ähnlichen Bewusstseinszustandes beschrieben. Einen Hinweis auf ein solches Geschehen beschreibt der Apostel *Paulus* in seinem 2. Korintherbrief folgendermaßen: „Ich weiß von einem Menschen in Christus, dass vor vierzehn Jahren – ob im Leibe weiß ich nicht, ob außer dem Leibe, weiß ich nicht, Gott weiß es – der Betreffende bis in den dritten Himmel entrückt wurde. Und ich weiß von dem betreffenden Menschen – ob im Leibe, ob ohne den Leib, weiß ich nicht, Gott weiß es –, dass er in das Paradies entrückt wurde und unaussprechliche Worte hörte, die ein Mensch nicht sagen darf." (2 Ko 12, 2-4). Begleitet wird dieser außergewöhnliche Zustand häufig von einer starken Ausstrahlung in der Kopfregion, was als Gloriole oder als Heiligenschein bezeichnet wird. Im Mittelalter soll dieses Geschehnis als Zeichen besonderer Frömmigkeit bei Heiligen und Erleuchteten gegolten haben. So wird von einem „ekstatischen Flug" berichtet, den die Karmeliterin *Therese von Lisieux* (1873-1897) öfter erlebte, als sie sich „wie von geheimen Kräften davongetragen" außerhalb ihres Körpers befand. (42)

Das Heraustreten der Seele aus dem eigenen Körper ist auch im *Schamanismus* bekannt, wie er noch heute bei vielen Naturvölkern vorkommt. Dieser außerkörperliche Bewusstseinszustand wird von Magiern und Zaubern meist durch rhythmische Tänze, begleitet von intensiver Musik und Trommelwirbel sowie durch Einnahme von Rauschmitteln und pflanzlichen Drogen hervorgerufen. Wer dabei in Trance fällt, soll in der Lage sein, Ausflüge in die Astralsphäre zu unternehmen. Der Ethnologe *Mircea Eliade* hat diesen Vorgang eingehend erforscht und für echt befunden. (43)

Es kommt auch immer wieder vor, dass Menschen im Zustand des *Träumens* spontan aus ihrem Körper austreten und sich vorübergehend in der Astralsphäre aufhalten. Gewisse Träume lassen dies vermuten, so die Flugträume, Schwebeträume und Gleitträume. (44)

Erste Berichte über *bewusste* außerkörperliche Astralreisen stammen vom schwedischen Naturforscher *Emanuel Swedenborg* (1688-1772). Er beschreibt seine Begegnungen mit dem Tod, während er sich außerhalb seines eigenen Körpers befunden hat: „Ich versank in einen Zustand der Fühllosigkeit aller meiner Sinneswerkzeuge, also beinahe in den Zustand der Sterbenden. Doch blieb mein Innenleben und Denken erhalten, so dass ich wahrnehmen konnte und im Gedächtnis zu behalten verstand die Dinge, die da geschahen ... Besonders dessen ward ich gewahr, dass da war ein Ziehen und Zerren des Geistes, desgleichen meiner Seele, aus dem Leibe heraus." (45)

Ähnliches hat der englische Kaufmann *Frederick Sculthorp* im Verlauf von zwanzig Jahren immer wieder erlebt. Wenn er tagsüber in seinem Lehnstuhl schlief, verließ ihn sein Astralkörper und hielt sich eine Weile in der Astralwelt auf. Bei solchen Gelegenheiten hat er nicht nur Verstorbene angetroffen; es sind ihm auch Leute begegnet, die noch voll im Leben standen, von ihren nächtlichen Jenseitsausflügen jedoch nichts ahnten. (46) In einem Vortrag im Jahr 2008 bestätigte der Psychiater und erfahrene Schamane *Carlo Zumstein,* dass die meisten Menschen während des Schlafes ihre körperliche Hülle verlassen können, um eine Astralwanderung zu unternehmen, sich nach dem Erwachen aber kaum noch daran erinnern. (47) Seit einigen Jahrzehnten wird das beabsichtigte Austreten aus dem eigenen Körper als Methode der Selbsterfahrung und Konfliktverarbeitung von Ärzten, Psychologen und Psychotherapeuten bei ihren Patienten und Klienten praktiziert. Häufig kommt dabei die psychedelische Droge LSD kontrolliert zum Einsatz. (48)

Neuerdings sind bewusst herbeigeführte Exkursionen bekannt geworden, die lediglich durch gezielte körperliche Entspannungsübungen und durch Bewusstseinskontrolle in Szene gesetzt werden und als „Out-of-Body-Experiences" bezeichnet werden. Als einer der ersten Forscher auf diesem Gebiet nahm der Parapsychologe *Sylvan J. Muldoon* (1903-1971) seine eigenen außerkörperlichen Erfahrungen zum Anlass, ein Buch über die „Die Aussendung des Astralkörpers" zu veröffentlichen. (49)

Eine ausführliche Anleitung zu außerkörperlichen Reisen beschrieb der amerikanische Elektroingenieur *Robert Monroe* (*1915) in seinem Werk „Der Mann mit den zwei Leben", das in der deutschen Ausgabe den Titel trägt: „Der zweite Körper". (50) Darin zeigt er Wege auf, wie es durch eine einfache Technik gelingen kann, sich im Schlaf „auszuklinken" und ungehindert aus dem Körper auszutreten und in eine andere Dimension zu entschweben. Auf diese Weise hat er innerhalb von fünfzehn Jahren rund dreitausend derartige Versuche bei sich und bei anderen Personen durchgeführt.

Ein anderer Forscher, der die astrale Welt im außerkörperlichen Zustand und mit wachen Sinnen selbst erlebt hat, ist *Adalbert Töppner.*

Er beschreibt ausführlich seine Reiseerlebnisse und Erfahrungen im astralen Feinstoffkörper und unterscheidet klar zwischen möglichen Träumen oder Einbildungen und seinen bewussten Wahrnehmungen in der Astralsphäre. (51) Der Basler Biologe *Werner Zurfluh* (*1945) führt in seinem umfangreichen Werk „Quellen der Nacht“ aus, wie es ihm in den 1970er Jahren gelungen ist, sich ohne Verlust seiner Ich-Identität außerhalb seines Körpers in die nahe Astralwelt zu begeben. In diesem Zustand blieb die Kontinuität des Bewusstseins voll erhalten. Sie dehnte sich sogar über Raum und Zeit aus, wobei der Astralkörper ungehindert durch materielle Gegenstände hindurchgehen konnte. Anhand von zahlreichen Beispielen erläutert er das bewusste Austreten aus dem schlafenden Körper und berichtet über seine Aufenthalte in der erdnahen Astralsphäre. Die Rückkehr geschieht durch eine starke Sogwirkung des physischen Körpers. Er schreibt: „Ich spüre, wie mein Zweitkörper magnetisch angezogen wird. Unwiderstehlich zerrt es mich in die Nähe des Bettes. Hier wird die Zugkraft derart stark, dass ich mich regelrecht an den im Bett liegenden Körper heranreiße, wo eine blitzartige Drehung in die Horizontale geschieht und dann mein Zweitkörper ruckartig in den physischen Leib ‘einklinkt‘.“(52)

In ähnlicher Weise berichtet *Alfred Lischka* in seinem Buch „Erlebnisse jenseits der Schwelle“ von seinen Reisen in die astralen Sphären, die er bei klarem Bewusstsein und intaktem Erinnerungsvermögen außerhalb seines physischen Körpers durchwanderte. So erlebte er, dass die Daseinsverhältnisse auf jenen Schwingungsebenen keineswegs dem entsprachen, was hierüber bisher von unseren offiziellen „Hütern der Wahrheit“ gelehrt wurde. Seine Erlebnisse geben uns gründlichen Aufschluss über die so oft missverstandene Natur des Menschen und über das Weiterleben nach dem Tod sowie über die Beschaffenheit der jenseitigen Aufenthaltsorte, die uns dort erwarten. (53)

Aufgrund seiner eigenen Erlebnisse in den außerirdischen Sphären schildert *Herbert Engel* in seinem Buch „Der Sphärenwanderer“ seine Astralreisen. Darin beschreibt er, wie er während des nächtlichen Schlafes, manchmal auch mitten in seiner Arbeit, wie von einer unsichtbaren Kraft aus seinem Körper gezogen und bei klarem Bewusstsein in jenseitige Sphären geleitet wird. (54) In ähnlicher Weise hat der Physiker *Ernst Waelti* (1943), der während Jahren als Biochemiker in der wissenschaftlichen Forschung tätig war, durch seine außerkörperlichen Reisen in den Astralwelten den Beweis erbracht, dass wir Menschen uns vollbewusst auch außerhalb unserer gewohnten Daseinsebene aufhalten können. Durch seine vielen Selbstversuche hat er erlebt, dass sein Astralkörper im entspannten Wachzustand aus einer faustgroßen feinstofflichen Öffnung am Kopf austreten kann. Meistens kam es bei ihm in den frühen Morgenstunden zu dieser „Kopfgeburt", die völlig schmerzlos verlief. Der ausgetretene Feinstoffkörper fühlte sich dabei weich, leicht und wie durchsichtig an. Die Oberfläche seiner Arme und Beine „schimmerte leicht silbrig und gläsern, als wären sie aus Bergkristall gefertigt". Die astrale „Nabelschnur", welche den feinstofflichen Astralkörper mit dem grobstofflichen Körper verband, wirkte dabei nicht schlaff wie ein hängendes Seil, sondern straff und pulsierend wie ein Kabel. Die Fortbewegung im Astralbereich wurde durch den eigenen Willensimpuls angetrieben und gesteuert. (55)

Andere Astralwanderer teilten mit, dass sie nach dem Einschlafen zunächst ein leichtes Vibrieren ihres Körpers spüren, der sich allmählich entspannt, dann bald kaum noch fühlbar ist. Das ist der Moment, wo sich der Astralkörper seitlich herauswindet oder herausschraubt und mit Leichtigkeit erhebt. Dass dies nicht aus lauter Experimentierfreude geschieht, sondern einer höheren Absicht dienen soll, erklärt *Werner Doswald,* derzeit Präsident der „Geistchristlichen Gemeinschaft Zürich", wie folgt: „Es scheint die Regel zu sein, dass der Geist des Menschen während des Schlafes in die geistige Welt entführt wird, um dort zu lernen und für sein irdisches Leben gekräftigt zu werden.... Bei Menschen, die sich bemühen, Erkenntnisse zu gewinnen, kann der Geist in dieser Schlafenszeit belehrt werden, er kann auch in höhere Sphären geführt werden, um dort mit helfenden Wesen zusammenzuarbeiten. Es wird aber immer geprüft, ob der Mensch auch dieser Betreuung würdig ist und ob er das Gelernte in seinen irdischen Handlungen auch umsetzt... All das ist aber nur möglich, wenn der Mensch sich der geistigen Welt zuwendet und sich vom Irdischen nicht mehr so beeindrucken lässt." (56)

Es lassen sich folgende sieben *Erfahrungsbeweise* für die Echtheit von Astralreisen anführen:

1. Dass astrale Reisen tatsächlich stattfinden können und nicht bloß Träumen oder phantasievollen Einbildungen zuzuschreiben sind, beweisen die Experimente mit Tieren. So berichtet der Psi-Forscher *Ernst Meckelburg* über ein eindrückliches Experiment, bei dem eine Versuchsperson willentlich aus ihrem Körper ausgetreten ist und sich in einen entfernten Raum begeben hat. Dort wurde eine Katze gehalten, die im Augenblick des Erscheinens der astralen Gestalt sofort mit Angst und Aggression reagierte, indem sie anfing zu fauchen und ihre Haare zu sträuben. (57)

2. Von einem außerkörperlichen Ereignis, das in der realen Diesseitswelt seine Bestätigung fand, berichtet der Jenseitsforscher *Bernard Jakoby* in seinem Buch „Wir sterben nie". Er schreibt: „Ein Mann erzählte mir am Telefon: ‘Bei einer schweren Herzoperation schwebte ich plötzlich an der Decke des Operationssaales. Ich sah dabei zu, wie die Ärzte mich reanimierten. Dann erweiterte sich mein Bewusstsein, und ich befand mich außerhalb des Krankenhauses auf einer sehr belebten Straße. Ich beobachtete, wie ein Autofahrer auf einen anderen Wagen auffuhr. Dann setzte er plötzlich zurück und verschwand. Er beging Fahrerflucht. Ganz deutlich konnte ich das Nummernschild erkennen. Dann merkte ich, wie ich in meinen Körper zurückgezogen wurde. Ich sah dabei auch das kleine feinstoffliche Band, das mich mit meinem Körper verband. Als ich nach der Operation erwachte, erinnerte ich mich an den Unfall. Ich erzählte der Schwester, was ich beobachtet hatte. Sie schaute mich ungläubig an, informierte aber dennoch die Polizei. Es stellte sich heraus, dass ich tatsächlich das Nummernschild des flüchtigen Fahrers erkannt hatte!‘" (58)

3. Der englische Astralwanderer *Frederick Sculthorp* beschreibt in seinem Buch „Meine Wanderungen in der Geisterwelt", wie er einmal in der Jenseitswelt einem Knaben aus seiner irdischen Nachbarschaft begegnet sei. Dieser fragte ihn etwas unschlüssig und ratlos: „Wo bin ich? Was mache ich jetzt?" Als der Engländer wieder in seinen schlafenden Körper zurückgekehrt war, erfuhr er am folgenden Tag, dass dieser Knabe in jener Nacht unerwartet gestorben war. (59)

4. Von einem ähnlichen Vorkommnis berichtet der französische Arzt *Jean-Jacques Charbonnier*: Er kannte einen Mann, der während seines kurzen Aufenthaltes in der Astralsphäre einem menschlichen Wesen begegnet war, das er vorher nie gesehen hatte und von dem er nicht wissen konnte, dass es verstorben war. Erst als ihm einige Tage danach seine Freundin das Foto eines früheren Freundes zeigte, der vor kurzem bei einem Motorradunfall ums Leben kam, erkannte er diesen sofort von seiner astralen Begegnung her. (60)

5. Dem Buch „Das Leben danach“ von *Bernard Jakoby* entnehme ich folgenden Bericht einer Ärztin: „Im Traum verließ ich meinen Körper und schwebte durch die Stadt. Ich fand mich dann in einer mir fremden Buchhandlung, oberhalb der Regale. Von dieser Position aus konnte ich das Geschehen gut beobachten und sah Menschen, die ich nicht kannte. Wenige Tage später fuhr ich mit meinem Auto durch die Stadt. Es gab eine Umleitung, und dann entdeckte ich jene Buchhandlung, in der ich bei meiner außerkörperlichen Erfahrung gewesen war. Ich suchte einen Parkplatz und betrat das Geschäft. Es war unheimlich – ich erkannte die Regale, auf denen ich gelegen hatte. Aber nicht nur das: Ich sah einen Mann und eine Frau, die ich in meinem Traum gesehen hatte.“ (61)

6. Unter der Überschrift „Seelen, die auf Reisen gehen“ beschreibt *Werner Keller* in seinem Buch „Was gestern noch als Wunder galt“ folgenden Fall: „Der Erzbischof der Stadt Uppsala befand sich auf Reisen im schwedischen Lappland. Dort begegnete er einem Schamanen namens *Lärdal*, der sich anbot, ihm zu beweisen, dass er seinen ‘Geist’ an einen entfernten Ort außerhalb seines Körpers senden könne. Und so geschah Folgendes: Nachdem der Körper des Schamanen in einen Trance-Zustand fiel, reiste sein feinstofflicher Seelenleib auf Wunsch des Bischofs in dessen Wohnung nach Uppsala, wo er dessen Ehefrau in der Küche antraf. Ihr entwendete er heimlich den Ehering und versteckte diesen in der Kohlenkiste. Wie der Schamane nach einer Stunde wieder in seinem Körper zu sich kam, schilderte er dem Bischof die Begebenheit. Danach telegrafierte der geistliche Herr seiner Frau, sie möge ihm berichten,

ob an jenem Tag zur fraglichen Stunde etwas Außergewöhnliches vorgefallen sei. Deren umgehende Antwort lautete, am betreffenden Tag sei plötzlich ihr Trauring spurlos verschwunden. In Verdacht habe sie einen Mann in lappländischer Kleidung gehabt, der ganz kurz in ihrer Küche aufgetaucht und sogleich wieder wie vom Erdboden verschluckt verschwunden sei. Den vermissten Ring habe sie später in der Kohlenkiste wiedergefunden. (62)

7. Ein überzeugendes Beispiel für eine außerkörperliche Astralreise gibt uns *C. G. Jung* in seinen Lebenserinnerungen. Als er im Jahr 1944 nach einem Unfall in unmittelbarerer Todesgefahr schwebte, fand er sich plötzlich hoch oben im Weltraum. Er sah die Erde genau so, wie sie später in den 1960er Jahren erstmals bei den amerikanischen Apollo-Weltraumflügen fotografiert wurde. Er erinnerte sich: „Weit unter mir sah ich die Erdkugel in herrliches blaues Licht getaucht. Ich sah das tiefblaue Meer und die Kontinente. Tief unter meinen Füßen lag Ceylon, und vor mir lag der Subkontinent von Indien. Mein Blickfeld umfasste nicht die ganze Erde, aber ihre Kugelgestalt war deutlich erkennbar, und ihre Konturen schimmerten durch das wunderbare blaue Licht. An manchen Stellen schien die Erdkugel farbig oder dunkelgrün gefleckt wie oxydiert. Links lag in der Ferne eine weite Ausdehnung – die rotgelbe Wüste Arabiens… Ich sah auch die Schneeberge des Himalaya, aber dort war es dunstig und wolkig… Nach einer Weile des Schauens wandte ich mich um. Ich hatte mit dem Rücken zum Indischen Ozean gestanden, mit dem Gesicht nach Norden. Dann schien es mir, als machte ich eine Wendung nach Süden. Etwas Neues trat in mein Gesichtsfeld. In geringer Entfernung erblickte ich im Raum einen gewaltigen dunklen Steinklotz, wie ein Meteorit – etwa in der Größe meines Hauses, vielleicht noch größer. Im Weltall schwebte der Stein, und ich selber schwebte im Weltall." Später, so schreibt er, habe er sich erkundigt, wie hoch im Raum man sich befinden müsse, um die Erde in dieser Gestalt zu sehen. „Es sind etwa 1500 km!" (63)

Aus diesen Erlebnisberichten lassen sich folgende Erkenntnisse ableiten:

- Wir sind mehr als unser Körper. Dieser ist nur für die Dauer unseres Erdenlebens unsere Behausung, doch ist er nicht unsere einzige Wirklichkeit.
- Unser grobstofflicher Körper und unsere Bewusstseinsseele können sich auch unabhängig voneinander gleichzeitig auf verschiedenen Existenzebenen aufhalten.
- Während der Körper an Raum und Zeit gebunden ist, vermag die Seele diese Grenzen ohne Hindernisse zu überschreiten. Körper und Seele bilden also keine untrennbare Wesenseinheit, wie immer wieder gelehrt wird.
- Im Astralbereich gibt es keinen eindeutigen Unterschied zwischen lebenden und verstorbenen Personen.
- Der Mensch ist nicht für seine ganze Lebensdauer im Gefängnis seines Körpers eingeschlossen. Er vermag dieses zeitweise zu verlassen.
- Der physische Körper und der Astralkörper sind von Anbeginn der Schwangerschaft miteinander durch ein feinstoffliches Band oder ein Energiekabel verbunden und dies auch im außerkörperlichen Zustand. Zerreißt diese Verbindung, tritt sofort der Tod ein.
- Die Entfernung zwischen dem lebenden Körper und seinem astralen Doppel kann viele Kilometer betragen. Diese Entfernung wird die „lebendige Reichweite“ des Astralbandes genannt.
- Was bei einer Astralreise nur kurzfristig als Loslösung des feinstofflichen Astralkörpers vom grobstofflichen Körpers geschieht, das vollzieht sich beim Tod endgültig als Übergang vom Diesseits ins Jenseits.
- Es ist durchaus denkbar, dass solche astrale Exkursionen uns ermöglichen, verstorbene Angehörige im Jenseits zu besuchen, um zu erfahren, wie es ihnen geht und wo sie sich aufhalten. Auch kann es geschehen, dass wir Menschen bei diesen Astralreisen von jenseitigen Wesen wertvolle Hilfen und Weisungen für unser Leben auf Erden erhalten.

An der Jenseitsschwelle

Glaubt ihr, dass die Seele nur durch die Augen sieht?
Dass sie begrenzt ist durch
den Umfang unserer Sinne?
MARC AUREL

Wer schon einmal über die Schwelle des Todes gegangen ist, sei es in einem Nahtod-Erlebnis, sei es bei einer Rückführung in frühere Leben, der wird sein bisheriges Leben nicht auf die gleiche Weise fortführen können wie bisher. Er wird in Zukunft manche Dinge mit anderen Augen sehen. Er wird bewusster leben, weil er nun weiß, dass der Tod nichts anderes ist als ein Übergang in ein neues Dasein. In der moderneren Jenseitsliteratur begegnet uns häufig das Bild von der *Schwelle,* die den Übergang von einem Raum in einen anderen bedeutet. Daher ist sie ein Symbol für den Wandel und Wechsel von einem Daseinszustand in einen anderen.

Aus der antiken Mythologie kennen wir mehrere *Symbolbilder,* um den Wechsel vom Tod zum Leben, vom Diesseits ins Jenseits verständlich zu machen. Da ist die Rede von einem Fluss oder Strom, der zu überqueren ist; da wird die gefahrvolle Jenseitsbrücke über tiefem Abgrund erwähnt; da wird auch das schmale Tor genannt, durch das nur wenige Auserwählte durchgelassen werden. Auf einer altägyptischen Hieroglyphen-Schrift ist das Gebet eines Verstorbenen zu lesen: „Mögen die Pforten des unermesslichen Himmels aufgetan sein für mich." Über dem Eingang zum Apollo-Tempels von Delphi stand die Aufforderung: „Mensch, erkenne dich selbst, damit du Gott erkennst." Ein buddhistischer Einweihungsspruch lautet: „Weit geöffnet ist das Tor zur Unendlichkeit." Die Indianer von Tiahuanaco in den südamerikanischen Anden verehrten das Sonnentor als Einstieg zur göttlichen Sonne. Über dem Sonnenportal der Abteikirche von Saint Denis in

Frankreich stehen die Worte: „Gehe ein zum Licht, in dem Christus die Türe ist."

An der Schwelle von der Diesseitswelt in das jenseitige Land steht nach dem Glauben der Völker ein Torhüter oder Torwächter, der unerwartete oder unerwünschte Ankommende aufhalten soll. Nach christlicher Überlieferung ist der *hl. Petrus* zuständig für den Einlass durch das Himmelstor. In den esoterischen Geheimwissenschaften kennt man den *„Hüter der Schwelle"*, eine Art Wächter vor dem Jenseits. In der Theosophie wird diese Abschrankung „Antahkarana" genannt und bedeutet die Grenze zwischen den vier niederen und den drei höheren Jenseitsebenen.

In den vergangenen Jahrzehnten haben medial begabte Menschen, die an der Schwelle zum Jenseits standen oder einen Blick auf die andere Seite werfen konnten, ausführliche Berichte über ihre Schauungen niedergeschrieben. (64) Zu diesen gehörte der Mystiker und Jenseitsforscher *Robert James Lees* (1849-1931). Während zehn Jahren ging er immer wieder im außerkörperlichen Zustand auf Reisen ins Jenseits und konnte dort jene Sphären auskundschaften, welche nach dem Tod unsere nächsten Aufenthaltsorte bilden werden. In einem zweibändigen Werk hat er uns seine Erlebnisse hinterlassen. (65) In ähnlicher Weise hat der frühere Pfarrer einer amerikanischen Freikirche, *Arthur Ford* (1896-1971), aufgrund seiner medialen Fähigkeiten die jenseitigen Bleibestätten der Verstorbenen erforscht. Seine Schwellenerfahrungen wurden mehrfach durch Ärzte, Psychologen und Journalisten kontrolliert und für glaubwürdig erklärt. (66) In den Jahren 1946 bis 1948 schilderte *Roland de Jouvenel* (1931-1946), der im Alter von fünfzehn Jahren verstarb, seiner Mutter auf schreibmedialem Weg in ungezählten Diktaten seine Aufenthalte im Jenseits und gab ausführlichen Aufschluss über seine Tätigkeiten und Aufgaben in der anderen Welt. Zum Beweis für deren Echtheit sagte er seiner Mutter Ereignisse voraus, die kurz danach tatsächlich eintrafen. (67)

Um das Jahr 1950 hat der Engländer *Shaw Desmond* aufgrund seiner Astralreisen ausführlich in zwei Büchern (68,69) über das nachtodliche Leben im Jenseits berichtet. Er vergleicht darin die Lebensverhältnisse auf unserer Erde mit denen in den jenseitigen Welten und kommt so zu interessanten Feststellungen über das Leben nah dem Tod. Als nüchterner und kritisch denkender Jenseitsforscher überprüfte er seine Erlebnisse immer wieder und verglich diese mit den Aussagen anderer Jenseitskundiger. Der englische Autor *Robert Hugh Benson*, ein Priester und Sohn des früheren Erzbischofs von Canterbury, *Edward White Benson,* beschrieb nach seinem Tod 1951 dem Medium *Anthony Borgia* recht ausführlich seinen Weg über die Jenseitsschwelle und über seine Aufenthalte in der unsichtbaren Welt. Seine zwei Bücher (70,71) können als aufschlussreiche „Reiseführer" für astrale Jenseitswanderer gelten.

Das Meinungsforschungs-Institut *Gallup* hat in den Jahren 1980-1981 in Amerika eine große Zahl von wiederbelebten Patienten befragt, um von diesen zu erfahren, was sie auf der Schwelle zwischen Leben und Tod wahrgenommen, gesehen und gehört haben. Die Ergebnisse dieser Erhebung wurden im Jahr 1983 im Buch „Begegnungen mit der Unsterblichkeit" veröffentlicht. (72) Diese stimmen weitgehend überein mit den Jenseitsschilderungen, welche die hellsichtige österreichische Ärztin *Uta Taschner* (*1944) im Rahmen einer parapsychologischen Studiengruppe veröffentlicht hat, die sie in den Jahren 1991 bis 1997 von ihrem verstorbenen Vater *Friedrich Taschner* (1908-1944) aus der Welt jenseits der Schwelle auf medialem Weg erhalten hat. (73-76)

Nach der transpersonalen Psychologie überschreitet der Mensch im Tod die Schwelle zum spirituellen Bewusstsein. (77) Im heutigen Geistchristentum verstehen wir unter den „Hütern der Schwelle" höhere Geistwesen, die als Schutz- und Führergeister eine Art Grenzkontrolle zwischen Diesseits und Jenseits durchführen und dafür sorgen, dass die unerfahrenen Menschen im Leben und Sterben nicht unter dämonischen Einfluss geraten. (78)

Bei den meisten Menschen vollzieht sich der Schwellenübertritt im Sterben fast unmerklich und unbewusst. Viele dämmern und schlafen hinüber, als wenn man am Abend einschläft, ohne dass man sich des genauen Zeitpunktes bewusst wird. Andere sind mit ihren Gedanken während Stunden oder Tagen schon mehr drüben, wie dies von *C. G. Jung* berichtet wird: „Während der letzten Tage lebte er bereits in einer anderen Welt und sah dort wunderbare und herrliche Dinge." (79) Für Menschen, denen ein solches Schwellenerlebnis zuteil wird, verhält es sich wie bei einem Blick durch eine halboffene Türe. Dabei erhalten sie einen kurzen Ausblick in eine andere Welt. (80) In solchen Situationen kann es zu Bewusstseinsverschiebungen kommen, so dass nicht mehr klar unterschieden werden kann zwischen diesseitigen und jenseitigen Daseinsebenen. Es ist, als ob jemand an einer Grenze steht und hinüberschaut in ein unbekanntes Land. Derartige Erlebnisse werden von Unwissenden gerne als Sinnestäuschungen dargestellt. (81)

Wenn der Mensch an der Schwelle zum Jenseits steht, wird ihm manchmal die Gelegenheit zu einem letzten Abschiedsgruß an seine Angehörigen und Freunde gewährt. Es kommt dann zu paranormalen Phänomenen, die als „*Abmelden*" oder „*Ankünden*" bekannt sind. Dies kann geschehen durch eine Vorahnung oder eine außersinnliche Wahrnehmung, durch die der Tod eines nahestehenden Menschen angekündigt wird. Während der beiden Weltkriege ist es immer wieder vorgekommen, dass die Angehörigen im Hinterland plötzlich wussten: „Jetzt ist er an der Front gefallen." Manchmal kann es ein Wahrtraum sein, der auf den bevorstehenden Tod eines nahen Verwandten hinweist. So wird berichtet: Ein Mann träumte, wie sein Bruder vor ihm auf einem Stuhl saß. Als er ihn ansprechen wollte, verließ dieser wortlos das Zimmer. Dies war für ihn ein Zeichen des Abschieds. Drei Tage danach erhielt er die Nachricht, dass sein Bruder unerwartet gestorben sei. (82) Eine Frau erzählte mir, dass häufig in ihrem Bekanntenkreis ein Mensch verstarb, wenn sie wenige Tage zuvor von dürrem Holz träumte.

Solche Todesankündigungen können verschiedenartig sein. Es gibt hörbare und sichtbare Signale, die keine erklärbare Ursache zu haben scheinen. Diese werde vorwiegend von sensitiven Menschen wahrgenommen. Wir können zwei unterschiedliche Arten unterscheiden:

Sichtbare Kundgaben und hörbare Kundgaben:

- Uhren bleiben stehen. Stimmen werden vernommen.
- Ein Bild fällt von der Wand. Musik und Gesang wird hörbar.
- Das Licht wird eingeschaltet oder gelöscht. Schritte werde im Haus gehört.
- Türen oder Fenster öffnen sich. Klopfgeräusche werden wahrgenommen.
- Ein Glas oder Spiegel geht in die Brüche, Glockengeläute ertönt.

Im Grenzbereich zwischen Leben und Tod kann es zu *außersinnlichen* Wahrnehmungen kommen. Nach einer Kalendernotiz aus dem Jahr 1860 haben beim Tod des Dichters *Goethe* mehrere Personen in seinem Haus in Weimar seltsame Musik und feierlichen Chorgesang wie von einer anderen Welt gehört. (83) Gelegentlich kommt es zu einer Sinneserweiterung, so dass früher Verstorbene oder geistige Wesen gesehen oder gehört werden. (84) Eine Kindererzieherin erzählte mir folgende Begebenheit: Als sie sich über die Mittagszeit allein in ihrem Kindergarten aufhielt, sei plötzlich ihre Freundin leibhaftig vor ihr gestanden und habe ihr mit traurigem Blick gesagt: „Ich gehe jetzt." Wie sie diese ansprechen wollte, war die Gestalt verschwunden. Beunruhigt sei sie ein paar Straßen entfernt zum Haus ihrer Freundin gegangen, um sich nach ihr zu erkundigen. Nach kurzem Läuten an der Türe sei deren Tochter erschienen und habe mit Tränen in den Augen geklagt: „Mutter ist vor einer Viertelstunde unerwartet gestorben."

Ein Verstorbener teilte über ein Medium mit, wie er sich in seinen letzten Lebensstunden sehr schwach und müde fühlte. Von seiner irdischen Umwelt nahm er nur noch wenig wahr. Bald hörte er noch die Stimme seiner Angehörigen, die bei ihm waren, bald sah er seine verstorbenen Eltern wie von Ferne, die sich ihm näherten. Es kam ihm vor, als lebte er in zwei Welten, bald diesseits, bald jenseits einer Schwelle zwischen zwei Räumen. (85) Einer meiner Onkel unterhielt sich in seinen letzten Lebenstagen sozusagen „über die Schwelle" mit seinen verstorbenen Brüdern und versicherte ihnen: „Ich komme bald!"

Aufgrund zahlreicher gut dokumentierter Todesfälle ist die Parapsychologin *Fanny Moser* (1872-1953) zur Erkenntnis gelangt: „Der Mensch besitzt an der Schwelle des Todes tatsächlich die Fähigkeit, die räumlichen Schranken zu durchbrechen und ein letztes Lebewohl in die Ferne zu senden." (86) Die gleiche Ansicht vertrat der Mathematiker *Günter Emde* (*1929) in seinem Vortrag am Internationalen Kongress von „Imago Mundi" im Jahr 1978 in Innsbruck. Dort bezeichnete er die „Erlebnisse an der Todesschwelle" als einen deutlichen Hinweis auf „eine Daseins-Erlebnismöglichkeit in einer für uns unsichtbaren Parawelt". (87) Manchmal werden solche außersinnlichen Wahrnehmungen verschwiegen aus Furcht, von anderen nicht ernst genommen zu werden, wie folgender Bericht zeigt: Ein an Leukämie erkranktes

Mädchen gestand wenige Tage vor seinem Tod seinem gleichaltrigen Vetter: „Du, ich kann jetzt mit meinem verstorbenen Onkel sprechen. Er ist ganz oft bei mir. Wir reden immer miteinander, aber sag das ja niemand, das glaubt doch keiner.“ (88)

Der Blick nach drüben in die jenseitige Welt hängt ab von der geistigen Wachheit und Bewusstheit des Menschen. Wer schon hier auf Erden blind und taub ist für jedes Jenseitswissen, der wird beim Hinüberwechsel in die feinstoffliche Geisteswelt zunächst im Dunkeln tappen. Er wird sich wundern, sobald ihm die Augen aufgehen, dass so manches anders ist, als er sich gedacht hat. Es ist wie bei einem Blick in den Spiegel: Zunächst sieht er sich selbst. Erst wenn er den Blick hinter den Spiegel wagt, wird er sich gewahr, wo er sich befindet. (89)

Der jenseitige Dichter *Ephides* weiß von dieser Schwelle, die wir im Schlaf überwinden können:

Allnächtlich überschreiten wir die Schwelle,
wir alle, die dem Tag verpflichtet sind,
und tauchen in die uferlose Helle
und stehen staunend an des Ursprungs Quelle
und werden, was wir sind: des Lichtes Kind. (90)

Was uns erwartet

Nur wer selbst ein Land bereist hat,
kann mitreden.
PENNY MCLEAN

Unzählige Menschen können sich nicht vorstellen, was uns nach dem Tod erwartet. Viele meinen, dass nachher nichts mehr kommt und nichts mehr geschieht. Andere sehnen sich nach Ruhe und Frieden und haben keinerlei Erwartungen. Es sind wohl die von ihrem Leben und Lieben enttäuschten Menschen, die so denken, wie es in einem Volkslied von *Friedrich Glück* heißt: „Ich möcht' am liebsten sterben, dann wär's auf einmal still." Bei uns in Europa glaubt immer noch die Hälfte der Menschen, dass mit dem Tod alles aus und vorbei ist. Dem widerspricht die moderne Jenseitsforschung, die klar erkannt hat: Der Tod behält nicht das letzte Wort.

Die falschen Erwartungen werden zu einem ernüchternden Erwachen führen bei all jenen, die sich im Verlauf des Lebens kein solides Jenseitswissen erworben haben. Leider werden diese Fragen viel zu wenig ernst genommen, auch von jenen nicht, die eigentlich dazu berufen wären – die Vertreter der Konfessionen und Kirchen. Statt einen echten Jenseitsglauben zu verkünden, führt ihre Unkenntnis häufig zu religiösem Unglauben, Irrglauben und Aberglauben. Erstaunt werden ebenso jene sein, die meinen, auf der rechten Seite zu stehen, und hoffen, aufgrund ihrer religiösen Pflichterfüllungen nach ihrem Tod sogleich in den Himmel zu kommen. Aber auch jene sind im Irrtum, die sich für immer verloren und verdammt halten, wie jener General *Orloff,* der sich nach seinem Tod an der Kriegsfront schon in der folgenden Nacht bei seinem Adjutanten meldete mit den Worten: „Es gibt eine Hölle, und ich bin darin." (91)

Was die letzten Erwartungen und „Die Letzten Dinge“ betrifft, hat die christliche Kirche ein Lehrfach eingerichtet mit dem Namen *Eschatologie* (gr. *eschaton*: Das Ende, das Letzte). (92) Dessen Aussagen stehen in mancherlei Hinsicht im Widerspruch zu den Ergebnissen der heutigen Jenseitsforschung und der heutigen Kosmologie. Fragwürdig sind insbesondere die Angaben über das Weltenende und das Weltgericht. Aus zahlreichen Jenseitsberichten geht hervor, dass es nach dem Hinübergang mit uns unmittelbar weitergeht; denn das Jenseits ist nichts Statisches, sondern etwas sehr Dynamisches, das sich in eine sehr bewegte Zukunft hinein entwickelt. Die Heilsgeschichte der Menschheit entfaltet sich in vielen Dimensionen, so dass wir deren Ende gar nicht überblicken können. Wir können auch ins Jenseits ausdehnen, was *Rudolf Steiner* (1861-1925) für das Diesseits erkannte: „Nicht nur der Mensch strebt, die ganze Natur strebt, das ganze Universum strebt von Vollkommenheitsstufe zu Vollkommenheitsstufe.“ (93)

Wie sehr unsere Kirchen in der westlichen Welt Mühe haben mit ihrem Jenseitsglauben, zeigen folgende Beispiele aus jüngerer Zeit. Der Theologe *Karl Rahner* (1904-1984) gestand wenige Tage vor seinem Tod: „Über die letzten Dinge wissen wir erschreckend wenig.“ (94) Der römische Kardinal *Kurt Koch* (*1950) äußerte sich im Jahr 1993: „Bei den heutigen Theologen ist vielfach das Bewusstsein über den Tod hinaus schwach entwickelt und droht beinahe zur Fremdsprache zu werden.“ (95) *Andreas Resch* (*1934), ehemals Professor an der katholischen Lateran-Universität in Rom, begründet diese Unkenntnis mit dem Hinweis: „Weder die Heilige Schrift noch die Theologie bieten genügend Licht, um das künftige Leben nach dem Tod richtig zu erklären.“ (96) Der frühere katholische Theologe *Eugen Drewermann* (*1940) ist der Ansicht, dass wir „über das, was uns nach dem Tode erwartet, aufgrund unserer Sinneswahrnehmungen nichts aussagen können“. (97)

Selbst die obersten katholischen Lehrautoritäten äußerten sich in jüngster Zeit zur Frage eines Lebens nach dem Tod recht unverbindlich. Kardinal *Josef Ratzinger* (*1927), der spätere Papst *Benedikt XVI.,* gab auf die Frage, was uns nach dem Tod erwartet, folgende Erklärung ab: „Das Jenseits ist nicht nur unserem Wissen, sondern auch dem Zugriff des beweisenden Denkens entzogen und damit fragwürdig. Alles, was man darüber sagt, scheint nicht mehr als fromme Vermutung oder Wunschdenken zu sein." (98) Etwas konkreter und glaubwürdiger äußerte sich sein Vorgänger, Papst *Johannes Paul II.* (1920-2005), im Oktober 1998 zur Frage des Weiterlebens nach dem Tod: „Es handelt sich um eine Übergangsphase. In dieser löst sich der Körper auf. Das Weiterleben beginnt als spirituelles Element. Dieses ist mit geistigem Bewusstsein und einem eigenen Willen ausgestattet. Und zwar so, dass ich – Mensch – existiere, obwohl ich keinen Körper benötige." (99)

Auch die *evangelische* Theologie vermag kein glaubhaftes Jenseitswissen zu vermitteln. Sie lehrt vor allem den Todesschlaf. So war der Reformator *Martin Luther* (1483-1546) der Ansicht, dass die Verstorbenen schlafend im Grabe ruhen und nichts hören und nichts sehen, bis sie auferweckt werden am Jüngsten Tag. Daher habe es auch keinen Sinn, der Toten zu gedenken oder für sie zu beten. (100) In einem deutschen Fernseh-Interview vom 1. Januar 1985 fragte *Hans Küng* seinen achtzigjährigen Berufskollegen *Helmut Gollwitzer*: „Was geschieht wohl im Tode?" Seine schlichte Antwort lautete: „Ich weiß es nicht."

Eine völlig fehlgeleitete Erwartungshaltung hat in neuerer Zeit die Ganztod-Theologie bewirkt, wie sie von den evangelischen Theologen *Karl Barth, Rudolf Bultmann, Emil Brunner* und *Paul Althaus* gelehrt wurde, nämlich dass mit dem Körper des Menschen auch dessen Seele stirbt und beide zusammen erst beim „Jüngsten Gericht" wieder ins Leben zurückgerufen werden. Diese Annahme stützte sich auf die Tatsache, dass die Bibel keine eindeutige Aussage über den Zustand der Menschenseele zwischen Tod und Auferstehung enthält. (101) Der Theologe *Oscar Cullmann* meint, die Lehre vom Weiterleben nach dem Tod und die Unsterblichkeit der Menschenseele sei eines der großen Missverständnisse des Christentums. (102) Aufgrund dieser Stellungnahmen christlicher Theologen kommt *Wilhelm H. Tenhaeff* (1894-1981), Professor für Parapsychologie an der Universität Utrecht, zum Schluss: „Für die christliche Kirche ist das Jenseits nur eine schwach beleuchtete Welt jenseits des Todes." (103)

Eine erschreckende Theorie über das, was uns nach dem Tod erwartet, entwarf in den 1960er Jahren der Schweizer Jesuit ungarischer

Abstammung *Ladislaus Borros* (1927-1981). In seinem Buch „Mysterium mortis" vertrat er die Ansicht, dass der Mensch im Augenblick des Todes in einer radikalen Gottes-Begegnung seine allerletzte Entscheidung trifft, die verantwortlich sein soll für sein ewiges Schicksal. Diese wird seiner Meinung nach „im Tod und nicht nach dem Tod gefällt". (104) Er gibt sich überzeugt, dass jeder Mensch im Augenblick des Todes eine allerletzte Chance bekommt, sich dem Göttlichen zuzuwenden. Auch jene, die nie von Gott gehört haben oder ihn in ganz falschem Licht gesehen hatten, werden vor die Frage gestellt: Für oder gegen ihn? Danach soll keine Gesinnungsänderung mehr möglich sein.

Dieser Hypothese liegt ein falsches Menschenbild zugrunde, wonach das Erdenleben einmalig sein soll und es für den Menschen im Jenseits keine geistige Neuausrichtung, keine Sinnesänderung, keine Lernfortschritte und keine Weiterentwicklung mehr geben wird. Außerdem würde diese allerletzte Entscheidungsmöglichkeit eine totale und allumfassende Gotteserkenntnis voraussetzen, die für ein geschaffenes Wesen niemals möglich sein wird. Angesichts der recht beschränkten menschlichen Erkenntnisfähigkeit und Entscheidungsfreiheit würde dies zudem eine enorme Überforderung bedeuten. (105)

Es würde meiner Meinung nach jeder vernünftigen Überlegung widersprechen:

Wenn es unmittelbar nach dem Tod zu einer vollpersonalen Begegnung des Menschen mit Gott oder Christus kommen soll. Dies müsste einem riesigen Quantensprung des menschlichen Bewusstseins gleichkommen, der gar nicht denkbar ist.

Wenn der Mensch im Augenblick seines Todes sich endgültig und abschließend für oder gegen Gott zu entscheiden hätte, wäre dies bei seiner begrenzten Erkenntnismöglichkeit eine maßlose Überforderung, der niemand standhalten könnte.

Wenn der unvollkommene Mensch in der Lage sein soll, im Moment seines Todes Gott in seiner absoluten Vollkommenheit zu erkennen und zu begreifen, würde er dies wegen seiner Beschränktheit in alle Ewigkeit nicht schaffen und müsste auf der Strecke bleiben.

Sollte dies auch für alle Ungeborenen und für die im Säuglings- und Kleinkindalter verstorbenen Kinder gelten und für all jene, die in ihrer geistigen Entwicklung weit zurückgeblieben sind, wäre dies höchst ungerecht.

Wenn es nach dem körperlichen Tod für die Geistseele des Menschen in einer jenseitigen Welt keine geistige Neuausrichtung, keinen Gesinnungswandel und keinerlei Entwicklung mehr geben könnte, würde dies der Güte und Barmherzigkeit Gottes widersprechen.

Wenn das irdische Menschenleben in seiner Kürze einmalig und nicht mehr wiederholbar sein sollte, würde dies einer geistigen Einbahnstraße gleichen, deren Endstation für ihn nur Himmel oder Hölle heißen kann, ohne jede Aufstiegs- und Zwischenstufe.

Wenn wir bedenken, wie gewöhnlich und banal das Leben bei den meisten Menschen verläuft, ohne dass sie je zu höheren spirituellen Einsichten kommen, und wie unerfahren und unbelehrt sie die Todesschwelle überschreiten, wie unvorbereitet auf ihr zukünftiges Schicksal sie ihre große Jenseitsreise antreten und wie unwissend sie dem entgegengehen, was auf sie drüben zukommt, würde diese „letzte Entscheidung" für sie ein großes Risiko bedeuten. Ich habe *Ladislaus Boros* persönlich gekannt und habe gesehen, dass er am Ende seines Lebens, als er den Jesuiten-Orden und den Priesterstand verlassen und in meiner Nachbarschaft geheiratet hatte, von seiner Theorie selber nicht mehr überzeugt war.

Dass diese Jenseitstheologie schwerwiegende Irrtümer über das Weiterleben des Menschen nach dem Tod enthält und damit ihre Gläubigen verunsichert, vermag zur Genüge die heutige Jenseitsforschung zu beweisen. Sie zeigt uns, dass mit dem Tod nichts Endgültiges festgelegt wird, weil keine abschließende Wesensänderung stattfindet. Das Bibelwort: „Wie der Baum fällt, so bleibt er liegen" (Pred. 11,3) gilt hier nicht. Dem hellsichtigen Theosophen *Erhard Bäzner* war es möglich, verstorbene Menschen über ihren Tod hinaus in der Jenseitswelt zu beobachten und zu begleiten. Immer wieder konnte er sehen, wie sich nach dem Ablegen ihres physischen Körpers an ihrem Wesen zunächst nichts änderte. Er schreibt: „Jeder ist nach seinem Tod genau der, der er vor seinem Tod bereits gewesen ist." (106)

Nichts anderes treffen wir im Jenseits an, als was wir schon vor dem Tod in unserem Bewusstsein, in unseren Gedanken und Gefühlen in uns trugen. Das, was in unserem Willen und in unseren Vorstellungen während des Erdendaseins uns eigen war, kann sich in der Jenseitswelt erst mit der Zeit verändern. Dort gestalten und verändern wir unsere Umgebung weitgehend durch unsere Willenshaltung, durch unsere Gedankenausrichtung, durch unsere Vorstellungen und unsere Gesinnungen, die sich je nach dem erreichten Bewusstseinsgrad ständig wandeln können.

Jene jenseitige Daseinsstufe, in die all jene Verstorbenen hingelangen, die sich im Leben nicht schwer verfehlt und belastet haben, ist die jenseitige *Empfangsebene.* Dort begegnen sich in der Regel die ehemaligen Angehörigen, Verwandten und Bekannten zu einem ersten Stelldichein. Nicht selten verweilen sie dort für eine längere Zeit, wo ihnen Gelegenheit geboten wird, Gedanken, Erinnerungen und Erfahrungen auszutauschen und diese gemeinsam oder in Gruppen zu verarbeiten. Erst wenn dies zur Genüge geschehen ist und daraus die richtigen Schlussfolgerungen gezogen werden, sind sie bereit, sich ihrer weiteren geistigen Entwicklung zuzuwenden.

Falsche Drohbilder und Drohbotschaften

Gott bewahre uns davor, dass wir die
Höllendrohungen als Knüppel gebrauchen,
um jemandem Moral beizubringen.

Bischof J. A. Robinson

Das Wort *drohen* bedeutet so viel wie bedrängen und einschüchtern, um jemanden unter Androhung von Strafe in Angst und Schrecken zu versetzen und um ihn gleichzeitig zu einer Handlung, Unterlassung oder Verhaltensänderung zu drängen. Sofern dies unter Druck und Zwang einer Freiheitsberaubung gleichkommt, gilt dies als Tatbestand im strafrechtlichen Sinne. In der Psychologie gilt die Drohung in vielen Fällen als unbewusste Projektion verdrängter Aggressionen. Eine Drohung kann durch Gebärde und laute Stimme oder als verbales Signal zum Ausdruck gebracht werden. Daher können wir von *Drohbildern* und *Drohbotschaften* sprechen. In der autoritären Erziehung galten diese lange Zeit als bewährte Methode, um jenes Verhalten herbeizuführen, das man selbst für wichtig und richtig hielt. Furcht und Angst sind bekanntlich schlechte Motive zu sittlichem Handeln. Trotzdem dienten sie während Jahrhunderten auch in der religiösen Erziehung als anerkannte Erziehungsmittel.

Die Vorstellungen von einer zürnenden und grollenden göttlichen Macht scheinen archaische Überbleibsel aus jener Urzeit zu sein, als die Frühmenschen bei Gewittern sich vor bedrohlichen Blitz- und Donnerschlägen fürchteten und diese als Drohgebärden den zürnenden Göttern zuschrieben. Noch heute hört man bei solchen Naturerscheinungen manche Mütter ihren kleinen Kindern zurufen: „Der Himmelsvater tut schimpfen." Dadurch beleben sie von neuem in der kindlichen Seele das Urbild einer patriarchalen Gottesvorstellung, das auch in viele heilige Schriften seinen Eingang gefunden hat. (Ps 2,11;

Eph 6,5; Phl 2,12) „Fürchte Gott und halte seine Gebote“ steht noch heute auf manchem Wegkreuz. Nicht zur Gottesliebe, sondern zu Gottesfurcht sollte dadurch erzogen werden. Die Gottesfurcht galt sogar als fromme Tugend.

Die Angst vor dem göttlichen Strafgericht galt bis in unsere Zeit hinein als probates Erziehungsmittel der Priesterschaft, um sich ihre Gläubigen abhängig und gefügig zu machen. Belege hierfür gibt es genug im Alten Testament der Bibel (5 Mo 32,35: Jes 9,11: Jer 7,19; 52,3) und im Neuen Testament. (Rö 1,18; 12,19; Eph 5,6; Heb 12,5)

Passend hierzu kam in vielen Familien die Angst vor der väterlichen Zuchtrute, getreu dem Bibelvers: „Welchen der Herr liebt, den züchtigt er.“ (Heb 12,6) Die Angst vor dem eigenen Vater wurde vielfach auf Gott-Vater übertragen. Beiden wurde die Rolle des strengen Zuchtmeisters zugeschrieben. Deshalb war *C. G. Jung* überzeugt: „Des Menschen Gottesbild ist sein Vaterbild.“ Der Theologe *Horst Herrmann* (*1940), Professor für katholisches Kirchenrecht an der Universität Münster, beklagt in seinem Buch „Die sieben Todsünden der Kirche": „Alle biblischen Autoren drohen auch im neuen Testament, das nach der herrschenden Meinung eine Frohbotschaft sein soll, den Unbußfertigen mit einer auf Ewigkeit berechneten Vatersanktion, während bei den Gehorsamen die ebenso ewige Gratifikation durch denselben Vater verheißen wird.“ (107)

Bereits im *Altertum* entstanden furchterregende Drohbilder, die sowohl in den Mythen der Völker als auch in den Dichtungen antiker Schriftsteller und religiöser Führer dem eigenen Volk zur Belehrung und Abschreckung vorgesetzt wurden. Nach einer altägyptischen Priesterschrift gibt es im Totenreich sieben Hallen: In einer Halle sind die Verstorbenen zu sinnloser Arbeit verurteilt, in einer anderen Halle versuchen diese vergeblich Hunger und Durst zu stillen. In einer weiteren Halle werden sie von Ungeheuern gequält. Das Totenreich der alten Vorstellungen bei den Hebräern, Griechen, Römern und Germanen ist freudlos und lichtlos, in dem die Verstorbenen ein Schattendasein fristen. Die fanatischen Vertreter religiöser Glaubensrichtungen verzichteten nie darauf, ihre ungebildeten und abergläubischen Nachbeter durch ihre Verdammungs- und Höllenpredigten einzuschüchtern und abhängig zu machen. So schilderte *John Wesley* (1703-1791), der

Begründer der Methodisten-Kirche, die Höllenpein mit folgenden Drohworten: „Die Verdammten werden ihre Zunge zerbeißen vor Wut, Qual und Pein. Sie schauen nach oben und verfluchen Gott. Die höllischen Hunde der Hochmut, der Bosheit, der Rachegier und der Verzweiflung verzehren sie unablässig. Das alles wird niemals aufhören. Weder die Qualen der Seele noch die des Leibes werden jemals ihrem Ende näher sein als vor Millionen von Jahren." Nicht weniger bedrohlich und furchterregend sollten die Worte des berühmten englischen Kanzelpredigers *Charles Spurgeon* (1834-1892) wirken: „Wenn du stirbst, wird allein deine Seele gepeinigt werden; das wird für sie die Hölle sein. Und beim Jüngsten Gericht wird dein Leib mit deiner Seele vereinigt werden, und du wirst eine zweifache Höllenqual erleiden, indem deine Seele Blut schwitzen wird, während die grimmigsten Schmerzen deinen Leib zermartern werden. Jeder deiner Nerven ist eine Saite, auf der der Satan beständig seine diabolischen Melodien zu dem unsäglichen Jammergeheul der Hölle spielt." (108)

Ein 93-jähriger Mann gestand mir vor Kurzem, er habe zwar keine Angst vor dem Sterben, aber er fürchte sich „vor dem da oben", obwohl er sich keiner schweren Schuld bewusst sei. Das Gottesbild ist bei vielen Menschen durch falsche Erziehung angstbesetzt. Angst ist bekanntlich eine schlechte Erzieherin. Sie weckt oft unberechtigte Schuldgefühle und ein neurotisches Sündenbewusstsein. Ich kann mich an zwei Frauen erinnern, die sich durch ihre anerzogenen Vorstellungen vom strafenden Gott und vor der ewigen Verdammnis in eine krankhafte Lebens- und Todesfurcht verstrickt hatten, die sie über Jahrzehnte arbeitsunfähig und lebensuntüchtig machte. Jedes drohende Druckmittel kann mit der Zeit bei ich-schwachen Personen zu einer gehorsamen Unterwürfigkeit oder bei ich-starken Menschen zur rebellischen Auflehnung führen. Auf jeden Fall wird es die eigene gesunde Gewissensbildung verhindern.

„Du denkst zu viel!", drohte mir in jungen Jahren ein Pfarrer mit erhobenem Mahnfinger, als ich seine gestrengen Predigtworte hinterfragen wollte. Geben wir dem modernen amerikanischen Bischof *John S. Spong* recht: „Niemand wird durch Angst heilig. Niemand wird durch eine versprochene Belohnung für sein gutes Verhalten heilig. Wir müssen deshalb alle Vorstellungen von Strafe und Belohnung bei unseren Überlegungen über das Leben nach dem Tod über Bord werfen, weil sie zu plump, ungeschickt, feindselig und schließlich unglaubwürdig sind." (109)

Auch die *Drohbilder,* wie wir sie aus mittelalterlichen Darstellungen kennen, sind psychologisch gesehen vorwiegend Projektionen verdrängter Furcht- und Angstgedanken, wenn nicht gar sadistischer Neigungen aus dem Unbewussten. Diese können auch aufgrund von Schuldzuweisungen anderen gegenüber entstehen oder auf Vorverurteilungen zurückgehen, mit denen persönliche Widersacher in die Hölle gewünscht werden. Der Kirchenlehrer *Augustinus* (354-430), der in seiner Jugend ein recht freizügiges Leben führte, erst mit dreiunddreißig Jahren zum Christentum übertrat und später Priester und Bischof wurde, hat mit seinen strengen moralischen Ansichten und wegen seiner eigenen Schuldgefühle viel zur Höllenangst beigetragen. So war er der Meinung, dass Gott eine größere Anzahl Menschen von vornherein für die Hölle vorgesehen habe und überhaupt viel mehr Menschen in die Hölle kommen als ins himmlische Paradies. (110) Viel glaubwürdiger erschien mir damals die Zusicherung unseres ehemaligen Latein-Lehrers, der als katholischer Priester die Meinung vertrat, es kämen nur wenige Menschen in die Hölle, die meisten seien zu dumm dafür.

Im Mittelalter beschrieb der italienische Dichter *Dante Alighieri* (1265-1321) seine Jenseitsschau in seiner „Göttlichen Komödie". Auch er griff zu drastischen und dramatischen Höllenbildern, um sich an seinen damaligen politischen Gegnern zu rächen, indem er diese bereits zu deren Lebzeiten in das „ewige Feuer" der Hölle verbannte. (111) Der Soziologe *Wilhelm Lange-Eichbaum* (1860-1950) schrieb in seinem dreibändigen Werk „Genie, Irrsinn und Ruhm" über ihn: „Hätte Dante nicht die Möglichkeit gehabt, seinen Sadismus dichterisch auszuleben, indem er den Verdammten mit exakter Genauigkeit die qualvollsten Strafen zuerkannte, so hätte er die Welt vielleicht durch seine Handlungen entsetzt." (112)

Zwei Jahrhunderte später nahmen sich berühmte Maler dieser Drohbilder an, vielfach im Auftrag hoher und reicher Kirchenfürsten, und übertrugen sie in ihre Höllengemälde. So tat es der niederländische

Maler *Hieronymus Bosch* (1450-1516) mit seinem Gemälde „Das Jüngste Gericht“ sowie in seinem berühmt-berüchtigten Höllenbild mit seinen drei Jenseitsbildern. Ähnliches unternahm *Luca Signorelli* (1441-1523) mit seinem Fresco „Die Verdammten in der Hölle“ oder *Francesco Traini* (1321-1365) mit seiner Höllendarstellung.

Furchterregend erschienen mir in meinen Jugendjahren die schaurig-schönen Grabgesänge bei feierlichen Begräbnissen, mit denen die Trauernden zum Friedhof begleitet wurden. Hierzu gehörte der mittelalterliche Hymnus „Dies irae“, der vermutlich vom Mönch *Thomas von Celano* (um 1190-1260) komponiert und durch Papst *Pius V.* im Jahr 1570 in die Begräbnisliturgie eingefügt wurde. Dieser lateinische Gesang war während 400 Jahren, nämlich bis 1970, Bestandteil der katholischen Totenmesse. Manch fromme Seele mochte dabei mit Gruseln und Grauen daran gedacht haben, was nach dem Tode folgt, wenn der Priesterchor anstimmte:

Tag der Rache, Tag des Zornes
Wird das Weltall sich entzünden,
Wie Sibyll und David künden.

Welch ein Graus wird sein und Zagen,
Wenn der Richter kommt mit Fragen
Streng zu prüfen alle Klagen.

Laut wird die Posaune klingen,
Durch der Erde Gräber dringen,
Alle hin zum Throne zwingen.

Schaudernd sehen Tod und Leben
Sich die Kreatur erheben,
Rechenschaft dem Herrn zu geben.

Und ein Buch wird aufgeschlagen,
Treu darin ist eingetragen
Jede Schuld aus Erdentagen

Sitzt der Richter dann zu richten,
Wird sich das Verborgne lichten;
Niemand kann vor der Strafe flüchten.

Weh! Was werd ich Armer sagen?
Welchen Anwalt mir erfragen,
Wenn Gerechte selbst verzagen?

Wenig gilt vor dir mein Flehen,
Doch aus Gnade lass geschehen,
Dass ich mag der Höll' entgehen.

Wird die Hölle ohne Schonung
Den Verdammten zur Belohnung,
Ruf mich zu der Sel'gen Wohnung.

Schuldgebeugt zu dir ich schreie,
Tief zerknirscht in Herzenreue,
Sel'ges Ende mir verleihe. (113)

Vielfach wird noch heute verheißen: „Wer ohne den Segen der Kirche stirbt, den erwarten ewige Höllenstrafen". Mit solchen angsterregenden Wehe-dir!-Drohgebärden wurden während Jahrhunderten die Menschen terrorisiert. Der englische Theosoph *Charles W. Leadbeater* belegt in seinem Buch „Das Jenseits" aus eigener Erfahrung: „Unwissenheit und Aberglaube ließen die Menschen bislang unsäglich und völlig unnötig unter Furcht, Schmerz und Trauer leiden. Falsche und törichte Ansichten haben gewaltigen Schaden angerichtet und zu unbeschreiblichem Leid geführt." Er ist überzeugt: „Die Tage blinden Glaubens gehören der Vergangenheit an. Die Ära wissenschaftlich fundierten Wissens ist angebrochen. Wir können keine Vorstellungen akzeptieren, die weder auf Vernunft noch auf gesunden Menschenverstand verzichten. Es gibt keinen Grund, warum nicht wissenschaftliche Methoden zur Erhellung dieser Probleme eingesetzt werden sollen, die früher ausschließlich der Religion überlassen waren." (114)

Sittliche Weisungen sollten nicht durch Drohworte, sondern lediglich durch Mahnworte zu rechtem Denken und Handeln anleiten. Wie im Berufsleben, so können die Menschen auch in ihrem Glaubensleben dazu angespornt werden, mehr zu tun, damit der „himmlische Chef" mit ihnen zufrieden ist. Ihm geht es nicht darum, dass wir ihm untertänigst dienen, dass wir ihn mit Worten loben und preisen oder ihn anbeten und verehren. Was hat er davon? Lässt sich auf diese Weise etwa seine Vollkommenheit vermehren, seine Ehre vergrößern? Setzen wir ihn damit nicht unter Druck? Drohen wir ihm mit Liebesentzug, wenn er uns nicht umgehend hilft?

Zahlreichen Jenseitsbotschaften können wir entnehmen, dass die echte Geisteswelt niemals droht. Sie weist uns lediglich auf die Folgen unseres Verhaltens hin. Sie zeigt uns den rechten Weg; doch gehen müssen wir ihn selber – und zwar freiwillig. Statt von Drohbotschaften, sollten wir uns von Frohbotschaften leiten lassen, die getragen sind von der Kraft des Glaubens, der Hoffnung und der Liebe. Religiöse Drohbilder und Drohbotschaften haben keinen sittlichen Wert. Sie führen bei verunsicherten Personen leicht zu einem dauernd schlechten Gewissen und zu Strafangst, die häufig durch abergläubische Zwangshandlungen abgewehrt werden.

Statt sich einen strafenden Gott vorzustellen, der mit seinem „allwissenden Auge" bis ins Verborgene sieht, der uns ständig überwacht und kontrolliert, der von seinem Richterstuhl aus gleichsam unentwegt Strafzettel und Belohnungsgutscheine verteilt, wäre es wohl besser, daran zu denken, dass es nicht ein göttlicher Richter ist, der nur belohnt und bestraft. Wir belohnen und bestrafen uns stets selber durch jene inneren Gesetzmäßigkeiten, die autonom, das heißt selbsttätig, dafür sorgen, dass früher oder später jede unserer Taten und Untaten einer gerechten Folge zugeführt wird; nämlich Gutes mit Gutem belohnend und Böses mit Bösem bestrafend.

Hier gelten die Worte von *E. Arnold:*

Ihr kommt und erntet, was ihr einst gesät,
So viel wie ihr gestreut im frühen Sein
An Korn, an Unkraut und auch an Gift.

Bilanz des Lebens

Ich glaube, dass unser Leben nach dem Tod aus unseren eigenen Wünschen, Gedanken und Taten gewoben ist, die wir selbst zu verantworten und zu beurteilen haben.
HELEN KELLER

Die heutige Jenseitsforschung weiß nichts davon, dass gleich nach dem Übergang in die andere Welt jeder Verstorbene vor dem Richterstuhl Gottes zu erscheinen hat. Dieser alte Glaube an ein jenseitiges Totengericht geht zurück auf das Bedürfnis des Menschen nach belohnender oder bestrafender Gerechtigkeit. Oft genug müssen wir erfahren, dass es in unserer Welt zahlreiche Ungerechtigkeiten gibt und die Sonne bei weitem nicht alles an den Tag bringt, wie es nach einem Märchen der Gebrüder *Grimm* zu erwarten wäre. Daher entwickelte sich schon sehr früh der Gedanke, dass wenigstens nach dem Tod jeder zu seinem Recht kommt, aber auch zur Rechenschaft gezogen wird, dass alle gerecht beurteilt werden und ihren gerechten Lohn oder ihre verdiente Strafe empfangen werden für all ihr Tun und Lassen während ihres vergangenen Erdenlebens.

Bereits die alten Ägypter kannten den Mythos vom *Totengericht*. Sie glaubten, dass der ibisköpfige Totengott *Anubis* mit der „Waage der Gerechtigkeit" in seiner Hand die Herzen der Verstorbenen prüft, indem er diese mit der leichten Feder „Ma'at" aufwiegt. Im Neuen Reich wurde dieses Totengericht um zweiundvierzig Richter erweitert, die in der 6. Halle der Unterwelt versammelt waren und darüber zu entscheiden hatten, was mit der Ba-Seele nach dem Tod zu geschehen hat. In der 7. Gerichtshalle thronte der göttliche *Osiris* auf seinem Richterstuhl und fällte das endgültige Urteil für Zeit und Ewigkeit. (115)

Dieser ägyptische Jenseitsglaube fand seine Fortsetzung beim hebräischen Volk der Israeliten und seinem religiösen Führer und Propheten *Moses*. Vergessen wir nicht, dass dieser zunächst im ägyptischen Herrscherhaus des Pharao *Amenophis IV. / Echnaton* aufgewachsen ist und dort in das geheime Priesterwissen und dessen Glaubensbilder eingeweiht wurde. (116) In *Echnatons* „Wahrheitslehre" wurde ein ganzer Katalog von vierzig sittlichen Geboten und Verboten aufgeführt, nach denen die Toten gerichtet werden sollten. So heißt es in der Selbstverteidigung eines Verstorbenen vor dem Jenseitsgericht: „Ich habe kein Tier gequält. Ich habe niemanden zum Weinen gebracht, ich habe niemandem Unrecht zugefügt. Ich habe nicht gelogen, nicht gezankt, niemanden geschmäht noch verleumdet. Ich bin nicht taub gewesen gegenüber einem wahren Wort. Ich habe keine betrügerischen Geschäfte abgeschlossen; auch habe ich nicht gestohlen und niemanden benachteiligt. Ich habe nicht Ehebruch begangen und nicht Unzucht getrieben. Ich habe nicht getötet oder zu töten befohlen. Ich habe nichts getan, was Gott verboten hat." (117) Diese sittlichen Forderungen aus dem 12. vorchristlichen Jahrhundert stimmen auffallend überein mit den „Zehn Geboten", die *Moses* nach einem biblischen Bericht auf dem Berg Sinai in zwei steinernen Tafeln von Gott *Jehova* persönlich erhalten haben soll. (2 Mo, 20, 2-17) Diese sind offensichtlich altägyptischen Ursprungs und sind, auf zehn Forderungen verkürzt, vom israelischen Volk übernommen worden.

Im sumerisch-babylonischen *Gilgamesch-Epos* aus dem 12. vorchristlichen Jahrhundert findet sich der Hinweis, dass sich die Verstorbenen nach dem Überschreiten des Unterweltflusses im Totenreich einem Jenseitsgericht unterziehen müssen. Sieben Totenrichter sollen über das verflossene Leben befinden. Die für gerecht befundenen Seelen dürfen danach in einen himmlischen Garten eintreten, wo sie sich zur Belohnung üppigen Lebensfreuden genussvoll hingeben können. Dagegen werden jene, die im Leben ungerecht gehandelt haben, in der Unterwelt mit grimmigem Hunger und eisiger Kälte bestraft. Derartige Bilder sind später auch in die Glaubensvorstellungen des Judentums, des Christentums und des Islam übergegangen und sind als menschliche Vorstellungen dort zum Teil heute noch lebendig.

Auch das *Tibetische Totenbuch* kennt ein ähnliches Totengericht. Danach werden die guten und die bösen Taten der Menschen durch weiße und schwarze Kieselsteine dargestellt. Vor dem jenseitigen Richter schüttet der 'gute Geist' die weißen Steine in die rechte Schale der Gerichtswaage, und der 'böse Geist' wirft die schwarzen Kieselsteine in deren linke Schale. Überwiegt das Gewicht der weißen Steine, darf die Seele des Verstorbenen in die himmlischen Regionen aufsteigen; ist die Schwere der schwarzen Steine jedoch größer als jene der weißen Steine, muss die Seele den Weg nach unten zur Höllenwelt antreten. (118)

Auch beim altpersischen Religionsstifter *Zarathustra* (um 630-550 v. Chr.) finden sich Hinweise auf ein „Erstes Gericht", das kurz nach dem Tod erfolgen soll, und auf ein „Zweites „Gericht" am Weltenende. (119) Dort wird auch erwähnt, dass nach dem Tod jeder Mensch sich vor dem obersten Gott *Ahura Mazda* zu verantworten hat, um nach seinen Taten in Gedanken, Worten und Werken gerichtet zu werden. (120) In einer indischen Jenseitsvorstellung ist es *Dharam Rai,* der König des Totenreiches, der nach dem Tod jedes Menschen dessen Gedanken, Worte und Werke abwägen und beurteilen soll. (121)

In den Schriften *Platons* finden sich auch Andeutungen über ein jenseitiges Gericht, dem sich alle Verstorbenen zu unterziehen haben. In seinem Dialog „Phaidros" schreibt er über die Verstorbenen: „Sobald sie ihr Leben beendet haben, kommen sie vor ein jenseitiges Gericht. Nach dessen Urteilsspruch gehen die einen ein in die Zuchthäuser unter der Erde und verbüßen dort ihre Strafe, während die anderen durch das Gericht an einen himmlischen Ort geleitet werden und dort ein Leben verbringen, das dem entspricht, das sie in menschlicher Gestalt geführt haben." In seiner Schrift „Der Staat" schildert er aufgrund eines Nahtod-Erlebnisses, wie strenge Richter die Verstorbenen in Gerechte und Ungerechte getrennt haben und die eine Gruppe aufwärts gegen Himmel wiesen und die andere auf den Weg in die finstere Unterwelt schickten. (122)

Bei den *Hebräern* lebt das Bild von der Seelenwaage im Buch des Propheten *Daniel* erneut auf. (Da 5,27) Im streng gesetzesgläubigen Judentum wurde gelehrt, dass es nach dem Tod eine göttliche Rechtsprechung geben muss, weil Gott selbst die Sittengesetze erlassen habe. Die biblischen Texte enthalten zwar keinen Hinweis auf ein persönliches Gericht nach dem Tod, dennoch ist der Gedanke von einem

Jenseitsgericht weit verbreitet. Dieser bezieht sich allerdings vorwiegend auf das Weltgericht in der Endzeit und nicht auf ein Gericht kurz nach dem Tod des einzelnen Menschen.

Im *Christentum* übernahm zunächst der Erzengel *Michael,* dargestellt mit der Gerichtswaage, die Rolle des ägyptischen Totenrichters. (123) Zum persönlichen Gericht nach dem Tod gibt es in den Evangelien mehrere Hinweise. (Mt 24, 14-23; Lk 21, 25-28). Im 2. Korinther-Brief des Apostels *Paulus* begegnet uns die Aussage, dass alle Sterblichen nach dem Tod vor den Richterstuhl Gottes gerufen werden, damit jeder den Lohn empfange für das Gute und das Böse, das er im irdischen Leben getan hat. (2 Ko 5, 10; Röm 14,10) In den ersten vier christlichen Jahrhunderten ist immer wieder von einem Jenseitsgericht die Rede. Der Kirchenlehrer *Augustinus* nahm an, dass die Seelen der Verstorbenen von Gott gerichtet werden. Der *hl. Hieronymus* bezeichnet den Todestag als Gerichtstag. Der Kirchenlehrer *Ephräm* schilderte das Gericht unmittelbar nach dem Tod und lässt dort den Teufel als Ankläger auftreten. Im Mittelalter lehrte *Thomas von Aquin,* es gebe nach dem Tod ein besonderes göttliches Gericht, durch das jedem Einzelnen die verdiente Belohnung oder Strafe zukomme.

In der christlichen Theologie wird noch heute zwischen dem *persönlichen* Gericht, das sogleich nach dem Tod erfolgen soll, und dem *allgemeinen* Weltgericht am Weltenende deutlich unterschieden. Beim persönlichen Gericht soll über das nachtodliche Schicksal jedes einzelnen Menschen geurteilt werden. Das Endgericht dagegen soll entscheidend sein für das ewige Heil oder Unheil des gesamten Menschengeschlechtes. (Mt 25, 31-46; Offb 20, 11-15)

Was das Gericht am „Ende der Welt" angeht, herrschen unter den christlichen Kirchen und deren Vertretern bis heute erhebliche Unklarheiten und Meinungsverschiedenheiten. So sind die vor 2000 Jahren gegebenen Prophezeiungen über das allgemeine Weltgericht am Weltenende (Parusie), das noch zu Lebzeiten der Apostel erwartet wurde, bis heute nicht erfüllt worden. (Mt 24, 15-35) Auch zur Frage des persönlichen Gerichtes gibt es bis heute keine offizielle Lehrentscheidung. Die traditionelle Lehre geht davon aus, dass die geistige Seele in der Jenseitswelt weiterlebt und zwar an einem Ort, der ihrem Entwicklungsstand entspricht. Ob dies aufgrund eines göttlichen Gerichtsurteils geschieht oder nach einer Selbstbeurteilung, wird offen gelassen.

Eine völlig andere Vorstellung von einem jenseitigen Gerichtsverfahren erhalten wir, wenn wir uns diesbezüglich nach den Aussagen erkundigen, die wir durch die Vielzahl von medialen Jenseitsbotschaften, von beweisbaren Nachtod-Erlebnissen, von glaubwürdigen Nachtod-Erfahrungen und von überprüfbaren Rückführungs-Experimenten erhalten. Es ist interessant zu sehen, wie sehr sich diese von den überlieferten Lehren der verschiedenen Glaubensrichtungen unterscheiden. Da kommen Gott oder Christus als letzte und oberste Richter überhaupt nicht vor. Die mitgeteilten Berichte aus der jenseitigen Welt sprechen durchwegs eine andere Sprache als die kirchliche Tradition es wahrhaben will. Ein endgültiger Richterspruch vor dem göttlichen Strafgericht wird nie erwähnt. In den Hunderten von medialen Jenseitsmitteilungen, die ich während Jahrzehnten gesammelt habe, fand ich keinen einzigen Hinweis für die biblische Aussage, dass jeder Mensch unmittelbar nach seinem Tod vor dem „ewigen Richterstuhl Gottes“ (Rö 14,10; 2 Ko 5,10) zu erscheinen habe.

Nichts von einem Jenseitsgericht erfuhr auch der verstorbene katholische Priester und Monsignore *Robert Benson* nach seinem Tod. Er bestätigte in einer medialen Jenseitsmitteilung: „Ich möchte an dieser Stelle bekennen, dass für mich jeder Gedanke an einen ‘Richterstuhl’ oder an einen ‘Gerichtstag’ schon im Moment des Hinübergehens weggewischt wurde. Es war alles zu normal und natürlich, um an das schreckliche Gottesurteil denken zu können, von dem die orthodoxe Religion sagt, dass es uns nach dem ‘Tod’ treffen würde. Derartige Vorstellungen von ‘Gericht‘, ‘Hölle’ und ‘Himmel’ schienen gänzlich unmöglich. Vielmehr erschienen sie mir nun ganz und gar als Phantasieprodukte, jetzt, da ich mich als lebendig und gesund erfuhr...“ (123)

Was die Begegnung mit einem göttlichen Richter angeht, teilt der bei einem Motorradunfall ums Leben gekommene Engländer *Thomas Edwuard Lawrence* (1888-1935), bekannt geworden als „Lawrence von Arabien“ mit: „Die naive Erwartung nach dem Tode auf direktem Weg vor das Angesicht seines Schöpfers treten zu können, lässt die Unreife und Hilflosigkeit des menschlichen Geistes außer Acht, und sollte eine solche Gegenüberstellung tatsächlich möglich sein, wäre es äußerst fraglich, ob irgendein Geschöpf dieses Zusammentreffen überhaupt überleben könnte.“ (124)

Man kann sich heute fragen, ob nicht die Religionsvertreter seit jeher versuchten, ihre Herde beisammenzuhalten, indem sie ihre Schäfchen mit der Angst vor einem göttlichen Strafgericht im Jenseits einschüchterten. Nach allem, was wir heute wissen, handelt es sich bei der Idee von einem persönlichen und von einem allgemeinen göttlichen Endgericht um mythologische und archetypische Anleihen aus längst vergangenen Zeiten, die wir heute nur noch als symbolische Bilder verstehen können.

Zahlreiche Nahtod-Erlebnisse und Nachtod-Erfahrungen, die in letzter Zeit in großer Zahl bekannt geworden sind, deuten darauf hin, dass es sich beim sogenannten Gericht in erster Linie um eine *Selbstfindung* und *Selbstbeurteilung* aufgrund einer plötzlichen Bewusstseinserweiterung handelt. Man sieht sich wie in einem Spiegel mit all seinen Licht- und Schattenseiten. Ein jeder hat vor sich selber Rechenschaft abzulegen über sein bewusstes Tun oder Unterlassen in Gedanken, Worten und Werken. Jeder erkennt sich selbst, beurteilt sich selbst und richtet sich selbst. In einer Lebensrückschau übernimmt er die Rolle des Angeklagten und Richters zugleich. Auch ist er Täter und Opfer in einem.

Wie dies erlebt wird, schildert ein wiederbelebter Patient seinem Arzt *Pim van Lommel*, nachdem ihm in einem erweiterten Bewusstseinszustand sein persönlicher Lebensfilm vorgeführt wurde: „Mein ganzes Leben bis hin zur Gegenwart wurde mir in einer Art dreidimensionalem Panorama-Rückblick gezeigt. Jedes Ereignis war begleitet von einem Bewusstsein von Gut und Böse oder einer Einsicht von Ursache und Wirkung. Ich nahm nicht nur mein ganzes Leben aus meinem eigenen Blickwinkel wahr, sondern nun wusste ich alle Gedanken von jedem Beteiligten eines Ereignisses, als würde ich ihre Gedanken denken. Das bedeutet, dass ich nicht nur wahrnahm, was ich getan und gedacht hatte, sondern sogar, in welcher Weise es auch andere beeinflusst hatte, wofür ich mitverantwortlich war. Es war, als ob ich die Dinge und Geschehnisse mit allwissenden Augen gesehen hatte. Insofern sind alle unsere Gedanken wie gegenwärtig, nichts geht verloren. Während des Lebensrückblicks wurde die ganze Zeit auf die Wichtigkeit der Liebe hingewiesen." (125) Eine derartige Lebensrückschau ist erklärbar, weil all unser Tun und Lassen in den Energiefeldern unserer Gedanken und Gefühle, Absichten und Beweggründe gespeichert und abrufbar ist.

Nach neuesten Erkenntnissen der Jenseitsforschung wird der verstorbene Mensch aufgrund seiner Eigenschwingung und der sich daraus ergebenden Aura, mit der er sich im Verlauf seines Lebens umgeben hat, bald nach seinem Übergang in jene jenseitige Sphäre hingezogen, die seinem geistigen Entwicklungsstand entspricht. Dies kann eine erdgebundene Ebene oder ein astraler Bereich sein, aber auch eine lichtvolle oder eine lichtlose Jenseitswelt, je nach seiner geistigen Reife. Hierzu braucht es keinen göttlichen Richterspruch und schon gar nicht ein endgültiges Gerichtsurteil. Es ist auch schwer vorstellbar, dass all die zahllosen Menschen, die stündlich auf unserer Erde sterben, sich sogleich nach ihrem Tod vor dem Richterstuhl Gottes versammeln könnten.

Es ist der geistige Ernteertrag aus vergangenen Erdentagen, den wir nach dem Gesetz von Saat und Ernte vorerst wie in einem Film zu sehen bekommen. (126) Dieser soll dazu führen, dass wir uns selber Rechenschaft über das vergangene Leben geben. Auf diese Weise erhält auch der verstorbene Mensch selber Gelegenheit, auf sein ganzes Leben zurückzuschauen und sein eigenes Lebenswerk zu beurteilen. Dabei geht es um eine ehrliche Selbstanalyse und Selbstbeurteilung unter der Aufsicht unserer Schutzengel und Führergeister. Sobald sich nach dem Verlassen des sterblichen Körpers das Bewusstsein erweitert und der Blick zurück ins vergangene Leben geklärt hat, führt dies zu einer vertieften Selbsterkenntnis. Es wird dem verstorbenen Menschen zunehmend klar, wie weit sein Erdendasein sinnvoll und geistig ertragreich oder eher belastend war. Auch sieht er in einer Art Schlussbilanz, ob er den in ihn gelegten Erwartungen gemäß seinem Lebensauftrag entsprochen hat. Von *Adalbert Töppner,* der bei seinen zahlreichen Astralreisen zusehen konnte, wie es im Jenseits den Neuankömmlingen ergangen ist, wird berichtet: „Da wartete kein Rächer, kein unerbittlicher Richter fällt ein Urteil. Die Seele erkennt sich ähnlich wie in einem Spiegel." (127) Maßstab und Richtschnur ist das eigene Gewissen.

Aus *Nahtod-Erlebnissen* erfahren wir, dass es bereits bei einer außerkörperlichen Erfahrung, die dem Seelenaustritt beim Tod ähnlich ist, zu einer vorläufigen Gewissensprüfung und Selbstbeurteilung kommen kann. Diese Situation hat *Stefan von Jankovich* durchlebt, als er nach einem schweren Autounfall für kurze Zeit aus seinem Körper ausgetreten war. Er schreibt: „Mein Gewissen war ein sensibles Gerät. Es wertete mein Handeln und meine Gedanken sofort aus und beurteilte selbst, ob diese oder jene Tat gut oder schlecht gewesen war." (128) Dabei erlebte er, wie er nicht nach den üblichen moralischen und religiösen Geboten beurteilt wurde, sondern allein danach, ob eine sittliche Handlung aus Liebe, aus bloßer Pflichterfüllung oder aufgrund egoistischer Erwartungen geschehen war.

Ähnliches wird bestätigt durch die zahlreichen Rückführungen, die der schwedische Psychotherapeut *Jan Erik Sigdell* (*1938) bei Hunderten von Versuchspersonen durchgeführt hat. Er stellte fest, dass es nach dem Tod bei den meisten Menschen zu einer geistigen Auswertung des vergangenen Erdenlebens kommt. Dabei soll sich die Seele selber bewusst werden, was in ihrem Leben gut und was nicht gut war. Diese Selbstbewertung wird nicht von einem fremden Richter vollzogen. Vielmehr soll diese durch eigene Einsicht von innen her erfolgen. (129)

In einem Jenseitsbericht erklärt die frühere Nonne und Psychologin *Frances Bancs*: „Man selbst muss urteilen, man steht vor seinem eigenen Gericht. Man trifft seine eigenen Entscheidungen. Man spricht sich selber schuldig. Man ist der Angeklagte, der Richter und die Geschworenen zugleich." (130) Wir können dem Dichter *Matthias Claudius* (1740-1815) zustimmen: „Inwendig in uns wohnt der Richter, der nicht trügt und an dessen Stimme uns mehr gelegen ist als an dem Beifall der ganzen Welt."

Da es beim Übertritt in die Jenseitswelt in der Regel nicht zu einem sofortigen Gesinnungswandel kommt, kann es für unwissende oder böswillige Wesen oft sehr lange dauern, bis sie mittels eines erhöhten Bewusstseins zur besseren Einsicht gelangen. Manchmal kann ihnen der Erfahrungsaustausch in einer Gruppe weiterhelfen. Ein verstorbener evangelischer Pfarrer bestätigte dies aus der Jenseitswelt: „Es war kein Richter dabei, der uns zur Rechenschaft zog." Stattdessen erlebte er zusammen mit anderen Seelen: „Wir haben uns in der damaligen Zeit sehr viel miteinander unterhalten, besonders über unser vergangenes irdisches Leben. Jeder hat sein ganzes Leben geschildert. Wir haben alle gemeinsam schwierige Situationen des Erdenlebens durchleuchtet. So wurde alles ausgesprochen, was auszusprechen war. Nichts wurde beschönigt oder verschwiegen. Alle unsere Fehler haben wir offenbart. Dadurch wurden wir innerlich von Tag zu Tag immer freier." (131)

Erst in einer späteren Phase und auch nicht in jedem Fall wird der verstorbene Mensch vor eine Versammlung von Engeln geladen, die manchmal als sogenannte *Richterengel* bezeichnet werden. Mit diesen kommt es zu einem Gespräch, bei dem in einer abschließenden Bilanz die wichtigsten Lebensdaten und Lebensereignisse besprochen und bewertet werden. Ein jenseitiger Lehrer erklärte hierzu: „Da nichts von alledem, was ein Mensch gedacht, gesprochen und getan hat, vernichtet werden kann, vermag er als Abgeschiedener auch nichts abzustreiten oder zu beschönigen." (132)

So lässt sich der vorgegebene Lebensplan eines Menschen mit dem verwirklichten Lebensertrag vergleichen, um daraus gerechte Schlussfolgerungen zu ziehen. Diese sind dann maßgebend dafür, in welche Jenseitsstufe die Geistseele eingeordnet und für ihren zukünftigen geistigen Entwicklungsweg vorbereitet wird. Ins Gewicht fallen dabei nicht selten Handlungen oder Vorkommnisse, die wir längst vergessen haben oder denen wir keine besondere Bedeutung zugemessen haben, die aber aus jenseitiger Sicht wesentlich und entscheidend waren. Was dabei aber kaum zählt, sind unsere materiellen Gewinne, unsere irdischen Vermögenswerte, Rang und Namen, Status und Stellung im Leben und so manches, das wir aus diesseitiger Sicht auf Erden für wichtig gehalten haben.

Der englische Schriftsteller und Journalist *William T. Stead* (1849-1912), der beim Untergang der „Titanic" zusammen mit 1517 Passagieren sein Leben verlor, teilte kurz danach seiner medial begabten Tochter *Estelle* aus eigener nachtodlicher Erfahrung mit: „Sobald man sich in der jenseitigen Welt eingelebt hat, wird man von höheren geistigen Lehrern gewissermaßen 'examiniert'. Die gesamten irdischen Erfahrungseindrücke werden anhand der Seelen-Aufzeichnungen zurückverfolgt und genauestens analysiert. Alles wird eingehend durchdiskutiert: die Gründe, Motive und Wirkungen jeder Handlungsweise… Dann gilt es geradezustehen für alles – die Rechnung muss beglichen, auf Heller und Pfennig bezahlt werden." (133)

In den Schriften des heutigen *Geistchristentums* finden sich zahlreiche Hinweise auf die jenseitigen *Richterengel,* die über das Leben des Menschen befinden und für sein Weiterkommen auf den Wegen der Läuterung und der Wiedergutmachung ihre Empfehlungen abgeben. (134) Bei dieser Bewertung und Beurteilung geht es in erster Linie nicht um Verurteilung und Verdammung, nicht um Strafe und Buße, sondern um Einsicht und Besserung.

Wenn tatsächlich unmittelbar nach dem „persönlichen Gericht" die Einweisung in einen Buß- und Reinigungsort, genannt Fegefeuer, oder in die „ewige Hölle" erfolgen sollte, wie oft gelehrt wird, dann gäbe es für die Verurteilten keine Möglichkeit der Wiedergutmachung. Hierzu braucht es den Willen, dafür zu sorgen, dass wieder gerade wird, was krumm gewachsen ist. Dadurch soll auf allen Ebenen die Gnade der ausgleichenden Gerechtigkeit walten, ohne dass die göttliche Allmacht ständig belohnend und bestrafend eingreifen muss. Hier erhält die einleuchtende Lehre von *Karma* und *Wiedergeburt* jenen wichtigen Stellenwert, der bis dahin vom offiziellen Christentum weitgehend vernachlässigt, ja sogar bekämpft wurde. (135)

Dies alles geschieht nach dem Gesetz von Saat und Ernte. Ein jeder wird ernten, was er gesät hat. Jeder wird erhalten nach dem, was er gegeben hat. Jedem wird zugemessen nach dem Maß, mit dem er selber gemessen hat. (Mt 7,2). Dies verdeutlicht uns folgende Symbolgeschichte:

„Eine wohlhabende Dame, die auf Erden wegen ihres Reichtums sehr geachtet war, kam nach ihrem Tod in die jenseitige Welt. Dort wurde sie von einem Engel in Empfang genommen. Zunächst wurde sie zu einer herrschaftlichen Villa geführt. „Das hier ist das Haus deines früheren Dienstmädchens", wurde ihr erklärt. Dies fand die Verstorbene reichlich übertrieben und zudem unangebracht für das einfache Ding, das ja auf Erden lediglich ihren Haushalt zu besorgen hatte. „Und wo werde ich wohnen?", wollte die Dame nun wissen. Da zeigte ihr der Engel eine kleine schäbige Hütte und bemerkte: „Dort ist deine

Behausung." Empört begehrte die verwöhnte Frau auf: „Das ist doch eine freche Zumutung und höchst ungerecht! Auf Erden war ich etwas anderes gewohnt." Da entgegnete ihr das himmlische Wesen: „Es tut mir leid. Mit dem wenigen Material, das du uns im Verlauf deines Erdenlebens zukommen ließest, konnten wir für dich nichts Besseres bauen." (136)

Den Gedanken von „Saat und Ernte" finden wir auch im folgenden Gedicht des früheren deutschen Kultusministers *Robert Bosse* (1832-1901):

Und dann auch gibt, was du gelebt,
Was du getan, was du erstrebt,
Was du geglaubt, was du gesollt,
Was du gekämpft, was du gewollt,
Dir unabweichlich das Geleit
Hinüber in die Ewigkeit.

Wie es weitergeht

Der Tod mag wohl das Ende des Lebens sein.
Er ist aber nicht das Endziel unseres Daseins.
Michel de Montaigne

Als ein Journalist den krebskranken früheren französischen Staatspräsidenten *François Mitterrand* (1916-1996) fragte, ob er Angst vor dem Tod habe, antwortet dieser etwas unwirsch: „Nein, ich habe keine Angst vor dem Tod. Was mich aber nervt, ist die Tatsache, dass ich nicht weiß, wie es nachher weitergeht."

Die Antwort auf die Frage, wohin wir nach unserem Tod gehen, hängt weitgehend von den geistigen Wachstums- und Entwicklungsschritten ab, die wir im Leben erzielt, und vom Grad des spirituellen Bewusstseins, den wir erreicht haben. Bereits in der Bhagavad-Gita heißt es: „Wohin unser Bewusstsein im Augenblick des Todes gerichtet ist, dorthin werden wir gehen, denn das Bewusstsein gibt die Richtung an für unsere Weiterreise." Dabei ist sicher auch wichtig, wie weit es uns gelungen ist, die karmischen Belastungen aus unseren Vorleben abzutragen und aufzuarbeiten. Dies ist entscheidend für die Schwingungsebene, die uns für den weiteren Aufenthalt im Jenseits zugewiesen wird.

Bei der Frage, wie es mit uns nach dem Tod weitergeht, treffen meist zwei gegensätzliche Ansichten aufeinander. Die *Materialisten* nehmen an, dass es nach dem Tod überhaupt nicht mehr weitergeht und daher alles aus und vorbei ist. Dagegen glauben die *Spiritualisten*, dass unser Leben nach dem Tod auf einer anderen Daseinsebene seine Fortsetzung findet. In diesem Spannungsfeld der gegensätzlichen Meinungen gibt es noch weitere unterschiedliche Glaubensvorstellungen, die aus fundamentalistischen und kirchlichen Kreisen stammen. So wird behauptet, dass bei jedem Menschen sogleich nach dem Tod entschieden wird, ob er direkt in den Himmel oder in die Hölle kommt. Andere verteidigen die Lehre vom „Seelenschlaf". Diese nehmen an, dass es zwischen Tod und Auferweckung am Weltenende zu einem Dauerschlaf kommt. Eine dritte Ansicht betrifft die „Ganztod-Theorie". Diese geht auf die christlich-theologische Lehre von der „substanziellen Einheit von Leib und Seele" zurück, die besagte, dass nach dem Tod die Seele nicht ohne Körper weiter existieren kann. Daraus wird der falsche Schluss gezogen, dass mit dem Körper auch die Seele stirbt und erst am Jüngsten Tag als leib-seelische Neuschöpfung auferstehen kann. Schließlich gibt es noch die große Zahl jener, und die ist heute im Zunehmen begriffen, die es für denkbar hält, dass ein einziges Erdenleben nicht genügt, um jenen geistigen Zustand wieder zu erreichen, den wir ehemals verloren haben. Daher stimmen sie der Wiedergeburtsidee zu.

Vonseiten der christlichen Kirchen ist zur Frage, wie es nach dem Tod weitergeht, erstaunlich wenig zu hören. Auch die Verlautbarungen des katholischen Lehramtes sind lediglich fragwürdige Interpretationen und Spekulationen zu biblischen Texten. Entsprechend dürftig fällt auch die Trauerrede der Kirchenvertreter bei Beerdigungen aus. Viel mehr als vage Andeutungen, die erstaunliche Unwissenheit verraten, sind nicht zu hören.

Es ist eine Illusion zu glauben, dass nach dem Tod „ewige Ruhe" herrscht oder ein Dauerschlaf bis zum Weltenende erfolgt, wie dies einige Hinweise aus dem Alten Testament der Bibel andeuten. (Hi 3,13; Jer 6,16; Dan 12,2) Das amerikanische Medium *Arthur Ford* ist sich aufgrund seiner medialen Jenseitsschau gewiss: „Jenseits des Grabes gibt es keine ewige Ruhe außer im Frieden Gottes, der auch schon vorher Ruhe bedeutet." (137) Der Glaube an Auferweckung und Auferstehung lässt sich erst ab dem 2. Jahrhundert v. Chr. nachweisen (Dan 12,1-3) und entstand vermutlich unter persischem oder griechischem Einfluss.

Auf die Frage „Was kommt danach?" schreibt der evangelische Pfarrer *Hans Rudolf Helbling*: „Die 'Auferstehung der Toten' ist in den letzten dreißig Jahren vollständig in den Hintergrund getreten. Die Frage, was danach kommt, wird kaum noch beantwortet." (138)

Der reformierte Pfarrer *Alfred Zimmermann* doppelt nach: „Der Protestantismus neigt besonders dazu, solche Gedanken gar nicht erst aufkommen zu lassen." (139) Mit Bedauern schreibt daher der evangelische Professor für Kirchen- und Dogmengeschichte an der Universität Marburg, *Ernst Benz* (1907-1978): „Im Protestantismus hat sich die kümmerlichste aller Jenseitsvorstellungen durchgesetzt, nämlich, dass der Mensch, wenn er stirbt, mausetot ist, und dann vielleicht nach einem Zeitraum von unbestimmter Länge am Jüngsten Tag, an den auch niemand mehr glaubt, wieder durch einen Akt der Neuschöpfung auferweckt wird, um dann gerichtet zu werden. Das ist alles so absurd wie nur möglich und verkennt schon die Tatsache, dass zum persönlichen Leben die Kontinuität der Persönlichkeit und lebendige Entwicklung gehört." (140)

Um einiges aufschlussreicher und daher glaubwürdiger sind hierzu die Aussagen jener neuzeitlichen Jenseitsforscher, die aufgrund ihrer hellsichtigen Fähigkeiten das Schicksal von verstorbenen Menschen über deren Tod hinaus weiterverfolgen konnten. Ihre Erfahrungen decken sich mit den Jenseitsbelehrungen des heutigen Geistchristentums. Danach findet die „leibliche Auferstehung" nicht erst am Ende der Welt statt, und danach das „Weltgericht", wie dies vom kirchlichen Christentum seit zweitausend Jahren gelehrt wird, sondern unmittelbar nach dem jüngsten, das heißt nach dem letzten Lebenstag eines jeden Menschen. In diesem Sinne erlebt jeder verstorbene Mensch sein persönliches Osterereignis und seine Auferstehung sogleich nach dem Tod in der jenseitigen Welt. Dort wird er von lichten Engelwesen in jene Sphäre eingereiht, in die er entwicklungsmäßig hingehört.

Hier zeigt sich auch, dass jene Menschen, die im Leben ein Weiterleben nach dem Tod geleugnet haben, nach ihrem Übergang in die jenseitige Schwingungswelt meist recht überrascht, verunsichert und ratlos dastehen und sich nicht zu helfen wissen, weil ihnen jede Orientierung fehlt.

Vielfach handelt es sich um entkörperte Seelen, die unerwartet und unvorbereitet die irdische Daseinsebene verlassen mussten. „Sie durchschreiten die Pforte des Todes, ohne zu wissen, was sie dann erwartet", schreibt *Hans Stolp.* (141) Daher sehen sie ihre Erwartungen nicht erfüllt, und was sie bis anhin geglaubt haben, erweist sich als Täuschung und Irrtum. Es dauert dann eine gewisse Zeit, bis sie sich mit ihrer unerwarteten Situation abgefunden haben und Hilfe annehmen können. Wenn sie Glück haben, erhalten sie bei anderen Geistwesen, sei es bei früher verstorbenen Angehörigen oder bei helfenden Missionsgeistern, erste Anweisungen für ihr Weiterkommen.

Auch müssen wir zur Kenntnis nehmen, dass es vielen Verstorbenen lange gar nicht recht bewusst wird, dass sie gestorben sind. *Erhard Bäzner* bestätigt dies durch seine eigenen Beobachtungen: „Viele Verstorbene merken oft erst allmählich, dass sie gestorben sind, ja bei manchen Verstorbenen bedarf es längere Zeit, bis die Erkenntnis des Gestorbenseins in ihnen erwacht. Darüber vergehen oft Jahre und Jahrzehnte." (142)

Der kalifornische Psychologe *Michael Newton* hat in den vergangenen dreißig Jahren eine Methode entwickelt, um zu erforschen, wohin die Reise der Seele nach dem Tod führt, welche Verhältnisse und Zustände im jenseitigen Land angetroffen werden und welche Ordnungsgesetze dort herrschen. Hierzu hat er eine große Zahl seiner Klienten durch Hypnose in ein früheres Leben zurückversetzt und sie befragt, wie es mit ihnen nach ihrem letzten Tod weitergangen ist. Dabei zeigte sich, dass die Fragen über das Leben in der jenseitigen Welt erstaunlich übereinstimmend beantwortet wurden, unabhängig von der Konfession, vom Bildungsstand und von der sozialen Herkunft der Befragten. (143)

Nach dem Tod gelangen wohl viele Verstorbene zunächst in die erdnahe Astralwelt. Es handelt sich hier um eine Art Vorraum oder Warteraum für all jene, die zu früh und unerwartet im Jenseits angekommen sind. Dort müssen sie zunächst warten, bis ihre Zeit gekommen ist, um in die ihnen entsprechende Jenseitssphäre geführt zu werden. (144) Zahlreiche mediale Jenseitsbelehrungen weisen auch darauf hin, dass sehr viele Menschen, die lebensmüde und daseinssatt drüben am „anderen Ufer" angekommen sind, zunächst in der Jenseitswelt der Erholung und des Ausruhens von den Strapazen ihres Lebens und Leidens bedürfen. Von hilfsbereiten und dienenden Geistwesen werden sie in einen kürzeren oder längeren Schlaf begleitet, damit sie sich beruhigen, erholen und von irdischen Bindungen langsam lösen können. Es handelt sich um den sogenannten *Genesungs-* und *Anpassungsschlaf,* welcher das Ablösen von irdischen

Bindungen und Abhängigkeiten erleichtern soll. Gleichzeitig erfolgt eine Stärkung durch feinstoffliche Energiezufuhr, mit dem Resultat, dass die Neuankömmlinge danach wie verjüngt wieder zu sich kommen. Erst später werden sie zu ihren Angehörigen in der Geisteswelt geführt, wo der erste Gedanken- und Erinnerungsaustausch stattfinden kann, sofern dieser von der hohen Geisteswelt überhaupt gestattet wird.

Ungläubige und böswillig gesinnte Verstorbene werden oft gleich nach ihrer Ankunft abgesondert, wie in Isolationshaft genommen oder in eine Warteschlange versetzt, bis sie sich entschieden haben, ob sie sich der gottzugewandten oder der gottabgewandten Seite zuneigen wollen. Dies gilt vor allem für jene, die sich vorerst nicht in die göttliche Ordnung einfügen können. Es sind jene Verstorbenen, die eigensinnig und eigenwillig selbst bestimmen wollen, wie sie es von ihrem Erdendasein her gewohnt waren. Diese *„uneingereihten Geister"* (145) können nicht von Anfang an betreut, belehrt und gefördert werden, weil sie für die gute Geisterwelt noch nicht genügend zugänglich und ansprechbar sind. So werden sie erst einmal ihrem Schicksal überlassen, bis sie aufgrund schlechter Erfahrungen zur besseren Einsicht gelangen und bereit sind, geistige Hilfe anzunehmen. Für immer verdammt und verlassen wird freilich niemand.

Auch kommt es vor, dass sich Herübergekommene enttäuscht vom Jenseits wieder abwenden und als körperlose, unsichtbare Geister zur Erde zurückkehren. Diese halten sich dann oft lange Zeit an ihrem früheren Wohn- oder Wirkungsort auf und gehen ihren ehemaligen Beschäftigungen nach, weil sie nicht einsehen wollen, dass die Zeit für sie im Diesseits abgelaufen ist. Manchmal machen sie sich an gleichgesinnte Lebende heran, nehmen diese sogar körperlich in Besitz und Beschlag, um von ihnen Lebenskräfte abzuziehen oder mit deren Hilfe weiterhin ihren irdischen Bedürfnissen und Gelüsten zu frönen. So kann es bei seelisch labilen oder durchlässigen Menschen zu einer unbewussten *Besetzung* oder *Anhaftung* kommen. *Silvia Stolzmann* gibt in ihrem Buch „Besetzungen" wertvolle Anleitungen, wie wir uns vor herumirrenden Seelen durch geeignete Abwehrstrategien schützen können. (146) In vereinzelten Fällen kann es sogar zur *Umsessenheit* oder *Besessenheit* kommen. Um sich davon zu befreien, bedürfen die Betroffenen nicht nur medizinischer und psychologischer Betreuung, sondern auch der spirituellen Aufklärung und der Gebetshilfe. (147)

In den Evangelien wird uns berichtet, wie *Jesus* bei besessenheitskranken Menschen durch seine geistige Kraft mehrmals Dämonen ausgetrieben hat (Mt 4,24; Mk 1,25-26). Später soll dies auch dem Apostel *Philippus* in der Stadt Samaria (Apg 8,7) gelungen sein. Noch heute kennt die Katholische Kirche die Praxis des „großen Exorzismus". Bei dessen Anwendung sollen bei Besessenheitsfällen durch speziell beauftragte Priester und mit der Erlaubnis des zuständigen Bischofs böse Geister ausgetrieben werden. Vorausgehen muss eine parapsychologische Prüfung der Echtheit der Phänomene. (148) Vom medizinischen Standpunkt aus gesehen handelt es sich bei Besessenheits-Symptomen vielfach um rein psychische oder psychotische Zustände mit Wahnvorstellungen und krankhaftem Persönlichkeits- und Realitätsverlust. Doch kann es durchaus Fälle geben, die naturwissenschaftlich nicht erklärbar und eher auf spiritistische Einwirkungen zurückzuführen sind.

Carl Wickland beschrieb in seinem Buch „Dreißig Jahre unter den Toten" (149) aufgrund seiner langjährigen ärztlichen Erfahrung zahlreiche Fälle von paranormaler Besessenheit, die weder mit Medikamenten noch mit psychotherapeutischen Methoden, sondern nur unter Beizug eines Mediums mit einer spirituellen Therapie zu heilen waren. In der Psychiatrie wurde früher in gleichen Fällen die berüchtigte Elektroschock-Therapie zur Anwendung gebracht. Heute wird diese ersetzt durch die viel sanftere Elektrokonvulsions-Therapie, wobei durch elektrische Impulse im Gehirn ein epileptisches Gewitter ausgelöst wird. Nach medizinischer Begründung sollen dabei cerebrale Botenstoffe ausgeschüttet und das Netzwerk der Hirnnerven aktiviert werden, wodurch für eine beschränkte Zeit eine neurologische Beruhigung eintreten soll. Die parapsychologische Erklärungsweise dagegen nimmt an, dass durch den elektrischen Schock die Besessenheitsgeister aus dem Körper der Besessenen vertrieben werden, wodurch mindestens vorübergehend Symptomfreiheit erreicht wird.

Häufiger kommt es zur *Erdgebundenheit* bei Verstorbenen, die sich von ihren irdischen Bindungen und Abhängigkeiten noch nicht lösen konnten. Dabei handelt es sich zumeist um Seelen, die den Weg ins Jenseits deshalb noch nicht finden konnten, weil sie nicht an ein Leben nach dem Tod geglaubt haben oder annehmen, ihre Anwesenheit auf Erden sei immer noch erwünscht oder notwendig. (150) Dieses Schicksal ist oft auch jenen Menschen beschieden, die noch über ihren Tod hinaus die materielle Welt als die einzige Wirklichkeit anerkennen. Demzufolge bleiben sie an diese gebunden, bis sie verstehen, dass es noch höher dimensionierte Welten gibt.

Es kann auch vorkommen, dass sich Verstorbene noch eine Weile auf unserem Erdplaneten aufhalten, weil sie noch einige irdische Aufgaben zu erledigen haben oder von Lebenden herbeigerufen werden, damit sie ihnen hier Beistand leisten. Vom evangelischen Pfarrer *J. F. Oberlin* (1740-1826) wird erzählt, dass seine verstorbene Frau noch während neun Jahren sich beinahe täglich in seinem Haus sichtbar verkörpert habe, um mit ihm seine Sorgen und Alltagsprobleme zu besprechen und bei der Betreuung der Kinder behilflich zu sein. (151)

Es ist auch bekannt, dass mancherorts alte Häuser nicht verkauft werden können, weil sich deren verstorbene Eigentümer weiterhin darin aufhalten oder weil sie den neuen Bewohnern auf störende Weise das Leben schwer machen. Man spricht dann von Spukhäusern und ortsgebundenem Spuk, wie dies der hellsichtige Baubiologe *Anton Styger* (*1947) aus dem schweizerischen Ägerital in vier umfangreichen Büchern mit seinen Erfahrungsberichten dokumentiert hat. (152)

Wie es vielen gebundenen Seelen hier auf Erden ergeht, hat der Schriftsteller *Alexander von Bernus* (1880-1965) in seinem Gedicht „Totenwelt“ (153) beschrieben:

Untermondliche Regionen
Sind es, eine Zwischenwelt,
Wo die Toten anfangs wohnen,
Ihresgleichen zugesellt.

Seelen, die uns erst verließen,
Junge Seele, kaum erst tot,
Sie sind um uns und genießen
Noch mit uns das Abendbrot.

Sitzen noch auf ihren Stühlen
Oder gehen mit uns umher,
Dass wir sie mitunter fühlen;
Nur, wir sehen sie nicht mehr.

In den niederen Sphären bleibt der Mensch nach dem Tod noch lange derselbe, der er auch vor seinem Tod war. Wessen Bewusstsein im Leben nicht über den banalen Alltag hinausgereicht hat, der bleibt weiterhin in den engen Grenzen seines niederen Ego-Bewusstseins gefangen. Daraus folgert *Hans-Jürg Braun,* evangelischer Theologe und Philosophieprofessor an der Universität Zürich: „Im Jenseits trifft der Verstorbene nichts anderes an, als was er vor seinem Tod im Bewusstsein, in seinen Gedanken und Gefühlen in sich trug. Nur das, was immer schon in seinem Willen und in seinen Vorstellungen lebte, kann sich ihm als lebendige Wirklichkeit in Ereignissen, Erscheinungen und Szenen seines Lebens im Jenseits zeigen." (154)

Sogar das äußere Aussehen der Verstorbenen bleibt weitgehend dasselbe. Allerdings ist ihre Gestalt weniger dicht, für menschliche Augen eher schleierhaft bis durchsichtig, in den höheren Sphären sogar verjüngt. Ein Mann, der im Alter von einundfünfzig Jahren starb, sah seine Großeltern in der jenseitigen Welt jugendfrisch und gesund. Daher hatte er anfänglich Mühe, sie zu erkennen. (155) Nach dem spirituellen Menschenbild ist es die individuelle Od-Ausstrahlung, die das Aussehen in der Jenseitswelt bestimmt. Diese ist verantwortlich für seine jenseitige Gestalt, für sein helles oder dunkles Gewand, für seinen Gesichtsausdruck und sein Benehmen, aber auch für den Schwingungszustand, in dem sich die Seele befindet; dass der hinübergegangene Mensch seinen grobstofflichen Körper inzwischen abgelegt hat wie ein überflüssig gewordenes Kleid, wird ihm kaum bewusst. Von der heutigen Jenseitswissenschaft vernehmen wir, dass der grobstoffliche, fleischliche Körper dem Menschen lediglich als „Fahrzeug" gedient hat, auf das er bei seiner Weiterreise in die Jenseitswelt verzichten kann. Jetzt stehen ihm zwei feinstofflichere Vehikel zur Verfügung, nämlich der Astralkörper und der Mentalkörper. (156)

Erst nach dem Übergang in eine höhere Aufstiegsstufe kommt es zu einer deutlichen Erweiterung des Ich-Bewusstseins sowie zu einer gesteigerten Wahrnehmungsfähigkeit und größeren räumlichen Bewegungsfreiheit. Auch nach dem Tod bleibt unser Denken erhalten und damit auch unser Bewusstsein und unser Selbstbewusstsein. In den dunklen Jenseitssphären schrumpft dieses auf das enge Ego-Bewusstsein zusammen. Je heller und klarer es in der Seele wird, desto mehr erweitert sich der Bewusstseinshorizont.

Der Mensch ist ein Individuum und bleibt es auch über seinen irdischen Tod hinaus. In den ungezählten medialen Jenseitsdurchgaben, die wir heute kennen, sprechen die Verstorbenen stets in der Ich-Form und von sich wie zu ihren Lebzeiten. Die eigenständige Persönlichkeit bleibt demnach erhalten und wirkt weiter in einer anderen Wirklichkeit. Auf die Frage, was uns nach dem Tod erwartet, schrieb *C. G. Jung* in einem Brief aus dem Jahr 1944: „Das, was jenseits des Todes sich ereignet, ist so unaussprechlich großartig, dass unsere Vorstellungskraft und unser Gefühl nicht ausreichen, um dies auch nur einigermaßen richtig aufzufassen.“ (157)

Nach der ersten Orientierungsphase in der Jenseitswelt, wo die Verstorbenen Gelegenheit erhalten, sich ihrer neuen Situation bewusst zu werden, sich den neuen Verhältnissen anzupassen und sich mit ihnen vertraut zu machen, folgt in den meisten Fällen eine Zeit der *Läuterung*. Wohl nur die wenigsten Menschen sind nach ihrem vergangenen Erdenleben in ihrer geistigen Entwicklung so weit, dass sie in die höchsten Lichtwelten aufsteigen können. Viele sind noch an ihre Vergangenheit gebunden, in irdische Bindungen verstrickt oder von allzu menschlichen Bedürfnissen und Wünschen abhängig. Nun müssen sie versuchen, sich langsam von diesen zu befreien, was in der Regel nicht ohne Anstrengung gelingt.

Eine besondere Anstrengung kommt auf jene zu, die noch stark von irdischen Begierden, Lastern und Leidenschaften abhängig sind. Es handelt sich um Süchtige, die noch in körperlichen, seelischen oder geistigen Triebansprüchen gefangen sind. Ihrer wartet eine strenge Arbeit an sich selbst, die ähnlich wie bei einer Entwöhnungskur zu schmerzvollen Entzugserscheinungen führen kann. Zu diesem Zweck werden die Verstorbenen ganz bestimmten heilenden Maßnahmen zugeführt. Einige werden an einen einsamen Ort gebracht, wo man ihnen Zeit lässt, sich ihrer misslichen Lage bewusst zu werden. Dort sollen sie zur Erkenntnis gelangen, dass es auf diese Weise mit ihnen so nicht weitergehen kann. Erst dann sind sie bereit, geistige Hilfe anzunehmen. Anderen wird eine strenge Arbeit zugewiesen, die sie ihre Süchte vergessen lässt. Sehr schwere Fälle werden in jenseitige Heilstätten, Sanatorien und Kurhäuser aufgenommen, wo sie einer nachhaltigen seelischen Therapie unterzogen werden. (158) Fortgeschrittenere Seelen dürfen in Bildungsstätten, Lehranstalten und Schulen unterrichtet werden. Dies alles geschieht nicht zur Strafe, sondern als Maßnahme zur geistigen Entwicklung. Aus diesen Hinweisen können wir die Empfehlung ableiten, dass es für uns Menschen wichtig ist, bereits hier auf Erden nicht jedem egoistischen Wunsch und jeder Lust unkontrolliert nachzugeben, damit wir diese nicht nach dem Tod mühsam abarbeiten müssen. Beherzigen wir die Aussage von *Thorwald Dethlefsen*: „Wer da glaubt, er sei hier auf dieser Erde, um in Faulheit und Vergnügen den Schein der Sonne zu genießen, der hat sich im Planeten geirrt.“ (159)

Der Weg, den die Seele nach dem Tode geht, kann recht verschieden sein, je nach dem geistigen Zustand, in dem sie sich befindet. Was uns nach dem Tod erwartet und wie es danach weitergeht, hängt davon ab, wie wir zuvor gelebt haben, welche geistigen Erkenntnisse wir erworben, welche Erfahrungen wir gemacht, welche spirituellen Werte wir verwirklicht und wie viel selbstlose Liebe wir gelebt haben. (160)

Der Dichter *Matthias Claudius* (1740-1815) gibt uns folgenden Gedanken mit auf diesen Weg:

Der Mensch lebt und besteht
Nur eine kleine Zeit;
Und alle Welt vergeht
mit ihrer Herrlichkeit.
Es ist nur Einer ewig an allen Enden,
und wir sind in seinen Händen.

Teil III

Das Leben im Jenseits

Der Mensch ist Ewigkeit.
Ich selbst bin Ewigkeit,
Wenn ich die Zeit verlasse
Und mich in Gott
Und Gott in mich
zusammenfasse.

ANGELUS SILESIUS

Es ist ratsam, sich rechtzeitig auf das Leben im Jenseits vorzubereiten und dies nicht auf die lange Bank zu schieben. Wer weiß, ob wir dann noch dazu kommen? Lassen wir uns durch folgende Symbolgeschichte ermahnen: Ein Mann hörte in der Sonntagspredigt, wie der Pfarrer versicherte, mit dem Tod sei nicht alles aus; es gebe ein Jenseits. Als dieser Mann von seinem Freund, der Arzt war, gefragt wurde, ob er den Worten der Predigt zustimmen könne, meinte dieser: „Ich muss mir die Sache erst überlegen, das hat ja noch Zeit." Kurz darauf erkrankte jener Mann und verlangte nach seinem befreundeten Arzt. Dieser verschrieb ihm eine trinkbare Medizin. Auf dem Rezept stand vermerkt: „Einen Löffel, in einem Jahr einzunehmen." Da drängte der Patient ungeduldig: „Ich benötige das Medikament heute, nicht erst in einem Jahr!" Der Arzt änderte seine Anweisung und schrieb: „Einen Löffel, in einem Monat einnehmen." Erneut beklagte sich der Kranke: „Was soll das? In einem Monat kann ich schon tot sein!" „Das ist durchaus möglich", meinte der Arzt gelassen. „Aus diesem Grund ist es vielleicht doch besser, das Heilmittel schon morgen einzunehmen." „Nein, nicht erst morgen", jammerte der Leidende, „es könnte morgen schon zu spät sein." Da gab ihm der Arzt die rettende Medizin und sagte in vollem Ernst: „Mein Freund, wenn es um dein irdisches, vergängliches Leben geht, willst du zu dessen Rettung nicht länger zuwarten, weder ein Jahr noch einen Monat, nicht einmal einen Tag. Aber wenn es um das Heil deiner Seele geht, da willst du dir noch Zeit lassen. Wer weiß, ob du dann noch Zeit findest?" (1)

Der jenseitige Dichter *Ephides* mahnt uns:

Warum erst dann und einst – warum nicht jetzt?
Das Jenseits ist nur jenseits unsrer Sinne.
Du selbst hast deine Grenze dir gesetzt,
und wirst du heute deiner Freiheit inne
verwandelt heute sich für dich die Welt.

Die Seelenreise

Des Menschen Todestag im Diesseits ist zugleich sein Geburtstag im Jenseits. Wir sollten den Tod als Eintritt in eine neue Welt sehen, gleich einer Geburt, und den Sterbevorgang wie die Geburtswehen kurz vor einer Neugeburt. Der Tod ist demnach das Tor zu einem neuen Leben. Sobald wir unsere Pilgerreise auf Erden beendet haben, beginnt unsere Weiterreise in der anderen Welt. Wenn die unsterbliche Seele ihr Körperhaus verlässt, begibt sie sich auf eine lange Wanderung, um das jenseitige Land zu erkunden. Dies verschafft ihr eine veränderte Erlebnismöglichkeit in einem anderen Bewusstseinszustand. Der preußische Gelehrte *Wilhelm von Humboldt* (1767-1835) schrieb: „Der Tod ist kein Abschnitt des Daseins, sondern nur ein Zwischenereignis, ein Übergang aus einer Form des endlichen Wesens in eine andere." *Goethe* bemerkte in einem Gespräch mit *Eckermann*: „Ich möchte keineswegs das Glück entbehren, an eine künftige Fortdauer zu glauben, ja, ich möchte mit *Lorenzo di Medici* sagen, dass all diejenigen auch für das Leben tot sind, die kein anderes erhoffen." (2)

In zahlreichen Mythen und Mysterien des Altertums werden solche Jenseitsreisen beschrieben. So begibt sich nach einem altägyptischen Mythos *Isis* auf der Suche nach ihrem verstorbenen Bruder und Gatten *Osiris* ins Totenreich und fährt mit ihm auf einer Barke durch die zwölf Tore der Unterwelt zur „Stätte der Ewigkeit". (3) In mehreren sagenhaften Dichtungen des Altertums ist die Rede von der „*Seelenreise*" in ein jenseitiges Land. Bereits aus dem 7. Jahrhundert v. Chr. war beim Volk der Sumerer im heutigen Irak die Beschreibung einer begleiteten Jenseitsreise bekannt. (4) In seinem Heldenepos „Ilias" schilderte im 8. Jahrhundert v. Chr. der griechische Dichter *Homer* eine imaginäre Reise in die jenseitige Welt, in der die geretteten Seelen in lichterhellten Gärten seliger Wonne wohnen dürfen, während die Bösen in der

Unterwelt ein schattenhaftes, freudloses Dasein fristen müssen. Ähnlich lässt der griechische Dichter *Hesiod* um 700 v. Chr. die gefallenen Helden von Troja und Theben auf den „Inseln der Seligen" die Früchte ihrer guten Taten genießen. Dagegen werden jene im höllischen Tartaros bestraft, die sich im Leben schwer schuldig gemacht haben. Nach einer anderen griechischen Sage stieg der thrakische Sänger *Orpheus* in die Welt der Toten hinab, um seine Gattin *Eurydike* mit seinem Gesang ins Reich der Lebendigen zurückzurufen. Im späteren Mysterienkult der Orphiker fand diese Erzählung eine symbolische Fortsetzung. (5) Der französische Komponist *Jacques Offenbach* (1819-1880) vertonte dieses Thema im Jahr 1858 in seiner Operette „Orpheus in der Unterwelt". In ähnlicher Weise begab sich nach einer griechischen Legende *Demeter*, die Göttin der Fruchtbarkeit und des Getreides, auf die Suche nach ihrer vom Unterweltgott *Pluto* geraubten Tochter *Kore-Persephone* in die Totenwelt. In den Mysterienspielen von Eleusis wurde sie daher als Korngöttin, mit einer Kornähre im Haar, dargestellt und verehrt. (6)

In der römischen Mythologie wurden diese Jenseits-Schilderungen weitgehend übernommen. Dort wird das Totenreich mehrheitlich als lichtloses Verlies beschrieben, in dem die meisten Verstorbenen freudlos dahinleben, während die Götter und einige Auserwählte ins sorgenfreie Elysium aufgenommen werden. (7) Im „Traum des Scipio" umschreibt der römische Staatsmann *Cicero* (106-43 v. Chr.) die Reise der Seelen durch die neun Planetenräume des Himmels. Dem Schriftsteller *Vergil* (70-19 v. Chr.), der als einer der „Väter des Abendlandes" gilt, verdanken wir das Epos „Aeneis" mit seinen zwölf Gesängen, das jedem ehemaligen Lateinschüler vertraut sein dürfte. Dort beschreibt er die Unterweltfahrt seines Helden *Aeneas,* der sich mit seinen Getreuen aus dem brennenden Troja retten konnte. Nachdem er über das ägäische und ionische Meer geflüchtet war, begegnete er an der Ostküste Italiens der erythräischen Sibylle von Cumae, die ihn ins Totenreich hinabführte, wo er mehrere seiner verstorbenen Bekannten wiedersieht. (8) Von diesen heißt es: „Sie durchschreiten finstere Schreckensorte ruheloser Seelen, die Orte der Reinigung, und erreichen endlich die seligen Auen des Elysium. Dort begegnen sie der würdigen Gestalt des 'Thrakischen Sängers ', der mit seiner Leier den Tanz der Seligen anführt. Schließlich findet Aeneas den Geist seines Vaters, der ihm die Geheimnisse der Jenseitswelt und der Wiedergeburt erläutert. Schließlich gewährt er seinem Sohn, dem späteren Gründer der Stadt Rom, einen Blick in die Zukunft.“ (9)

Dante Alighieri schrieb in seiner „Göttlichen Komödie“ seine Reise durch die drei Reiche des Jenseits. Begleitet wurde er durch das „Land der Schatten“ und auf den „Berg der Läuterung“ vom Dichter *Vergil,* während er durch die Himmelsräume von seiner früh verstorbenen Freundin *Beatrice* geführt wurde. (10) Auch *Emanuel Swedenborg* schilderte den nachtodlichen Weg der Läuterung im Jenseits als „Seelenreise“. (11) Der Jenseitsforscher *Alfons Rosenberg* nannte sein Buch über den Weg der Seele nach dem Tod „Die Seelenreise“. (12)

In den Schriften des protestantischen Mystikers *Jakob Böhme* (1575-1624) lässt der Jüngling seinen Meister fragen: „Wo reist denn die Seele hin, wenn der Leib stirbt – in den Himmel oder in die Hölle?“ Dieser antwortet ihm: „Sie bedarf keines Ausfahrens, sondern das äußere todgebundene Leibesleben scheidet sich nur von ihr; sie hat Himmel und Hölle schon vorher in sich; es ist nur eine Hinwendung des Willens zum einen oder anderen, und dieses Hinwenden geschieht schon zu Lebzeiten.“ (13)

Friedrich Schiller (1759-1809) erläutert in seiner medizinischen Doktorarbeit aus dem Jahr 1780 die Weiterreise des Menschen nach dem Tod erstaunlich modern. Dort ist zu lesen: „Die Seele fährt fort, in anderen Kreisen ihre Denkkraft zu üben und das Universum von der anderen Seite zu beschauen. Man kann freilich sagen, dass sie diese Sphären im Geringsten noch nicht erschöpfend kennen gelernt hat, dass sie solche vollkommener hätte verlassen können; aber weiß man denn, dass diese Sphäre für immer verloren ist; wir legen jetzt manches Buch weg, das wir nicht verstehen, aber vielleicht verstehen wir es später.“

Einen ausführlichen jenseitigen Reisebericht verdanken wir *Robert James Lees,* den er unter dem Titel „Reise in die Unsterblichkeit“ bekanntgemacht hat. (14) Von einer Seelenreise spricht heute auch der mediale Jenseitskundige *James van Praagh* in seinem Buch *„Abenteuer Seelenreise“.* (15)

Während Jahrhunderten wurde die menschliche Seele als beflügeltes Wesen gedacht und gemalt, entweder als Vogel oder noch häufiger als Schmetterling. In einer altgriechischen Dichtung von *Homer* trägt der Götterbote *Hermes* die Seele auf leichten Flügeln in den Olymp zu den Göttern. Bekannt sind die vier Jenseitsbilder des Malers *Hieronymus Bosch* aus den Jahren 1450-1516, die heute im Palazzo Ducale in Venedig zu sehen sind. Sie zeigen, wie die von der Körperschwere befreiten Seelen durch einen Tunnel zum göttlichen Licht hinaufschweben. Aus der Neuzeit sind mehrere ähnliche Gemälde zu diesem Thema bekannt, so „Der Aufstieg einer Seele zum Himmel“ von *Johann Flaxmann* (1755-1826) oder die „Seelenreise“ mit zwei Ölbildern von *Louis Janmot* (1814-1892).

Einen interessanten Hinweis hierzu bringt *Andreas Furger* in seinem Buch „Das Bild der Seele“, in dem er prähistorische Gräberfunde erwähnt, bei denen durchbohrte menschliche Schädel entdeckt wurden. Bisher wurde angenommen, dass diese auf operative Schädelöffnungen, Trepanation genannt, nach Kopfverletzungen und bei Hirnerkrankungen hindeuten. (16) Er vermutet, dass die Menschen der Urzeit glaubten, sie könnten bei den Verstorbenen durch eine Öffnung am Schädeldach der Seele den Ausstieg aus dem Körper erleichtern. (17) Ähnlich gab es in den Alpenländern während Jahrhunderten den Brauch, in den Wohnhäusern eine kleine Lücke in der Wand nach außen offen zu lassen, damit durch diese die Seele des Verstorbenen nach dem Tod den Ausgang ins Jenseits findet.

Im Jahr 1794 erschien im Orell-Füssli Verlag in Zürich unter dem Titel „Sommerstunden“ eine Gedichtsammlung von *Emilie von Bestepsch.* Darin findet sich eine erstaunlich modern anmutende Poesie von der Menschenseele, die ähnlich wie ein Schmetterling zum Himmel fliegt:

Willst du der schweren
Irdischen Fessel
schon dich entwinden?
Willst du der Hülle
Freudig entflattern,
Schmetterling Seele?

Du hebst auf leichtem,
Strebendem Flügel
in reine Lüfte,
in himmlischen Äther
Hoch dich empor.

Nachtod-Erfahrungen

Wer geboren wurde, dem ist der Tod sicher.
Wer gestorben ist, dem ist die Geburt gewiss.
BHAGAVAD-GITA

Während es sich bei den Nahtod-Erlebnissen um kurzzeitige Seelenaustritte meistens bei Unfällen oder Operationen handelt, ist unter einer *Nachtod*-Erfahrung eine Kontaktnahme irgendwelcher Art von lebenden Menschen mit Verstorbenen zu verstehen. Nachtod-Erfahrungen kommen viel häufiger vor als Nahtod-Erlebnisse. Der in den USA bekannte Autor *Andrew Greeley* hat in den 1980er Jahren eine diesbezügliche Umfrage durchgeführt. Dabei hat er festgestellt, dass 42% der befragten Männer und 67% der Frauen angaben, nachtodliche Erfahrungen mit Verstorbenen erlebt zu haben. (18) Das amerikanische Forscher-Ehepaar *Bill* und *Judy Guggenheim* hat im Jahr 1988 eine großangelegte Studie begonnen, die sie während den sieben folgenden Jahren bei rund 2000 Menschen wiederholten. Aus Hochrechnungen ergab sich, dass in den USA nur 4% oder zehn Millionen Amerikaner bereits Nahtod-Erlebnisse hatten, jedoch fünfmal mehr oder, nämlich rund fünfzig Millionen Menschen, erwähnten *Nachtod*-Erfahrungen. Dies entspricht ungefähr 20% der dortigen Bevölkerung. (19)

Zum Phänomen der Nahtod-Erlebnisse hat die heutige Sterbe- und Nahtod-Forschung in den vergangenen Jahrzehnten ein reiches Erfahrungsmaterial gesammelt und beschrieben. Diese stammen allesamt von Menschen, welche die Todesschwelle noch nicht überschritten haben. Was aber die Erfahrungen anbelangt, welche Verstorbene nach ihrem Tod in der Jenseitswelt machten, steht die Forschung erst am Anfang. In unseren Tagen werden viele Millionen an Forschungsgeldern zur Verfügung gestellt, um ferne Himmelskörper zu erkunden, wenn es aber um unsere nachtodliche Weiterexistenz geht, ist das Interesse vorläufig noch recht bescheiden.

Nachtod-Erfahrungen sind nur denkbar, wenn es für die Verstorbenen noch weitere Erfahrungsmöglichkeiten in den jenseitigen Welten tatsächlich gibt. Dies setzt voraus, dass wir Menschen ein Bewusstsein haben, das den Tod überlebt. Dieses muss nicht an das Gehirn oder an sonst irgendein Körperorgan gebunden sein. Die zahlreichen außerkörperlichen Erfahrungen vieler Lebender beweisen uns, dass es hirnunabhängige Bewusstseinszustände wirklich gibt. Weil diese geistiger und nicht materieller Natur sind, bleiben sie über den Tod hinaus intakt. Daher können Verstorbene auch nach ihrem irdischen Tod weitere Erfahrungen in ihren nachtodlichen Daseinsbereichen sammeln und darüber berichten.

Nachtod-Erfahrungen stammen demnach von ehemaligen Erdenbürgern, die nun im Jenseits sind und uns von dort mitteilen, wo sie sich aufhalten und wie es ihnen ergeht. Sie beschreiben uns in der Regel durch mediale Vermittlung ihre nachtodliche Situation, in der sie sich befinden. So erhalten wir einen begrenzten Einblick in jene Welten, die wir das Jenseits nennen. Auf die Frage „Was wissen wir vom Jenseits?“, antwortet der bekannte Parapsychologe *Bruno Grabinski* aufgrund seiner ausgedehnten Erforschungen von Nachtod-Erfahrungen: „Wir wissen davon so viel, als uns in den glaubwürdigen Berichten von Augen- und Ohrenzeugen über Kundgaben von Verstorbenen mitgeteilt wird.“ (20)

Es ist eine große Tragik des heutigen Christentums, dass die Mehrzahl unserer Theologen bis zum heutigen Tag einfach nicht wahrhaben will, was in den Grenzwissenschaften der Theosophie, Anthroposophie und Parapsychologie längst bekannt ist, nämlich das, was uns verstorbene Menschen über ihr Fortleben nach dem Tod berichten. Entgegen den eindeutigen Ergebnissen der modernen Jenseitsforschung behauptet *Hans Küng* immer noch: „Kein Toter hat je berichten können, wie es ‘drüben’ war, wohin der Tod wirklich führt.“ (21) Zur Frage „Was erwarten Sie nach dem Tod?“ hat er in einem Interview in abgehobener Form folgende unverbindliche Antwort gegeben: „Ich vertraue darauf, dass ich nicht in ein Nichts hineinsterbe, sondern in eine letzte Wirklichkeit hinein. Wie diese aussieht, wissen wir nicht.“ (22) Er meinte, es wäre dies ein ganz anderes Leben, das wir uns überhaupt nicht vorstellen können. Dem widersprechen die ungezählten Nachtod-Kundgaben, die seit rund 200 Jahren bekannt geworden sind. Diese müssten von den Kirchenvertretern endlich zu Kenntnis genommen werden.

Auch der Theologe *Eugen Drewermann* erklärte in einem Vortrag aus dem Jahr 1989: „Über das, was nach dem Tode kommt, können wir aufgrund unserer Sinneswahrnehmung nichts aussagen.“ (23) Als einzige Ausnahme erlebte ich den katholischen Theologen *Gebhard Frei* (1905-1967), Professor für Philosophie und Religionswissenschaften im Priesterseminar Schöneck. Ich habe ihn in den 1960er Jahren dort besucht, um seine Einstellung in dieser Frage zu erfahren. Wie ich ihm von meinen eigenen Erlebnissen und Erfahrungen zu diesem Thema erzählte, sagte er mir mehrmals: „Wie wohl mir das tut, was sie mir da aus den Jenseitsberichten verstorbener Menschen erzählen.“ Er war also nicht abgeneigt, diesen zuzustimmen. Die heutige Theologie müsste vermehrt einsehen, was der kanadische Anthropologe und Soziologe *Ian Currie* (*1936) in seinem umfangreichen Werk „Niemand stirbt für alle Zeit“ in großer Zahl an Berichten gesammelt hat, die von Menschen stammen, die ihren Tod bereits überlebt und nun aus der Jenseitswelt berichtet haben. (24) Oder sie könnten sich bei *Jane Sherwood* erkundigen, die aufgrund von zahlreich empfangenen Jenseitsberichten das Land der Verstorbenen ausführlich schildert. (25) Es handelt sich hier nur um eine kleine Auswahl von Veröffentlichungen aus dem riesigen Angebot an seriöser Jenseits-Literatur, die heute zur Verfügung steht.

Was die christliche Tradition jahrhundertelang anhand von 2000-jährigen Bibelaussagen verkündet hat, wird heute durch die wissenschaftliche Jenseitskunde zunehmend infrage gestellt. Unser Wissen über das Jenseits hat durch die seriösen Forschungen der modernen Grenzwissenschaften auf den Gebieten der Sterbe- und Todesforschung, der Nahtod-Erlebnisse und der Nachtod-Erfahrungen eine erstaunliche Ausweitung zu verzeichnen. Von den kirchlichen Glaubensvertretern lässt sich hierzu immer weniger Gesichertes vernehmen, weil sie diese nicht ernst nehmen wollen und daher nicht informiert sind. Die heutigen Theologen beider christlichen Konfessionen glauben immer noch: „Was nach dem Tod kommt, können wir Sterblichen nicht wissen." (26) Die offiziellen Religions- und Kirchenvertreter, die sich noch vor wenigen Jahrzehnten allein für zuständig hielten, uns zu verkünden, was nach dem Tod geschieht, sind heute, was dieses Thema angeht, weitgehend verstummt. Heute wissen wir vermittels der wissenschaftlichen Jenseitsforschung schon einiges mehr, wie die nachfolgenden Erläuterungen zeigen werden.

Nachdem die Geistseele des Menschen aus dem sterblichen Körper ausgetreten ist, wird seine bisherige Innenwelt zu seiner zukünftigen Außenwelt. Dabei stellt der Verstorbene zunächst keine großen Veränderungen an sich selber fest. Er ist nach seinem Übergang in die feinstoffliche Welt immer noch der gleiche wie zuvor. Dies hängt damit zusammen, dass mit dem Tod für die meisten Verstorbenen weder eine sofortige äußere Situationsänderung noch eine innere Wesensveränderung stattfindet. Schon *Emanuel Swedenborg* hat bei seinen medialen Jenseitsschauungen beobachtet, dass der erste Zustand des Menschen nach dem Tod der gleiche sei wie vor dem Tod, weil der Tod bloß ein Übergang sei wie der Wechsel von einem Raum in einen anderen. (27) Pfarrer *Otto Feuerstein* ergänzt hierzu: „Der Mensch ist nach seinem Tode vorerst noch gerade so gescheit oder unwissend, gut oder böse, wie in seiner letzten Lebenszeit." (28) Mit ihrem Bewusstsein verharren viele noch weiterhin im Diesseits, weil sie mit ihren Gedanken nie im Jenseits waren.

Carl Wickland hat aufgrund zahlreicher medialer Kontakte mit Verstorbenen festgestellt: „Der Tod macht keinen Heiligen aus einem Sünder und keinen Weisen aus einem Narren. Die Gesinnung bleibt nach wie vor dieselbe, und jeder Mensch nimmt seine alten Leidenschaften, Gewohnheiten, Meinungen, Lehrirrtümer, Gleichgültigkeiten und Zweifel mit ins jenseitige Leben hinüber." (29) Gleicher Meinung war der hellsichtige Theosoph *Charles W. Leadbeater*. Er schrieb: „Man sollte klar erkennen, dass der Tod den Menschen nicht verändert. Er wird nicht plötzlich ein großer Heiliger oder Engel oder ist im Besitz der uralten Weisheit. Am Tage nach dem Tod ist er einfach nur der Mensch, der er am Tag vor seinem Tod gewesen ist, mit denselben Emotionen, denselben Veranlagungen und derselben intellektuellen Entwicklungsstufen." (30) Auch *Erhard Bäzner* bestätigt: „Jeder ist nach seinem Tod genau der, der er vor seinem Tod bereits war. Nichts anderes trifft er im Jenseits an, als was er schon vor seinem Tode in seinem Bewusstsein, seinen Gedanken und Gefühlen in sich trug.“ (31) Aus eigener Erfahrung teilte *William Stead* auf schreibmedialem Weg seiner Tochter *Estelle* aus dem Jenseits mit: „Zunächst seid ihr hier nichts anderes als was ihr auf Erden aus euch zu machen in der Lage ward.“ (32)

Es verhält sich demnach so, wie der Fahrer eines Autos derselbe bleibt, nachdem er aus seinem Fahrzeug ausgestiegen ist. Er ändert sich auch nicht wesentlich, wenn er ein anderes Vehikel besteigt. Der einzige Unterschied besteht darin, dass der grobstoffliche Körper ihm nun fehlt und der Verstorbene mit seinen feinstofflichen Körpern in der jenseitigen Welt weiterlebt, und zwar in jener Sphäre und auf jener Stufe, die er sich während seines Erdenlebens durch sein Tun in Gedanken, Worten und Werken selber geschaffen hat. Nach Ansicht des reformierten Pfarrers und Leiters der „Evangelischen Studiengemeinschaft an den Zürcher Hochschulen“, *Hans-Jürgen Braun,* trifft der Mensch im Jenseits nichts anderes an, als was er vor seinem Tod im Bewusstsein, in Gedanken und Gefühlen in sich trug. „Nur das, was immer schon im Willen und in den Vorstellungen lebte, kann sich ihm als lebendige Wirklichkeit in Ereignissen, Erscheinungen und Szenen seines Lebens zeigen.“ (33) Auch seine Gesinnung, seine Denkweise, seine Neigungen, aber auch sein Hassen und Lieben ändern sich anfänglich kaum.

Des verstorbenen Menschen erworbene Wünsche und Bedürfnisse, seine Leidenschaften und Begehrlichkeiten sind vorerst dieselben wie im irdischen Leben und wirken so lange auf ihn ein, bis er gelernt hat, freiwillig oder unter Leidensdruck diese zu verändern. Das Leben auf Erden wirkt sich recht nachhaltig auf das Weiterleben im Jenseits aus. In einer schreibmedialen Durchgabe teilte *Friedrich Taschner* (1908-1944) noch sechzig Jahre nach seinem Tod seiner Tochter *Uta* mit: „Ich bin noch sehr verbunden mit dem Erdenleben... Mein Sein auf der geistigen Ebene ist noch sehr eckig. Ich verspüre Schmerzen, nicht körperlich, aber sie haben mich oftmals im Griff und dann kann ich nicht ausweichen. Meine Charakterzüge vom Erdenleben sind noch sehr dominant und mit meiner Dickköpfigkeit sind dann diese Schmerzen vorprogrammiert.“ (34)

Weiterhin ist anzunehmen, dass der Astralkörper, der seiner äußeren Form nach die getreue Kopie des Erdenkörpers darstellt, die gleichen Merkmale und geschlechtstypischen Eigenschaften beibehält bis zum Eintritt in ein neues Erdenleben, wo ein Wechsel der Geschlechterrolle möglich ist. Nach dem Tod wird der Mensch nicht zu einem geschlechtslosen oder zu einem doppelgeschlechtlichen Wesen. (35) So berichtete ein Verstorbener in einer medialen Durchsage, dass er bald nach seinem Tod insgesamt 56 Geistwesen kennenlernte, nämlich 17 Männer, 28 Frauen, 7 Jungen und 4 Mädchen. Auch die Altersunterschiede bleiben noch über eine längere Zeit erhalten. Es zeigt sich hier, dass der „zweite Körper, den wir alle haben, irgendwie ähnlich beschaffen sein muss, wie unser irdischer Körper, nur aus einer feinstofflichen Zusammensetzung“. (36)

Unverändert bleibt auch das Ich-Bewusstsein. Die bisherigen Ansichten und persönlichen Meinungen bleiben fürs Erste dieselben. Obwohl die Zugehörigkeit zu einer gesellschaftlichen Schicht, zu einer politischen Mitgliedschaft oder zu einer kirchlichen Zugehörigkeit im Jenseits keine Rolle spielen, fühlt man sich dennoch über den Tod hinaus oft noch lange an alte Denkgewohnheiten gebunden. Ein Verstorbener bestätigt dies in einer medialen Kundgabe: „Wenn die Seele den Körper verlässt, bleibt sie genau, was sie war, nämlich sich selber bewusst.“ (37)

Die Verstorbenen befinden sich nach ihrem Hinübergang in die jenseitige Welt auch nicht in einem Dauerschlaf, wie der Reformator *Martin Luther* aufgrund einiger Bibelstellen aus dem Alten Testament noch annahm. (2 Sam 7,12; Ps 22,30; Dan 12,2) Den meisten ist es bewusst, dass sie gestorben sind und nun weiterleben. Wer schläft, weiß nicht, dass er schläft. Sie aber wissen, dass sie nicht schlafen, und erfahren ihr Wachsein in einem erweiterten Bewusstsein. (38)

Zusammenfassend können wir feststellen:

- Nach dem Tod kommt es zu keiner plötzlichen Wesensänderung. Was der Mensch vor dem Tod war, das bleibt er auch unmittelbar danach. Die Identität bleibt gewahrt.
- Es kommt nicht zu einer letztwilligen und endgültigen Entscheidung. Die Zukunft steht für die Verstorbenen offen, und es ist noch lange nicht „aller Tage Abend“.

- Die persönliche Entscheidungsfreiheit bleibt gewahrt. Diese hängt mit dem derzeitigen Entwicklungs- und Bewusstseinszustand zusammen, der veränderbar ist.
- Aus diesem Grund kann es unmittelbar nach dem Tod zu keinem persönlichen Gericht kommen, bei dem über das endgültige Schicksal des Menschen entschieden wird.
- Eine Begegnung mit der ewigen Gottheit ist nicht vorstellbar. Wie könnte der Mensch in seiner begrenzten Erkenntnismöglichkeit plötzlich in der Lage sein, etwas Absolutes und Vollkommenes zu begreifen und sich dafür oder dagegen zu stellen?
- In den Jenseitswelten gibt es zahlreiche Entwicklungs- und Aufstiegsmöglichkeiten für jeden Lernwilligen, der bereit ist, sich belehren zu lassen und Hilfe von oben anzunehmen.
- Nach dem Übergang ins Jenseits folgt kein Dauerschlaf, keine „ewige Ruhe“ bis zur Auferweckung am „Jüngsten Tage“, sondern ein ich-bewusstes Weiterleben.
- Dieses erfolgt sogleich nach dem Erwachen des Ich-Bewusstseins, das ganz kurz beim Übergang vom Diesseits ins Jenseits schwinden mag.
- Es bieten sich all jenen, die nach dem Licht streben, unabhängig von ihren gegenwärtigen Aufenthaltsorten, noch viele Aufstiegsmöglichkeiten in höhere Welten.
- Ein einziges Leben genügt nicht, um unser spirituelles Endziel zu erreichen. Wir gehen ihm in wiederholten Etappen auf verschiedenen Ebenen langsam entgegen.

Es ist zu bedauern, dass rund die Hälfte der Menschen ein persönliches Weiterleben nach dem Tod kaum für möglich hält. Sie haben den Sinn für diese Tatsache weitgehend verloren und haben jeden Gedanken daran aus ihrem Bewusstsein verdrängt. Bereits vor mehr als hundert Jahren bedauerte dies der Dichter *Rainer Maria Rilke,* als er am 12. August 1904 in einem Brief an *Franz Xaver Kappus* schrieb: „Die Erlebnisse, die man ‘Erscheinungen’ nennt, die ganze sogenannte ‘Geisterwelt‘, der Tod, all diese uns so anverwandten Dinge sind durch die tägliche Abwehr aus dem Leben so sehr hinausgedrängt worden, dass die Sinne, mit denen wir sie erfassen könnten, verkümmert sind.“

Mögliche Jenseitskontakte

Wer einmal mit den Toten sprach und
Antwort erhielt, kann dem lebendigen
Schattentanz nur noch lächelnd zuschauen.

Jean Gebser

Es gibt verschiedene Möglichkeiten, mit Jenseitigen in Kontakt zu kommen. Ganz allgemein ist äußerste Vorsicht geboten, da dies leicht zu Selbsttäuschungen oder zu Irreführungen durch bösgesinnte Wesen führen kann. Daher ist es in jedem Fall wichtig, um himmlischen Schutz zu bitten. Um niemanden in Gefahr zu bringen, haben in früheren Zeiten die christlichen Kirchen generell derartige Praktiken verboten, mit der Begründung, sie kämen vom Teufel.

Grundsätzlich bieten sich folgende vier Möglichkeiten an, um mit jenseitigen Wesenheiten gedanklichen Austausch aufzunehmen: 1. Das Einvernehmen mit lichten Engelwesen im Gebet. 2. Der Kontakt mit aufgestiegenen Geistern in den Lichtsphären. 3. Die Bindung an dämonische Mächte aus den Dunkelwelten. 4. Die gedankliche Verbindung mit verstorbenen Angehörigen in den Jenseitssphären.

Die Kontaktnahme mit *Engelwesen* ist möglich schon allein dadurch, dass aus spiritueller Sicht jedem Menschen auf seinem Lebensweg ein Engel als geistiger Führer und Beschützer beigegeben ist, der ihn während seines ganzen Lebens begleiten soll. Diese Schutzfunktion kann er freilich nur ausüben, wenn sich der Mensch ihm anvertraut und auf seine Stimme zu hören bereit ist. Andernfalls ist er machtlos und muss sich von seinem Auftrag enttäuscht zurückziehen.

Als *aufsteigende Geister* gelten jene Wesen, die früher als Menschen auf Erden lebten, nun aber im Jenseits jene geistige Höhe erreicht haben, wo sie vom Rad der Wiedergeburten befreit sind und sich jetzt um den Aufstieg ihrer Brüder und Schwestern in den niederen Welten kümmern können. Es handelt sich um jene Geistwesen, die in Ost und West als Selige und Heilige bezeichnet werden. Diese dürfen wir stets zu Hilfe rufen, denn es gehört zu ihren Aufgaben, den Menschen in Not und Gefahr beizustehen. Deshalb spricht man in unseren Volkskirchen von den „vierzehn Nothelfern".

Die Bindung an *dämonische Mächte* aus den jenseitigen Dunkelwelten ist ein äußerst riskantes Unterfangen und birgt große Gefahren in sich. Aus der Sagenwelt, aber auch aus der Jenseitsliteratur sind Fälle bekannt, wo Menschen ihre Seele zu Lebzeiten dem „Teufel" verschrieben haben, um zu Gewinn und Erfolg zu kommen, am Ende aber ins Unglück stürzten. Dies gilt auch für alle Versuche, mit schwarzmagischen Praktiken okkulte Kräfte für sich in Anspruch zu nehmen.

Die gedankliche *Verbindung mit Verstorbenen* ist eine weitere Möglichkeit, mit dem Jenseits Kontakt aufzunehmen. Um zu erfahren, wie es jenen ergeht, die uns im Tod vorausgegangen sind, versuchen Angehörige immer wieder, durch die mediale Vermittlung von begabten Drittpersonen mit diesen Beziehungen aufzunehmen. Diese versichern uns: „Was ihr seid, das waren wir; was wir sind, das werdet ihr."

Bereits aus dem Altertum sind Versuche bekannt, wo Menschen die „Toten" befragten. (Jes 8,19). Vielfach übernahmen Priester, Magier und Schamanen diese Aufgabe und versuchten, zwischen der Diesseitswelt und dem Jenseits zu vermitteln. So finden wir auch in der Bibel den Hinweis, dass beim Volk Israel der Hohepriester über seinem Gewand einen edelsteinbesetzten Brustschild trug, mit dem er, ähnlich wie mit einem elektronischen Funkgerät, glaubte, mit Jenseitigen in Verbindung treten zu können. (2 Mo 39, 2-21) Eine andere Möglichkeit bot die „Gabe des Zungenredens" bei den ersten Christen. Der Apostel *Paulus* wies die Christengemeinde von Korinth an, dass jene, welche diese Fähigkeit besaßen, nur gute Geister befragen sollten. (1 Ko 12,10; 14,1-40)

Zur Kontaktnahme mit der Jenseitswelt sind im Mittelalter verschiedene Zugänge zu jenseitigen Informationen unter dem Begriff „Divination" oder „Divinatorik" (lat. *divinus*: göttlich) bekannt geworden, nämlich der instrumentale und der mediale Weg. (39) Für den *instrumentalen* Weg wurden verschiedene Techniken angepriesen, welche

Spiritisten einsetzen sollten, um Jenseitige zu befragen. Bereits bei den alten Römern war die „mensa divinatoriae“ in Gebrauch, eine Art Wahrsagetisch. In Indien ist der „sprechende Tisch“ bekannt, und in China kennt man die „fliegende Geisterschrift“ mit Hilfe eines kleinen Tischchens, an dessen einem Bein ein Bleistift befestigt ist, mit dem Jenseitsbotschaften vermittelt werden sollen. In Europa weiß man seit Jahrhunderten um die Methode des „Tischrückens“. In all diesen Fällen sollen Verstorbene die Möglichkeit erhalten, sich durch Klopfzeichen den Menschen mitzuteilen. (40)

Im 19. und 20. Jahrhundert wurden kleine mechanische Schreibgeräte angefertigt, deren sich jenseitige Wesen bedienen konnten, um Botschaften zu vermitteln. Die bekanntesten unter diesen waren das Ouija-Brett und die Planchette. Beim *Ouija-Brett* ging man von der Idee aus, dass Geister auf Fragen, die von Menschen gestellt werden, mit „Ja“ oder „Nein“ antworten sollten, indem sie mit Hilfe eines Zeigers auf eines der beiden Worte hinweisen. Einem gleichen Zweck dient seit deren Erfindung im Jahr 1853 in Frankreich die *Planchette,* eine handliche Alphabeten-Tafel, mit der jenseitige Intelligenzen einzelne Wörter oder Sätze buchstabieren konnten. (41) Hierfür empfängliche Menschen können die einzelnen Buchstaben auch mit einem Pendel anpeilen. Mit dieser Methode hat der Architekt *André Studer*, mit dem ich damals zusammengearbeitet habe, in den Jahren 1986 bis 2007 ein umfangreiches Buch von 761 Seiten abgetippt, das ihm aus einer höherdimensionierten Welt diktiert wurde. (42)

In den vergangenen Jahrzehnten haben mehrere Jenseitsforscher mithilfe von elektronischen Apparaten wie Tonband-, Radio- und Fernsehgeräten versucht, Botschaften aus dem Jenseits zu empfangen. Als einem der Ersten ist es dem Psychologen *Konstantin Raudive* (1909-1974) gelungen, an die 72.000 paranormale Stimmen aufzuzeichnen, deren Quellen er mehrheitlich verstorbenen Personen zuordnete. (43) Mit der gleichen technischen Versuchsanordnung hat der schwedische Dokumentarfilmer *Friedrich Jürgenson* (1903-1987) seinen „Sprechfunk mit Verstorbenen“ eingerichtet und, wie ich mich selber überzeugen ließ, erstaunliche Ergebnisse erzielt. Mit diesen glaubte er, das Weiterleben des Menschen nach dem Tod beweisen zu können. (44) Angeregt durch solche Experimente hat auch der katholische Pfarrer *Leo Schmid* (1916-1976), den ich bei einem Besuch im Jahr 1973 kennenlernte, rund 12.000 sogenannte Jenseitsstimmen aufgenommen. In einer parapsychologischen Studie hat er 700 davon ausführlich kommentiert, um diesen eine gewisse Glaubwürdigkeit und Beweiskraft für ein Überleben des Todes zu verleihen. (45)

Als Vermittler zwischen dem Reich der Lebenden und dem Reich der Verstorbenen arbeiten heute zahlreiche Menschen als *Medien.* Unter diesen sind deutlich mehr Frauen als Männer. Wenn sie echt und glaubwürdig sind, handelt es sich um Personen, die hierfür speziell begabt, empfänglich und ausgebildet sind. In der Regel sind diese schon in ihrer Kindheit durch ihre sensitive Wesensart, besonders durch ihre Hellsichtigkeit und Hellhörigkeit, aufgefallen. Je nach ihrer Arbeitsweise unterscheiden wir Inspirationsmedien, Sprechmedien, Hellhörmedien, Schreibmedien und Materialisations-Medien. Sie sind im Wachzustand oder in Halb- und Volltrance fähig, den direkten Kontakt mit jenseitigen Intelligenzen aufzunehmen. (46) Diese bedienen sich des Körpers des Mediums und dessen Fähigkeiten, um sich mitzuteilen.

Tatsächlich gibt es heute medial begabte, ausgebildete und erfahrene Frauen und Männer, die von sich sagen können, einen „Draht nach drüben" zu haben. Sie arbeiten als Berufs-Medien, indem sie sich Ratsuchenden als Vermittler zwischen Diesseits und Jenseits zur Verfügung stellen. Die jenseitigen Mitteilungen können in verschiedenen Sprachen erfolgen, sogar in solchen, die dem Medium selber gar nicht geläufig sind. So war das bekannte Schreibmedium *Carlos Mirabelli* (1889-1951) imstande, ausführliche Texte mit sinnvollem Inhalt in achtundzwanzig verschiedenen Sprachen automatisch und in großer Eile niederzuschreiben. (47) Dies beweist, dass jene Informationen nicht aus dem Unbewussten des Mediums stammen können, sondern aus anderen Dimensionen kommen müssen, die uns normalerweise nicht zugänglich sind. Allerdings schätzt *Colin Wilson*, dass nur ein Fünftel solcher medialen Durchgaben „auf die Beteiligung von Angehörigen einer höheren Ordnung" hindeuten, während alle anderen aus einer niederen Jenseitswelt zu kommen scheinen. (48)

Jenseitsmitteilungen aus niederen Sphären erkennt man daran, dass deren Inhalt nichts über Gott oder Christus und seine Engelwelt aussagen, sondern deren Empfänger mit verführerischen Absichten, großartigen Versprechungen und betörenden Schmeicheleien umgarnen wollen. Daher sei vor derartigen Praktiken gewarnt. Häufig stellt sich früher oder später heraus, dass nicht nur wohlwollende Geister sich melden können, sondern häufiger noch übelwollende und bösgesinnte Wesen, die auf diese Weise versuchen, gutgläubige Menschen in die Irre zu führen und von sich abhängig zu machen. Ich habe erlebt, wie Menschen auf diesem Weg in Verzweiflung und Suizid getrieben wurden. Diese Möglichkeit ist freilich nicht von der Hand zu weisen. Welch verhängnisvolle Folgen ich bei mehreren Menschen beobachtete, die sich leichtfertig und unkritisch in solche Versuche einließen, habe ich in meinen beiden Büchern „Wie auf Erden so im Himmel" (49) und „Woher wir kommen, wohin wir gehen" (50) beschrieben.

Wenn verstorbene Angehörige ihre wahre Identität dadurch zu erkennen geben, dass sie mit intimen familiären Kenntnissen und typischen Charaktermerkmalen aus ihrem früheren Erdenleben aufwarten, ist dennoch Vorsicht geboten. Diese Echtheitsbeweise könnten durchaus von jenseitigen Lügengeistern vorgetäuscht werden. Sie könnten aber auch aus den unbewussten Gedächtnisinhalten der Ratsuchenden selber stammen. Es lässt sich also nie genau wissen, wer sich bei einer medialen Durchsage als Informantenquelle einschaltet. Daher sind in jedem Fall Schutz- und Abwehrmaßnahmen gegenüber Geistern, die nicht in der Ordnung Gottes leben, notwendig. Hierzu hilft uns das Gebet, vor allem das *Herzensgebet*, auch Jesusgebet (51) genannt, wie es vor allem in der Ostkirche eine jahrhundertealte Tradition hat. (52) Es ist erwiesen, dass der heilige Name „Jesus Christus" eine unwahrscheinlich starke Kraft ausstrahlt und eine wirksame Barriere darstellt gegenüber den negativen Einwirkungen aus der niederen Geisterwelt.

In seinem Buch „Wohin geht die Seele? Ein Reiseführer ins Jenseits" anerkennt *Gabriel Looser*, dass echte mediale Kundgaben aus dem Jenseits zutreffende Angaben und sehr detailreiche Aussagen über die geistige Welt enthalten können, namentlich über „ihren Aufbau und ihre Struktur, über geistige Hierarchien, die da herrschen, über Lernwege und -schritte zunehmenden geistigen Erkennens in der jenseitigen Dimension, Stufen wachsender Erkenntnis, Wege, die auch wir

Menschen nach dem Übertritt in diese Welt zu gehen haben werden." (53)

Die Qualität dieser Jenseits-Kontakte hängt auch wesentlich vom geistigen Niveau des Mediums selber ab. Von der lichten Geisterwelt wird hierzu erklärt: „Je höher nach Charakter und Lebensführung ein Medium steht, desto höhere Geistwesen können sich durch diese bekunden. Medien niederer Gesinnung ziehen gesetzmäßig unwissende oder gar böse Geister an." (54) Zwischen dem Medium und der jenseitigen Informationsquelle muss also eine übereinstimmende Resonanz bestehen.

Eine Person, die sich als vertrauenswürdiges Medium ausgibt, müsste meiner Ansicht nach folgende Voraussetzungen erfüllen:

1. Sie müsste ein gereifter, charakterlich stabiler und psychisch gesunder Mensch sein.
2. Sie sollte genügend psychologische Menschenkenntnis und ein gutes Einfühlungsvermögen besitzen, um sich und andere vor falschen Erwartungen zu schützen.
3. Unverzichtbar ist eine mediale Begabung, verbunden mit nüchterner Kritik und Selbstkontrolle.
4. Das Motiv für ihre Tätigkeit sollte eine selbstlose, liebende und hilfsbereite Einstellung sein.
5. Sie sollte sich stets in den Dienst einer ehrlichen Wahrheitsfindung stellen.
6. Zu erwarten ist von ihr geistige Offenheit und seelische Zugänglichkeit für jenseitige Dimensionen.
7. Dazu gehören seelische Belastbarkeit und Widerstandskraft gegenüber negativen Einflüssen.
8. Religiöse Gesinnung und eine positive Einstellung zur Gott zugewandten Welt und deren geistigen Gesetzen sind unabdingbar.
9. Erwünscht sind Bescheidenheit und Wohlwollen gegenüber den ratsuchenden Menschen.
10. Wichtig ist, dass sie sich bei all ihren medialen Tätigkeiten dem Schutz und der Kontrolle von himmlischen Mächten anvertrauen.

Diese Bedingungen sah ich aus eigener Erfahrung beim Tieftrance-Medium *Beatrice Brunner* (1910-1983) erfüllt. Während rund zwanzig Jahren hatte ich Gelegenheit, an den medialen Gottesdiensten der „Geistigen Loge" im großen Konservatoriums-Saal in Zürich teilzunehmen. Dort fanden in den Jahren 1947 bis 1982 allwöchentlich Lehrvorträge durch jenseitige Lehrer aus der Geisteswelt statt, die durch dieses Medium im Zustand der Tieftrance auf hohem spirituellen Niveau vermittelt wurden. Während der einstündigen Vorträge, die vom Medium stets mit geschlossenen Augen und im bewusstlosen Zustand übermittelt wurden, konnte ich nie einen Versprecher beobachten. Auch waren der Sprechstil, der Satzbau und der Tonfall, aber auch Mimik und Gestik des Mediums deutlich verschieden, je nachdem welches jenseitige Geistwesen sich mitteilte. Bei persönlichen Gesprächen mit Frau Brunner außerhalb dieser öffentlichen Veranstaltungen konnte ich feststellen, dass sie sich an den Inhalt der von ihr fehlerfrei gesprochenen Vorträge nicht erinnern konnte und diese erst nachträglich durch das Abhören der Tonbandaufzeichnungen zur Kenntnis nahm.

Diese medialen Jenseitsbelehrungen knüpfen an die Tradition der ersten Christengemeinden in der Urkirche an, wo es üblich war, dass Frauen und Männer, welche die „Gabe des Zungenredens" (1 Ko 22,10) hatten, es hohen Geistern ermöglichten, zu den Gläubigen zu sprechen. Dadurch sollte die Ankündigung *Jesu* in Erfüllung gehen, mit der er seinen Jüngern versprach: „Noch vieles hätte ich euch zu sagen, aber ihr könnt es jetzt nicht verstehen. Wenn aber jene kommen, die Geister der Wahrheit, werdet ihr die ganze Wahrheit erfahren, denn sie werden nicht von sich aus reden, sondern was ihnen mitgeteilt wird, werden sie reden, und die Wahrheit werden sie euch verkünden." (Jh 16, 12-13)

Alfred Dalliard schreibt hierzu: „Die gesamte urchristliche Kirche war von diesem segensreichen Wirken der von Gott gesandten Geister der Wahrheit erfüllt. Gottes heilige Geisterwelt suchte die Vorsteher der christlichen Gemeinden und die medial begabten Menschen aus, durch die sie beratend und führend wirken konnten. Doch schon ab dem dritten Jahrhundert waren die Vorsteher der christlichen Gemeinden nicht mehr bereit, auf den Rat der heiligen Geisterwelt zu hören.

Es passte ihnen nicht mehr, dass unsichtbare Wesen sich gewisse Menschen aussuchten, um durch sie zu den Menschen zu sprechen. Sie vertraten die Auffassung, sie selbst hätten darüber zu befinden und zu bestimmen, was in dieser Welt zu verkünden sei, und sie ließen nur zu, was sie für gut fanden." (55)

Als im 4. Jahrhundert der heidnische Kaiser *Konstantin d. Gr.* (um 275-337) aus rein politischen Gründen das Christentum zur römischen Staatsreligion erklärte, behielten die staatlichen Behörden weiterhin das Sagen und nicht die jenseitige hohe Geisterwelt. Diese verstummte zusehends, zumal deren Einflussnahme von der christlichen Kirche als angebliche Einflüsterung des Bösen verboten wurde. So ist es bis heute geblieben. Das wertvolle Geistesgut, welches bis in unsere Tage durch mediale Botschaften erhalten blieb und durch mediale Schriften verbreitet wird, besteht unter der Bezeichnung „Geistchristentum". (56) Näheres hierzu findet sich im Anhang zu meinem Buch „Woher wir kommen, wohin wir gehen". (57)

Ist ein Weiterleben beweisbar?

Ich zweifle nicht an unserer Fortdauer.
Jede Lebensform ist ein Stück Ewigkeit,
und die paar Jahre, die sie mit dem Körper verbunden ist,
macht sie nicht alt.
J. W. Goethe

Ein bekanntes Volkslied von *Friedrich Silcher* beginnt mit den Worten: „Es löscht das Meer die Sonne aus…“ Man mag dabei denken, dass auch der Tod die Lebenskraft auslöscht wie das Meer die Leuchtkraft der Sonne. Doch dieses Bild trifft nicht zu. Weder löscht das Meer die Sonne aus noch löscht der Tod das Leben aus. Diesen Vergleich hat bereits *Goethe* aufgehoben, als er seinen Freund *Johann Peter Eckhard* darauf hinwies: „Wenn einer fünfundsiebzig Jahre alt ist, kann es nicht fehlen, dass er mitunter an den Tod denke. Mich lässt dieser Gedanke in völliger Ruhe, denn ich habe die feste Überzeugung, dass unser Geist ein Wesen ist ganz unzerstörbarer Natur; es ist der Sonne ähnlich, die bloß unseren irdischen Augen unterzugehen scheint, die aber eigentlich nie untergeht, sondern unaufhörlich fortleuchtet.“ (58)

Ob es nach dem Tod ein Weiterleben gibt, hat die Menschen schon immer beschäftigt, und sie haben sich gefragt, wie es danach weitergehen könnte. Jahrtausende lang haben Priester und Propheten hierzu Hoffnungen geweckt und Ängste geschürt, die kaum zu begründen waren. Was uns die Theologen heute über das Jenseits zu sagen haben, ist meist recht banal und dürftig. Sie stützen sich dabei auf mehr als zweitausendjährige Propheten-Aussagen, die zum Teil völlig veraltet sind, weil sie von einem falschen Menschenbild ausgehen. So heißt es im Buch Daniel: „Und viele von denen, die schlafen im Erdenstaub werden erwachen, die einen zum ewigen Leben, die anderen zur

Schmach, zur eigenen Abscheu.“ (Dan 12,2) Auch in den Schriften des Neuen Testaments herrscht zunächst die Meinung vor, dass die Verstorbenen bis zum Jüngsten Tag in der Erde ruhen, um dann vom Posaunenschall aus ihrem Todesschlaf geweckt und zum Weltgericht gerufen zu werden. (Mt 24,31)

Noch heute finden wir die Idee vom Todesschlaf und von der Grabesruhe in den Abschiedswünschen an die Verstorbenen: „Ruhe sanft!“ oder „Schlafe im Frieden!“ Leider haben die christlichen Kirchen mit den Ergebnissen der wissenschaftlichen Jenseitsforschung nicht Schritt gehalten. Daher glaubt heute kaum noch die Hälfte der Menschen in Mitteleuropa an ein Fortleben nach dem Tod. (59)

Seit den 1960er Jahren jedoch steigt die Zahl der Menschen, die ein Weiterleben nach dem Tod für möglich halten, wieder deutlich an. Im Jahr 2009 wurde von der deutschen Bertelsmann-Stiftung in München eine internationale Erhebung in Auftrag gegeben mit der Frage: „Glauben Sie an ein Leben nach dem Tod?“ Dabei zeigte sich, dass von den 21.000 Befragten zwei Drittel ein Weiterleben nach dem Tod für denkbar hielten, währen ein Drittel diesen Gedanken eher ablehnte. Allmählich nimmt das Bewusstsein zu, dass es Dimensionen und Existenzformen gibt, die sich außerhalb unserer alltäglichen Wahrnehmung befinden und die für uns nach dem Tod keineswegs aufhören zu existieren.

Sowohl die Parapsychologie als auch die moderne Todes- und Jenseitsforschung lehren uns, dass es „keinen vernünftigen Grund gibt, den biologischen Tod als unabänderliches Ende unserer Existenz zu betrachten“. (60) Wer da behauptet, es sei noch keiner aus dem Jenseits zurückgekommen, der beweist damit nur, dass er nicht informiert ist. Auch die Zweifler an einem Weiterleben, die sich gerne mit dem Begriff „Agnostiker“ (gr. *agnosia*: Unkenntnis) zieren, haben sich offensichtlich zu wenig mit dieser Frage auseinandergesetzt, sonst würden sie nicht als Unwissende dastehen. Für *Carl Gustav Jung* handelt es sich hier nicht um eine Angelegenheit des Glaubens, sondern um eine Frage des Wissens. Daher schrieb er bereits vor hundert Jahren: „Ob ich an ein persönliches Fortleben nach dem Tode glaube? Ich könnte nicht sagen, dass ich daran glaube, da ich die Gabe des Glaubens nicht besitze. Ich kann nur sagen, dass ich etwas weiß oder nicht. Ich weiß in der Tat, das die Psyche die Fähigkeit besitzt, die Grenzen von Raum und Zeit zu überschreiten. Das ist eine Tatsache, für die alle nötigen Beweise vorliegen. Es gibt postmortale Phänomene, die nicht auf subjektive Illusionen zurückgeführt werden können. Ich weiß also, dass die Seele ungehindert von Raum- und Zeitkategorien funktionieren kann. Daher ist sie eine jenseitige Wirklichkeit und darum nicht räumlich, sondern 'ewig'." (61)

Wenn es darum geht, Beweise für das Weiterleben der Geistseele über den physischen Tod hinaus vorzulegen, lassen sich zwei Arten von Beweisführungen unterschieden: Der Vernunftsbeweis und der Erfahrungsbeweis.

Der *Vernunftsbeweis* geht von logischen Überlegungen aus, die einleuchtend (evident) und widerspruchsfrei sind. Daher können sie zu eindeutigen Schlussfolgerungen führen, die gedanklich nicht zu widerlegen sind. (62) Ein solch logischer Gedankengang, der das Weiterleben nach dem Tod durch die Vernunft beweist, kann stufenweise wie folgt aufgebaut werden:

1. Der Mensch ist ein geistiges Wesen, denn er kann geistig tätig sein. Typische geistige Tätigkeiten sind das Erkennen, Analysieren, Abstrahieren und Schlussfolgern.
2. In seiner Tätigkeit ist der Geist unabhängig von der Materie, denn es gibt nachweislich ein hirnunabhängiges Denken, wie die außerkörperlichen Erfahrungen belegen.
3. Demzufolge muss die menschliche Geistseele als ein selbstständiges und selbsttätiges Wesen bezeichnet werden, das außerhalb der Materie bestehen kann.
4. Es gehört zum Wesen des Geistes, dass dieser nicht materieller, sondern spiritueller Natur ist. Als solcher ist er nicht mit Händen greifbar, wohl aber intellektuell begreifbar.
5. Weil die Geistseele des Menschen nicht materiell ist, ist sie auch nicht teilbar.
6. Was nicht teilbar ist, das ist auch nicht auflösbar und nicht zerstörbar.
7. Aus diesem Grund überlebt die Geistseele den sterblichen Körper und bleibt über den Tod hinaus erhalten, was ihr das Weiterleben ermöglicht.

Um keine Verwirrung um den Begriff „Seele“ aufkommen zu lassen, muss klar unterschieden werden zwischen der Vitalseele und der Geistseele. Während die *Vitalseele* jene Energie ist, die es allen Lebewesen ermöglicht zu leben, haben wir unter der *Geistseele* eine eigenständige und bewusstseinsfähige Wesenheit zu verstehen, die wir als Person ansprechen können. Es handelt sich also um eine überlebensfähige Seinsweise, die von der Materie unabhängig ist. Da die Geistseele ihrer Natur nach unabhängig von der Materie existieren kann, ist sie auch nicht aus der Materie hervorgegangen. Daher muss angenommen werden, dass ihre Existenz nicht nur eine geistige Vorexistenz vor der Zeugung des menschlichen Körpers voraussetzt, sondern auch eine geistige Nachexistenz über den körperlichen Tod hinaus beanspruchen kann. Was also im Werden unabhängig ist vom Körper, das muss auch im körperlosen Zustand weiterbestehen können. Die körperunabhängige Vorexistenz der Geistseele hat demzufolge auch eine vom Körper unabhängige Nachexistenz zur Folge. (63) Die kirchliche Lehre, dass Gott im Augenblick der Zeugung in das werdende Kind eine unsterbliche Seele hinein erschafft, ist reine Spekulation und entbehrt jeden Beweises.

Erfahrungsbeweise für die Weiterexistenz der Geistseele des Menschen dürfen wir von naturwissenschaftlicher Seite erwarten. Immer häufiger befassen sich heute Biologen, Neurologen und Psychologen mit dem Weiterleben nach dem Tod. Doch viele Versuche hierzu vermögen kaum zu überzeugen, weil sie zu wenig klar zwischen Vitalseele und Geistseele unterscheiden. So stützt sich der Ingenieur *Maurice Henry* auf das physikalische Grundgesetz der Thermodynamik, wonach Energie immer nur umgewandelt, aber nicht vernichtet werden kann. (64) Dass beim Tod des Menschen dessen Lebensenergie nicht vernichtet, sondern lediglich in eine andere Form überführt werden kann, ist freilich noch kein gültiger Beweis für die Weiterexistenz der Geistseele, die mehr und anders ist als bloße Energie. Um eine ähnliche Beweisführung bemüht sich der Physiker *Karl Heinz Kupfer.* Auch er beruft sich auf die Unzerstörbarkeit der seelischen Energie. (65) Hier handelt es sich ebenfalls um einen untauglichen Versuch, das Weiterleben der Geistseele zu beweisen, weil sich dieser lediglich auf die Energie der Vitalseele bezieht und nicht auf die Substanz der Geistseele.

Auch das *Delpasse-Experiment* vermag nicht alle Zweifel am persönlichen Weiterleben auszuräumen. Dieses geht auf eine medizinische Entdeckung des amerikanischen Hirnforschers *Grey Walters* zurück, der beobachtet hat, wie beim Tod eines Menschen an dessen Schädeldecke feinstoffliche Energie austritt. Diese soll seiner Meinung nach gespeicherte Informationen enthalten, die selbst nach dem Erlöschen jeder Hirnaktivität wie auf einem elektronischen Datenspeicher abrufbar sein soll. Von einem eigenständigen geistigen Bewusstsein als Informationsträger, das den Tod überlebt, kann auch hier nicht gesprochen werden. (66)

Der französische Arzt *Jacques Charbonier* will im Verlauf seiner langjährigen Tätigkeit als Notfallmediziner eindeutige Erfahrungsbeweise für das Weiterleben des Menschen nach dem Tod erarbeitet haben. Doch sein Buch hält meiner Ansicht nach nicht, was sein Titel „7 Gründe für ein Leben nach dem Tod" verspricht. (67) In seiner Schrift, die er als einen „Reiseführer für das Leben danach" bezeichnet, nennt er als Beweise für ein Weiterleben nach dem Tod bekannte Erfahrungen aus Nahtod-Erlebnissen, Astralreisen, medialen Jenseitskontakten und außerkörperlichen Bewusstseinszuständen. Diese Phänomene geben uns zwar Hinweise für das Erleben des Menschen in Todesnähe, sie sagen jedoch noch nichts darüber aus, wie es nach dem Tod mit uns Menschen wirklich weitergeht.

In all diesen angeführten Fällen geht es nicht um echte nachtodliche Jenseitserfahrungen von verstorbenen Personen, sondern lediglich um außerkörperliche Erlebnisse von Menschen, die ihren Tod noch gar nicht erfahren haben. Wären diese Menschen wirklich in dem Sinne tot gewesen, dass die „Silberschnur" als Verbindungskabel zwischen dem physischen Körper und der Geistseele endgültig gekappt worden wäre, hätte es für sie keine sofortige Rückkehr ins irdische Leben gegeben. Hier verhält es sich ähnlich wie mit den sogenannten „Totenerweckungen", welche der Theologe *Wilhelm Schamoni* als „göttliche Wunder" beschreibt. (68) Mit diesen lässt sich das Weiterleben der Geistseele nach dem Tod nicht beweisen, denn diese wurden offensichtlich nicht „vom Tode auferweckt", sondern lediglich wiederbelebt.

Dagegen ist der Erfahrung, die sich auf *paranormale* Ereignisse und *parapsychologische* Phänomene zurückführen lässt, eine gewisse Beweiskraft für ein Weiterleben der Geistseele über den Tod hinaus nicht abzusprechen. Zwei bekannte Jenseitsforscher haben hierzu überzeugende Beweise vorgelegt, nämlich *Emil Mattiesen* (69) und *Arthur Brunner.* (70) Beide Autoren weisen auf folgende beweisbare Tatsachen hin:

1. Zu echten Begegnungen zwischen Lebenden und Verstorbenen kann es tatsächlich kommen.
2. Mediale Kundgaben aus der Jenseitswelt sind möglich.
3. Manifestationen von Geistern aus jenseitigen Dimensionen sind nachweisbar.
4. Es gibt echte und gut dokumentierte Rückerinnerungen an frühere Leben. (71)

Wesentlich bei all diesen Phänomenen ist die Tatsache, dass unser Ich-Bewusstsein unabhängig und auch außerhalb des menschlichen Gehirns und des physischen Körpers tätig sein kann und unser Bewusstsein, wie der Arzt *George Ritchie* überzeugt ist, „mit dem körperlichen Tod nicht aufhört und danach noch bewusster wird als je zuvor“. (72) Von naturwissenschaftlicher Seite sind heute immer mehr Forscher der Ansicht, dass unser Bewusstsein nicht durch die Tätigkeit des Gehirns entsteht, sondern dass diese geistiger Natur ist. Ein Gedanke ist also nicht bloß ein „Hirngespinst“, das im Gehirn durch einen chemischen Reizstoff ausgelöst wird, sondern ein Erzeugnis der hirnunabhängig tätigen Geistseele. (73)

Nach dem heutigen Erkenntnisstand der modernen Jenseitsforschung lässt sich zusammenfassend sagen:

Es gibt viel mehr Hinweise für ein Leben nach dem Tod als dagegen. Alle angeführten Überlegungen enthalten eine gewisse Beweiskraft, so dass sich daraus ein hohes Maß an Wahrscheinlichkeit ableiten lässt. Doch letzte Zweifel können diese bei jenen nicht ausräumen, die diesbezüglich keine persönlichen Erfahrungen gemacht haben.

Laut *Werner Schiebeler* bleibt die Annahme vom Weiterleben nach dem Tode „nur eine Hypothese“, weil es für die Zweifler exakte Beweise mit absoluter Sicherheit in keiner Wissenschaft geben kann. (74)

Sollte es nach dem Tod keine Weiterexistenz für unsere Geistseele geben, dann wäre dies höchst ungerecht, weil es keine Verantwortung, keine Rechenschaft für unser Tun und Lassen gäbe. Weder eine Rechtfertigung noch eine ausgleichende Gerechtigkeit und auch keine Wiedergutmachung wären dann möglich. Daher wäre es völlig gleichgültig, ob ein Mensch sinnlos oder sinnvoll gelebt hat, weil danach keinerlei Konsequenzen zu erwarten sind.

Der Tod würde als Gleichmacher alles gleichmachen, unabhängig davon, was wir vom Leben bekommen haben, was wir dem Leben gegeben und was wir ihm vorenthalten haben. Es würde keine Erklärung geben dafür, warum die Glücksgüter hier auf unserer Erde so ungleich verteilt sind. Das Gute würde nicht belohnt und das Böse nicht bestraft; und auch eine Besserung wäre nicht möglich. Dies alles erscheint höchst ungerecht.

Wer die Gabe und Gnade des Glaubens besitzt, mag im Vertrauen an einen höheren Sinn sich dem Geheimnis um Leben, Tod und Weiterleben hingeben. Wer nur an Zufall und blindes Schicksal glauben kann, für den ist es freilich schwer, dahinter eine verborgene zielführende Absicht und einen Sinn zu erkennen.

Wem der Gedanke nicht fremd ist, dass dieses jetzige Leben in einer erweiterten Dimension, auf einer höheren Stufe und auf einer jenseitigen Seinsebene seine Fortsetzung finden wird, weil etwas anderes gar nicht denkbar ist, der kann mit Zuversicht und Hoffnung seiner fernen Zukunft entgegensehen.

Der Grund dafür, dass heute immer noch zahlreiche Menschen an einem Weiterleben nach dem Tod zweifeln oder diesen Gedanken völlig von sich weisen, sieht der Theologe *Hans Küry* darin, „dass sie mit ihrem Bewusstsein nur in ganz oberflächlichen Schichten des menschlichen Wesens dahinleben, in jenen Schichten, die tatsächlich vergänglich sind“. (75) Der Astrophysiker *Bernard Haisch* ist gleicher Meinung: „Leben bloß um des Lebens willen ist eine riskante Philosophie, die logischer Weise zu keinem höheren Ziel führt, als hier und jetzt größtmöglichen Wohlstand und maximale Vergnügungen zu erlangen.“ (76)

Wir können den Gedanken an ein Weiterleben ablehnen und verdrängen, wir können auch darüber phantasieren und spekulieren oder wir dürfen daran glauben, weil das endgültige Aus und Vorbei gar nicht nachvollziehbar ist. Es ist interessant zu wissen, dass zahlreiche Menschen gegen Ende ihres Lebens vermehrt dazu neigen, ein Weiterleben nach dem Tod für möglich zu halten. So ist es auch *C. G. Jung* ergangen, der seinen Lebenserinnerungen folgendes anvertraut hat: „Ich muss, um die Wirklichkeit zu Worte kommen zu lassen, feststellen, dass ohne meinen Wunsch und ohne mein Tun Gedanken solcher Art in mir kreisen. Ich weiß nichts darüber, ob sie wahr oder falsch sind, aber ich weiß, dass sie vorhanden sind und dass sie geäußert werden können, falls ich sie nicht aus irgendwelchen Vorurteilen unterdrücke." Von Gewissheit oder Sicherheit spricht er freilich nicht, denn er bleibt auf dem Boden der diesseitigen Realität, wenn er bekennt: „Wir müssen uns darüber klar sein, dass es keine Möglichkeit gibt, Sicherheit über Dinge zu gewinnen, welche unseren Verstand übersteigen." (77)

Was die Beweise für ein Weiterleben nach dem jetzigen Leben angeht, können wir uns an folgende Erfahrung halten: Für den Ungläubigen ist kein Beweis möglich und für den Gläubigen ist kein Beweis nötig. Auf jeden Fall stehen jene, die an ein Weiterleben glauben, auf der sichereren Seite, denn sie haben in jedem Fall nichts zu verlieren. Schon allein aus psychohygienischen Gründen sollten wir mit *C. G. Jung* festhalten: „Es wäre also vom seelenärztlichen Standpunkt aus gut, wenn wir denken könnten, dass der Tod nur ein Übergang sei, ein Teil eines unbekannten großen und langen Lebensprozesses." (78) Dieser muss wegen unseres noch keineswegs abgeschlossenen geistigen Entwicklungsweges in einer anderen Welt seine Fortsetzung finden. *Angelus Silesius* deutet diesen Gedanken in seinem „Cherubinischen Wandersmann" an:

Vor jedem steht ein Bild,
Des, was er werden soll.
Solang er das nicht ist,
Ist nicht sein Frieden voll.

Verschiedene Schwingungsebenen

Wenn ein Mensch stirbt, wird er Geist.
Wenn ein Geist stirbt, wird er Mensch.
NOVALIS

Da wir Menschen es gewohnt sind, uns in einer vierdimensionalen Welt zurechtzufinden, haben die meisten von uns ihre Mühe, über diese begrenzte Daseinswelt hinauszudenken und sich höhere Schwingungswelten vorzustellen. Das Diesseits unterscheidet sich vom Jenseits lediglich durch die Art seiner Eigenschwingung. Was wir das Diesseits nennen, ist jener Schwingungsbereich, der unseren Sinnen zugänglich ist. Was außerhalb unserer Sinneswahrnehmung liegt, bezeichnen wir als das Außersinnliche oder das Übersinnliche, mit einem Wort: das Jenseits. Die Grenze zwischen der Diesseitswelt und der Jenseitswelt wird von unserer sinnlichen Aufnahmefähigkeit gezogen, die freilich fließende Übergänge kennt, was uns die hellsichtigen und hellhörenden Menschen beweisen. Diesseits und Jenseits sind jedoch nicht verschiedene Welten, die nichts miteinander zu tun haben. Zusammen bilden sie ein Ganzes. Dessen verschiedene Sphären, Ebenen und Stufen unterscheiden sich lediglich durch ihre Wellenlänge, die vom Bewusstseinsgrad ihrer Bewohner abhängt.

Vor etlichen Jahren fuhren vier Geschäftsfreunde mit einem Ballon in Richtung Schweizer Alpen. Auf einer Höhe von 2000 Metern kam plötzlich ein heftiger Sturm auf und zerriss den Heißluftballon. Die Insassen stürzten ab und kamen ums Leben. Wenige Tage danach rief mich die Frau eines der Opfer an und fragte mich: „Was soll ich meinem achtjährigen Buben sagen, wenn er mich fragt, wo sein Vater jetzt ist?“ Ich gab ihr den Rat: „Nehmen Sie ein Transistorradio zur Hand und stellen sie diesen auf Mittelwellenempfang ein. Dann fragen Sie Ihren Sohn: 'Was hörst du?' Vielleicht einen Schlager oder einen Sportbericht. Nun stellen Sie den Apparat auf Ultrakurzwellen ein und fragen Sie: 'Was hörst du jetzt?' Möglicherweise eine großartige Symphonie. Nun können Sie Ihrem Kind erklären: 'Dein Vater befindet sich jetzt in einer höheren Schwingungswelt, gleichsam in einer UKW-Welt, wo er herrlichere Musik hören kann als wir hier auf unserer Erde.'"

Im Licht der modernen Physik kann die Aussage „Alles fließt" des griechischen Philosophen *Heraklit* (um 540-480 v. Chr.) erweitert werden mit der Feststellung: *Alles schwingt.* Tatsächlich gibt es nichts Stillstehendes und Festgefügtes in unserer Welt. Vom einfachsten Atom bis zu den entferntesten Sternensystemen ist alles in ständiger Bewegung und Schwingung. Auch jene Zustände, die wir dem Jenseits zuschreiben, bilden ihre eigenen Schwingungssphären, die nebeneinander bestehen können, ohne sich gegenseitig zu beeinträchtigen. Diese unterscheiden sich in ihrer Höhe und Tiefe durch ihre Frequenz, nämlich durch die Anzahl und den Abstand ihrer eigenen Schwingungswellen.

Je bewusster und vergeistigter ein solcher Zustand ist, desto höher ist seine Schwingungszahl. Bei jenen Seinszuständen, die wir das Diesseits und das Jenseits nennen, liegt der Unterschied in ihrer Eigenschwingung, die nicht an einen bestimmten Ort gebunden ist. Daraus schloss *C. G. Jung,* dass „die Toten sich gewissermaßen nicht an einem anderen Ort befinden als die Lebenden". (79) Schwingungsmäßig leben die Verstorbenen in einer Art Ultra- oder Para-Welt, die sich von der unsrigen hier auf Erden lediglich durch ihre Frequenz unterscheidet, ähnlich wie sich beim Radioempfang das Mittelwellenband vom UKW-Sendekanal abhebt. (80)

In der heutigen Physik spricht man von *Dimensionen.* Darunter ist das Maß oder der Grad der Ausdehnung zu verstehen, die einem Objekt zukommt. Wir leben hier auf unserer Erde in einer dreidimensionalen Welt, die gemessen wird nach ihrer Höhe, Breite und Länge. Unsere heutigen Astronomen und Astrophysiker nehmen bis zu zehn Dimensionen an. (81) Während die Diesseitswelt, in der wir leben, lediglich nach Raum und Zeit bemessen wird, ist die mehrdimensionale Jenseitswelt weit vielschichtiger in ihren Ausmaßen. Der menschliche Geist reicht bis ans Grenzenlose und Unendliche. (82)

Wie sich das Jenseits bloß als die Fortsetzung des Diesseits darstellt, hat der Philosoph *Immanuel Kant* (1724-1804) einmal erklärt, indem er festhielt, dass die guten Menschen sich schon während ihres Lebens in der Gesellschaft der Guten befänden, nur würden sie sich noch nicht darin sehen. Nach ihrem Tod seien sie nach wie vor in der Gesellschaft der Guten. Jetzt aber sähen sie sich darin – und das sei ihr Himmel. Die bösen Menschen würden sich schon hier auf Erden in der Gesellschaft der Bösen aufhalten, jedoch könnten sie sich noch nicht darin sehen. Nach dem Tod seien sie in der gleichen Gesellschaft der Bösen, jetzt aber würden sie sich darin sehen – und das sei ihre Hölle. (83) Mit einem Wort: Himmel und Hölle sind innerseelische Zustände und nicht äußere Örtlichkeiten.

So wie es unterschiedliche Helligkeitsstufen des Lichtes oder verschiedene Lautstärken eines Tones gibt, so können wir auch von mehreren Graden des Bewusstseins sprechen, welche unterschiedliche Schwingungskreise entstehen lassen. Nach dem Übergang in die andere Welt erreicht jede Seele jene Daseinsebene, welche ihrem Bewusstseinsstand entspricht. Es verhält sich wie bei einem Gasballon, der stets auf jener Höhe stehenbleibt, wo der innere Gasdruck mit dem äußeren Druck der umgebenden Luftschicht übereinstimmt. Ähnlich ist es bestellt mit der Abhängigkeit des Menschen von den Dingen, die er begreift, begehrt und erstrebt. Durch diese wird er in einen inneren Schwingungszustand versetzt, welcher ihn im Jenseits in jenen Aufenthaltsbereich zieht, der seiner geistigen Reife und Gesinnung entspricht. Je abhängiger wir von materiellen, vergänglichen Gütern sind, desto enger begrenzt ist der Raum unseres Bewusstseins, aber auch unserer geistigen Freiheit und Unabhängigkeit. Je mehr wir uns davon unabhängig machen, desto freier und ungebundener werden wir uns fühlen.

Es ist also die Eigenschwingung, die uns Menschen von den Jenseitsbewohnern abgrenzt. Diese ist dafür verantwortlich, in welcher Dimension wir uns aufhalten, ob in einer grobstofflichen oder in einer feinstofflichen, ob in einer materiellen oder in einer spirituellen. Die hellsichtige Krankenschwester *Joé Snell* hat in einem außerkörperlichen Zustand die Erfahrung gemacht: „Was für uns auf Erden als feste Wände erscheint, ist in einem geistigen Körper wie eine Nebelwand.

Für Geistwesen haben sie keine Dichte. Ich fand, dass die Gebäude wie durchsichtig waren; ich konnte durch die Wände sehen. Wir empfinden es nicht als etwas Ungewohntes, wenn wir hier von einer Steinmauer aufgehalten werden; und so ist es für jemanden im Geistkörper keine Überraschung, wenn er auf seinem Weg nicht durch sie zurückgehalten wird." (84)

Unsere tiefschwingende Erde ist für viele verstorbene Menschen noch während einer begrenzten Zeit ihre vorläufige Bleibestätte. Nicht wenige von ihnen bleiben mit ihrem bisherigen irdischen Denken in erdnahen Sphären stecken und kommen nicht weiter. Sie beweisen durch ihre Gedanken, Wünsche und Bedürfnisse, dass sie noch durch zahlreiche Bande und Bindungen an die Diesseitswelt gefesselt sind. Dies betrifft oft jene verstorbenen Menschen, die im Verlauf ihres Erdenlebens eine Weiterexistenz nach dem Tod nicht für möglich gehalten haben. Sie bleiben an das irdische Dasein gebunden, weil sie dieses allein für ihre erlebbare Wirklichkeit halten. Manchmal kann es sich auch um Verstorbene handeln, die sich der jenseitigen Daseinsordnung widersetzen, sei es, weil sie sich der geistigen Verantwortung entziehen wollen, sei es, dass diese nicht ihren Erwartungen entspricht. Anderen wird der Zugang zur Jenseitswelt noch verwehrt, damit sie auf der Erde ihre zugewiesenen Aufgaben zu Ende führen. Es kann auch sein, dass sie an irdische Orte, Menschen oder Zustände gebannt bleiben, damit sie dort Sühne leisten und zu besseren Einsichten kommen. (85) Was einen Verstorbenen an die Erde fesselt sieht *Georg Korf* in der ungelösten Bindung an „irdische vergängliche Dinge, die ihn abhängig machen und nach denen er sich sehnt". (86)

In diesen niederen Erdsphären halten sich mit Vorliebe auch jene Seelen auf, die ihre irdischen Leidenschaften, Bedürfnisse, Süchte und Sehnsüchte noch nicht überwunden haben. Daher sind sie weiterhin Gefangene ihres triebhaften Verlangens, das sie freilich nicht mehr voll befriedigen können, weil ihnen hierzu die vom diesseitigen Körper abhängigen Möglichkeiten fehlen. Das kann für sie zur Pein und Qual werden. So mag es ihnen in ihrem ungestillten Suchen und Sehnen nach Genuss ergehen wie dem Doktor *Faust* in *Goethes* gleichnamiger Meisterdichtung, der klagt: „So tauml' ich von Begierde zu Genuss / und im Genuss verschmacht' ich nach Begierde." (87)

Daher schreibt der hellsichtige *Hans Dienstknecht* in seinem Buch „Die Reise deiner Seele“: „Unsere Friedhöfe sind voll von Seelen, die neben ihren Gräbern sitzen und auf das Jüngste Gericht und die Auferstehung ihrer Leiber warten. Diese Seelen werden durch ihre eigenen verfehlten Anschauungen daran gehindert, weiterzuschreiten auf der Straße zum jenseitigen Leben.“ (88) Es ist auch denkbar, dass Verstorbene „von der Gotteswelt zur Strafe ans Erdenreich gebunden werden“. (89) Dabei handelt es sich um solche Seelen, die an jenem Ort zur Wiedergutmachung aufgefordert werden, wo sie sich verfehlt haben oder wo sie etwas unterlassen haben, das zu verwirklichen ihnen aufgetragen war. Dort sollen sie zur notwendigen Einsicht gelangen, damit es bei ihnen zu einem Gesinnungswandel kommt.

Es ist auch denkbar, dass ein Wesen, das sich als Mensch an einem Tier schuldig gemacht hat, indem er dieses geschlagen, misshandelt oder vernachlässigt hat, nach seinem Tod an ein solches Tier gebannt wird, um an sich selbst fühlen zu müssen, was er dem Tier angetan hat. Diese Abhängigkeit dauert so lange an, bis das angestrebte Ziel der Reue erreicht und der Wille zur Besserung erwacht ist. Doch „keiner bleibt sich gänzlich selbst überlassen. Geister Gottes haben die Aufgabe, jeweils Nachschau zu halten, wie weit die Gesinnung jener Gebundenen sich verändert hat. Wer keine Reue zeigt, wird im Bann gelassen.“ (90)

Es kann auch geschehen, dass sich Seelen von Verstorbenen an lebende Menschen heranmachen, um sie an sich zu binden und sie sogar in Besitz nehmen in der Absicht, deren Lebensenergie abzusaugen oder durch sie ihre irdischen Bedürfnisse und Begierden zu befriedigen. In einer medialen Durchgabe heißt es, dass sich Millionen und Abermillionen von unerlösten Seelen auf der Erde herumtreiben. Von ihnen wird gesagt: „Sie pflegen ihre Gewohnheiten, gehen in die Lasterhöhlen und frönen dort ihren Leidenschaften. Sie verharren in den Vergnügungslokalen, sie feiern, streiten und raufen sich, so wie sie es als Menschen auch taten.“ (91) Freilich erliegen sie dabei einer Illusion, weil ihnen der körperliche Zugriff zum Genussmittel fehlt. Mit ihrer astralen Hand können sie die Zigarette oder das Bierglas nicht ergreifen. Daher versuchen sie, sich lebenden Rauchern und Trinkern derart zu nähern, dass sie wenigstens am ätherischen Teil ihres Genussstoffs teilhaben können. *Diana Palm* beschreibt in ihrem Buch

„Erdgebunden" ausführlich, wie es zu solchen süchtigen Übergriffen durch erdgebundene Seelen bei psychisch labilen Menschen kommen kann. (92) *Wilhelm Otto Roesermueller* weiß hierüber Folgendes zu berichten: „Überfälle seitens erdgebundener, niederer und bösartiger Geister aus dem Jenseits können ganz spontan auf sensitive und medial veranlagte Menschen geschehen sowie auf Leute, die noch nie in ihrem Leben von der Existenz einer Geisterwelt etwas gehört haben." (93) Nichts ahnend bilden diese seelisch anfälligen Menschen, deren psychisches Immunsystem noch ungenügend entwickelt ist, was meist bei Jugendlichen der Fall ist, ein günstiges Einfallstor für fremde Wesenheiten. Daher ist es sehr wichtig, sich dagegen zu wappnen und zu wehren. Dies kann geschehen, indem man magische oder spiritistische Praktiken meidet, auf jede Art von berauschenden Genussmitteln oder bewusstseinstrübenden Drogen verzichtet und sich gegen negative Einwirkungen durch bewusste Selbstkontrolle und jenseitige Hilfen zu schützen versucht.

Besitzergreifende Wesen halten sich oft noch während Jahrzehnten und Jahrhunderten nach ihrem Tod in Häusern und Wohnungen auf, in denen sie früher als Menschen gelebt haben. Dies zeigt folgendes Fallbeispiel aus dem vierbändigen Sammelwerk „Erlebnisse mit den Zwischenwelten" des hellsichtigen *Anton Styger*: Eine junge Familie, die in ein altes Haus am Rande der Stadt Zürich eingezogen war, bat ihn um Hilfe, weil sie dort von Anfang an keine Ruhe fand. Vor allem litten alle Bewohner unter Schlafstörungen und unter dem Umstand, dass im Haus ständig Einrichtungen, Instrumente und Geräte kaputtgingen. Als der zu Hilfe gerufene Sensitive die Wohnräume untersuchte, entdeckte er neben starken elektrischen Störfeldern in einem der Zimmer ein „feinstoffliches uraltes Ehepaar, das an einem ebensolchen Arbeitstisch saß und Papiere sortierte. Die beiden hier Gebundenen schienen beinahe wie zum Inventar des Hauses zu gehören." Aus dem Kinderzimmer huschte eine graue Gestalt mit verstörtem Gesichtsausdruck in den Gang hinaus und verschwand durch die Tür in einem anderen Raum. Es stellte sich heraus, dass es sich um die verstorbenen Erbauer und ehemaligen Besitzer dieses Hauses handelte. Diese waren so sehr an ihren früheren Lebensraum gebunden, dass sie das Haus seit ihrem Tod nicht verlassen konnten. Die graue, in den

Räumen umherirrende Gestalt war deren Tochter, die einundfünfzig Jahre nach ihrem Ableben immer noch sehr stark von negativen Kräften besetzt war und deswegen nicht zur Ruhe kam. Es gelang, die gebundenen Wesen durch ein Ablösungsgebet zu befreien, worauf nach wenigen Wochen im Haus Ruhe einkehrte. (94)

Jeder geistige Fortschritt führt zu einer Schwingungserhöhung und ermöglicht dadurch den Aufstieg in eine höhere Daseinssphäre. Es entspricht einer inneren Gesetzmäßigkeit, dass jede Aufenthaltsänderung im Jenseits mit einer Änderung des Bewusstseinszustandes einhergeht. Dies bestätigt uns ein Geistwesen, indem es darauf hinweist: „Wir können unsere Schwingung zwar verringern, um uns der irdischen Welt anzunähern, aber wir können sie nicht erhöhen in dem Wunsch, in die nächsthöhere Sphäre zu gehen, bis wir in unserer Entwicklung weit genug fortgeschritten sind.“ (95) So besitzt jeder verstorbene Mensch seine eigene Schwingungsfrequenz, die ihn kennzeichnet, gemäß seiner Gesinnung, seinen Abhängigkeiten und seinem geistigen Entwicklungsstand. Daraus können wir folgende Schlussfolgerungen ziehen:

Es handelt sich bei den erdgebundenen Seelen um Verstorbene:

- Die noch nicht bemerkt haben, dass sie gestorben sind. Meistens sind es solche, die gar nie an ein Weiterleben nach dem Tod geglaubt haben.
- Die meinen, sich weiterhin um ihre früheren irdischen Angelegenheiten kümmern zu müssen.
- Die an den Ort ihrer früheren Taten und Untaten gebunden bleiben, bis sie dort zur rechten Einsicht und Reue gelangt sind.
- Die sich noch nicht von ihren irdischen Bindungen, Tätigkeiten, Interessen und Erinnerungen gelöst haben.
- Die von ihren trauernden Hinterbliebenen und Angehörigen nicht freigegeben und ins Jenseits entlassen werden.
- Die noch gar kein Bestreben zeigen, in die jenseitige Welt hinüber zu wechseln, um sich dort geistig weiterzuentwickeln.
- Die in falschen Vorstellungen und Erwartungen über das Weiterleben nach dem Tod befangen sind und glauben, auf ihre Auferweckung aus dem Todesschlaf am Ende aller Tage warten zu müssen.

- Die selbstverschuldet oder selbstbestimmt zu früh aus dem Leben geschieden sind, bevor sie in der Jenseitswelt termingerecht erwartet werden.
- Die unrichtige oder verfehlte Vorstellungen über das Weiterleben nach dem Tod haben.

Michael Ende lässt in seinem „Lied von der Anderwelt“ die Hoffnung auf diese höhere Schwingungsebene in der vierten Strophe anklingen:

Und Blumen blüh’n in der Anderwelt,
viel Dunkles wird sonnenklar,
denn alles wartet dort auf uns,
was hier nicht möglich war.

Die andere Wirklichkeit

Diesseits bin ich nicht ganz fassbar.
Ich lebe ebenso bei den Verstorbenen
wie bei den Ungeborenen.
Etwas näher dem Herzen der Götter als üblich.
PAUL KLEE

Wie so manches in unserer geteilten Welt, hat auch die Wirklichkeit ihre zwei Seiten: Eine vordergründige und eine hintergründige, eine materielle und eine geistige, eine diesseitige und eine jenseitige. Die eine Seite ist mit unseren Sinnen wahrnehmbar. Daher nennen wir sie die äußere Sinneswelt. Diese stellt nur einen Teil der ganzen Wirklichkeit dar. Die andere Seite betrifft die Welt des Außersinnlichen und Übersinnlichen, die für uns Erdenmenschen weitgehend im Verborgenen liegt. So ist die vordergründige Wirklichkeit nur ein Schattenbild oder ein Abbild dessen, was im Hintergrund wirklich wirkt. Um dies anschaulich zu erklären, erfand *Platon* sein berühmtes „Höhlengleichnis". Im sechsten Buch der „Politeia" (96) lässt er seinen Gesprächspartner *Sokrates* folgende Geschichte erzählen, die ich hier verkürzt wiedergebe: In einer Höhle verbrachten ein paar Männer ihre Zeit als Gefangene. Sie waren so gefesselt, dass ihnen der Blick zur Außenwelt verwehrt blieb und sie immer nur die dunkle Innenwand der Höhle zu sehen bekamen. Diese wurde schemenhaft erhellt durch ein Feuer, das außerhalb der Höhle brannte. Alles, was sich draußen bewegte, Menschen und Tiere oder Gegenstände, die vorbeigetragen wurden, warfen einen Schatten auf die hintere Höhlenwand. Diese hielten die Gefangenen für die einzige Wirklichkeit. Als die Gefangenen eines Tages in die Freiheit entlassen wurden, stürmten diese aus der Höhle ans Tageslicht. Dort fanden sie sich nicht zurecht, weil sie die helle Außenwelt lange nicht zu Gesicht bekamen und diese nicht für wirklich hielten. Daher wollten sie wieder zurück in ihre Schattenwelt, deren Bilder auf der Höhlenwand für sie die einzige wahrnehmbare Wirklichkeit darstellten. Diese Symbolgeschichte will uns lehren, dass wir die ganze Wahrheit nicht begreifen, wenn wir uns auf Halbwahrheiten und Teilwahrheiten beschränken.

Den Naturwissenschaften ist nur die eine Seite der Wirklichkeit zugänglich; die andere Wirklichkeitsseite, die genauso real ist wie diese, erschließt sich nur den Geisteswissenschaften. In seinem Buch „Der Wissenschaftswahn" weist der englische Biologe *Rupert Sheldrake* (*1942) darauf hin, dass die heutigen Naturwissenschaften allzu sehr dem Wahn verfallen sind, es gebe nur eine einzige Wirklichkeit, nämlich die materielle. (97) Sein Kollege, der Evolutionsbiologe *Richard Dawkins* (*1941), behauptet sogar in seinem Werk „Der Gotteswahn", dass es überhaupt nichts Realeres gebe außer der Materie. Daher leugnet er alles Geistige und Übernatürliche, auch die Existenz Gottes. (98)

Tatsächlich ist in unserer Zeit das gesicherte Wissen um die jenseitige Wirklichkeit beinahe ausgestorben und aus unserem Alltagsbewusstsein weitgehend verschwunden. Unzählige Menschen leben erstaunlich unwissend und uneinsichtig dahin und meinen, wirklich sei nur das, was sie mit ihren Sinnen wahrnehmen können. Ihr Grundsatz lautet: „Ich glaube nur das, was ich sehe." Es sind dies die sogenannten Realisten und Naturalisten, wie sie sich nennen, die nur das für real betrachten, was sie anfassen, ergreifen und dingfest machen können. *Goethe* hat in seiner Faust-Dichtung dieser Einseitigkeit und Einäugigkeit folgende Verse gewidmet:

Daran erkenn ich den gelehrten Herrn!
Was ihr nicht tastet, steht euch meilenfern;
Was ihr nicht fasst, das fehlt euch ganz und gar;
Was ihr nicht rechnet, glaubt ihr, sei nicht wahr;
Was ihr nicht wägt, hat für euch kein Gewicht;
Was ihr nicht münzt, das, meint ihr, gelte nicht. (99)

Wir können zwei Arten von Wirklichkeitsebenen unterscheiden, nämlich die jenseitige und die diesseitige, die spirituelle und die materielle, die wirkende und die bewirkte. Bei der *spirituellen* Wirklichkeit, die der materiellen stets vorausgeht, kann es sich um eine bloße Idee, um einen abstrakten Gedanken oder um ein phantasievolles Vorstellungsbild handeln. Diese sind rein geistiger Natur. Als „Idee" gilt *Platon* ein Gedankenbild, das einer ewigen, unveränderlichen und vollkommenen Wahrheit entspricht (100) Für ihn sind die äußeren Dinge nur Abbilder der inneren Ideenbilder. Danach gibt es nichts in unserer grobstofflichen materiellen Sinneswelt, was nicht zuerst in der übersinnlichen Geisteswelt als mögliche Wirklichkeit vorgedacht, vorgeplant und vorgeformt war.

Nehmen wir als Beispiel den „geometrischen Punkt". Dieser kann in der gedanklichen Vorstellung als Idee gedacht werden, nämlich als Ort ohne Ausdehnung. Wenn wir aber mit einem spitzen Bleistift auf einem Stück Papier einen Punkt setzen, ist dieser niemals unausgedehnt, sondern stets zeigt er sich als ausgedehnte Fläche, wie dessen Vergrößerung unter dem Mikroskop beweist. So verhält es sich mit Begriffen wie Liebe, Frieden, Güte oder Gerechtigkeit, die sprachlich immer nur in der Einzahl vorkommen. Diese können wohl als vollkommene Idealzustände gedacht, aber niemals in unserer unvollkommenen Welt vollständig verwirklicht werden. Gleichermaßen verhält es sich mit einem Ideal. Im Gegensatz zu einem Idol ist dieses zwar vorstellbar, aber nie vollständig zu erreichen, sonst ist es kein Ideal mehr.

Platons berühmter Schüler *Aristoteles* (384-322 v. Chr.) nahm für jede Wirklichkeit zwei Prinzipien an, das formende und das geformte Prinzip. Das *formende* Prinzip ist als Idee die primäre geistige Wirkursache. Das *geformte* Prinzip entspricht der materiellen oder sekundären Wirklichkeit. Wenn ein Kunsthandwerker auf seiner Töpferscheibe aus Tonerde eine Vase formen will, geht er zunächst von einer gedachten Form aus, die ihm als Idee vorschwebt. Die geschaffene Vase ist dann das sichtbare Abbild dieser unsichtbaren Idee, die nur annähernd dem ursprünglichen Vorstellungsbild gleichkommt. Die beiden Wirklichkeiten sind nicht vollkommen deckungsgleich. Idealität und Realität entsprechen und ergänzen sich gegenseitig. Eine abstrakte Idee ist in der realen Welt der Erscheinungen nie ganz darstellbar und erfahrbar. Demnach gibt es zwei Arten von Wirklichkeiten:

Eine formgebende im Geistigen und eine geformte im Materiellen. Diese können nicht als getrennt gedacht werden. Beide hängen zusammen und bilden eine einheitliche und ganzheitliche Wirklichkeit.

Der dänische Religionsphilosoph *Sören Kierkegaard* (1813-1855) verstand es richtig: „Hinter der Welt, in der wir leben, fern im Hintergrund, liegt eine zweite Welt.“ Die menschliche Seele ist schon im gegenwärtigen Leben mit beiden verbunden, und wenn der Tod die Gemeinschaft der Seele mit dem Körper aufhebt, ist das Leben in der ‘anderen Welt’ die natürliche Fortsetzung jener Verknüpfung, durch die sie mit ihr schon in diesem Leben stand. (101)

Während des irdischen Lebens sind unsere Sinne eingeschränkt. Von der gesamten Wirklichkeit ist uns nur ein bescheidener Ausschnitt zugänglich. Für den allergrößten Teil sind wir blind und taub. Daher sterben viele ahnungslos und unwissend in die andere Wirklichkeit hinein und stehen dann ratlos und hilflos vor der Tatsache, dass so manches anders ist, als sie gedacht haben. Nur ein paar wenigen Hellsichtigen ist es vergönnt, schon während des Erdenlebens hinter den Spiegel zu schauen. (102)

Die Erfahrungen der Grenzwissenschaften, so der Parapsychologie, der Thanatologie, der Theosophie, der Anthroposophie und der Mystik, beweisen uns, dass es in unserer diesseitigen Erlebniswelt sichtbare Wirkungen gibt, deren unsichtbare Ursachen auf einer anderen Wirklichkeitsebene zu suchen sind, die wir das Jenseits nennen. Immer mehr Naturwissenschaftler anerkennen, dass der Urstoff der Welt nicht in der Materie liegt, sondern im Geist. Die „prima materia“ wurde von den Alchemisten im geistigen Bereich vermutet. Wir Menschen halten die geistige und die materielle Welt für zwei verschiedene Wirklichkeiten, weil wir deren Einheit nicht erkennen können, solange wir uns in der Zweiheit von Geist und Materie befinden und nur in Gegensätzen zu denken vermögen. In die jenseitige Welt und Wirklichkeit werden wir nach unserem Tod eingehen. Danach befragt, ob es diese Welt überhaupt gibt, antworten die meisten: „Wir wissen es nicht.“ Als sich *Goethe* mit seinem Freund *J. CH. Kestner* über unseren Zustand nach diesem Leben unterhielt, deutete er lediglich an: „Wir wandern alle in Geheimnissen. Wir sind von einer Art Atmosphäre umgeben, von der wir noch gar nicht wissen, was sich alles in ihr regt und wie sie mit unserem Geist in Verbindung steht." (103)

Sobald unsere irdischen Augen endgültig geschlossen werden und unser Blick für die Außenwelt erlischt, fangen wir an, unsere innere Wirklichkeit zu sehen – und unsere Sicht öffnet sich für die jenseitige Wirklichkeit. Diese erweist sich für uns als ebenso wirklich und wirksam, wie wir unsere Diesseitswelt als wirklich erfahren haben. So mancher wird überrascht sein von der Welt, die sich ihm da offenbart. Der Unwissende bedauert, im Leben hiervon nichts gewusst zu haben. So klagte ein Hinübergegangener: „Wie konnte ich nur als Mensch das verkennen? Wie konnte ich auf Erden nur so leichtfertig in den Tag hineinleben? Warum habe ich nicht nach den Tiefen dieser Dinge gesucht und geforscht? Das ist doch alles so selbstverständlich und logisch! Wie konnte ich nur das nicht begreifen?" (104)

Der diesseitige Mensch lebt in der Erfahrungswelt seiner äußeren Sinne. Er sollte sich im Verlauf der Jahre mehr seiner inneren Erlebniswelt zuwenden, je mehr sein Auge sich trübt und sein Blick nach außen sich verengt, denn diese wird eines Tages zu seiner wahren Daseinswirklichkeit. In einer medialen Sitzung wurde ein Verstorbener gefragt: „Ist eure Welt eine wirkliche und greifbare Welt?" Seine Antwort lautete: „Ja, sie ist für uns hier sehr wirklich, aber die Verhältnisse, in denen wir uns befinden, hängen von der Verfassung unseres Geistes ab, der wir sind." (105)

Neben unseren irdischen Werken und Wirkungen, mit denen wir hier in der materiellen Welt zu tun haben, muss es noch eine andere Wirkungswelt geben, welche die Grundlage jeder Realität bildet. Zwei Wirklichkeitsebenen berühren sich. Eine jede hat ihren eigenen Wirklichkeitswert, ähnlich wie ein Haus, dessen Außenfront sich von dessen Inneneinrichtung deutlich abhebt. Jedoch beide bedingen sich gegenseitig. So lässt sich mit *Friedrich Nietzsche* sagen: „Du bist ein Diesseits, das ein Jenseits ist; du bist ein Jenseits, das ein Diesseits ist."

So gesehen sind wir Menschen in zwei Herkunftsländern beheimatet. Wir sind *Bürger zweier Welten* (106), weil wir eine doppelte Natur besitzen und eine Art Doppelleben führen. Daher leben wir in zwei Welten: In unserer Außenwelt und in unserer Innenwelt. Im Tod vollzieht sich ein Seitenwechsel. Was bisher außen war, kehrt sich nach innen und umgekehrt. Alles Äußere und jede Äußerlichkeit fällt von uns ab. Was nun zählt, ist unsere seelische und geistige Inwendigkeit.

Auch was unsere menschliche Herkunft angeht, sind wir in zwei Welten beheimatet. Dem Körper nach sind wir aus der Erdentwicklung hervorgegangen, genauer gesagt, aus Sternenstaub geworden. Dem Geiste nach aber sind wir aus Himmelskraft genommen. Der amerikanische Hirnforscher *Eben Alexander,* der zunächst rein materialistisch eingestellt war und nicht an ein Weiterleben nach dem Tod glauben konnte, kam durch sein Nahtod-Erlebnis zur Erkenntnis: „Von einem 'äußeren' Standpunkt aus gesehen, sind wir aus Erde 'gemacht'. Aber aus einer inneren, platonischen Perspektive betrachtet, sind wir aus himmlischem Ton geformt... Wir gehören zu beiden Welten." (107)

Als menschliche Wesen sind wir „Ni ange, nie bête – weder Engel noch Tier", wie der französische Philosoph *Blaise Pascal* (1623-1662) einmal schrieb (108), oder beides zugleich. Der Mensch ist also ein Doppelwesen. Er lebt *in* dieser Welt, ist aber nicht *von* dieser Welt. Selbst der berühmte australische Hirnforscher und Nobelpreisträger *John Eccles* ließ sich überzeugen, „dass wir sowohl spirituelle Wesen sind, die mit ihrer Seele in einer spirituellen Welt existieren, als auch materielle Wesen, die mit ihrem Körper und ihrem Gehirn in einer materiellen Welt zu Hause sind". (109)

Auch nach dem Übergang in die jenseitige Welt empfinden sich viele Verstorbene noch stark von der irdischen Wirklichkeit abhängig, ohne dass ihnen dies klar bewusst wird. Dies hat ein Verstorbener an sich selbst leidvoll erfahren: „Niedere Genüsse und Leidenschaften, welche uns im Erdenleben scheinbar tiefe Befriedigung brachten, bedeuten nun für uns Schmerzen und Entbehrungen, weil wir nun ihre Folgen für unser eigenes sittliches Empfinden bitter erfahren. Daraus folgert *Ian Currie*: „Wenn du eine gepeinigte Seele hier zurücklässest, wirst du auch dort drüben eine gepeinigte Seele sein." (110) Dagegen können im Erdenleben tapfer erduldete Verzichte und Entbehrungen uns jetzt tief befriedigen, weil wir unter ihrem Einfluss als moralische Wesen stärker und reifer geworden sind. (111)

Werfen wir einen Blick auf die andere Seite der diesseitigen Wirklichkeit, erleben wir nicht eine völlig andere Außenwelt, sondern lediglich unsere eigene Innenwelt, von der wir aber erstaunlich wenig wussten. (112) Um unsere Existenz in der materiellen Diesseitswelt wissen wir durch unsere Sinneserfahrung und unserer Selbstwahrnehmung. Von unserem inneren Dasein, das erst nach dem Tod offensichtlich wird, haben wir vielfach nur ein schwaches Ahnen. Je älter wir werden, umso mehr sollte der innere Mensch ins Bewusstsein treten. Darin besteht die Chance unserer späten Lebensjahre, dass wir uns zunehmend nach innen wenden und uns der eigenen Inwendigkeit immer klarer bewusst werden, so wie es *Rainer Maria Rilke* gegen Ende seines Lebens erfahren hat: „Ich lerne sehen. Ich weiß nicht, woran es liegt; alles geht tiefer in mich ein und bleibt nicht an der Stelle stehen, wo es sonst immer zu Ende war. Ich habe ein Inneres, von dem ich nicht wusste. Alles geht dorthin. Ich weiß nicht, was dort geschieht." (113) Ähnliches hat der hochbetagte *C. G. Jung* erlebt: „Es kommt mir vor, als ob jene Fremdheit, die mich von der Welt so lange getrennt hatte, in meine Innenwelt übergesiedelt wäre und mir eine unerwartete Unbekanntheit mit mir selber offenbart hätte." (114)

Daraus können wir schließen: Das Ziel des diesseitigen Lebens ist, sich selber bewusst zu werden, um seelisch ganz zu werden. Genau das Gleiche gilt auch für unser nachtodliches Leben. Der Prozess der fortschreitenden Bewusstwerdung und Selbstwerdung, auch Individuation genannt, hört mit dem Tod nicht auf, sondern findet in unserem jenseitigen Dasein seine unmittelbare Fortsetzung. Die Verstorbenen sind nicht in ein Nichts gefallen. Sie befinden sich jetzt in einer anderen Wirklichkeit, die anders auf sie wirkt.

Ein jenseitiges Geistwesen soll den Maler und Schriftsteller *Bô Yin Râ* (1876-1943) auf dem Weg übersinnlicher Erfahrungen belehrt haben: „Du wirst nun begreifen, dass das 'Jenseits' keine ursächlich andere Welt ist, sondern nur das Ergebnis einer neuen, dir nicht unbekannten anderen Wahrnehmungsart der verborgenen Urkräfte, deren Folgen du hier auf Erden als 'Diesseits' anschauen kannst." (115) Auf gleiche Weise äußerte sich ein hohes Engelwesen: „Ihr Menschen gewahrt zumeist nur eure materielle Umwelt, während ihr die hundertstufigen Ebenen höherer geistiger Wirklichkeiten kaum ahnt. Darum ist es für euch noch unfassbar, dass die Bereiche des Lebens und des Todes ein einziges Reich ineinander schwingender, einander durchdringender Seins- und Bewusstseinssphären sind, in denen es nichts

Totes gibt und in denen alles Leben sich nur wandelt, um in höheren Formen wiederzukehren." (116)

Wir Menschen leben hier auf unserer Erde in einer grobstofflichen Wirklichkeit. Daneben gibt es auch eine feinstoffliche Jenseitswelt, welche unsere Diesseitswelt überhöht, ähnlich wie im Farbspektrum das sichtbare Licht vom unsichtbaren Infrarot und Ultraviolett nach zwei Seiten hin überlagert wird. *Robert James Lees* (1849-1931) empfing auf die Frage, wie weit das Jenseits vom Diesseits entfernt sei, von einem Geistwesen die Antwort: „In den Dingen, von denen ich spreche, gibt es nah und fern nicht im örtlichen Sinne, sondern nur in Form eines Zustandes." (117)

Der Unterschied zwischen der Diesseitswelt und der Jenseitswelt ist nicht sehr verschieden. Was hier gelebt und erlebt wird, findet seine unmittelbare Fortsetzung drüben. Nach dem Tod werden wir uns nicht mehr nur wie von außen sehen, wie in einem Spiegel, sondern auch von innen her mit unserem seelisch-geistigen Innenleben. Damit wird unser Bewusstsein verändert. Die Geistseele gerät, nachdem sie den sterblichen Körper verlassen hat, in die Sogwirkung jenes Bewusstseinszustandes, der ihrer eigenen Gesinnung gleichkommt. Dies alles geschieht nach dem Entsprechungsgesetz „Wie innen – so außen". Auf diese Weise bewahrheitet sich, dass der verstorbene Mensch in jene jenseitigen Verhältnisse gerät, die er im Verlauf seines Erdenlebens durch sein Tun in Gedanken, Worten und Werken selber geschaffen hat. Seine bisherige Gesinnungswelt wird zu seiner äußeren Erlebniswelt, die ihm lichterfüllt, schattenhaft oder dunkel erscheinen mag. Was ihm dort begegnet, sind die Projektionen seiner eigenen Taten und Untaten.

Nicht die materielle Welt ist die wahre Realität, sondern die geistige. Diese erlebt er als das einzig Wirkliche, auf das es ankommt. Was wir in der Diesseitswelt für die Wirklichkeit halten, ist bloß eine vorübergehende Erscheinungsform. Dies wussten bereits die englischen Astronomen *Arthur Eddington* (1882-1944) und *James Jeans* (1877-1946). Beide gehörten in der ersten Hälfte des vergangenen Jahrhunderts zu jenen Naturwissenschaftlern, welche als erste den geistlosen Materialismus überwunden haben, indem sie die Existenz einer geistigen

Wirklichkeit anerkannten, die in den nachfolgenden Jahrzehnten zur Grundlage eines neuen Weltbilddenkens führen sollte. Beispielhaft für diesen Wandel ist die Aussage von *James Jeans*: „Das Weltall sieht allmählich mehr wie ein großer Gedanke als wie eine große Maschine aus.“ (118)

Unsere geistige Existenz greift weit über Geburt und Tod hinaus; sie umfängt mehr als nur unsere diesseitige Gegenwart. Sie schlägt ihre Wurzeln in einer jenseitigen Welt. So manchem mag das jetzige Leben wie ein unwirklicher Traum vorkommen, der nach dem Erwachen in der Jenseitswelt zur wahren Wirklichkeit wird. Dann werden wir mit *Gottfried Herder* einsehen:

Ein Traum, ein Traum ist unser Leben
auf Erden hier.
Wie Schatten auf den Wogen schweben
und schwinden wir.
Und messen unsre trägen Schritte nach
Raum und Zeit
und sind – wir wissen‘s nicht –
inmitten der Ewigkeit.

Die Lichtwelten

Ich glaube, dass wenn der Tod unsere Augen schließt,
wir in einem Lichte stehen, von welchem unser
Sonnenlicht nur der Schatten ist.

ARTHUR SCHOPENHAUER

Die Lichtwelten gehören in verschiedenen Abstufungen zu den höchsten und reinsten Schwingungswelten, die denkbar sind. Sie kommen dem gleich, was im Judentum, im Christentum und im Islam als *Paradies* und als Bereich der himmlischen Engelwelten bezeichnet wird. Es ist dies die Wohnstätte der reinen und ungefallenen Geister, die sich nie als Menschen auf der Erde verkörpern mussten.

Das Licht ist ein Symbol für das reine Bewusstsein, für Geistesklarheit und für die All-Liebe. Die Lichtwelt ist das Reich der Liebenden. Unter Liebe ist das klare Erkennen und Wollen des Guten, Wahren und Schönen zu verstehen, das in den Lichtwelten als das alles durchdringende Element gilt. Licht und Dunkelheit schließen einander aus. Das Licht erzeugt keine Dunkelheit, und die Dunkelheit bewirkt kein Licht. Auch vermag die Dunkelheit keinen einzigen Lichtstrahl auszulöschen. Das kleinste Licht ist stärker als die größte Dunkelheit. Das Licht dringt stets ins Dunkle, doch nie geht das Dunkle ins Licht. Licht dehnt sich mit der größtmöglichen Geschwindigkeit aus, doch die Dunkelheit weicht vor dem Licht zurück. Daher besiegt das Licht jede Dunkelheit.

Die Erschaffung des Lichts gilt in vielen Schöpfungsmythen als die erste Schöpfungstat der Gottheit. Dieses göttliche Ur-Licht muss vor jeder Schöpfung schon bestanden haben. Die Dunkelheit entstand erst, als Lichtwesen selbstverschuldet in den lichtlosen Abgrund der Gottferne gefallen sind. Dadurch hat unsere materielle Welt mit dem „Urknall“ vor 13,7 Milliarden Jahren ihren Anfang genommen. Dies meinte der Kabbalist *Shimon Lavi* mit den Worten: „Im Verbergen des Lichtes wurde alles, was existiert, in seiner Vielfalt erschaffen." (119) Die Dunkelheit bestand also nicht seit Anbeginn, wie man aus dem Bibeltext „Finsternis lag über der Urflut" (1 Mo 1,2) annehmen könnte. *Armin Risi* (*1962) schreibt in seinem Buch „Licht wirft keinen Schatten", dass Licht nicht aus der Finsternis hervorgehen kann, weil das Dunkle keine Wirklichkeit ist, sondern symbolisch für das Nichts steht. (120) In ferner Zukunft sollte es möglich werden, dass die gesamte Dunkelheit, die zu 95% unsere materielle Welt ausfüllt, wieder vom Licht in Besitz genommen wird. Wenn alles Finstere ins ursprüngliche Licht zurückgekehrt ist, wird sich alle Materie wieder in Lichtstrahlung umgewandelt haben. Dies ist das Ziel der Vergeistigung.

Seit jeher werden Geistwesen, welche die volle Wahrheit verkünden, als „Boten des Lichtes" bezeichnet. Dagegen werden Lügengeister und Dämonen der Dunkelwelt zugeordnet. Der persische Religionsstifter *Zarathustra* nahm vor 2500 Jahren sogar zwei Gottheiten an: Ahura Mazda, der Gott des Lichtes, und Ahriman, der Gott der Finsternis. (121) Auch im Buddhismus wird zwischen den Devas, den himmlischen Lichtwesen, und den Asuras, den finsteren Feinden des Lichtes, unterschieden. (122) Der griechische Philosoph *Porphyrios* (um 234-305 n. Chr.) erkannte: „Gottes Körper ist Licht und sein Geist ist Wahrheit." In der Bibel wird Gott als das ungeschaffene Licht auch „Vater des Lichtes" genannt (Jak 1,17) und die Gottessöhne heißen dort „Kinder des Lichts" (1 Th 5,5). *Dante* hat in seiner „Göttlichen Komödie" Gott als zentralen gleißenden Lichtpunkt dargestellt, um den die Engel und Heiligen ewig kreisen wie die Planeten um die Sonne. *Christus* gilt nach dem christlichen Glaubensbekenntnis als „Licht vom Licht". Von ihm heißt es im Johannes-Evangelium: „Das Licht leuchtete in der Finsternis und die Finsternis hat es nicht erkannt." (Jh 1,5) Bei der Verklärung *Jesu* auf dem Berg Tabor soll sein Angesicht geleuchtet haben wie „die Sonne, und seine Kleider wurden weiß wie das Licht". (Mt 17,2) *Christus* sagte von sich: „Ich bin das Licht der Welt." (Jh 8,12) Dagegen haben jene, die in der Finsternis sind, das Licht des geistigen Wissens und der Wahrheit verloren (Mt 4,16, Lk 1,79). Auch sie waren einst „Kinder des Lichts" (1 Th 5,5).

In der Antike erfuhr das Licht sogar kultischen Bedeutung. Bei den Anhängern der Mithras-Religion, die in den ersten christlichen Jahrhunderten im ganzen damaligen römischen Weltreich verbreitet war, wurde die unbesiegbare Sonne (*sol invictus*) als göttlich verehrt. (123) Dieser Ehrentitel wurde später auch auf *Christus* übertragen. In den katholischen Gotteshäusern soll das „ewige Licht" auf dessen dauernde Gegenwart hinweisen.

Das Licht gilt auch als Sinnbild für geistige Klarheit und Wachheit, für Aufgeklärtheit und spirituelle Erleuchtung. Diese wird nur jenen Wesen zuteil, die alles Dunkle und Schattenhafte in sich abgelegt haben. Auch sie können als Selige und Heilige in die Sphäre des Lichtes gelangen. Von ihrem *Lichtkörper* schreibt *Manuela Oetinger* in ihrem Aura-Buch: „Über den Lichtkörper ist die Seele mit der Göttlichkeit selbst verbunden, der sie sich annähern kann, je reiner und geläuterter sie ist." (124) Geistig wissende und weise Menschen werden in der Esoterik „Lichtbringer" und „Botschafter des Lichtes" genannt. (125)

Menschen mit mystischen Erfahrungen oder solche, die ein Nahtod-Erlebnis hatten, berichten immer wieder, dass sie in der astralen Welt einem *Lichtwesen* begegnet sind, das viel Licht, Wärme und Liebe ausgestrahlt habe. Je nach ihren Glaubensvorstellungen wird diese Lichtgestalt für *Christus,* für ein hohes Engelwesen oder für eine himmlische Heilsgestalt gehalten. *Philipp Bermann* beschreibt seine Erfahrung mit diesem astralen Leuchten als ein Erlebnis des Einswerdens mit einem unbeschreiblichen Licht, als „tiefes Gefühl der Verbundenheit mit der gesamten Schöpfung, als intensiv empfundene Zugehörigkeit und Dankbarkeit sowie als ein vertieftes Bewusstsein von Sinn und Ziel des Lebens". (126)

Der Jenseitsforscher *Kenneth Ring* warnt allerdings: „Wir dürfen nicht zulassen, dass das Licht der Nachtod-Erfahrungen uns blind macht für den Rest unserer Weiterreise, die uns noch bevorsteht. Nur das Licht hervorzuheben oder anzunehmen, dass es an sich nach dem Tod alles gut macht, egal wie wir gelebt haben, ist in meinen Augen eine naive Deutung dessen, was aus der Nachtod-Forschung gefolgert werden kann." (127)

Bei der Materialisation von hohen Geistern erscheinen diese in ihrem eigenen Licht, das von innen heraus strahlt. Pfarrer *Johannes Greber*

(1876-1944), der selber derartige Phänomene erlebt hat, beschreibt das Erscheinen eines alten Mannes, der ganz aus sich heraus leuchtete wie eine Lichtsäule: „Das aus ihm ausgetretene Licht ist so intensiv, dass nicht nur alle Sitzungsteilnehmer, sondern alle, sowohl nahe als auch entfernte Gegenstände im Sitzungsraum beleuchtet wurden." (128) In den himmlischen Lichtsphären sind die Engel und Heiligen mit einem „Gewand aus Licht" bekleidet. (129)

Auf den höheren Jenseitsstufen schwindet der Astral- und Mentalkörper, der auf niederen Stufen im Zwielicht von Licht und Schatten erscheint, allmählich dahin. Was zurückbleibt, ist der reine Lichtleib. Er zeigt sich als reine Gestalt aus lauter Licht, bestehend aus Lichtphotonen. Licht ist also die wahre Substanz des Geistkörpers. Je höher seine Schwingung ist, desto durchsichtiger und strahlender erscheint er in seinem eigenen Licht. Die im Jahr 1965 verstorbene Psychologin und Ordensfrau *Frances Banks* beschrieb diesen aus eigener Anschauung wie folgt: „Das ist er wirklich, ein Körper aus Licht. Nicht dicht und stofflich, dumpf und schwer wie der physische Leib. Kein Sich-hinuntergezogen-Fühlen in die Materie, auch nicht substanzarm, schattenhaft und unwirklich wie der Astralleib, der mich beherbergt hat. Sondern strahlend wie aus Lichtzellen erbaut und verklärt, durchwirkt von Farbe und Schönheit in Form und Gestalt." An anderer Stelle ergänzt sie: „In dieser Phase unseres Lebens hier ist der Hinweis auf das Licht wörtlich zu nehmen. Wir schreiten fort in das Licht und in immer mehr Licht. Das Äußere solcher Lichtfülle geht über unsere höchsten Vorstellungen hinaus. In dem Maß, in dem sich unsere Gedanken einstimmen in die Schwingungen der schöpferischen Gottheit, wandelt sich die Substanz unserer Körper, wird weniger dicht und strahlt mehr Licht aus. Wir tragen in uns unser eigenes Licht. Je größer daher unsere Selbstlosigkeit und die Erleuchtung unseres Inneren ist, und je positiver wir auf die höheren Schwingungen ansprechen, desto reiner und heller ist das Licht, das wir selber aussenden." (130) Nach dem Ablegen unseres physischen Körpers sehen wir uns also in unserem eigenen Licht. Je heller dieses Licht erstrahlt, um so lichter erscheint uns die Welt, in der wir sind. Je finsterer es in unserer Seele ist, desto dunkler erleben wir unsere jenseitige Umwelt. So erfährt jeder Mensch nach seinem Hinübergehen seine jenseitige Außenwelt entsprechend seiner seelischen Innenwelt.

Der protestantische Theosoph und Mystiker *Jakob Böhme* (1575-1624), dessen Schriften von der Kirchenbehörde verboten wurden, sah es richtig: „Die Menschen haben eh und je gemeint, der Himmel sei viele tausend Meilen von der Erde entfernt, und Gott wohne allein in diesem Himmel. Doch mir kam aus dem Licht die Erkenntnis: Der rechte Himmel, da die Seele hingelangt, ist ihr eigener *innerer* Himmel. So ist denn der rechte Himmel überall, wo du stehst und gehst. Du musst dessen nur innewerden...Himmel und Hölle sind nicht außer dem Menschen, sondern in ihm – und es liegt bei ihm, wem er sich zuwendet.“ (131)

Diese *Lichtwelten* sind das Reich der aufgestiegenen Geister, die sich befreit fühlen von der Notwendigkeit der Wiedergeburt, weil sie alle ihre karmischen Belastungen abgebaut und ihre geistigen Schulden zurückbezahlt haben. Da sie alles wieder ins Reine und Gerade gebracht haben, dürfen sie sich des einst verlorenen paradiesischen Urzustandes im Himmel wieder erfreuen. Was einst im Geiste innerlich verbunden war, bleibt zusammen in seliger Gemeinsamkeit. In seinem „Lexikon der Geistchristlichen Lehre“ schreibt *Alfred Dalliard*: „Der Himmel ist eine Welt voll Licht, Leben, Vielfalt und Schönheit; eine Welt der Ordnung und Gerechtigkeit, in der alles auf das Wunderbarste geregelt ist; der Himmel ist eine Welt der Glückseligkeit, der Harmonie und des Friedens, der Güte, der Liebe, des Verständnisses, der Hilfsbereitschaft. Friedfertigkeit erfüllt alle Wesen, die dort leben.“ (132) „Der Himmel ist ganz anders“ nennt der Niederländer *Christophor Coppes,* Experte für Nahtod-Erfahrungen und Jenseitskunde, seine Buchveröffentlichung. Darin vertritt er die Ansicht, dass es im Jenseits nicht in erster Linie um göttliche Belohnung und Bestrafung geht, sondern vor allem um bedingungslose Liebe, um Vergebung und Verzeihen. (133)

Die menschlichen Vorstellungen vom Himmel sind meist nur Projektionen eigener Wunschvorstellungen. So stellten sich die Griechen ihr „Elysium“ als einen Ort ewigen Frühlings vor. Die Germanen dachten sich ihre „Walhalla“ als Versammlungsort der im gerechten

Krieg gefallenen Helden. Die Römer glaubten an eine „Insel der Seligen“ weit draußen im Meer und die indianischen Völker freuten sich auf die „Ewigen Jagdgründe“. Im Judentum sprach man vom „Schoß Abrahams“ (Lk 16,22). Im Christentum stellt man sich den Himmel vor als das Reich der Märtyrer, die für ihren Glauben gekämpft und ihr Leben hingegeben haben. Im Islam werden den Gerechten sinnenfreudige Festlichkeiten verheißen. So heißt es in der Sure 56, 16-28 des Koran: „Die Gläubigen werden auf Kissen ruhen, welche mit Gold und edlen Steinen geschmückt sind. Jünglinge in ewiger Jugendblüte reichen ihnen ihre Becher, Kelche und Schalen voll perlenden Weins, der den Kopf nicht schmerzt und den Verstand nicht trüben wird. Weder eitles Geschwätz noch irgendeine sündige Rede werden sie hören, sondern nur den Ruf: Friede! Friede!“ (134) Viele Christen glauben an die naive Vorstellung, der Himmel sei ein Schlaraffenland, in dem alle sinnlichen Wünsche und Bedürfnisse befriedigt werden. Fromme Gemüter erhoffen, in der „ewigen Anschauung Gottes“ für sich ein immerwährendes „Ruhen und Schauen, Schauen und Lieben, Lieben und Loben“ zu finden. (135)

Die meisten religiösen Ansichten gehen davon aus, dass es mehrere himmlische Abstufungen gibt. Die höchsten Himmel werden als Seinsebenen gesehen, die sich jeder Beschreibung mit menschlichen Worten entziehen. Dies hat auch der Apostel *Paulus* so gesehen, als er in seinem l. Brief an die Christengemeinde von Korinth über den Himmel schrieb, dass es „kein Auge gesehen und kein Ohr gehört hat und in keines Menschen Herzen gedrungen ist, was alles Gott denen bereitet hat, die ihn lieben“. (1 Ko 2,9) In der jüdischen Geheimschrift der Kabbala werden sechs Himmelsebenen genannt. Im Buddhismus heißt es: „In den siebten Himmel kommen jene, die sich im Leben absichtslos gut gesinnt gaben.“

Wenn wir uns den Himmel als lichterfüllten Zustand von Harmonie, Frieden und Liebe denken, stellt sich die Frage: Gibt es dort auch Pflanzen und Tiere, die in Eintracht miteinander leben. Diese Frage wird von den meisten Glaubensrichtungen bejaht. Aus geistchristlicher Sicht kann hierzu folgendes gesagt werden: Ehe die göttliche Allmacht *Christus* und seine hohe Engelwelt ins Dasein treten ließ, erschuf er in seinem göttlichen Reich eine geistige Umwelt, nämlich ein Mineralreich, ein Pflanzenreich und ein Tierreich. Diese drei Reiche waren nicht materieller, sondern geistiger Natur. Sie bildeten gleichsam die drei niederen Stufen der Schöpfung. (136) Daher dürfen wir annehmen, dass es im Himmelreich ursprünglich zahlreiche Pflanzen- und Tierarten in feinstofflicher Form gegeben hat. Diese gehörten anfänglich zur ursprünglichen Lichtwelt und waren alle Kinder des himmlischen Vaters, wie wir Menschen auch. Daher nannte *Franz von Assisi* (1181-1226) diese unsere Mitgeschöpfe „seine Brüder und Schwestern". (137)

Durch den Fall eines Teils der Engelwelt ins gottferne Abseits wurden auch viele der dazugehörenden Geschöpfe aus dem Pflanzen- und Tierreich mit ihnen in die Tiefe gerissen und in Mitleidenschaft gezogen. Durch die einstige Verderbtheit der abtrünnigen Engel wurden auch diese an sich unschuldigen Wesen ins Verderben gestürzt und in ihrer Natur beschädigt. Als sie später als erste Wesen anfingen, sich auf der Erde als unsere biologischen Wegbereiter zu verkörpern, mussten auch sie sich am allgemeinen „Kampf ums Dasein" beteiligen, um sich zu entwickeln. Daher begannen einige, sich untereinander und gegeneinander feindlich und aggressiv zu verhalten oder anderen Mitgeschöpfen gegenüber gefährlich oder lästig zu werden, denn der Fall aus der Einheit in die Zweiheit und damit in Zwist und Zwietracht betraf auch sie.

Um die Rückführung der gefallenen Engel ins himmlische Reich zu ermöglichen, wurden von hohen Geistern zunächst zahlreiche Pflanzen- und Tierwesen auf den Weg zur Verkörperung auf Erden gebracht. Das biologische Leben auf unserer Erde ist nicht ein Produkt des Zufalls, wie die meisten Naturwissenschaftler heute noch annehmen, sondern es entstand durch das schöpferische Eingreifen der geistigen Welt. Die niederen Lebensformen sollten im Verlauf einer viele Millionen Jahre dauernden Entwicklungsgeschichte das Terrain für die Menschwerdung der aufstiegswilligen Geistwesen vorbereiten. Daher gilt das gesamte Naturreich als Vor- und Durchgangsstufe für die menschliche Inkarnation. Pflanzen und Tiere sind in diesem Sinne unsere biologischen Wegbereiter, denen wir nicht nur unsere irdische Existenz verdanken, sondern auch unserer Weiterentwicklung auf Erden, wie sie in der heutigen Evolutionslehre dargestellt wird. Auf diese Weise wurden alle geschaffenen Wesen in den göttlichen

Heils- und Erlösungsplan eingebunden. (138) Wem dieser Zusammenhang bewusst wird, der wird auch bereit sein, seine Einstellung und sein Verhalten gegenüber der Pflanzen- und Tierwelt auf biologischer, ethischer und philosophischer Ebene neu zu überdenken und seine Mitverantwortung gegenüber der sogenannten „stummen Kreatur" wahrzunehmen und dieser gegenüber nach dem Grundsatz zu handeln: „So wenige Leiden wie nötig und so viele Freuden wie möglich." Dadurch können wir unseren Beitrag zur Bewahrung und Veredelung der Schöpfung leisten. (139)

Die erste Sphäre in den Lichtwelten ist das *Sommerland.* In diesem dürfen bald nach dem Übergang in die nachtodliche Jenseitswelt alle jene heimisch werden, die auf Erden ein rechtschaffenes Leben geführt und sich an die geistigen Gesetze der göttlichen Ordnung gehalten haben. Dort werden auch alle jene aufgenommen, die sich im Leben nichts Schwerwiegendes haben zu Schulden kommen lassen. Für sie nehmen alle Mühen, Sorgen und Leiden ein Ende. Jeder Unfriede und alle Zwietracht hört jetzt auf.

Hier gilt, was der Dichter *Manfred Kyber* beschreibt:

Einmal wird das Ende aller Irrfahrt sein.
Müdgewordene Hände ziehen die Ruder ein.
Leise ruft der Rufer allen Sturm zur Ruh,
Einem anderen Ufer treibt der Nachen zu.
Und die vor mir gingen schauen nach mir aus,
Um mich heimzuführen in mein ewiges Haus.
Dankbar knie ich nieder in den Silbersand:
O nimm mich, nimm mich wieder, seliges Sommerland.

Die von allen irdischen Abhängigkeiten geläuterte Seele hat sich losgelöst von ihren vergänglichen Erscheinungsformen. An allem, was ihr die Erde an reinen Freuden nicht zu bieten vermochte, kann sie sich hier erfreuen und es kann ihr zum beglückenden Zustand werden. Da die Jenseitigen auf dieser Himmelsstufe mit den Augen der Liebe sehen, wissen sie sich jetzt mit all jenen vereint, mit denen sie schon auf Erden in Freundschaft und Liebe verbunden waren.

Erhard Bäzner beschreibt dieses *Sommerland* als Aufenthaltsort für jene Verstorbenen, die sich bereits von ihren niederen Bedürfnissen, Leidenschaften und irdischen Abhängigkeiten befreit haben und nun nach höheren, geistigen Werten streben, wie folgt: „Der Zustand im Sommerland ist ein hoffnungsfrohes, erwartungsvolles Leben. Die Seele erfährt, welch edle, reine Gefühle im Streben nach Idealen liegen, und welche befreiende Kraft in der Verwirklichung der Ideale ausgelöst wird. Diese Erfahrung stärkt ihre Freude und ihre Liebe zu dem Höheren und erhebt sie immer mehr. Die Verstorbenen leben dort ihre persönlichen Ideale und Freuden und führen ein Dasein unbeschwerter Beschaulichkeit."

Dementsprechend erleben sie ihre Umgebung zunehmend in hellem Licht. In den obersten Regionen des Sommerlands sind sie umgeben von einer lieblichen und abwechslungsreichen Landschaft mit paradiesischer Vegetation in den schönsten Farben. Deren Bewohner „fühlen sich jugendlich frisch und stark; voll Tatkraft und froher Begeisterung fassen sie neue Entschlüsse und durchdenken neue Pläne, die sie nach ihren Idealen auszuführen bestrebt sind. Sie bauen durch ihre lebhaften Gedanken ihre Städte, Straßen, Dörfer, Schlösser, Museen, Kirchen, Schulen, ihre Park- und Gartenanlagen, wie überhaupt alles, was ihnen auf Erden lieb und wert war." (140)

Frieden und Wohlwollen gegenüber allen Wesen ist jetzt die Grundgesinnung der Himmelsbewohner auf dieser Stufe, mit der sie allen nur Frieden und Liebe wünschen. Daher wird diese Region auch *Wunschwelt* genannt. Von ihr wird gesagt: „Weder ein Wort noch ein Bild noch ein Vergleich können auch nur annähernd diesen Zustand beschreiben, denn er ist über alles irdische Ausdrucksvermögen erhaben... Kein Vergleich ist imstande, die Pracht und Erhabenheit, die unermessliche Glorie des strahlenden Lichtes, der schwingenden Töne und der innerlichen Erlebnisse auch nur ahnen zu können." (141)

In den hohen Lichtwelten werden die erlösten und von aller Erdenschwere befreiten Geistseelen das Wesen der Dinge erblicken. Ihre geistige Erkenntnisfähigkeit erlaubt es ihnen, hinter allem Ungefähren und Nebensächlichen den wahren Wesenskern aller geschaffenen Dinge zu durchschauen. Sie werden nicht mehr wie durch einen Schleier sehen, sondern „von Angesicht zu Angesicht". Sie können Zusammenhänge begreifen, die sie auf Erden nie begriffen haben. So manches werden sie, was ihnen einst als blinder Zufall erschien, nun als Planung zu ihrem Heil verstehen. Sie werden die verwirrenden Winkelzüge des Schicksals entwirren. Nur eines vermögen sie nie und nimmer: Das Wesen Gottes vollkommen zu durchschauen. Sie werden ihm gedanklich näherkommen, doch ganz ausleuchten werden sie ihn mit ihrem begrenzten Verstand in alle Ewigkeit nicht, wenn er wirklich der absolut Vollkommene und Unendliche ist. Daher vermag uns auch niemand zu erklären, was unter der „ewigen Anschauung Gottes" zu verstehen ist, von der die Theologen sprechen. Ganz werden wir das Göttliche nie ergründen. Das wäre so, als wenn wir mit einem Wasserglas das Meer ausschöpfen wollten.

Der deutsche Schriftsteller und Theologe *Christian Fürchtegott Gellert* (1715-1769) besingt in einem Kirchenlied das erweiterte Bewusstsein in der Lichtwelt mit folgenden Versen:

Dann werd' ich das im Licht erkennen
Was ich auf Erden dunkel sah,
Das wunderbar und herrlich nennen,
was unerforschlich hier geschah.
Dann schaut mein Geist mit Lob und Dank
Die Schickung im Zusammenhang.

Die Schattenwelten

Der Tod ist nicht die absolute Aufhebung des Lebens, sondern eine Befreiung der Hindernisse eines vollständigen Lebens.

IMMANUEL KANT

In den Mythen der Völker wird angenommen, dass die körperlosen Verstorbenen im jenseitigen „Land der Schatten" weiterleben; denn ihre Seelen werden als „Schatten" bezeichnet. In der Antike wurde das Jenseits für eine lichtlose Schattenwelt gehalten, in der die Verstorbenen nur noch ein Schatten ihrer selbst sind und in den Erinnerungen ihrer Vergangenheit schemenhaft dahindämmern. Im alten Israel dachte man sich die „Scheol" als einen Ort, in dem die Verstorbenen ein kraftloses, freudloses und schweigsames Schattendasein fristen (Koh 9,5). In den biblischen Schriften des Alten Testaments wird der Schatten sowohl für einen schützenden Ort (Jes 49,2; Hos 14,8) als auch für das flüchtige und vergängliche Leben gehalten (Ps 39,7; 102,12). Im Neuen Testament wird der Schatten als Aufenthaltsort der Toten genannt (Mt 4,16).

In der Psychologie bedeutet der „Schatten" allgemein das unbewusste Seelenleben. Nach psychoanalytischem Verständnis bedeutet der Schatten das *persönliche Unbewusste,* insbesondere das Minderwertige und Unentwickelte, aber auch das Unbekannte, Verborgene und Verdrängte in der Seele. Die Auseinandersetzung mit dem eigenen Schatten gehört in der Psychotherapie nach *C. G. Jung* zum ersten Schritt auf dem Weg zur Individuation, zur bewussten Selbstwerdung. (142) In der Parapsychologie wird der Schatten für eine „Besetzung" durch astrale Wesen gehalten, die zu unbemerktem Energieverlust und damit zu Müdigkeit, Schlafstörungen und nervöser Unruhe führen kann. (143) In der Alternativmedizin deuten fleckige Schatten im Aura-Bild eines Menschen auf Störungen im Energiefluss hin und können auf psychosomatische Erkrankungen hinweisen. (144)

Der Schatten kann auch die unreife, empfindliche und verletzbare Seite des Menschen bedeuten. Zahlreiche Redewendungen deuten dies an, wie folgende Beispiele zeigen: „Wer auf seinen eigenen Schatten tritt, fügt sich Übles zu.“ „Wer von jemandes Schatten berührt wird, gerät in schiefes Licht.“ „Jemanden in den Schatten stellen“ heißt, diesen zu benachteiligen. Das „Springen über den eigenen Schatten“ verlangt, seine eigene Schwäche oder Unsicherheit zu überwinden.

Häufig ist in den Jenseitsmitteilungen die Rede von einer *Schattenwelt.* Damit ist ein lichtloser Aufenthaltsort jener gemeint, die sich im Leben nie für die Lichtwelten im Geistigen interessiert haben. Diesen erscheint das jenseitige Land nach dem Tod zunächst fremd und unbekannt. Sie erleben es vorerst weder als schön noch als hässlich, sondern eher schattenhaft und dämmrig. Erst wenn ihr Geistbewusstsein erwacht, wird ihre Innenwelt und Außenwelt allmählich hell und durchsichtig. Das Schattenhafte steht im Jenseits für den geistigen Zustand der Unentschlossenheit, der Unentschiedenheit und Gleichgültigkeit. Es sind nicht die eigentlichen Bösewichte, die dort ein Schattendasein fristen, sondern jene, die auf Erden unbekümmert in den Tag hineinlebten, auf sich selbst bezogen nur ihren Spaß haben wollten, die keine eigene Meinung vertraten und nie den Mut aufbrachten, klar Stellung zu beziehen, weder dafür noch dagegen. Von diesen Lauen heißt es in der *Johannes-Offenbarung*: „Ich kenne deine Werke. Du bist weder kalt noch heiß! Weil du aber lau bist, weder heiß noch kalt, will ich dich aus meinem Mund ausspeien.“ (Off 13,15-16)

Aus jenseitiger Sicht nimmt unsere Erde eine mittlere Stellung ein zwischen den aufsteigenden Lichtsphären und den absteigenden dunklen Sphären. Es handelt sich um eine Art *Grauzone* zwischen den Lichtwelten und den Dunkelwelten. Dort gibt es mehrere *Zwischenwelten* (145), wo sich die Mehrzahl jener Verstorbenen aufhalten, die sich zeitlebens auf die Seite der Unbekümmerten und Sorglosen schlugen. Es betrifft all jene, die im Leben keine schweren Verfehlungen begangen, aber sich auch keine guten Verdienste erworben haben. Es sind die faden und braven Menschen, die nur an sich und das eigene

Wohlergehen dachten, die für andere keine großen Stricke zerrissen und kein Wässerchen trübten, damit sie ihr bedeutungsloses Leben möglichst konfliktfrei und lustvoll genießen konnten. Von diesen sagte *Rudolf von Tavel* (1866-1934): „Der größte Teil des Unheils in dieser Welt geht auf die Rechnung der vielen, vielen guten Menschen, die nichts weiter als gute Menschen sind."

Gemeint sind auch jene, die auf Erden wie „graue Mäuse" dahinlebten: Missmutig, freudlos und unzufrieden, mürrisch und übellaunig, ohne dafür einen äußeren Grund zu haben. In ihrem Denken waren sie auf Erden weder schwarz noch weiß, sondern grau. Gleichgültig, teilnahmslos, interesselos ließen sie jedes Geschehen an sich vorüberziehen. Grau war ihr Alltag, grau war ihr Leben und grau wird auch jene Sphäre sein, in der sie nach ihrem Tod hinkommen. Zu ihnen gehören auch die biederen „Netten" mit der weißen Weste, die ihre Hände nicht für andere schmutzig machen wollten.

Wie dies gemeint ist, will uns folgende Symbolgeschichte lehren: Ein Mann träumte, er wäre gestorben. Wie er vor dem Himmelstor stand, hoffte er, ein freundlicher Engel würde ihn empfangen, um ihn in die Gefilde der Seligen zu führen. Doch da ging das mächtige Portal nach zwei Seiten auf, und Gott selber trat ihm machtvoll entgegen. Sogleich streckte er wie ein Bub mit schlechtem Gewissen dem Himmlischen seine beiden Hände entgegen und beteuerte: „Sie sind ja sauber." Und Gott, der Herr, schaute sich die hingehaltenen Hände an und sah ihn mit ernstem Blick an, indem er sprach: „Ja, sauber sind sie, aber leer sind sie." (146)

Hans Stolp erzählt nach einem selbsterlebten Seelenaustritt, wie er sich plötzlich und völlig unerwartet außerhalb seines Körpers in einer jenseitigen Schattenwelt befand. Er schreibt: „Ich sah, wie alle Menschen als durchsichtige Schemen hin und her liefen. Es fiel mir auf, dass sie niemanden sahen, obwohl viele Gestalten umherliefen. Offenbar sahen sie nur sich selbst. Manchmal durchquerten sie einander, ohne den anderen zu berühren. Auch fiel es mir auf, dass sie fortwährend in Bewegung waren, als könnten sie keine Ruhe finden." (147) Sehr ähnlich beschrieb eine Verstorbene in einem medialen Heilkreis ihren Aufenthalt im Schattenreich: „Ich habe nur wahrnehmen können, dass dort andere Geistwesen sind und ständig Unruhe herrschte, ein Kommen und Gehen. Man bewegt sich von einer Seite zur anderen, wie bei einer Ameisenstraße. Die hat wenigstens einen Sinn, während bei uns alles sinnlos war... Es ist das eine Gegend von Unwissenden. Man fragt sich nicht. Man ist einfach da. Man weiß, dass man nicht tot ist, und das ist es eben, das Leben nach dem Tode. Weil man vorher von einem Leben nach dem Tode nichts wusste und nichts wissen wollte. Wenn man nichts anderes kennt, nimmt man das so hin. Wenn du mich fragst, was ich dabei gedacht habe: Ich habe nur immer gedacht, wie sinnlos das alles ist. Ohne eine Aufgabe zu haben und ohne mit jemand sprechen zu können, hält man das nur aus, wenn man nichts anderes gewohnt ist.“ (148)

Auf ihrer Wanderung durch mehrere dieser zwielichtigen Regionen erlebte die verstorbene Nonne *Frances Banks* diese Schattenwelt als trübe Düsternis. Diese widerlichen Orte sah sie bewohnt von „unglücklichen Wesen, die höhnend und spottend ihr schmutziges Dasein führten“. Dort traf sie auch einen ehemaligen Künstler, der sein Leben in Zügellosigkeit und Drogensucht zugebracht und nun im Jenseits „in einer trostlosen kleinen Behausung lebte, in einer dunklen, krummen Gasse im Schattenland, der aber in seiner Seele noch einen Schimmer von Schönheit bewahrt hat“. Weiter berichtet sie: „Man muss nur das düstere Elend der selbstgeschaffenen Gefängnisse der Seelen in den Schattenwelten sehen, um die Gerechtigkeit und Ausgewogenheit der Lebenskraft zu verstehen.“ An anderer Stelle ergänzt sie: „Die Schattenorte bestehen für jene, die ihre Befreiung aus ihrem gefangenen Ich nicht akzeptieren können. In diesen Schattenwelten bleiben die armen Wesen, bis sie selbst bereit sind, lichtere Aufenthaltsorte zu finden.“ (149)

Es handelt sich auch um jene, die nach dem Leben für sich nichts mehr erwarten und überzeugt sind, dass danach nichts mehr zu erwarten ist. Eine Frau, die deshalb den Freitod wählte, teilte dem Medium *Angela Heider* mit: „Als ich gestorben war, sah ich alles dunkel um mich her. Es war nicht total finster, aber so, wie es auf der Erde bei einer totalen Sonnenfinsternis ist.“ Alles um sie herum erlebte sie als grau und düster. Die Gegend war nahezu farblos, wie im Nebel. Die Kleider der dortigen Bewohner schienen aschfahl, ihre Gesichter ausdruckslos, genau wie ihr innerer geistiger Zustand – unwissend, teilnahmslos und ohne Durchblick. (150) Dies bestätigte auch eine Frau, die im Leben *Paula* hieß. Sie vermochte wegen der vielen Ungerechtigkeiten in dieser Welt nicht an Gott zu glauben. Bei ihrem Tod fühlte sie sich wie von einem Wind fortgetragen und befand sich auf einmal wie abgestellt an einem düsteren Ort ohne Licht und Helligkeit, jedoch wie bei einer abendlichen Dämmerung im schattigen Wald. (151)

Ein Verstorbener, der im Leben keinen Glauben an eine höhere geistige Welt aufbrachte, schilderte sein Befinden nach seinem Tod als „Eindruck zwischen Finsternis und Helligkeit". Er berichtete: „Ein unbehagliches Grauen erfüllte mich mit zunehmender Beängstigung. Ich war bemüht, mich aus dieser Benommenheit zu befreien, um herauszufinden, wo ich war und was in dieser grauenhaften Einöde überhaupt vor sich ging. Ich vermeinte Stimmen zu vernehmen, konnte aber kein Wort verstehen. Ich fühlte, wie Schattengestalten unruhig umherhuschten, aber sehen konnte ich niemanden." (152)

Eine andere schattenhafte Jenseitssphäre, die in Nachtod-Berichten immer wieder erwähnt wird, ist das *Nebelland.* Dieses zählt zu den Zwischenwelten und ist ein mittlerer Bereich zwischen den Lichtwelten und den Dunkelwelten. In dieser jenseitigen Sphäre, die von undurchsichtigen Nebelschwaden durchzogen ist, erscheinen die Dinge blass, zwielichtig und wie verschwommen. (153) Diese Gegend wird als feucht-kaltes Land beschrieben, das an einen trüben, frostigen Novembertag erinnern mag. Die dortige Landschaft ist kahl, dürr und düster ohne irgendeine Vegetation. Von deren Bewohnern sagte der verstorbene *Philipp Landmann* über sein Medium *Rudolf Schwarz*: „Dahinter steckt nichts als Langeweile, unbefriedigte Gier, grässliche Leere und gehässige Selbstsucht. Es sind Menschen, die im irdischen Leben an allem herumnörgelten und niemals eine Spur von Liebe, von Verständnis für andere, von Hilfsbereitschaft oder Mitleid zu erkennen gaben. Menschen, die nur an sich dachten, kein Gebet kannten. Sie haben nichts ausgesprochen Böses getan, aber auch nichts Gutes." (154)

Ein Verstorbener, der sich bei einer medialen Mitteilung *Heinrich* nannte und auf Erden keinen gefestigten religiösen Glauben hatte, daher mehr oder weniger im Unklaren dahinlebte, erzählte, wie sich dies für ihn im Jenseits auswirkte: „Als ich nun tot und doch nicht 'tot' war, stand keiner um mich herum. Ich war ganz allein. Es war kein Verwandter zu sehen. In meinem jenseitigen Leib stand ich ziemlich betreten da und wusste gar nicht, was mit mir geschehen sollte. Meine Umgebung war neblig. In diesem Nebel ging ich ziellos für eine nicht bestimmbare Zeit umher. Es können Tage oder auch Monate gewesen sein. Eines 'Tages' gelangte ich an den Rand eines finsteren Dorfes, wo sich die Nebel lichteten. In diesem Dorf lebten siebzehn Verstorbene, wie ich einer war. Sie sprachen mich an und nahmen mich sehr freundlich auf, worüber ich überaus glücklich war, vor allem, weil ich jetzt wieder mit jemandem sprechen konnte... Bei allen war das Erwachen nach dem Tod ähnlich verlaufen wie bei mir. Auch die anderen irrten in einem weißen Nebel umher und kamen in dieses Dorf. Ich lebte hier schätzungsweise fünfunddreißig Jahre. Es war, rückblickend gesehen, eine trostlose Zeit. Wir hatten keinerlei Beschäftigung und konnten uns nur ab und zu unterhalten." (155)

Ein Geistwesen, das bei einer Jenseitswanderung in ein Nebelgebiet geführt wurde, erlebte dieses „als eine Gegend der frostigen Kälte und Feuchtigkeit. Dort merkt man, dass einem alles wie leer erscheint. Alle Gespräche, die man führt, sind nichtssagend. Hier gibt es keinerlei Gemeinsamkeiten. Die Gesichter sind wie Masken, ohne jedes Lachen." (156) Es ist dies ein Zustand der Unruhe und des Unfriedens, der die dort Lebenden ständig umtreibt, als würden sie etwas suchen. Die hellsichtige Krankenschwester *Joé Snell,* die bei ihren Astralreisen solche Nebelgebiete aufsuchte, fragte eines dieser Geistwesen, was sie denn unaufhaltsam suchen und nicht finden konnten. Da erhielt sie die Antwort: „Licht, Licht, wo wir die Möglichkeit finden können, das zu tun, was wir auf Erden versäumt haben, um Sinnvolles und Gutes zu tun und zu lieben." (157)

In seinen „Sonetten an Orpheus" spricht *Rainer Maria Rilke* die Schattenwelt an, über die er dichtete:

Nur wer die Leier schon hob
unter Schatten
darf das unendliche Lob
ahnend erstatten.

Nur wer mit Toten vom Mohn
aß, von dem ihren,
wird nicht den leisesten Ton
wieder verlieren.

Die Dunkelwelten

Um den Himmel so richtig schätzen zu können, ist es gut, fünfzehn Minuten in der Hölle gewesen zu sein.

William McKendree

Dunkelheit bedeutet die vollständige Abwesenheit und Ausblendung von Licht. Diese entsteht dadurch, dass etwas Lichtloses oder Undurchsichtiges sich dem Licht entgegenstellt. Das Finstere steht für das Ungeordnete und Chaotische und gilt als Symbol für den geistigen Zustand der Unwissenheit, des Unglaubens, der Verblendung und der bösen Gesinnung. In diesem Sinne sprach der Theologe *Karl Rahner* (1904-1984) von der „Gottesfinsternis".

Der dunkle Aufenthaltsort verirrter Verstorbener im Jenseits wird oft als Reich der Finsternis bezeichnet. Ein Verstorbener wusste zu berichten: „Es gibt im Jenseits finstere Verließe, jammervolle, beengende Zustände, dunkel und bedrückend und so real, wie das gequälte Bewusstsein der darin Eingeschlossenen sie macht. (158) Im spirituellen Sinn stehen die dunklen Mächte für das Böse und Gottlose in der Welt. In der Mythologie verkörpert das Dunkle das unerschaffene Nichts. Im biblischen Schöpfungsbericht ist die Rede von der uranfänglichen Finsternis, die über dem Abgrund lag, ehe das Licht erschaffen wurde (1 Mo 1,2). Der ehemalige Himmelsfürst *Luzifer,* der vom Licht in die Dunkelheit gefallen ist, wird der „Fürst der Finsternis" genannt. Nach dem Engelsturz ist durch Verdichtung von Lichtenergie die dunkle Materie entstanden.

Im alten Ägypten wurde die Himmelsgöttin *Hathor* in der Gestalt einer Kuh dargestellt, die zwischen ihren Hörnern die goldene Sonnenscheibe als göttliches Lichtsymbol trägt. Wenn dieses Lichtsymbol verloren geht, bleiben nur die Hörner übrig, wie dies dem himmlischen

Lichtträger *Luzifer* geschah, als er bei seinem Fall aus lichter Höhe in die Finsternis fiel und dort, der Sonne beraubt, zum gehörnten Teufel wurde.

Aus spiritueller Sicht entstand die geistige Dunkelheit damals, als zahlreiche Lichtwesen sich dem himmlischen „Licht der Wahrheit" verweigerten, ihm sozusagen den Rücken kehrten und sich ihm durch ihre Abkehr verwehrten. In der Folge stürzten sie in die lichtlose Dunkelheit der Gottferne. Dabei verloren sie ihren eigenen Lichtschein – und es wurde dunkel um sie. Es ist heute für uns schwer einzusehen, dass dieser Fall auch unsere eigene Existenz berührt. Doch weiß ich keine bessere Erklärung für unseren derzeitigen Aufenthalt in der zwiespältigen Welt mit ihren Zweifeln, Zwistigkeiten und Entzweiungen. Ein Wissender beschreibt dies so: „Als uns der Schatten umgab, den wir selber erschaffen hatten, sanken wir tiefer – nicht im Raum, sondern in unserem Bewusstsein. Das Licht entfernte sich nicht von uns, sondern wir entfernten uns von ihm. Wir leben heute in solch großer Ferne vom Licht des Anfangs, dass unser eingetrübtes Bewusstsein inzwischen nicht mehr in der Lage ist zu erkennen, was damals geschah." (159)

Dunkelheit bedeutet also die Verneinung und Verdrängung des Lichtes. Da Gott gerne als ewiges und vollkommenes Licht oder als „Vater aus lauter Licht" bezeichnet wird, steht die Dunkelheit für die Abkehr von Gott, für Gottferne und Gottlosigkeit. In dieser gottlosen Dunkelheit befinden sich demnach jene Wesen, die sich von Gott getrennt und losgesagt haben. Die lichtlosen Zustände im Jenseits, wo auch die Geistkörper der dort Verbliebenen jede eigene Leuchtkraft verloren haben, sind die dunklen Aufenthaltsorte, in die jene Wesen gebannt und verbannt werden, die sich eigenwillig auf die finstere, gottabgewandte Seite geschlagen haben. Das heißt freilich nicht, dass sie für immer und ewig in der Finsternis verbleiben müssen. Es steht ihnen frei, nach dem Licht der Wahrheit zu suchen und ihm auf dem Weg der geistigen Erkenntnis zu begegnen. Die verstorbene Nonne *Francis Banks* teilte über ihr Medium *Helen Greaves* mit: „Aber diese Qualen dauern nicht ewig. Die Menschenseele muss in diesen psychischen Qualen nicht länger bleiben, als sie ihrer bedarf. Es steht der Seele frei, dem Hass, den Grausamkeiten und Lüsten ihrer niederen Natur, die sie von ihrem Erdenleben zurückbehalten hat und die sie nun in einem dunklen Kerker inmitten gleichgesinnter Insassen festhalten, zu widerstehen. Sie kann sich jederzeit dafür entscheiden, dem Licht der Liebe, der Vergebung und der Harmonie zu folgen. Und immer stehen Seelen bereit, ihr zu helfen, zu leiten, zu trösten. Keine Seele wird jemals ohne Trost gelassen, es sei denn, sie verwehrt ihn selbst." (160)

Von tiefer Dunkelheit wird auch in zahlreichen nachtodlichen Jenseitsschilderungen berichtet. In einem medialen Heilkreis unter der Leitung von *Werner Schiebeler* in Ravensburg meldete sich am 18. November 1977 ein Verstorbener, der sich *Stanislaus* nannte. Er erzählte mehr als hundert Jahre nach seinem Tod über ein Sprechmedium, wie es ihm damals ergangen war: „Zuerst verbrachte ich eine lange Zeit in völliger Dunkelheit. Ich kannte mich nicht aus, ich wusste nicht, wo ich war, es war ein Chaos um mich herum. Ich konnte meine Gedanken nicht ordnen. Ich habe noch heute das Empfinden, dass es sehr lange dauerte, bis ich ein wenig zur Ruhe kam und mich ein bisschen besinnen konnte… Ich sah armselige, wirre Gestalten mit verzerrten Gesichtern, zum Teil mit großen, leeren Augen, mit Verzweiflung in den Augen oder mit Hohn oder mit Gemeinheit im Gesicht. Ich war nur diesen Wesen ausgeliefert, so fühlte ich mich zumindest. Erst mit der Zeit merkte ich, dass die mir nichts anhaben wollten, sondern einfach nur neugierig waren, was ich für einer war. Als sie sahen, dass ich nichts Interessantes von mir geben konnte, ließen sie von mir ab und gingen ihres Weges, das heißt, sie stolperten einfach sinnlos irgendwo herum." Nachdem dieser Verstorbene um Hilfe flehte, stand plötzlich ein Wesen vor ihm, das ihn mit seinem Namen ansprach und ihn anderswo hinführte, wo er seine Eltern wiedersehen konnte. Später stellte sich heraus, dass er in diese Dunkelheit geführt wurde, damit sein Helferwille gegenüber diesen verlorenen Seelen geweckt wurde, was ihn bald danach zu seiner neuen Aufgabe im Jenseits führen sollte. (161)

Der Engländer *Frederick Sculthorp*, der die Fähigkeit besaß, im Schlaf seinen grobstofflichen Körper zu verlassen und sich in die erdnahe Astralebene zu begeben, erzählte von seinem Aufenthalt in der Dunkelwelt: „Diese Sphäre schien die tiefste zu sein, die ich je besuchte. Die Schwingungen waren verworren und sehr quälend.

Auf meiner Fahrt drang ich tiefer und tiefer in diesen niedrigen und dunklen Zustand ein, dessen Aussehen mit seinen ärmlichen Häusern immer trübseliger wurde. Vor einem grauen Schuppen wurde angehalten. Die Türe öffnete sich, ich wurde hineingeschoben, konnte aber den schrecklichen Schwingungen, die hier auf meinen Geistkörper prallten, kaum widerstehen. Ich sah etwa hundert Menschen in diesem Raum umhergehen. Ihre Kleidung war unbeschreiblich, wie Umhänge von schmutzigen Spinngeweben, und ihre Gesichter waren von einem dumpfen Grau. Der Raum war auch grau, ohne jede Farbe, und nur ein dämmeriges Licht kam von oben. So schauderhaft der Anblick war, kam er mir noch schön vor im Vergleich mit den gefühlten fürchterlichen Schwingungen, die da herrschten. Diese Wesen gingen mit gesenktem Kopf und gebeugter Gestalt langsam umher, ohne merklich an irgendetwas Anteil zu nehmen. Sie wanderten durcheinander ohne Ziel, ohne einander wahrzunehmen." (162)

In ähnlicher Weise beschreibt ein Verstorbener, der sich „Wanderer im Lande der Geister" nannte, seine Situation in der Dunkelwelt, nachdem er im Erdenleben keinerlei Bereitschaft zeigte, an ein Weiterleben nach dem Tod oder an eine höhere geistige Macht zu glauben: „Hier jedoch, wie überall seit meinem Tode, hatte ich nur Finsternis und Kälte gefunden; eine Schauder erregende Dunkelheit, die mich wie ein schwarzer Mantel umhüllte, von dem ich mich auf keine Weise befreien konnte. Diese fürchterliche Dunkelheit bedrückte meinen Geist mehr als alles andere." (163)

Wie es einem Menschen nach dem Tod ergehen kann, der alles Geistige und Religiöse in seinem Erdenleben stets von sich gewiesen hat, erzählte mir eine hellsichtige Frau nach dem Hinübergehen ihres Mannes in die Jenseitswelt: „Wenige Tage, nachdem er gestorben war, erschien er mir eines nachts in meinem Schlafzimmer und klagte: „Du sagtest immer, im Jenseits sei es hell, angenehm warm und schön. Ich sehe nichts als Dunkelheit. Ich weiß nicht, wo ich bin. Alles ist finster um mich." Nun fing die Frau an, für den Verstorbenen zu beten, dass er zum Licht gelangen möge. Nach wenigen Tagen erschien der Verstorbene erneut bei ihr und berichtete: „Jetzt sehe ich meine Umgebung schon etwas deutlicher. Um mich sind bedauernswerte Kreaturen, mit armseligen Lumpen bekleidet, die müde und antriebslos herumhängen oder herumwandern.“ Ein paar Tage später meldete er sich erneut und erzählte, er habe in der kahlen Wüstengegend, in der er sich befand, von Ferne ein weißes Tuch an einem dürren Baumast gesehen. Mühsam habe er sich dorthin geschleppt. Wie er das Tuch ergreifen wollte, um seine frierende Blöße zu decken, sei sogleich ein Wesen neben ihm gestanden und habe ihn angeschrien: ‘Hände weg! Das Tuch gehört mir.’ Wenn er sich in seiner Müdigkeit an einem Ort hinsetzen wollte, stand wieder das gleiche Wesen neben ihm und herrschte ihn an: ‘Hau ab, das ist mein Platz!’ Langsam dämmerte es ihm: ‘Das bin ja ich! So verhielt ich mich im Leben anderen Leuten gegenüber. Stets habe ich alles an mich gerissen und für mich beansprucht.’ Je mehr dies der Verstorbene einsah und bereute, um so heller wurde es um ihn. Bei seinem letzten Besuch bei seiner Frau kam er in einem weißen Kleid daher und bedankte sich für ihr Gebet. Dann sagte er noch: ‘Ich sehe in der Ferne ein großes Tor. Darunter steht eine weiß gekleidete Gestalt und winkt mich zu sich.’ Von da an kam er nicht mehr.“

Ob wir nach unserer Rückkehr in die jenseitige Welt uns in einer hellen oder in einer dunklen Welt wiederfinden, hängt weitgehend von der Art unserer eigenen gedanklichen Vorstellungen und von unseren Gesinnungen ab, aber auch von der Summe unserer Liebes- und Hassgedanken, die wir im Erdenleben in unserer Seele trugen. Entscheidend ist vor allem, ob wir uns im Verlauf unseres Erdenlebens der göttlichen Lichtseite oder der diabolischen Dunkelseite zugewandt haben. In der jenseitigen Außenwelt, die wir dereinst vorfinden werden, spiegelt sich unsere eigene innere Seelenwelt. Ein jeder schafft sich so seinen eigenen Himmel und seine eigene Hölle. Hier gelten die unveränderlichen göttlichen Gesetze.

Mit den Worten des deutschen Arztes und Mystikers *Angelus Silesius* (1624-1677) sei auf diese Wahrheit hingewiesen:

Halt an, wo läufst du hin?
Der Himmel ist in dir.
Suchst du Gott anderswo
du fehlst ihn für und für.

Teil IV

Unsere jenseitige Heimat

Im Jenseits sieht sich der Mensch weiteren
und höheren Entwicklungsmöglichkeiten gegenüber
als im Diesseits. Er muss nur das diesseitige Bewusstsein
erst verlieren, um das jenseitige zu finden.

GUSTAV THEODOR FECHNER

Sterben und Tod bewirken beim Menschen eine Art „Seitenwechsel“, der in einen Übergang vom grobstofflichen in den feinstofflichen Seinszustand führt. Dessen Ziel ist nicht die Vernichtung, sondern die Verwandlung. Als Symbol hierfür dient uns das Bild von der Wandlung eines Schmetterlings von der Raupe zur Puppe, aus der schließlich ein ausgewachsener und flugbereiter Falter schlüpft. Der Satz: „Als aus der Raupe ein Schmetterling wurde, da weinten die Erdenwürmer“, gilt nur für jene, die nicht an ein Weiterleben glauben können.

Der Mensch stirbt bei seiner Geburt ins diesseitige Leben hinein. Er verliert sich am Ende seines Erdenlebens nicht in einem Nichts, sondern er geht in ein jenseitiges Leben weiter. Auch kommt es zu einer erneuten Verwandlung, wenn er in ein neues Erdenleben eintritt. (1) Bei all diesem Wechsel und Wandel bleibt er doch stets dasselbe Wesen. So erweist sich jedes Ende als ein Neubeginn, bis der Mensch wieder zu dem geworden ist, was er am Anfang war, ein engelgleiches Geistwesen, das zurückkehren kann in seine wahre Heimat.

Zeit und Ewigkeit

Immer wieder hören und lesen wir: Im Jenseits gebe es keine Zeit, sondern nur Zeitlosigkeit und Ewigkeit. (2) Fragen wir uns, was Zeit ist und wie diese zustande kommt. Die Zeit nahm mit der ersten Bewegung im Raum ihren Anfang. Wenn sich etwas vom Punkt *a* zum Punkt *b* hinbewegt, geschieht dies in einem bestimmten Zeitrahmen. Daher besteht zwischen Zeit und Raum ein innerer Zusammenhang. Die moderne Astrophysik spricht von Raumzeit. Sie erklärt uns, dass die Zeit beim Urknall vor 13,7 Milliarden Jahren begonnen hat, als die singuläre Einheit des Weltganzen in Bewegung geriet und die Vielheit der Dinge entstand. Vorher habe es weder Zeit noch Raum gegeben. Daraus ist zu schließen: Es gibt keine Zeit ohne Bewegung im Raum. Stillstand bedeutet Zeitlosigkeit. Wer da meint, nach dem Tod höre jede Bewegung auf, der nimmt an, dass es danach auch keine Zeit gibt. Die gilt freilich nur für den toten Körper. Für die Geistseele, die den Körper verlässt, gilt dies nicht, denn diese entflieht ihrer spirituellen Natur entsprechend in höhere Dimensionen.

Wann immer in unserer Welt Bewegung stattfindet, muss es auch Zeit und Raum geben. Dies hat auf jeden Fall für die *diesseitige* messbare Zeit zu gelten, die mit der physikalischen Bewegung unseres Erdplaneten um die Sonne zusammenhängt. Diese nahm ihren Anfang durch den ersten Impuls eines ersten Bewegers, der selber nicht der zeitlichen Veränderung unterworfen ist. Mit dieser Überlegung versucht die Philosophie die Existenz Gottes als ersten Beweggrund der gesamten Schöpfung zu beweisen. (3) Diese Schlussfolgerung wird heute durch die moderne Physik bestätigt. So erklärte der große Atomphysiker *Max Planck* (1858-1947) auf einem Gelehrtenkongress in Florenz im Jahr 1930: „Als Physiker, also als Mann, der sein ganzes

Leben der nüchternen Wissenschaft von der Erforschung der Materie widmete, bin ich sicher von dem Verdacht frei, für einen Schwarmgeist gehalten zu werden. Und so sage ich nach meinen Erforschungen des Atoms Folgendes: Es gibt keine Materie an sich. Alle Materie entsteht und besteht durch eine Kraft, welche die Atomteilchen in Schwingung bringt und sie zum winzigsten Sonnensystem des Atoms zusammenhält. Da es im ganzen Weltall aber weder eine intelligente noch eine ewige Kraft gibt – es ist der Menschheit nie gelungen, das heiß ersehnte Perpetuum mobile zu erfinden –, so müssen wir hinter dieser Kraft einen bewussten Geist annehmen. Dieser Geist ist der Urgrund der Materie. Nicht die sichtbare, aber vergängliche Materie ist das Reale, Wahre und Wirkliche, sondern der unsichtbare, unsterbliche Geist ist das Wahre. Da es aber Geist an sich nicht geben kann und jeder Geist einem Wesen angehört, so müssen wir zwingend Geistwesen annehmen. Da aber auch Geistwesen nicht aus sich selbst sein können, sondern geschaffen worden sein müssen, so scheue ich mich nicht, diesen geheimnisvollen Schöpfer ebenso zu nennen, wie ihn alle alten Kulturen der Erde genannt haben: *Gott.*" (4) Aus dieser Sicht gibt es im Diesseits wie im Jenseits eine Zeit, und deren Ursprung liegt in Gott.

Wir können die Zeit von drei unterschiedlichen Gesichtspunkten aus betrachten und kommen so zu drei verschiedenen Zeitbegriffen, die wir mit den griechischen Namen *Chronos*, *Kairos* und *Orthos* benennen können.

Mit *Chronos* ist die Quantität der Zeit gemeint, nämlich das unaufhaltsame Fließen der Zeit, der Zeitenstrom, also das Nacheinander von Ereignissen und Zuständen, deren Dauer wir mit dem Chronometer bestimmen können. Von daher stammen auch die Begriffe *Chronik* und *chronisch*. Für diese messbare Zeit dauert jede Stunde gleich lang wie die andere. Daher nennen wir sie die *objektive* Zeit. Unsere messbare Zeit und deren Einteilung in Stunden, Tage und Monate steht im Zusammenhang mit den Bewegungen von Sonne, Erde und Mond und ist daher exakt berechenbar. Wenn diese zeitlich-räumliche Beziehung nach außen ausfällt, so etwa bei völliger Isolation in einem abgedichteten Dunkelraum, übernimmt unsere „innere Uhr" mit ihrem *subjektiven* Zeitgefühl die Orientierung. (5)

Unter *Kairos* ist die Qualität der Zeit gemeint, nämlich der richtige Zeitpunkt, die einmalige Gelegenheit, die Gunst der Stunde, der entscheidende Moment, die Weihe des Augenblicks oder die glückliche Sternstunde. Diese Zeit ist mit der Uhr nicht messbar. Darum heißt es in einem biblischen Psalm: „Denn tausend Jahre sind vor deinen Augen wie ein Tag und wenn er vergangen ist, wie eine Nachtwache." (Ps 90,4) Aus dieser Sicht gleicht keine Stunde und kein Tag dem anderen. Jedes Jahr hat seine Besonderheit, und jedes Jahrhundert seine Eigenheit. Es verhält sich wie beim Wein. Dessen Qualität wird nicht allein nach der Erntemenge, sondern vor allem nach seinem Jahrgang bewertet. „Jedes Ereignis behält für seine Zukunft die Qualität der Zeit, in der es geschieht", heißt eine Erkenntnis der analytischen Psychologie. (6). *Thorwald Dethlefsen* schreibt in seinem Buch „Schicksal als Chance": „Die Zeitqualität hat mit Dauer nichts zu tun, sondern besagt, dass jeder Zeitpunkt oder Zeitabschnitt – das kann eine Stunde, eine Sekunde oder ein Jahr sein – eine bestimmte Qualität besitzt, die nur solche Ereignisse in Erscheinung treten lässt, die dieser Qualität adäquat sind." (7) Dieser Grundsatz spielt bei der ältesten aller Wissenschaften, der Astrologie, eine wichtige Rolle.

In Asien kennt man die Glücksgöttin *Avidia*, die mit verbundenen Augen an uns vorbeigeht. Ihr Haupt ist bis auf eine kleine Haarsträhne am Hinterkopf kahlgeschoren. Wer bei deren Vorbeigehen die Gelegenheit nicht wahrnimmt, diese Locke rechtzeitig zu fassen, der verpasst sein Glück für immer. Die Einzigartigkeit der qualitativen Zeit wird uns auch bei den einmaligen Chancen bewusst. So schreibt *Friedrich Schiller* in seinem „Don Carlos": „Was man von der Minute ausgeschlagen, / Gibt keine Ewigkeit zurück." Die Qualität des Augenblicks hat der Schweizer Schriftsteller *Gottfried Keller* (1819-1890) in folgenden Versen angesprochen:

Es blitzt ein Tropfen Morgentau
Im Strahl des Sonnenlichts;
Ein Tag kann wie eine Perle sein
Und ein Jahrhundert nichts.

Unter *Orthos* ist die von jedem irdischen Bezugssystem unabhängige Zeit zu verstehen, nämlich die wahre, die richtige Zeit. Da es auch im Jenseits deutlich erkennbare Bewegungen gibt im Sinne von Ortsveränderungen, muss es auch dort Raum und Zeit geben. Es handelt sich um jene Zeit, die in der jenseitigen Welt gilt. Diese kann sowohl bei Nahtod-Erlebnissen und bei außerkörperlichen Astralreisen als auch nach dem Tod im Jenseits erfahren werden. (8)

Das Empfinden von Raum und Zeit hängt vom Grad des Bewusstseins ab. In unserem diesseitigen Alltagsbewusstsein gilt, was *Friedrich Schiller* im „Spruch des Konfuzius" schrieb: „Dreifach ist der Schritt der Zeit: / Zögernd kommt die Zukunft hergezogen, / Pfeilschnell ist das Jetzt entflogen, / Ewig still ist die Vergangenheit." Dies gilt im Jenseits nicht im gleichen Maß. Je höher der Grad des Bewusstseins dort ist, desto größer erscheint uns der Bereich der Jetztzeit. Nehmen wir zum Vergleich eine Wanderung auf einen hohen Berg. Je mehr wir an Höhe gewinnen, desto weiter tut sich die tieferliegende Landschaft vor uns auf. Einen Zug, der dort durch die Gegend fährt, sehen wir über weite Strecken gleichzeitig. Er bleibt uns viel länger gegenwärtig, als wenn wir ihn unten im Tal beobachten, wo er unseren Blicken viel schneller entschwindet. So sind also Zukunft, Gegenwart und Vergangenheit relative Begriffe. Sie hängen von unserem Bewusstseinszustand ab.

Unser Unbewusstes kennt keine zeitliche Vergangenheit. Daher können die Verfechter des nachtodlichen Dauerschlafes behaupten, es gebe im Jenseits keinen Zeitenablauf. Wir erfahren dies in unseren Träumen, deren Erlebnisinhalte in den unbewussten Seelenschichten zeitlos gespeichert sind. So kann es geschehen, dass wir träumend längst Vergessenes und Vergangenes wiedererleben, als würde es gegenwärtig geschehen.

In den tiefen *Dunkelwelten* scheinen die zeitlichen Abläufe beinahe stillzustehen. Je unbewusster Verstorbene dort leben, desto eingeengter ist ihr Zeitbewusstsein. Sie haben vielfach den Eindruck, als verändere sich nach innen und nach außen nichts. Daher erscheint ihre Raumzeit wie aufgehoben. Sie treten buchstäblich an Ort und Stelle, weil sie geistig keinerlei Fortschritte machen und sich in ihnen kaum etwas regt und bewegt. In den dunklen Jenseitstiefen herrschen nur geringe Bewegungsmöglichkeiten, und die Zeit scheint stille zu stehen. So teilte ein Wesen aus dem Jenseits mit: „Wenn alles eintönig abläuft, verliert man völlig das Zeitgefühl." (9) In den *Schattenwelten* rinnt der Zeitenstrom träge dahin, weil sich dort geistige Veränderungen nur langsam einstellen. In den höheren *Lichtwelten* dagegen wird die Zeit zum „ewigen Nun“, wie es der Dominikanermönch *Meister Eckhart* (1260-1327) genannt hat. Daher haben die Jenseitsbewohner dort ein nahezu unverändertes Gegenwartsbewusstsein, das ihnen wie eine Ewigkeit vorkommt. In den höheren Bewusstseinssphären ist es durchaus möglich, in Gedankenschnelle größere Entfernung zurückzulegen, weil der Raum kein Hindernis darstellt. Was auf unserer Erde seine Zeit braucht, geschieht dort in einem einzigen Augenblick.

Viele Jenseitige können sich wohl an ihre irdischen Lebensdaten erinnern wie Geburtstag oder Todestag, doch sie haben Mühe anzugeben, wie lange sie schon in der jenseitigen Welt sind. Wenn Verstorbene danach gefragt werden, geben sie irdische Zeitmaße an und sagen: „Nach eurer Zeitrechnung etwa achtzig oder hundert Jahre.“ Die Jenseitsbewohner haben das Interesse an irdischen Zeitangaben weitgehend verloren. Tatsächlich berichten uns Jenseitige, sie hätten das frühere Zeitempfinden verloren. Damit meinen sie in erster Linie jene Zeiterfahrungen, die sie in ihrem Erdenleben kannten. Eine verstorbene Frau antwortete auf die Frage, wann ungefähr sie auf der Erde gelebt habe, dies sei für sie sehr schwer zu beantworten, weil man im Jenseits das Zeitgefühl verliere. Sie wisse nur noch wenig von der Erde, weil sie sich nicht mehr damit beschäftigt habe. Das alles sei für sie Vergangenheit, und sie hätten sich ganz auf die Gegenwart ihrer neuen Welt eingestellt. Daher könnten sie weder Zeit noch Zahl nennen. (10) Dennoch scheint es zeitliche Abmachungen und Bestimmungen unter den Jenseitsbewohnern zu geben.

Der englische Journalist *William Stead,* der beim Untergang der „Titanic“ im Jahr 1912 den Tod fand, teilte bald danach seiner medial begabten Tochter *Estelle* aus der anderen Welt mit: „Nun gibt es auch hier eine Art der Zeiteinteilung, die aber völlig verschieden von der irdischen ist.“ (11) Auch in der geistigen Welt wird die Zeit durch bestimmte Ereignisse geregelt. (12) So werden regelmäßige Zusammenkünfte, Gottesdienste und Lehrstunden sowie Feste und Feiern vereinbart und zeitlich festgelegt. (13)

Wie die Zeit in der Jenseitswelt tatsächlich empfunden wird, sehen wir aus einer Botschaft des verstorbenen Monsignore *Robert Hugh Benson* (gest. 1914), Sohn des früheren Erzbischofs von Canterbury.

Er teilte aus der „unsichtbaren Welt" über sein Medium *Anthony Borgia* mit: „In der Geistigen Welt verfügen wir über keine mechanischen Mittel, die uns den Verlauf der Zeit angeben. Wir haben keine Jahreszeiten, keine Abwechslung von Tag und Nacht als äußere Merkmale der Zeit. Normalerweise verfügen wir über keine gewöhnlichen Zeitmessungen, da wir solche hier nicht benötigen. Falls wir sie – wie es vorkommt – dennoch wissen wollen, besuchen wir die Erdenebene, wo wir uns der exakten Tagesstunde, des Jahrestages wie auch des Jahres selbst vergewissern können." Weiter heißt es in seinem Jenseitsbericht, dass jenen, die in den unteren Sphären der Dunkelheit leben müssen, die Zeit wie eine Unendlichkeit vorkommt. „Eine Zeitperiode in diesen düsteren Regionen, die nicht mehr als ein oder zwei Jahre betragen mag, wird den dort Leidenden wie eine Ewigkeit erscheinen… Jene von uns in der Geistigen Welt, die in den Regionen der Freude und des ewigen Sommers leben, haben keinerlei Grund, dass die Zeit für sie langsam dahinschleicht. Das soll heißen, dass wir uns ganz einfach dem Dahinfließen der Zeit nicht bewusst werden." (14)

Wir wissen heute aus der Jenseitsforschung, dass in der jenseitigen Welt keine absolute Zeitlosigkeit herrscht. Ein solcher Zustand des Stillstandes wäre nur bei totaler Bewegungslosigkeit denkbar. Zahlreichen Jenseitsberichten können wir entnehmen, dass es in der jenseitigen Welt tatsächlich Bewegungen, Veränderungen, Entwicklungen und zeitlich befristete Aufenthalte auf bestimmen Daseinsebenen, Sphären und Stufen gibt. Dies bedeutet: Nur das *individuelle* Zeitgefühl spielt im Jenseits eine entscheidende Rolle. Dies kann auch schon im Erdenleben als *relativ* empfunden werden. Als *Albert Einstein*, der den Begriff „Raum-Zeit-Kontinuum" schuf, seinen Studenten die Relativität der Zeit erklären wollte, griff er zu folgendem Vergleich: Wenn ein Verliebter bei seiner Geliebten weilt, kommt ihm eine Stunde vor wie eine Minute; wenn er aber auf einem heißen Ofen sitzt, erscheint ihm eine Minute wie eine Stunde.

Was nun die *Ewigkeit* angeht, handelt es sich um einen schillernden und mehrdeutigen Begriff. In der christlichen Bibel kommt der Ausdruck „ewig" hundertfünfzig Mal vor und zwar in recht unterschiedlicher Bedeutung. (15) Das deutsche Wort „ewig" stammt vom griechischen Wort *„aion"* (lat. *aevum*) ab und bedeutet *ein Zeitabschnitt* oder *eine begrenzte Zeitdauer.* Unter einem Äon verstand man im Altertum eine Zeitperiode oder ein Zeitalter.

Bei dem Ausdruck „ewig“ handelt es sich, falls dabei an eine unbeschränkte Zeit gedacht wird, um einen Deutungsfehler oder um ein Missverständnis. Dies ist der Fall, wenn im alltäglichen Sprachgebrauch von „ewiger Treue“, von „ewigem Frieden“ oder vom „ewigen Bund“ die Rede ist. Damit ist lediglich eine unbefristete Zeit gemeint. In diesem Sinne kennen wir aus der Bibel die Formulierung „Von Ewigkeit zu Ewigkeit“ (Ps 90,10). Der Kirchenlehrer *Augustinus* (354-430) hat sich ausführlich mit der sogenannten „ewigen Zeit“ befasst, vermochte aber nicht zu sagen, was Ewigkeit eigentlich ist. Deshalb räumte er ein: „Wenn niemand mich danach fragt, weiß ich es; will ich es aber einem Fragenden erklären, weiß ich es nicht.“ (16)

Die scholastische Philosophie des Mittelalters verstand unter Ewigkeit die immerwährende Gegenwart. Für *Immanuel Kant* (1724-1804) handelt es sich bei der Ewigkeit nicht um eine Realität, sondern lediglich um eine spekulative Vorstellung. Seiner Meinung nach kann die Ewigkeit als solche nicht erfahren werden, sofern es sie wirklich gibt, denn ihr wird weder ein Anfang noch ein Ende zuerkannt. Bei den großen Weltreligionen spielt der Begriff „Ewigkeit“ eine wichtige Rolle, weil damit das uneingeschränkte „ewige Leben“ (Jh 3,16) nach dem Tod bezeichnet werden soll. Mit Recht versieht *Hans Küng* seinen Buchtitel „Ewiges Leben?“ mit einem Fragezeichen, weil der religiöse Ewigkeitsglaube nicht zu beweisen ist. (17) Der evangelische Theologe und Philosoph *Paul Tillich* (1886-1965) schlägt vor, die Begriffe Zeit und Ewigkeit nur symbolisch zu verwenden und nicht voneinander strikt zu trennen, da sie keine isolierten Wirklichkeiten darstellen. Beide sind bloß Aspekte einer einzigen Realität. Nach ihm gibt es einen ständigen Übergang vom Zeitlichen ins Ewige. (18) So kann ein Stück Ewigkeit bereits auf Erden erfahren werden von jenen, die sich zeitweise vor Glück wie im „siebten Himmel“ fühlen. Wer aber im „Hier und Jetzt“ lebt, der wird dem mittelalterlichen Dichter *Andreas Gryphius* (1616-1664) zustimmen:

Mein sind die Jahre nicht, die mir die Zeit genommen.
Mein sind die Jahre nicht, die etwa mögen kommen.
Der Augenblick ist mein, und nehm ich den in Acht,
so ist der mein, der Zeit und Ewigkeit gemacht.

Ist das Jenseits statisch oder dynamisch?

Freund, so du etwas bist,
so bleib doch ja nicht stehen,
Man muss aus einem Licht
fort in das andere gehen.
Angelus Silesius

Vor nicht langer Zeit teilte mir ein Freund mit, er erhoffe sich nach seinem Tod nur noch eines: Endgültig Ruhe zu haben, nichts mehr denken zu müssen, nichts mehr zu sehen und nichts mehr zu hören, keinerlei Verpflichtungen mehr zu haben, nur noch schlafen zu können, ohne wieder zu erwachen. Ich habe ihm geantwortet: Das Gegenteil könnte ihm geschehen. Vielleicht wird er dann wacher sein als vorher, klarer sehen und deutlicher hören als je zuvor und bewusster denken können, als dies ihm als Mensch jemals möglich war.

Es stellt sich für uns tatsächlich die Frage: Haben wir uns das Leben im Jenseits als einen statischen oder als einen dynamischen Zustand, als ein ewig gleich Bleibendes oder als ein fortwährend Wiederkehrendes vorzustellen? Darüber gehen die Meinungen noch heute auseinander. Es gibt hierzu zwei Denkmodelle. Das eine kann mit den Worten von *Augustinus* angedeutet werden, der für die Seligen eine ewige Ruhe annimmt mit den Worten: „Unruhig ist unser Herz, bis es ruhet in dir, o Gott.“ (19) Das andere könnte der Philosoph *Friedrich Nietzsche* im Sinn gehabt haben, als er von der „ewigen Wiederkehr“ schrieb: „Alles geht, alles kommt zurück, ewig rollt das Rad des Seins.“ (20) Ewige Ruhe oder ewige Bewegung, das ist die Frage. Gleicht die jenseitige Welt einem wogenden Meer oder der Meeresstille? Ist das Jenseits ein dynamischer Zustand in der Zeit oder ein statischer Stillstand in der Zeitlosigkeit?

Unter dem Begriff *Dynamik* (gr. *dynamis*: Kraft) ist eine bewegte und bewegende Energie zu verstehen, die kraftvoll Veränderung bewirkt. Dagegen verstehen wir unter *Statik* (lat. *stare*: stehen) einen unbewegten, ruhenden Zustand, der stehen bleibt und sich nicht verändert. Seit Jahrhunderten nimmt die christliche Tradition an, das nachtodliche Leben finde an einem bestimmten und streng abgegrenzten jenseitigen Ort statt, wo sich wenig verändert. Sie hat hierfür das bekannte Drei-Stufen-Modell entworfen: Himmel, Fegefeuer, Hölle. Dieses statische Jenseitsbild stützt sich auf neutestamentliche Bibelaussagen. So glaubte der Evangelist *Johannes*, nach dem Tod werden die Seligen unentwegt Gott schauen (1 Jh 3,2). Der Apostel *Paulus* spricht davon, dass wir Gott sehen werden „von Angesicht zu Angesicht". (1 Ko 13,12) Hiervon leitete *Augustinus* seine Vorstellung ab, das Leben in der Jenseitswelt sei ein „ewiges Ruhen und Schauen, Schauen und Lieben, Lieben und Loben". (21) Nichts anderes lehrte *Thomas von Aquin* im 13. Jahrhundert. Er meinte, im Himmel gebe es kein tätiges Leben, sondern nur eine beseligende Gottesschau (*visio beatifica*). Seiner Ansicht nach besteht die ewige Glückseligkeit in der Erfüllung aller Wünsche und im Erreichen des letzten Zieles in Gott. Deshalb urteilte *Bernhard Lang*: „Im statischen Himmel des heiligen *Thomas* herrscht 'beseligender Stillstand'." (22)

Eine etwas andere Ansicht vertrat *Martin Luther*, als er annahm, dass die Seele des Menschen nach dem Tod in einem traumlosen Zustand ohne Bewusstsein und Empfinden verharrt bis zur Auferweckung am Zeitenende. Dagegen lehnte *Johann Calvin* (1509-1564) die Vorstellung vom Seelenschlaf ab, weil dieser nur den Körper, nicht aber die Seele betrifft. Er ließ seine Gläubigen wissen: „Die Seele wird in einem Wachzustand ruhen, fühlt sich aber in der Obhut Gottes aufgehoben." (23) In den *evangelischen* Kirchen herrscht bis heute die Meinung vor, die Seele befinde sich nach dem Tod bis zur Auferstehung in einem wartenden Zustand der Ruhe, des Schweigens, der Untätigkeit und der vollständigen Passivität. Ähnliches gilt für die Ganztod-Theologie, wie sie von den reformierten Theologen *P. Althaus* , *K. Barth, Emil Brunner* und *O. Cullmann* in jüngerer Zeit vertreten wurde. (24)

Nach *katholischer* Auffassung gelangt die Seele der Verstorbenen unmittelbar nach dem Tod entweder in den Himmel, in die Hölle oder vorübergehend in das Fegefeuer. (25) Im 19. und 20. Jahrhundert waren es nur noch wenige Autoren, die sich in ihren Schriften für das statische Jenseitsbild stark machten. Zu ihnen gehörte der Amerikaner *James Kimball* (1812-1885), der behauptete: „Die umfassendste Tätigkeit in der himmlischen Welt ist einzig das Gotteslob. Man ruht weder Tag noch Nacht und ruft Gott immer zu: ‘heilig, heilig, heilig bist du.'" (26) Der Theologe *Josef Staudinger* stellt sich die jenseitige Welt vor als „ein Morgen, auf den kein Abend folgt, ein Aufgang, der keinen Untergang kennt, ein Hinausfließen in unendliche Weiten, ein Sein ohne Ende". (27)

Derartige Ansichten mögen den Schriftsteller *Ludwig Thoma* (1867-1921) veranlasst haben, im Jahr 1911 eine humoristische Satire mit dem Titel „Der Münchner im Himmel" zu veröffentlichen. Darin lässt er den Dienstmann *Alois Hingerl* plötzlich, vom Schlag getroffen, sterben. Wie dieser in den Himmel gelangt, wird ihm sogleich eine Harfe ausgehändigt mit dem Auftrag, nach himmlischer Hausordnung sich auf eine Wolke zu setzen und jeweils den ganzen Vormittag lang zu „frohlocken" und an jedem Nachmittag „Hosianna" zu singen. Wie es dann weiterging, möge man im Internet nachlesen. (28)

Nach allgemeinem Volksglauben werden die Verstorbenen auf dem Friedhof zur „letzten Ruhe gebettet", und es wird ihnen ein „Ruhen im Frieden" gewünscht, damit sie nach des Lebens Müh und Plag im „Feierabend des Lebens" zur „ewigen Ruhe" gelangen. Auch in der katholischen Begräbnisliturgie wird für die Seelenruhe der Verstorbenen gebetet: „Herr, lass sie ruhen im Frieden!" Berühmte Musikwerke von *Mozart, Cherubini, Berlioz, Brahms* und *Verdi* tragen die Überschrift „Requiem" (lat. *requies*: Ruhe).

Wenn die Verstorbenen tatsächlich „im Frieden ruhen" sollen, zumindest bis zu deren Auferstehung, dann kann es nach dem Tod keine Entwicklung, kein geistiges Wachstum, keinen Fortschritt und keinerlei Aufstieg in höhere Sphären geben. Alles wäre festgefahren und endgültig entschieden. Dies ist einer der Gründe, warum die Mehrzahl der christlichen Kirchen die „Seelenwanderungslehre" ablehnt und behauptet, der Mensch lebe nur ein einziges Mal auf Erden, dann sei Schluss mit lustig. Außerdem würde dies auch der katholischen Fegefeuer-Lehre aus dem Jahr 1336 widersprechen, wonach den meisten sündigen Seelen ein zeitlich befristeter Jenseitsaufenhalt in einem Buß- und Reinigungsort gewährt wird, bevor sie für immer in den Himmel aufgenommen werden. Zu diesen theologischen Ansichten über das endgültige Leben der Verstorbenen im Jenseits konnte es nur kommen, weil zweitausend Jahre alte Bibelstellen im Verlauf der Zeit zu recht unterschiedlichen Auslegungen führten, die sich heute als mehr oder weniger mehrdeutig oder sogar überholt erweisen.

Im Licht der heutigen Jenseitsforschung drängt sich uns ein *dynamisches* Jenseitsbild auf, das der Wirklichkeit besser entspricht. Das Leben nach dem Tod wird als dynamisch angesehen, denn es verändert sich, bewegt sich und entwickelt sich von Stufe zu Stufe. In diesem Sinne gibt es auch in der Jenseitswelt eine fortschreitende Evolution. Jede Aufwärtsbewegung ist im Jenseits zielgerichtet und zwar auf Gott hin. Zwar werden wir immer *zu ihm* unterwegs sein, aber nie ganz *bei ihm* sein, weil er in seiner Vollkommenheit für uns als unvollkommene geschaffene Wesen nie ganz erreichbar sein wird. *Thomas von Aquin* gibt zu: „Selbst im ewigen Leben bleiben die Seligen den geschöpflichen Schranken unterworfen.“ (29) Diese Einschränkung sieht auch *Immanuel Kant*, indem er anerkennt: „Da nur Gott die höchste sittliche Vollkommenheit besitzt, ist das Fortschreiten der Seele zum Guten hin ein Vorgang, der kein Ende kennt. Ohne Fortschritt gibt es keine Ewigkeit, aber es gibt auch keine Ewigkeit ohne Fortschritt.“ (30)

Die Möglichkeit für eine fortschreitende Entwicklung in fortgesetzter Tätigkeit ist nur in einem dynamischen Jenseits gegeben. Der Philosoph *Gottfried Wilhelm Leibniz* (1646-1716) hält dafür, dass unablässiges Tätigsein ein wesentlicher Bestandteil des schöpferischen Glücks ausmacht, und fragt: „Wenn nun schon das irdische Glück des Fortschreitens bedarf, warum sollte man dann vom Himmel Wachstum und Entwicklung ausschließen?“ (31) Auf gleiche Weise äußerte *Johann Wolfgang von Goethe* in einem Gespräch mit *Eckermann* seine Zuversicht, indem er darauf hinwies, dass unser Geist ein Wesen ist ganz unzerstörbarer Natur, das „fortwirkt von Ewigkeit zu Ewigkeit“. (32) Eine gangbare Brücke hin zu einem dynamischen Jenseits schuf der katholische Bischof *Wilhelm Schneider* (1847-1909) mit seinem Buch „Das andere Leben“, in dem er von den regen und vielfältigen Tätigkeiten im Himmel spricht, die er die „lieblichste und lebhafteste Beschäftigung aller Geisteskräfte“ nennt, die auf ewig nicht zur Ruhe kommen. (33)

Befragen wir abschließend noch zwei begnadete Seher, wie sie selbst das Jenseits erfahren haben: *Emanuel Swedenborg*, Sohn eines Bischofs der schwedischen Staatskirche, ergriff zunächst als Naturwissenschaftler den Beruf des Bergbau-Ingenieurs. (34) Vom Jahr 1744 an konnte er in visionären Bildern und Schauungen das Weiterleben von Verstorbenen in der Jenseitswelt verfolgen. Er bekennt: „Täglich öffnete mir der Herr die Augen, so dass ich imstande war, bei völligem Wachsein zu sehen, was in der anderen Welt vor sich ging, und ganz wach, um mit den Engeln und Geistern zu reden.“ In den späteren Jahren befasste er sich nur noch mit philosophischen und theologischen Problemen. Seine Erkenntnisse legte er in zahlreichen Schriften nieder. Für ihn ist die jenseitige Welt voller Dynamik, die Veränderung und Wachstum ohne Ende bewirkt. (35)

Zu ganz ähnlichen Anschauungen kam *Erhard Bäzner* (1887-1963). Durch seine Schriften und seine zahlreichen Vorträge im deutschsprachigen Bereich hat er sich für die geisteswissenschaftliche Lehre eingesetzt. Auch er war in der Lage, den dynamischen Weg der verstorbenen Menschen in der Astralsphäre zu beobachten und zu beschreiben. So gewann er die Einsicht: „Alles ist in Bewegung und befindet sich im Übergang von einem Zustand in den anderen. Nirgends gibt es einen Stillstand.“ (36)

In unserer Zeit gehen alle Jenseitswissenschaften, insbesondere die Theosophie, die Anthroposophie, die Parapsychologie und das Geistchristentum davon aus, dass im Jenseits eine spirituelle Weiterentwicklung stattfindet, bis wieder jener geistige Zustand erreicht ist, der die ursprüngliche Ordnung und Harmonie in der ganzen Schöpfung wiederherstellt, die anfänglich bestanden hat. Ob damit das endgültige Ziel erreicht ist, bleibt offen. *Johannes Greber* räumt ein: „Wer weiß, ob später nicht noch einmal ein Abfall der Geister von Gott erfolgen wird, denn die Freiheit des Willens ist bei den Geistern des Himmels dieselbe wie damals, und die Möglichkeit des Missbrauchs der Willensfreiheit ist ebenso vorhanden wie vor dem ersten Abfall.“ (37)

Fassen wir zusammen:

Diesseits und Jenseits werden nicht als zwei scharf getrennte Welten erlebt. Zwischen beiden besteht eine lebendige Wechselwirkung und ein reger Informationsaustausch.

Das jenseitige Weiterleben beginnt für jeden Verstorbenen nicht erst bei der sogenannten Auferstehung am Ende der Welt, sondern unmittelbar nach dem Austritt der Geistseele aus dem sterblichen Körper. Daher gibt es keinen Dauerschlaf bis zur „Auferweckung“ im Grab und auch keine „ewige Ruhe“. Das sind veraltete Vorstellungen.

In sinnloser Untätigkeit oder gleichförmiger Rastlosigkeit befinden sich nur jene Geistwesen, die in den Dunkelwelten jede Hilfe und Belehrung eigenwillig von sich weisen. Dieser Zustand dauert jedoch nicht ewig, sondern nur so lange, bis sie ihren Widerstand aufgeben und sich dem Licht des Erkennens zuwenden.

Die Bewohner der höheren Jenseitswelten verhalten sich nicht untätig. Sie befinden sich auf einem Entwicklungsweg, der sich umso schneller vollzieht, je bewusster sie in der geistigen Welt voranschreiten.

Auf unterschiedlichen Entwicklungsstufen widmen sich die Jenseitsbewohner verschiedenen Lernaufgaben und Tätigkeiten, die ihnen von der hohen Geisteswelt zugewiesen werden. Dass dies nicht nur für den gesamten Kosmos gilt, sondern auch für jeden einzelnen Menschen, hat *Rainer Maria Rilke* in seinem „Buch vom mönchischen Leben“ (38) wunderbar angesprochen:

Ich lebe mein Leben in wachsenden Ringen,
die sich über die Dinge ziehn.
Ich werde den letzten vielleicht nicht vollbringen,
aber versuchen will ich ihn:
Ich kreise um Gott, um den uralten Turm
und ich kreise jahrtausendelang –
und ich weiß noch nicht: bin ich ein Falke, ein Sturm
oder ein großer Gesang.

Aufstiegssphären der Seele

Das Leben ist eine Reise,
die himmelwärts führt.
MEVILLE

Der Aufstieg aus der Tiefe setzt einen Fall aus der Höhe voraus. Zahlreiche Mythen der Völker erzählen davon, dass wir Menschen ursprünglich Bewohner einer hohen Himmelswelt waren, durch eigenes Verschulden aber in die gottferne Tiefe gefallen und jetzt als Erlöste und Befreite im Wiederaufstieg begriffen sind. (39)

Auch die großen religiösen Glaubensbekenntnisse wissen dies und sprechen in Bildern und Symbolen davon, so etwa von der Himmelsleiter (1 Mo 28, 10 ff) oder vom mühsamen Weg des „verlorenen Sohnes" heim in seines Vaters Haus (Lk 15,11-24). Manchmal wird der Aufstieg auf einen hohen Berg mit dem geistigen Streben des Menschen verglichen oder es ist die Rede vom „Pilgerweg" des Lebens, der uns durch das „Tal der Tränen" zur geistigen Höhe führen soll. Auch mehrere esoterische Schulen erwähnen einen mehrstufigen geistigen Pfad, der zur Erleuchtung führen wird. Immer ist es ein Fortschreiten von den Niederungen zur Höhe, von der Dunkelheit ins Licht, vom Nichtwissen zur Wahrheit und Weisheit.

Manchmal wird dieser Aufstieg unterteilt in Ebenen und Stufen, die nacheinander zu überwinden sind. So sprechen die Geheimlehren der Theosophie, der Anthroposophie und der Rosenkreuzer (40) entsprechend den sieben Körpern des Menschen (41) von einem siebenstufigen Aufstiegs- oder Entwicklungsweg der Seele; und stets gilt die Mahnung von *Friedrich Nietzsche*: „Überspringe keine Stufe, denn dies verzeiht dir keine Stufe!" In unserer verdichteten Diesseitswelt rechnen wir mit vier Dimensionen. Darüber hinaus gibt es noch drei höhere Bereiche, die wir das Jenseits nennen. Diese sind unseren Sinnen nicht zugänglich. Deshalb werden sie als außersinnliche oder übersinnliche Daseinsebenen bezeichnet.

So wie der Mensch von sieben grob- und feinstofflichen Hüllen umgeben ist, so lassen sich auch sieben entsprechende Sphären (gr. *sphairicos*: Kreis, Umkreis) oder Wirkungskreise unterscheiden. (42) *Platon* erwähnt in seinem Dialog „Timaios“ sieben jenseitige Kreise als Aufenthaltsorte für die Geistwesen. Im rabbinischen Schrifttum der Spätantike findet sich die Lehre von den sieben Himmeln, die sich über die Erde wölben. Auch Mystiker wie *Emanuel Swedenborg, Thomas Bromley* und *Jakob Lorber* erwähnen in ihren Schriften sieben unsichtbare Sphären, in denen die Verstorbenen wohnen. In seiner „Göttlichen Komödie“ beschreibt *Dante* ein Jenseits, das von sieben Planetensphären umgeben ist. Ebenso spricht *Adelma von Vay* von atmosphärischen Ringen zwischen Erde und Sonne, die von niederen Daseinsstufen bis zu den höchsten paradiesischen Schwingungswelten reichen, in denen sich die Geister der Verstorbenen aufhalten. (43) Manche Jenseitsforscher benennen mehrere Sternen-, Sonnen- und Planetenräume, welche der Seele nach dem Tod als Aufstiegs- und Durchgangsorte zugewiesen werden. (44) Derartige Jenseitsbilder beziehen sich noch weitgehend auf das veraltete geozentrische Weltsystem. Meiner Ansicht nach befindet sich das Jenseits nicht bloß innerhalb eines planetaren und solaren Bezugssystems. Es reicht weit darüber hinaus in andere Dimensionen, in höhere Schwingungswelten und Bewusstseinsebenen.

Vorerst haben wir zur Kenntnis zu nehmen, dass wir Menschen nicht nur einen Körper haben, sondern dass unser Geist, der wir sind, mit sieben Körperhüllen umgeben ist. Da sind zunächst die vier niederen Körper, die vergänglich sind, nämlich der physische Körper, der Ätherkörper, der Astralkörper und der Mentalkörper. Diese lösen sich nach unserem Tod mit der Zeit auf. Auch werden sie bei jeder Inkarnation neu aufgebaut. Dazu haben wir noch drei höhere, geistige Körperhüllen, die unvergänglich sind. Es sind dies der Kausal- oder Karmakörper, der Geistkörper und der Lichtkörper. Diese drei gehören zu unserem unsterblichen Wesen und bleiben bei jeder Inkarnation stets die gleichen. Nach dem Tod des grobstofflichen Körpers bilden die feinstofflichen Körper die Vehikel, mit denen wir in der Jenseitswelt unsere Reise fortsetzen.

Die fortschreitende Veränderung dieser verschiedenen Körperschichten, die wie lebendige Zwiebelhäute unseren geistigen Wesenskern umschließen, hängt vom Entwicklungsgrad ab, den die Geistseele bei ihrem Aufstieg durch die einzelnen Bewusstseinssphären erreicht. Daher verblassen nach unserem Eintritt in die spirituelle Welt allmählich auch jene Erinnerungen, die an die niederen Körper gebunden sind, während das Wissen um unser wahres Wesen immer stärker ins Bewusstsein gelangt. Daraus ist zu erkennen, dass unsere geistige Existenz nicht an unseren grobstofflichen Körper gebunden und auch nicht hirnabhängig ist. Unser geistiges Denkvermögen war bereits da, ehe es sich während der Schwangerschaft mit den niederen Körpern allmählich bekleidete; und es wird auch da sein, wenn es sich nach dem Tod langsam dieser entledigt.

Den sieben Körpern des Menschen entsprechen die sieben Existenzsphären, in denen wir uns je nach unserem Bewusstseinsstand aufhalten können. Es sind dies:

1. Die Mineralsphäre
2. Die Biosphäre
3. Die Astralsphäre
4. Die Mentalsphäre
5. Die Kausalsphäre
6. Die Lichtsphäre
7. Die Geistsphäre

Die *Mineralsphäre* umfasst die leblosen festen, flüssigen und gasförmigen Stoffe, die dem Aufbau unseres Erdplaneten zur Verfügung stehen. Es ist doch ein erhebender Gedanke, wenn wir uns bewusst werden, welch riesigen Aufwand die Natur betreibt, um für uns solide materielle Daseinsbedingungen zu schaffen, die uns erst die Menschwerdung ermöglichen. Was für ein Wunderwerk ist doch unsere Sonne, bloß eine von 100 Milliarden in unserem Milchstraßensystem, die seit gut vier Milliarden Jahren fortwährend Licht und Wärme spendet und dabei pro Sekunde vier Millionen Tonnen an Eigensubstanz verliert. Dies geschieht, weil sie durch Kernverschmelzung fortwährend Energie erzeugt, ohne die unsere Erde ein lebloser Planet wäre. Immerhin reicht deren Substanz noch für weitere vier Milliarden Jahre, ehe die Lichter ausgehen.

Die *Biosphäre* umfasst eine enorme Vielfalt an Lebensformen im Pflanzen- und Tierreich. Auf unserem kleinen Erdplaneten wurden bis heute rund zwölf Millionen verschiedene pflanzliche und tierische Lebensarten entdeckt, die wir heute unter dem Sammelbegriff Biodiversität zusammenfassen. Diese können wir mit unseren Sinnen als unsere Mitgeschöpfe wahrnehmen und bewundern. Sie zählen seit Jahrmillionen zu unseren Wegbereitern, ohne die wir nicht hier wären. Auch unser lebendiger Körper, der uns das Dasein auf unserem Erdplaneten ermöglicht, ist ein hochkompliziertes organisches Wunderwerk, dem wir großen Respekt durch vernünftige Gesundheitsfürsorge schuldig sind.

Die *Astralsphäre,* auch Astralwelt (45) genannt, meint den überirdischen, *außersinnlichen* Bereich, in dem auch die niederen Jenseitswelten eingeschlossen sind. Diese unsichtbare Welt ist uns in der Regel nicht unmittelbar zugänglich. Lediglich medial veranlagte, hellsichtige und hellhörende Menschen können für einen Ausblick zum Jenseits hin ein „astrales Fenster" öffnen und von dort Informationen empfangen. Wesen, die sich in der Astralwelt aufhalten, sind nicht den erdgebundenen Gesetzen der Schwere und Dichte unterworfen. Daher erscheinen sie für uns Menschen in der Regel schwerelos, durchsichtig und nicht von dieser Welt.

Diese Astralsphäre ist nicht bloß ein Tummelplatz der niederen Naturgeister, sondern auch ein Wirkungsfeld für jene Verstorbenen, die sich noch in erdnahen Sphären aufhalten. (46) Jene gutwilligen Seelen, die bereit sind, auf dem Weg des Erlernens oder des Erleidens zu höherem Bewusstsein zu gelangen und ihre niederen Triebe, Begierden und Gelüste hinter sich gelassen haben, finden von hier aus den Zugang zu einer höheren Sphäre. *Charles Leadbeater* schreibt hierzu: „Wenn die Seele die äußere Grenze der Astralwelt erreicht hat, stößt sie ihren Astralkörper ab und strebt einem höheren und reicheren Leben entgegen." (47) Dieser Übergang wird der „zweite Tod" genannt, der sich ohne Schmerzen und Leiden vollzieht.

Als *Mentalsphäre* wird die grenzenlose Gedankenwelt denkender Wesen bezeichnet. Es handelt sich um den *übersinnlichen* Bereich, in dem erst ein höheres geistiges Tätigsein möglich ist. Nach dem Übertritt von der erdnahen Astralsphäre in diese nächsthöhere Mentalsphäre ist es wegen der großen Schwingungsunterschiede nicht mehr so leicht, sich den Menschen auf medialem Weg mitzuteilen oder in der materiellen Welt vorübergehend in Erscheinung zu treten. Daher wundert es nicht, dass mediale Jenseitsbotschaften in der Regel aus der niederen Astralsphäre stammen. (48) In der höheren Mentalsphäre sind die Wesen weitgehend unabhängig von irdischen Raum- und Zeitvorstellungen. In Gedankenschnelle können sie bei entsprechendem höheren Bewusstseinsgrad weite Entfernungen zurücklegen oder Vergangenheit, Gegenwart und Zukunft mit einem Blick erfassen.

Wenn wir von der *Kausalsphäre* sprechen, ist damit der Zusammenhang von Ursachen und Wirkung, von Saat und Ernte gemeint, welche nachhaltige Spuren jenseits von Raum und Zeit hinterlassen. In ihr werden alle guten und schlechten Erfahrungen der vergangenen Existenzen gespeichert, die sich in der gegenwärtigen oder in einer der nächsten irdischen Verkörperungen als deren Folgen auswirken werden. (49) Die Kausalsphäre ist das Übungsfeld für die menschliche Geistseele, auf dem sie ihre Vergangenheit aufarbeiten, ihre karmischen Belastungen abbauen und sich befreien kann von allen Hemmnissen und Hindernissen, die ihrem geistigen Aufstieg noch im Wege stehen. Es geht darum, dass „die Erinnerungen an unsere Vergangenheit beharrlich immer wieder ins Bewusstsein gerückt werden“ (50), ohne dass wir vor ihnen davonlaufen können. Vielmehr müssen diese richtig erkannt und verarbeitet werden. Dies meint die Karma-Lehre.

Mit der *Lichtsphäre,* auch *Christus-Sphäre* genannt, ist die Wohnstätte der Engel, Heiligen und Seligen gemeint, die mit einem aurischen Lichtkleid umgeben sind. (51) Diese erstrahlen von innen heraus im hellen Eigenlicht, was für einen vollkommen geläuterten Seelenzustand spricht. Von *Gautama Buddha* ist überliefert, dass in seiner letzten Lebenszeit „sein Gesicht leuchtend wie das Licht“ gewesen sei und „seine Kleider leuchtend weiß wurden, wie sie kein Bleicher auf Erden so weiß machen kann“. (52) Es ist klar, dass nur jene Wesen diese lichte Geisteshöhe erreichen können, die den langen und mühsamen Aufstieg durch alle Sphären und über alle Stufen und Ebenen der Bewusstseinsentwicklung geschafft haben. Dieses spirituelle Ziel ist für die meisten Menschen wohl nur nach einer Vielzahl von Erdenleben erreichbar.

Wie diese Lichtsphäre erlebt wird, erzählt uns ein Jenseitswesen: „Licht lag auf allen Dingen und strahlte gleichzeitig aus ihnen heraus, so dass allem um mich herum intensives Leben entströmte. Aus allen diesen herrlichen Dingen floss ein ihnen eigenes Licht... Es ist mir beinahe unmöglich, die wahrhaft himmlischen Eindrücke, wie sie sich mir boten, zu schildern. Das Licht strahlte nicht aus einer bestimmten Richtung, es durchglühte alles, umfassend; es badete alle Dinge in seinem sanften Glanz und ließ die harten Schatten und dunklen Kanten vermissen, durch die Objekte auf der Erde bestimmt werden. Jeder Gegenstand leuchtet in seinem eigenen Licht und wird zugleich durchstrahlt von der Pracht und Herrlichkeit um ihn herum. Auch hier werfen die Körper keine Schatten. Ihre sanften Umrisse schimmern herrlich in dem fließenden Gewebe ihrer Lebensemanationen." (53)

Die *Geistessphäre* schließlich ist jener höchste Daseinsbereich, in dem nur noch reinste Liebe, höchste Weisheit und allumfassende Harmonie herrschen, die wir deshalb die göttliche Welt als unser angestrebtes Aufstiegsziel nennen können. Der himmlische Mensch besitzt dort einen Geistkörper, dem nach dem „Tibetischen Totenbuch" folgende Merkmale zukommen sollen: „Er besitzt alle Sinne; er ist äußerst leicht, strahlend hell und beweglich, und die Bewusstheit ist angeblich siebenmal klarer als im Leben. Er ist außerdem mit Hellsichtigkeit ausgestattet." (54)

Walther Hinz schreibt dazu: „Nach seinem irdischen Tod tritt der Mensch in jene Ebene einer Aufstiegsstufe ein, die seiner geistigen Entwicklung entspricht. Dort wird er geläutert und für sein nächstes Erdenleben vorbereitet. Vermag er sich in diesem neuen Menschenleben geistig vorwärts zu entwickeln, darf er nach seiner Rückkehr von der Erde eine höhere Ebene innerhalb seiner Aufstiegsstufe betreten oder gar in die nächsthöhere Aufstiegsstufe übertreten... Ein Absinken aus einer Aufstiegsstufe in eine tiefere gibt es – von seltenen Ausnahmen abgesehen – nicht, höchstens einen Stillstand auf der betreffenden Stufe. Doch jede Stufe hat eben sehr verschiedene Ebenen oder Stätten, und so kann ein Geist, der sich als Mensch schwer verfehlt hat, nach seinem Abscheiden zwar in seine vorige Stufe zurückkehren, aber innerhalb dieser Stufe an eine Stätte gebannt werden, wo er seine Läuterung durchzumachen hat." (55)

Wie eine Menschenseele diesen geistigen Aufstieg erfährt, schildert die verstorbene *Frances Banks* in einer medialen Botschaft, nämlich als ein „Eindringen in ein höheres Bewusstsein, ein Gewahrwerden spiritueller Wesen und Kräfte", das sie erlebte als „allmählichen Prozess, der viele Jahre dauern mag – in irdischer Zeit gemessen". Sie teilt mit: „Ich fühle mich, als ob ich einen Pfad des Lichts begänne, der aufwärts und vorwärts führt zu Reisen unvorstellbarer Schönheit und Wunder, von denen ich bis jetzt nicht den leisesten Schimmer einer Vorstellung hatte." (56)

Wer die oberste Entwicklungsstufe erreicht hat, muss nicht mehr ein neues Erdenleben auf sich nehmen, es sei denn freiwillig, um seinen Geistgeschwistern in den tieferen Stufen zu helfen und ihnen beizustehen. *Walther Hinz* schreibt hierzu: „Er durchschreitet die weiteren Stufen seiner Rückkehr an die Stätte der himmlischen Welt, aus welcher sein Ungehorsam ihn einst vertrieben hatte, in dieser Welt der Seligkeit selbst. Auf dem Weg dorthin findet der Aufgestiegene auch sein Dual wieder, sofern er sich nicht in der Weise am Abfall mitverschuldet hatte, dass ihm diese geistigen Höhen noch für längere Zeit verschlossen bleiben." (57)

Wenn wir die heutige Weltlage betrachten, müssen wir feststellen, dass in den niederen Sphären noch sehr viel Energie gebunden ist und der Menschheit noch ein sehr weiter Aufstiegsweg bis zur Vergeistigung bevorsteht. Wohl die Mehrzahl der Menschen befindet sich auf ihrem Aufstiegs- und Entwicklungsweg noch in ihren Anfängen. Der Heimweg in die Lichtwelt ist lang und kaum in einem einzigen Erdenleben zu bewältigen. Auch der „verlorene Sohn" in der biblischen Erzählung (Lk 15,11-24) ist kaum in einem einzigen Anlauf zu Hause angekommen.

Leben und Wirken in Jenseitswelten

Der Mensch geht, wenn er stirbt, nur
von der einen Welt in eine andere, um
dort weiterzuwirken.

EMANUEL SWEDENBORG

Die meisten Menschen leben hier auf Erden wenig bewusst. In ihrem banalen Alltagsbewusstsein sind sie sich der Reichweite ihres Daseins kaum bewusst. Sie wissen wenig von den Tiefenschichten ihres Unbewussten. Noch weniger ahnen sie von den Weiten ihres Überbewusstseins. Auch ist ihnen die Vergangenheit viel zu wenig bewusst, die weit in frühere Leben zurückreicht. Sie haben auch keine Vorstellung, was nach dem Tod in ferner Zukunft auf sie wartet. Dies alles muss im Jenseits aus dem dunklen Unbewussten und Nichtgewussten ans Licht des Bewusstseins gebracht werden. Wenn *Sigmund Freud* lehrte: „Wo Es ist, soll Ich werden", so gilt dies noch viel mehr für das Wirken der Verstorbenen im Jenseits. Wenn unsere Paläontologen den heutigen Menschen als *homo sapiens sapiens* rühmen, als „der Mensch, der weiß, dass er weiß", müsste dies noch viel mehr für unser Bewusstsein in der Jenseitswelt gelten. Auch dort gibt es eine fortschreitende Entwicklung, die Stufe um Stufe höher führt. Deshalb hat der früh verstorbene *Roland de Jouvenel* seiner trauernden Mutter in einer schreibmedialen Trostbotschaft mitgeteilt: „Ich befinde mich inmitten eines großen Geschehens; ich entwickle mich, ich werde immer noch leichter und bewusster." (58)

Wir können uns die jenseitige Welt als eine siebenstufige Pyramide mit folgenden Ebenen vorstellen:

1. Die Aufnahme- und Empfangsstufe
2. Die Belohnungs- und Besserungsstufe
3. Die Läuterungs- und Reinigungsstufe
4. Die Lern- und Schulungsstufe
5. Die Auftrags- und Arbeitsstufe
6. Die Aufbau- und Ausbaustufe
7. Die paradiesische Himmelsstufe

In die *Aufnahme- und Empfangsstufe* kommen die Verstorbenen in der Regel nach ihrem Eintritt in die Jenseitswelt. Es handelt sich um eine Übergangsstufe und Durchgangszone, in der die Neuankommenden von Engelwesen oder von ihrem persönlichen Geistführer, aber oft auch von ihren nahen Verwandten in Empfang genommen werden. Einige Verstorbene bleiben noch Tage und Wochen in der Nähe ihres Körpers, von dem sie sich nicht so leicht verabschieden können, weil sie ihr eigenes Wesen zeitlebens mit ihm verwechselt haben und meinten, ohne ihr „Körperfahrzeug" nicht existieren zu können. Es gibt aber auch jene, die noch eine Zeit lang in der Nähe ihrer Angehörigen verweilen, um diese zu beruhigen, zu trösten oder sie beeinflussen zu können.

Die Mehrzahl wird unwillkürlich und ohne ihr Dazutun wie von einem jenseitigen Sog angezogen und gelangt bald danach in eine ihnen gemäße Schwingungswelt. Wie so ein Aufstieg in jene erdferne Jenseitswelt erlebt werden kann, beschreibt *William Stead*, der die Schiffskatastrophe der „Titanic" von 1912 nicht überlebt hat. Die tragische Situation kurz nach dem Untergang schildert er auf anschauliche Weise wie folgt: „So warteten wir, bis alle versammelt und bereit waren, die große Reise ins unbekannte jenseitige Land anzutreten. Es wurde ein einzigartiges Erlebnis – viel fremdartiger und seltsamer, als ich es je erwartet hatte. Wir schienen uns mit ungeheurer Geschwindigkeit vertikal in die Luft zu erheben. Dabei bewegten wir uns alle gleichzeitig so, als ob wir uns auf einer großen Plattform befänden, die mit gigantischer Kraft und Geschwindigkeit von unsichtbarer Hand senkrecht in den Raum geschleudert wurde. Trotzdem hatte ich keinen Moment das Gefühl der Unsicherheit. Wir bewegten uns anscheinend ganz systematisch und zielbewusst. Ich vermag nicht zu sagen, wie lange wir so dahinflogen, noch wie weit wir uns von der Erde entfernten. Doch die Ankunft war märchenhaft schön. Es war, wie wenn man aus einer düsteren nebligen englischen Landschaft sich plötzlich unter den herrlichen Himmel Indiens versetzt findet. Alles war Schönheit und Glanz. Wir sahen das Land schon von fern. Jene unter uns, die schon auf Erden entsprechendes Wissen gesammelt hatten, wussten, dass wir uns dem Ort nahten, an dem alle unvorbereitet aus dem irdischen Leben gerissenen Seelen ihre erste Heimstatt finden.“ (59)

Nach dem Ablegen des sterblichen Erdenkleids sind die Neuangekommenen im Jenseits angetan mit einem feinstofflichen Gewand, das ihrem geistigen Zustand entspricht. Wer sich im Diesseits viele geistige Verdienste erworben und ein gottzugewandtes Leben geführt hat, wird zum Zeichen seines geistigen Fortschritts vornehm eingekleidet. Wer aber geistig verarmt und unwissend geblieben ist oder sogar ein gottabgewandtes Leben geführt hat, der wird armselig, ungepflegt und unansehnlich aussehen. Es gibt auch solche, die am jenseitigen Ufer wie Gestrandete oder Schiffbrüchige ankommen und hilflos dastehen. Es sind dies jene, die sich im Leben nur für materielle Werte interessierten und sich keinerlei Gedanken machten darüber, ob und wie es nach dem Tod weitergeht. Das äußere Aussehen ist also zunächst hinweisend dafür, auf welcher Ebene man drüben in Empfang genommen wird. Der Jenseitsforscher *Leopold Engel* schreibt aufgrund seiner eigenen Erfahrungen: „Da nun jede hinübergegangene Seele sehr schnell ein Äußeres erhält, das ihrem Inneren entspricht, so weiß auch der in Empfang nehmende Geist ganz genau, wie weit die Seele fortgeschritten ist und in welcher Region seiner Sphäre er diese einführen kann.“ (60)

Der Willkommensgruß für gottgläubige und verdienstvolle Seelen unterscheidet sich deutlich vom Empfang jener, die während ihres Erdendaseins nichts von einer göttlichen Welt und einem Weiterleben nach dem Tod wissen wollten. Während die einen von ihren lieben Angehörigen freudig erwartet und begrüßt werden, begegnet man den anderen mit ernster und vorwurfsvoller Miene und zeigt keinerlei Freude an ihrem Kommen. Neuankömmlinge werden nach dem

Gesetz der Sympathie und der gegenseitigen Anziehung von gleichgesinnten Geistern in Empfang genommen. Doch eine Begegnung mit hohen Engelwesen oder gar mit *Christus* ist auf dieser niederen Stufe noch gar nicht möglich.

In der Jenseitswelt werden die Neuangekommenen mit jenen zusammengeführt, die in ihrer geistigen Entwicklung den gleichen Stand erreicht haben. Entscheidend ist die geistige Verfassung, in der sich eine Seele befindet, wenn sie herüberkommt. Familiäre Bindungen sind dabei weniger wichtig als die seelisch-geistige Verwandtschaft. Mit der Zeit erhält jede heimgekehrte Seele jenen Aufenthaltsort zugewiesen, der ihrem Bewusstseinsgrad entspricht. Dort erhält sie die notwendigen Anweisungen, die der Verarbeitung ihrer Vergangenheit dienen soll. Hat sie Mühe, sich der jenseitigen Ordnung zu fügen, kommt sie zunächst in eine trübe und düstere Umgebung, wo sie Gelegenheit erhält, sich auf sich selber zu besinnen.

Jene, die sich in der Ordnung Gottes befinden und diese annehmen können, werden rasch in hellere Gegenden geführt, wo ihnen sinnvolle Aufgaben zugeteilt und weitere Aufstiegsmöglichkeiten geboten werden. Dort werden sie bald in einen Arbeitsprozess eingegliedert, der ihrem Entwicklungsstand entspricht und ihrer geistigen Weiterentwicklung förderlich sein kann. Auch werden ihnen Belehrungen über die Geistige Welt und ihre Ordnungsgesetze zuteil, deren Kenntnis unbedingt erforderlich ist, um in der Jenseitswelt weiter aufsteigen zu können. (61)

Auf der *Belohnungs- und Besserungsstufe* muss der Verstorbene zunächst einsehen lernen, was in seinem vergangenen Leben falsch gelaufen ist und wo er sich schuldig gemacht, was er getan hat und was er nicht hätte tun sollen; oder was er freiwillig unterlassen hat, was aber seine Pflicht gewesen wäre. Wenn es gutgeht, entsteht in ihm der Wunsch nach Gerechtigkeit und Wiedergutmachung. Was der Mensch im Diesseits an Gutem getan hat, wird im Jenseits entsprechend belohnt. Auf dem jenseitigen Konto werden alle Werke des selbstlosen Wirkens, der Nächstenliebe, der Hilfsbereitschaft und der liebenden Zuwendung gutgeschrieben. Auch hier gilt: Was einer sät, das wird er ernten. Nicht Gott belohnt oder bestraft uns; wir sind es immer selber, die Lohn oder Strafe verursachen durch das Gesetz von Saat und

Ernte. So werden seelische Leiden und Schmerzen durchaus spürbar als Folgen von Uneinsichtigkeit, Streit, Sturheit und Stolz. Sobald die Seele eines Verstorbenen bereit ist, Hilfe aus der göttlichen Welt anzunehmen und darum zu bitten, gerät sie in eine höhere Schwingung, und die Schwere ihrer Belastungen wird spürbar geringer. Dabei wird ihr von helfenden Geistern gezeigt, wie sie sich zum Besseren wenden kann.

Ungläubige und Unwissende werden im Jenseits nicht wegen ihres Unglaubens verbannt oder verdammt, wie von verschiedenen Predigern gerne angedroht wird. Sie werden vielmehr belehrt, aufgeklärt und der Wahrheit zugeführt, falls sie hierfür aufnahmebereit sind. Weigern sie sich, werden sie so lange in ihrer selbstverursachten Unwissenheit belassen, bis sie diese als erdrückend und trostlos erfahren und dann von sich aus nach dem Licht höherer Erkenntnis streben und dementsprechend empfänglich und belehrbar werden.

Auf den jenseitigen *Läuterungs-* und *Reinigungsstufen* geht es um einen geistigen Reinigungsprozess. Dieser wird oft verglichen mit der Entschlackung von Edelmetall vom rohen Gestein, indem es im Feuer erhitzt wird. Dies wird nicht ohne Mühe und Anstrengung geschehen können. So auch die seelische Entschlackung.

Wer im Verlauf seines Erdenlebens schwere Schuld auf sich geladen hat, dem werden in den Jenseitswelten genügend Gelegenheiten geboten, sich dieser bewusst zu werden, diese richtig zu beurteilen und durch gute Taten auszugleichen. Es geht vor allem darum, eigene Schuld abzubauen und sich von karmischen Altlasten zu befreien. Negative Auswirkungen durch fehlerhaftes Tun in Gedanken, Worten und Werken müssen durch gegenteilige gute Taten ausgeglichen werden. So können Verwünschungen durch Segenswünsche, Lügen durch Wahrheiten, Verurteilungen durch verstehendes Verzeihen und Hassgedanken durch Liebesgedanken behoben werden. In einem gewissen Sinne entspricht diese Möglichkeit dem „Fegefeuer“, wie es die Katholische Kirche kennt. Zwar besteht diese Läuterung nicht darin, dass die Verstorbenen dort ihre persönlichen Schwächen und Unarten in einer Feuersglut „ausbrennen“, sondern dass sie aus diesem zeitlich begrenzten Zustand geläuterter und wissender hervorgehen, bevor sie ins Reich der Seligen aufsteigen können.

Wie sich eine solche Läuterung vollziehen kann, erklärt uns folgendes Beispiel einer im Jahr 1967 verstorbenen Frau, die sich 2006 über ein Medium mitteilte: „Seither bin ich in der Läuterung. Am Anfang war immer Dämmerung um mich. Das ging nach irdischen Begriffen jahrelang. Dies war die Folge davon, dass ich im Leben streitsüchtig war. Ich stritt nicht nur selber immer wieder, sondern ich brachte auch Zwietracht unter andere Menschen, indem ich sie übel verleumdete. Das war viel schlimmer als meine eigenen Streitereien, weil die Betroffenen sich nicht verteidigen konnten. Natürlich hatte ich noch andere Untugenden, aber das war meine schwerste Sünde, dass ich andere gegeneinander gehetzt habe und so Unfrieden stiftete. Um zur Einsicht zu kommen, musste ich in einer Gemeinschaft wohnen, in der die anderen Mitbewohner auch nicht gerade friedlich waren. Wir sollten lernen, miteinander auszukommen ohne Streit. Und dann diese Dämmerung. Erst als wir etwas friedlicher miteinander umgingen, wurde es ein wenig heller. Da merkten wir, dass es allein auf uns selber ankam, wie sich unsere Umgebung gestaltete, und gaben uns mehr Mühe. Aber wir brauchten Jahre, bis wir unsere Gesinnung geläutert hatten. Wir besuchten auch Schulungskurse und religiöse Gemeinschaftsstunden, und immer wieder kamen Engel, um nach uns zu sehen. Auch hatten wir Heimarbeit zu verrichten, aber immer zusammen. Jetzt endlich bin ich ein friedfertiges Wesen geworden. Ich komme wieder als Mensch auf die Erde und werde viele Kinder bekommen, die ich zu friedliebenden Menschen erziehen soll. Die Engel haben mir Beistand versprochen.“ (62)

Auf der *Lern- und Schulungsstufe* erhalten die Jenseitsbewohner die Möglichkeit, sich aufklären, unterrichten und belehren zu lassen. Die meisten kommen nicht darum herum, in der nachtodlichen Welt sich das erforderliche geistige Wissen zu erwerben, das ihnen in ihrem Erdendasein nicht zugänglich war, das sie nicht interessiert hat oder über das sie nicht oder falsch unterrichtet wurden. Der Jenseitsforscher *Shaw Desmond* schreibt: „Zu unsrer geistigen Weiterbildung stehen uns dort drüben ‘Universitäten‘, die man ‘Hallen der Weisheit’ nennt, Schulen und große Gotteshäuser völlig kostenlos zur Verfügung. Die einzige Bedingung, die wir zu ihrem Besuch erfüllen müssen, ist die Verpflichtung, aufmerksam und fleißig zu lernen und das Gelernte bei jeder sich bietenden Gelegenheit in freiwilliger Missionsarbeit an bedürftige Seelen zu deren geistiger Förderung weiterzugeben." (63)

Eine Frau, die im Leben den Namen *Magdalena* trug, besuchte immer wieder einen dieser jenseitigen Unterrichtsorte. Sie erinnerte sich in einer medialen Durchsage: „Ich glaube, je öfter wir dahin kommen, desto mehr nehmen wir von diesen Belehrungen auf und können davon auch wieder abgeben, weil wir selber lernen, die Fähigkeiten, die in jedem von uns stecken, in Form des Guten zum Schwingen zu bringen und dann auf andere zu übertragen. Das Schlechte aber lernen wir immer mehr abzublocken, um uns nicht immer wieder niederschlagen und entmutigen zu lassen." (64)

Wir können uns die mittleren und höheren Jenseitsstufen wie eine große Lernschule vorstellen, in der fortwährend Lernwillige unterrichtet werden, um ihnen das erforderliche geistige Grundwissen zu vermitteln, ohne das kein spiritueller Fortschritt erzielt werden kann. Jeder hat die Möglichkeit, aufgrund seiner Lernfähigkeit und seines Lernwillens sich wieder aufzurichten, neu auszurichten und der göttlichen Welt zuzuwenden. In den jenseitigen „Hallen des Wissens" und in den „Tempeln der Weisheit" sind alle großen Errungenschaften menschlichen Könnens für immer in Wort und Bild wie in einer riesigen Dokumentationszentrale gespeichert. Dort können der Wissensdurst und der Erkenntnishunger jener gestillt werden, die nach göttlicher Weisheit streben wollen. (65) In *Estelle Steads* Buch „Die blaue Insel" teilt ihr Vater *William* aus der jenseitigen Welt mit: „Es sind große Organisationen zum Zweck der Übermittlung von Wissen und Weisheit. Dort wird der Geist sozusagen systematisch in die Schule genommen. Regelmäßig werden Lehrstunden abgehalten, bei denen der Jenseitsbürger von nun an einen Gutteil seiner Zeit verbringt." (66)

Haben Menschen während ihres Erdenlebens nicht die Möglichkeit gehabt, an einem geistigen Lernprogramm teilzunehmen, bekommen sie im Jenseits die Gelegenheit, in den „Hallen des Lernens" den erforderlichen Nachhilfeunterricht und weitere Schulung zu erhalten. Der verstorbene Monsignore *Robert Hugh Benson* wusste hierüber aus dem Jenseits zu berichten: „Die Ausbildung ist hier leicht, und der Erwerb und die Anwendung von Wissen ist gleichermaßen unschwer für jene, die lernen wollen. Es handelt sich um eine alles umfassende Schulung, auf der alle diejenigen Seelen, die auf Erden hinsichtlich Wissen und Lernen benachteiligt waren, sich weiterbilden können.“ (67)

Nach erfolgreich bestandener „Reifeprüfung“ können sie, ähnlich wie auf der Erde, an höhere und himmlische Weiterbildungsstätten wechseln, die als eine Art jenseitige Hochschulen oder Universitäten die Aufgabe haben, fortgeschrittene Geister zu spirituellen Spezialisten auszubilden, die dann bei passender Gelegenheit als freiwillige Meisterseelen in ein neues Erdenleben gesandt werden, um der Menschheit als Erfinder, Forscher oder als politische und religiöse Führer zu neuen geistigen Entwicklungsschritten zu verhelfen.

In den jenseitigen Lern- und Wissenshallen steht den Studierenden das ganze Wissen der Jahrtausende zur Verfügung, und fachkundige Lehrmeister, hohe Weisheitslehrer, Eingeweihte und Erleuchtete stehen ihnen zur Seite. Interessant ist, dass den Lernenden vielfach sogar jene großen Gelehrten und Künstler begegnen, die in ihrem Erdenleben durch ihre wissenschaftliche oder künstlerische Tätigkeit große Berühmtheit erlangt haben. Es gibt im Jenseits entsprechende Schulungszentren und Bildungsstätten, wo alles vorhanden ist, was den Lernenden geistigen Fortschritt bringen kann. Leider benutzen zahlreiche Jenseitsbewohner diese Gelegenheiten viel zu wenig, was deren Wiederaufstieg enorm verzögert.

Was auf den höheren Lernstufen in der Jenseitswelt an Wissen vermittelt wird, geht weit über das hinaus, was an irdischen Eliteschulen geboten wird. So äußerte sich ein erfahrenes Geistwesen: „Was wir erkennen, ist viel weitreichender als das, was euch auf Erden zugänglich ist. Und von Stufe zu Stufe erfahren wir mehr. So wird unsere Erkenntnis immer gesteigert und unser Lieben nimmt gleichermaßen zu. Es gibt keinen Grad der Erkenntnis und der Liebe, den man als Abschluss bezeichnen könnte.“ (68) Den gesamten Wissensschatz, den wir dereinst in der himmlischen Heimat besaßen und durch unseren Fall in die Gottferne verloren haben, müssen wir im Verlauf vieler Erdenleben und über viele Jenseitsstufen wieder erarbeiten – und zwar auf dem Weg des Lernens und Wiedererinnerns. Deshalb konnte der weise *Sokrates* im alten Griechenland seine Schüler lehren: „Lernen heißt, sich erinnern.“

Auf der jenseitigen *Auftrags- und Arbeitsstufe* herrscht rege Tätigkeit. „Nur Faulpelze können sich mit dem Gedanken anfreunden, der Himmel sei zum Ausruhen da“, meinte Baptistenprediger *Charles Spurgon* (1834-1892). Für ihn ist eine Ewigkeit untätiger Gottesverehrung undenkbar. Ein sinnloses Nichtstun gibt es nur in den tiefsten Dunkelwelten als Ausdruck der Unwissenheit, der Ausweglosigkeit und der geistigen Trägheit. Ein fortgeschrittenes Geistwesen berichtet aus der Jenseitswelt, es gebe in den höheren Welten keine Untätigkeit oder Langeweile als Dauerzustand. Jeder könne einer nützlichen Arbeit nachgehen: „Es gibt unendlich viele Aufgaben hier, denen man nachkommen kann, ebenso wie es ungeheuer viele Seelen gibt, die sie ausführen... Unsere Welt ist keine Welt des ewigen Sichausruhens. Natürlich bietet sie allen, die sie brauchen, genügend Gelegenheit, um sich auszuruhen. Doch sobald man sich genug erholt hat, macht sich in einem wieder der Wunsch breit, einer vernünftigen und nützlichen Arbeit nachzugehen. Und Gelegenheit dazu findet man überall.“ (69)

In der geistigen Welt üben die fortgeschrittenen Wesen wichtige Tätigkeiten aus, die ihnen von hohen Geistern zugewiesen werden. Ein jenseitiger Lehrer bestätigt: „Das Leben in der Geisterwelt ist recht rege; es muss gearbeitet werden.“ Zahlreich sind die helfenden Engel, die sich in den Dienst diesseitiger und jenseitiger Aufgaben stellen, sei es als Schutzengel, Führergeister, Trösterengel oder Helferengel, sei es als Abwehrgeister und Wächterengel, die den Auftrag haben, Unglück und übelgesinnte Dämonen von Menschen und Tieren fernzuhalten. (70) Ein ehemaliger Rechtsanwalt, der im Jahr 2000 in die Jenseitswelt eingegangen ist, ließ seine Angehörigen auf medialem Weg wissen: „Viele Jahre bin ich nun in der geistigen Welt, und ich darf sagen, dies ist ein Ort, wo man sich wohlfühlen darf. Aber es ist auch mit Arbeit verbunden, um diesen Wohlfühlzustand zu erreichen. Es ist keine körperliche Arbeit, da der Körper in seiner Lebensform ja nicht mehr existiert... Ich darf aber auch sagen, dass es bei jeder Seele auf die geistige Entwicklung ankommt, um das Leben in der geistigen Welt zu verstehen.“ (71) Aus einer ähnlichen jenseitigen Arbeitsgemeinschaft vernehmen wir durch das Medium *Jane Sherwood,* dass fruchtbare Zusammenarbeit und enge freundschaftliche Beziehungen es ermöglichen, gemeinsame Interessen, Absichten und Ziele zu verwirklichen. Daraus entsteht: „Eine soziale Ordnung, die allen ihren Mitgliedern gerecht wird und jedem von ihnen die Gelegenheit gibt, sich auf seine spezielle Weise zu entwickeln und zu vervollkommnen.“ (72)

Während jede Beschäftigung auf den höheren Entwicklungsstufen freiwillig ausgeübt werden kann, müssen auf den mittleren Daseinsstufen nützliche Arbeiten unter Zuweisung und Anleitung gestrenger Aufseher-Engel geleistet werden. In den dunklen Tiefenregionen sind deren Bewohner zu dumpfem Nichtstun verurteilt. Eine Frau, die im Leben *Elisabeth* hieß, teilte in einer medialen Sitzung mit, dass sie sich nach ihrem Tod zunächst in der Gesellschaft der Unwissenden befand. „Man fragt sich nicht; niemand hat ein Warum und Wozu. Man ist einfach da, gedankenlos und gleichgültig. Man weiß, dass man tot ist, und das ist eben das Leben nach dem Tod. Weil man vorher von einem Leben nach dem Tod nichts wusste, weil man nichts anderes kannte, nimmt man das so hin. Wenn du fragst, was ich gedacht habe. Ich habe mir gedacht, das ist alles sinnlos. Ohne eine Aufgabe zu sein und ohne mit jemandem sprechen zu können, hält man das nur aus, wenn man nichts anderes gewohnt ist und nichts anderes kennt.“ (73)

So wie es in der diesseitigen Welt ständig zu Veränderungen und Erneuerungen kommt, je nach den Bedürfnissen der Erdenbewohner, so bedarf auch die jenseitige Welt fortwährender Anpassungen entsprechend dem Entwicklungsstand der neu ankommenden Seelen. Diese Aufgabe obliegt den Bewohnern der *Aufbau- und Ausbaustufen.* Hier erhalten die Jenseitsbewohner je nach ihren Begabungen und Neigungen bestimmte Aufträge, die der Ausgestaltung der geistigen Welt dienen soll. Diese ist nicht ein für alle Mal fest eingerichtet, sondern sie bedarf entsprechend den aufsteigenden Geistern immer wieder der Veränderung und Erneuerung.

Auch bekommen viele Geistwesen die Gelegenheit, auf den verschiedenen Stufen und Ebenen des Jenseits zu wirken. Viele sind beauftragt, zwischen den Lebenden und Verstorbenen helfende und heilende Kontakte herzustellen. Wiederum andere werden als Missionsgeister in die Schatten- und Dunkelwelten entsandt, um dort bei den Uneinsichtigen, Verdorbenen und Verlassenen geistige Notfallhilfe sowie Tröster- und Helferdienste zu leisten. Eine verstorbene Frau wurde angewiesen, auf Erden lebende Menschen zu begleiten und zu betreuen, die des geistigen Beistandes bedurften. Gleichfalls sollte sie Verstorbenen beistehen, um ihnen zu helfen, sich in der neuen Welt zurechtzufinden. In dieser Tätigkeit wurde sie von Engeln angeleitet und beraten. Für sich selber sollte sie dabei Geduld und liebende Anteilnahme lernen, um dadurch ihre eigene geistige Entwicklung zu fördern. (74)

In den höheren Lichtwelten sind alle Wesen aufgerufen, am göttlichen Heils- und Erlösungswerk mitzuarbeiten. Es gibt keine Ruhe und keinen Frieden, ehe nicht der letzte der gefallenen und abtrünnigen Geister wieder zurückgekehrt ist in sein himmlisches Herkunftsland. Daher werden Rettungsgeister in großer Zahl aufgeboten und eingesetzt, die sich jener uneinsichtigen, unwissenden oder in die Irre geratenen Geistwesen in den Tiefenwelten annehmen, um sie durch aufmunternde und belehrende Bemühungen zur geistigen Umkehr zu bewegen. Auch versuchen sie, mit diesen zu beten, um ihnen dadurch Licht zu bringen. Eine verstorbene Frau, die im Jenseits eine solche anspruchsvolle und schwierige Aufgabe übernommen hat, um eigensinnigen und unbelehrbaren Geistern, die sich gegen jede Hilfe wehren, beizustehen, erzählte: „Diese wollen von sich aus keinen Schritt weitermachen und sind entweder ganz stumpfsinnig und durch nichts aufzurütteln oder aber bösartig und lassen niemanden an sich herankommen. Im Geist sehe ich sie jetzt schon wieder alle vor mir. Und wenn ich bei manchen glaube, endlich einen Anknüpfungspunkt gefunden zu haben, so dass sie mit sich reden lassen, und endlich aufgewacht sind und nun mitmachen, dann muss ich beim nächsten Mal feststellen, dass alles wieder von vorne losgeht. Es waren also keine Kranken, mit denen man noch Mitleid haben kann, sondern Wesen, die ihr Befinden selbst verschuldet haben, obwohl das sehr hart klingt. Sie sind in einem Zustand, der nur das Verhalten zulässt, welches sie an den Tag legen… Viele wollen es einfach nicht wahrhaben, dass es ein Weiterleben gibt, dass man sich weiterentwickeln und auf andere zugehen kann. Ich habe aber auch Wesen kennengelernt, die wissen sehr wohl, dass sie gestorben sind. Andere sind jedoch noch erdgebunden und haben ihre helle, geradezu diebische Freude daran, Menschen auf eurer Erde negativ zu beeinflussen, zu stören und ihnen Ängste einzujagen. Ihr könnt euch gar nicht vorstellen, wie mich das manchmal in Wut bringt. Aber das ist gerade verkehrt. Ich muss mich ja zurückhalten, um ihnen klarzumachen, wie schlimm das ist, was sie ausführen und welchen Schaden sie anrichten." (75) Um nicht falsche Erwartungen oder Missverständnisse zu wecken, ist darauf hinzuweisen: „Lichtwesen aus höheren Dimensionen dürfen und können unseren freien Willen nie durchbrechen. Wir sind folglich auch mit der Unterstützung aus anderen Dimensionen immer noch selber für unser Leben und unsere Entscheidungen verantwortlich." (76)

Die Spitze unserer aufsteigenden Pyramide wird gebildet von der *paradiesischen Himmelsstufe.* Es handelt sich um eine Art Vorhimmel, in den die gerechtfertigten Seelen nach ihrem Tod einziehen können (Lk 23,43). Jeder Mensch, der sich im Leben bewährt hat und die Lektionen, die zu lernen waren, erfolgreich bestanden und die aufgetragenen Proben und Prüfungen zufriedenstellend gelöst hat, wird danach in diese höheren Sphären aufsteigen können, wo neue Aufgaben seiner warten und neue Entwicklungswege ihm offen stehen.

Der evangelische Pfarrer *Hans-Jürg Braun* beschreibt den Aufenthalt der Seligen als ein „hoffnungsfrohes, erwartungsvolles Leben". (77) Die Seele empfindet die Befreiung von den niederen Begierden und Leidenschaften als äußerst wohltuend, was sie zum weiteren Streben veranlasst. Die Verstorbenen führen in dieser reinen Himmelssphäre ein tief innerliches Leben und verwirklichen ihre Ideale. Nichts mehr bindet sie an die vergänglichen Erscheinungen ihres früheren Daseins auf Erden. Diese Jenseitssphäre wird auch das „Land der erfüllten Wünsche" genannt und entspricht jenen Vorstellungen, welche im Christentum und im Islam als „himmlisches Paradies" geschildert werden. „Auf dieser Ebene finden sich viele, die während ihres Erdenlebens den Menschen aus einem Gefühl der Brüderlichkeit helfen – die dienen um des Dienens willens, und nicht, um einer bestimmten Gottheit zu gefallen." (78)

Der Entwicklungsweg geht für alle Geistwesen nach oben. Über den eigentlichen Himmel vernehmen wir von Jenseitigen verhältnismäßig wenig. Diese sind offenbar schon zu weit weg von unserer Erde, als dass menschliche Worte hierüber etwas Konkretes aussagen können. Jene, die darüber Auskunft geben könnten, sprechen im besten Fall in

Bildern und Gleichnissen (Mt 13, 13-51). Was die Theologen darüber zu wissen glauben, beruht weitgehend auf Spekulationen. Manches spricht dafür, dass es über den genannten sieben Aufstiegsstufen noch sieben Himmelsphären gibt. So wurden im altpersischen Parsismus sieben unsterbliche Heilige in sieben Himmeln verehrt. *Buddha* sprach von einem „siebten Himmel", in den jene kommen, die in ihrem Leben absichtslos Gutes getan haben. Im Judentum gab es die Vorstellung von sieben übereinander liegenden Himmeln, in Anlehnung an die sieben sonnennahen Planeten. (79) Im Neuen Testament der Bibel ist die Rede von einem „dritten Himmel" (2 Ko 12,2) und von „mehreren Himmeln" (Eph 4,10). In der modernen Engel-Literatur werden „sieben Engelwelten" und „sieben Engelchöre" erwähnt. In Harmonie, Freundschaft und Wohlwollen mit gleichgesinnten Wesen zusammen zu sein, ist der Grundton dieser Himmelsstufe in der Gottesnähe.

Was wir im gegenwärtigen Menschenleben bewirken, erfährt nicht nur seine Rückwirkungen in unserem nachtodlichen Jenseitsleben, sondern hat auch seine Auswirkungen in einem nachfolgenden erneuten Erdenleben. Der Philosoph *Theodor Fechner* (1801-1887), der als einer der Begründer der angewandten Psychologie gilt, hat diese Gedanken in folgende Verse gekleidet:

Ein Schleier ist der Tod. Dein schlafend Aug' erwacht.
Du siehst, wie weit du es zur Gottesnäh' gebracht
Gott siehst du nicht, wenn du auch bist gestorben;
Du siehst nur das, was Göttliches du hast erworben.

Bewährung in wiederholten Erdenleben

Die Seele steigt herab zur Erde,
auf dass sie dort verankert werde.
Und nach ihrem Erdenlauf
steigt sie wieder zum Himmel auf.
Sie kehrt erneut zur Erde nieder
und steigt danach zum Himmel wieder.

JANA HAAS

Zu Beginn des 20. Jahrhundert hat der amerikanische Psychologie-Professor *William James* (1842-1910) seinen Studenten an der berühmten Harvard-Universität erklärt, der heutige Durchschnittsmensch sei sich nur in sehr bescheidenem Maße seiner Fähigkeiten und Möglichkeiten bewusst. Viele seien, geistig gesehen, wie Riesen, die sich angewöhnt haben, als Zwerge herumzulaufen. Die allermeisten würden wie Eintagsfliegen leben und wüssten nicht, wer sie eigentlich sind, woher sie kommen und wohin sie gehen. Alle, die da meinen, sie hätten nur das eine, das jetzige Leben, befänden sich in sehr engen Bewusstseinsräumen.

Dass dies alles so nicht zutrifft, werden die Menschen spätestens im Jenseits erfahren. Dort erhalten sie Einblick in ihre weitgefächerten früheren Existenzen. Diese müssen sie sich bewusst machen und aufarbeiten, was ihnen viel Mühe bereiten könnte, sofern sie sich nicht schon früher mit diesen Gedanken vertraut gemacht haben. Dabei handelt es sich um eine Art geistige „Revisions- und Reparaturarbeiten“ der Seele, die sie noch lange beschäftigen wird. Sie werden erkennen, dass so manche Erschwernis die logische Folge einer nicht bestandenen Prüfung im vergangenen Leben ist. So können wir Menschen durch diesseitige Leiden, Krankheiten, Behinderungen oder unglückliche Umstände auf die Probe gestellt werden. Daher ist es ratsam, diese anzugehen, statt sich ihrer zu entziehen.

Nach dem Eintritt in die nachtodliche Welt erhält die heimgekehrte Seele noch manche Gelegenheit, begangene Fehler einzusehen, negative Gedanken und Gefühle umzupolen, eigene Fehlhandlungen zu erkennen und so manches in Ordnung zu bringen, was im Erdenleben missraten ist. Dies kann in einem nächsten Erdendasein erneut erprobt und zur Bewährung ausgesetzt werden.

Es ist nicht zu erwarten, dass alles, was sich in zahlreichen vorausgegangenen Erdenleben an Unvollkommenem in der Seele angesammelt hat, im Jenseits durch auferlegte Bußübungen erledigt werden kann. Dort geht es nicht in erster Linie um Strafe und Sühne, sondern um Besserung und Wiedergutmachung. In einem wiederholten Erdenleben kann sich die Menschenseele in neuen Lernlektionen und Prüfungen bewähren. Dies ist nicht als Strafe, sondern als willkommene Chance anzusehen, ähnlich wie man einem Schüler die Gelegenheit gibt, eine Klasse zu wiederholen, wenn er diese nicht bestanden hat. „Jedes Erdenleben gleicht einer Prüfung", schreibt *Walther Hinz*. „Wer diese nicht besteht, muss vielleicht im nächsten Erdenleben unter gleichen oder ähnlichen Bedingungen dieselbe Prüfung wiederholen, und das so oft, bis er sie besteht. Der Einzelne wird so oft in derselben Stufe als Mensch einverleibt, bis er für die nächsthöhere Stufe reif geworden ist." (80) *Werner Dostal* fügt hinzu: „Immer wieder werden diese Fähigkeiten geprüft, sei es in den Aufstiegsstufen, sei es in einem weiteren Erdenleben. Wenn die himmlischen Lehrer die Überzeugung haben, das Gelernte sei nun in der Seele fest verankert, dann ist ihr ein Aufstieg in die nächst höhere Sphäre möglich." (81)

Thomas Eduard Lawrence ließ sich hierzu in seinem „Tagebuch von drüben" wie folgt vernehmen: „Was auch immer der Mensch aus den Herausforderungen eines jeden Daseins gemacht hat, wird ihm als kraftvolles Vermögen oder als schwächliche Unfähigkeit, den Aufgaben des aktuellen Lebens zu Leibe zu rücken, erhalten bleiben. Fest steht, dass ihm die Lektionen, die zu lernen und zu bewältigen er versäumte, im neuen Leben in moderner Form wiederum präsentiert werden. Weigert er sich erneut, setzt sich dieses Muster unverändert fort und erfährt eine neuerliche Herausforderung. Was wir dabei in

Betracht zu ziehen haben, ist die fortschreitende Kompliziertheit des Lebensmusters, seine wachsende Vielfältigkeit und Feinheit und allem voran die große Gnade, die Versagen und Schuld niemals endgültig und unwiderruflich bestehen lässt." (82) Für zahlreiche Geistwesen bedeutet die erneute Menschwerdung den einfacheren und sicheren Entwicklungsweg. Dieser bringt zwar langsamere Fortschritte, weil der Mensch sich in der Regel nicht so sehr um sein geistiges Weiterkommen bemüht, dafür ist er weniger den Gefahren durch dämonische Einflüsse aus der Dunkelwelt ausgesetzt.

Was die Katholische Kirche mit ihrer mittelalterlichen Fegefeuer-Lehre zu verdeutlichen versucht, ließe sich durch die Lehre von den wiederholten Erdenleben viel besser erklären. (83) So erstaunt nicht, dass *Karl Rahner* zur Einsicht kam, die Lehre von einem jenseitigen Reinigungsort sei überholt. Daher räumte er ein: „Hier ist noch vieles zu tun und manche Schwierigkeiten gegen die Lehre vom Zwischenzustand, vom Fegefeuer, müsse sicher noch ausgeräumt werden." Und er fragte sich, ob für die Wiedergeburtslehre „nicht doch auch innerhalb der christlichen Dogmatik ein Platz frei wäre". (84)

Unser Erdendasein gilt als Lebensschule und unsere Erde wird mit Recht als Schulungsplanet bezeichnet. Auf dem Lernweg, der manchmal auch ein Leidensweg sein kann, sollen geistige Fortschritte erzielt werden. Die Summe aller Lernerfolge in aufeinander folgenden Erdenleben nannte *Thorwald Dethlefsen* „unsere Lerngeschichte". Diese macht uns zu dem, was wir im Verlauf vieler Inkarnationen geworden sind. (85)

Wer sich vorzeitig aus dem Leben verabschiedet, weil es ihm nicht mehr gefällt, bleibt dem Leben etwas schuldig. Wer sich kleinmütig wichtiger Aufgaben und Verantwortungen durch Trennung und Scheidung entzieht, für den bleiben diese bloß aufgeschoben, aber nicht aufgehoben. Wer leichtfertig oder leichtgläubig in Ersatzbeziehungen flüchtet, der bedenkt zu wenig, dass auch diese ihren Preis fordern werden. Es ist, als wenn man in einem Kaufhaus die eine Zahlstelle meiden würde, um an der nächsten für den gleichen geschuldeten Betrag zur Kasse gebeten zu werden.

Um die Langzeitwirkung solcher Fehlentscheidungen besser verstehen zu können, muss der Begriff des *Karma* ins Spiel gebracht werden, welchen *Paul Brunton* die „Kette von Ursache und Wirkung" nennt. (86) Das Karma ist eine geistige Kraft, die selbstständig und selbsttätig wirkt wie die Schwerkraft in der Natur. Sie ist an sich weder gut noch schlecht, weder böse noch freundlich. Sie ist eine Gesetzmäßigkeit in der geistigen Weltordnung, die dafür sorgt, dass schlussendlich auf Erden wie im Himmel Recht und Gerechtigkeit obsiegen. (87)

Wir können Karma als ein Tun und dessen Folgen bezeichnen. Gutes zu tun, schafft gutes Karma, schlechtes zu tun, schafft schlechtes Karma. Zu vergleichen ist das Karma mit dem Fußabdruck, den ein Mensch hinterlässt, oder mit den Aufzeichnungen eines Fahrtenschreibers bei einem Lastwagen, mit der Black-Box in einem Flugzeug oder mit der Überwachungskamera auf einer Straße. Diese Instrumente erlauben es, ein stattgefundenes Ereignis automatisch zu registrieren, damit es nachträglich überprüft und beurteilt werden kann. Ähnlich verhält es sich beim Karma, dem nichts entgeht und das nichts vergisst. Dies beweisen die zahlreichen Rückerinnerungen und Rückführungen in frühere Leben, die längst Vergangenes wieder bewusst machen können. (88)

In der Mythologie des griechischen und römischen Altertums wurden diese karmischen Wirkungen als Schicksalsmächte personifiziert, so in den Gestalten der Eumeniden und der Parzen, wie sie später von *Goethe* in seinem „Lied der Parzen" und von *C. F. Meyer* im „Gesang der Parzen" als wohlgesinnte Mächte besungen wurden. Dagegen galten die Furien und Erinnyen als Rachegöttinnen, als das „furchtbare Geschlecht der Nacht", wie es in *Schillers* Gedicht „Die Kraniche des Ibykus" genannt wird. Das Karma ist eine Art lebendiges Schicksalsgeflecht, das unsere Lebensdaten enthält. Nach dem Tod werden dessen geheime Windungen und Bindungen offengelegt. Alle Verknüpfungen, die wir früher dem Zufallsgeschehen zugeschrieben haben, werden nun sinnvoll und verständlich. Die karmischen Aufzeichnungen werden in der sogenannten *Akasha-Chronik* (89) gesammelt und aufbewahrt.

Der Karma-Gedanke liefert die besseren Beweggründe zum sittlichen Handeln als die Furcht und Angst vor göttlicher Rache und Strafe. Es zeigt sich hier, dass wir nicht der Willkür eines blinden Schicksals oder eines zufälligen Geschehens ausgeliefert sind. Auch nicht der

„ewige Ratschluss Gottes" ist für unser Glück und Leid verantwortlich. Vielmehr ist es unser eigenes Tun in Gedanken, in Worten und in Werken, das dafür sorgt, was früher oder später auf uns schicksalshaft zukommt. Um dies zu begreifen, müssen wir allerdings lernen, in großen Zeiträumen und weiten Zusammenhängen zu denken. So manches wurde in einem früheren Leben grundgelegt, was sich im jetzigen Leben auswirkt, und was wir heute in die Wege leiten, wird vielleicht erst in einem späteren Leben seine Folgen zeigen. Sicher ist es nicht Gott, der uns heimzahlt, was wir schuldig geblieben sind. Aus diesem Grund kann ich nicht an einen strafenden, rächenden und verdammenden Gott glauben, wie ihn das Alte Testament der Bibel uns mehrfach vorstellt (5 Mo 32,35; Jes 55,4; Ps 6,2). Vielmehr ist es so, dass jeder die Suppe auslöffeln muss, die er sich selbst eingebrockt hat.

In der Theosophie und Anthroposophie ist die *„Akasha-Chronik"* zentral. Diese enthält als überbewusste Informationszentrale sowohl das „Lebensbuch" jedes einzelnen Menschen als auch das universelle „Weltgedächtnis", manchmal auch „kosmischer Wissensspeicher" oder „Bibliothek Gottes" genannt. In diesem sind alle schicksalshaften Ereignisse der Menschheit aufgezeichnet. Dieses ist zu vergleichen mit dem kollektiven Unbewussten nach *C. G. Jung*. Dessen Grundlage bildet das allgemeingültige Naturgesetz von der Erhaltung der Energie, wie es im 1. Hauptsatz der Thermodynamik zum Ausdruck kommt. Jenes besagt, dass Energie weder entstehen noch vergehen, sondern nur umgewandelt werden kann. Diese Regel gilt nicht nur für das Gebiet der Physik, sondern auch im Bereich der Metaphysik. Hier wie dort stimmt auch der Lehrsatz: Wo Energie fließt, da baut sich ein Kraftfeld auf. In den Kraftfeldern werden Informationen gespeichert. Dieses trifft nicht nur für die physikalische Energie, sondern auch für die spirituelle Energie zu. Was nun die Akasha-Chronik anbelangt, kann diese als Dokumentationszentrale von Informationen des gesamten Weltgeschehens angesehen werden, die unabhängig von Raum und Zeit selbst in höheren Daseinsebenen bestehen bleiben und dort eingesehen werden können. Dies ist auch der Grund, warum keine Wohltat und keine Übeltat jemals sang- und klanglos in ein Nichts verschwindet, sondern bestehen bleibt, bis sie ausgeglichen wird. Über den Tod hinaus gilt, was *Goethe* in seiner Faust-Dichtung schrieb: „Es kann die Spur von meinen Erdentagen nicht in Äonen untergehen."

Der Gedanke, der unter dem Begriff *Karma* zusammengefasst werden kann, ist in folgenden sieben *geistigen Gesetzen* enthalten:

1. Im Gesetz von Ursache und Wirkung
2. Im Gesetz von Saat und Ernte
3. Im Gesetz der Gegenläufigkeit
4. Im Gesetz der Wiederkehr
5. Im Gesetz des Ausgleichs
6. Im Gesetz der Gerechtigkeit
7. Im Gesetz der Gnade

1. Das *Gesetz von Ursache und Wirkung*, auch Kausalitätsgesetz genannt, weist uns darauf hin, dass jede Wirkung eine entsprechende Ursache hat, dass es keine ursachenlose Wirkung gibt und ähnliche Ursachen ähnliche Wirkungen nach sich ziehen. Dies gilt sowohl im körperlichen als auch im seelischen und geistigen Bereich. Da wir Menschen tätige Wesen sind, werden wohl die meisten Geschehnisse durch unser menschliches Tun oder Nichtstun ausgelöst. Deshalb sind wir in den meisten Fällen selber die Verursacher unserer Geschicke und unseres Schicksals. Es ist durchaus möglich, dass eine Ursache, die wir im diesseitigen Leben bewirken, sich nicht sogleich im Hier und Jetzt auswirkt, sondern erst auf einer jenseitigen Daseinsebene oder in einem späteren Erdenleben zur Auswirkung kommt.

2. Das *Gesetz von Saat und Ernte* greift tief in unsere Vergangenheit hinein und wirkt sich oft erst in der fernen Zukunft aus. Was wir heute säen, ist das Saatgut von gestern, deren Frucht wir erst morgen ernten werden. Dieses Gesetz macht deutlich, dass jede unserer bewussten Handlungen ihre Folgen nach sich zieht, indem es das Gute mit Gutem, das Böse mit Bösem vergelten wird. „Der Mensch wird nicht *für* seine Sünden bestraft, sondern *von* seinen Sünden und deren Folgen. Wer leidet, leidet nicht zufällig oder von ungefähr. Wer Grund hat, sich zu freuen, der erntet, was er an Freudvollem gesät hat. Wenn wir auch alle Leiden selber irgendwie und irgendwann verursacht haben, gibt es doch keine Entschuldigung für unempfindliche Gleichgültigkeit der Glücklichen gegenüber dem Leiden der Unglücklichen“ (90),

denn „das Menschengeschlecht ist ein Ganzes“, sagte *Wilhelm von Humboldt* (1767-1835), „wir säen und ernten, wir dulden und leiden miteinander“.

3. Das *Gesetz der Gegenläufigkeit* lehrt uns, dass jede Tat früher oder später wie ein Bumerang zum Täter als dem Verursacher zurückkehrt. In letzter Konsequenz bekommen wir die Folgen unseres Tuns an uns selber zu spüren. Daher gibt sich *Georg Korf* davon überzeugt: „Niemandem geschieht etwas, so es Gutes oder Böses, Freud oder Leid ist, zu dem er nicht selber in einem gegenwärtigen oder in einem seiner Vorleben die Ursache geschaffen hat.“ (91) Dieses Gegenläufigkeits-Gesetz gilt auf allen Ebenen des Daseins. Nicht nur die Menschenwelt ist ihm unterworfen, sondern auch die Tier- und Pflanzenwelt. Täuschen wir uns nicht! Was wir heute aus verantwortungslosem Gewinn- und Machtstreben unserer Erde mit ihren Wäldern, Seen und Meeren zumuten, was wir den unschuldigen Tieren und Pflanzen antun, kehrt eines Tages folgerichtig als Mangel, als Krankheit oder als Katastrophe auf uns zurück.

4. Das *Gesetz der Wiederkehr* wird durch zahlreiche Rückführungsexperimente bestätigt. Diese zeigen, dass wir häufig in jene Lebenskreise, in jene Daseinsverhältnisse und bei jenen Menschen wiedergeboren werden, denen wir in einem früheren Leben etwas schuldig geblieben sind oder wo wir etwas offen und unerledigt zurückgelassen haben, das in einem neuen Leben zu vollenden oder fortzusetzen ist. (92) Der Rückführungstherapeut *Thorwald Dethlefsen* hat die Erfahrung gemacht, dass wir durch unsere langen Inkarnationsketten hindurch immer wieder mit den gleichen Personen zusammentreffen, und zwar mit jenen, mit denen wir durch Liebe oder Hass, Sympathie oder Antipathie, Schuld oder Sühne aus früheren Leben verbunden sind, mit denen wir etwas zu bereinigen, fortzusetzen oder zu vollenden haben. (93)

Es gibt unter den Menschen Übeltaten, Verbrechen und Fehlhandlungen, die nicht in einem einzigen Leben, sozusagen in „einem Aufwasch“, zu beheben sind. Hierzu braucht es verschiedene Anläufe in mehreren Leben. Auch wäre es ungerecht, unser ewiges Heil nur von einem einzigen kurzen Erdenleben abhängig zu machen. Dies müsste als unbarmherzig, unversöhnlich und gnadenlos bezeichnet werden. Mit Recht fragt der Astrophysiker *Bernhard Haisch*: „Ergibt die Idee, im Leben nur einen Versuch frei zu haben – vielleicht unter guten, vielleicht aber auch unter schlechten Umständen – und daraufhin ewigen Lohn oder ewige Strafe zu erhalten, tatsächlich mehr Sinn? Wie könnte ein solches System zu einem gerechten und fairen Gott passen?" (94) Mit *Hermann Hesse* müssen wir gestehen: „Wieviel bittre Tode starb ich schon! / Neugeburt war jedes Todes Lohn."

Der belgische Dichter, Philosoph und Nobelpreisträger *Maurice Maeterlinck* (1862-1949) war überzeugt: „Nie gab es einen Glauben, der schöner, gerechter, reiner, moralischer, fruchtbarer, tröstlicher und glaubwürdiger ist, als der an die Wiederverkörperung. Er allein gibt mit seiner Lehre allen körperlichen und geistigen Ungleichheiten des Schicksals einen Sinn." (95)

5. Das *Gesetz des Ausgleichs,* welches auch das Gesetz von der ausgleichenden Gerechtigkeit genannt wird, soll zu Gleichgewicht und Harmonie führen, und zwar durch die Möglichkeit der *Wiedergutmachung.* Ist es nicht seltsam, dass die drei großen Glaubensbekenntnisse des Judentums, des Christentums und des Islam diesen Gedanken weitgehend ausblenden? Für sie scheint der rechte Glaube für die Rettung der Seele wichtiger zu sein als das gerechte Handeln. Für die Übeltäter fordern sie Strafe und Buße, statt ausgleichende Gerechtigkeit, die nur durch eine wiedergutmachende Gegenleistung erbracht werden kann, „bis der letzte Heller bezahlt ist" (Mt 5,26). Die beste Gelegenheit hierzu bieten nicht ewige Höllenstrafen, sondern die Abarbeitung eigener Schuld durch gute Taten in wiederholten Erdenleben. „Was durch falsches Denken und Handeln einst und heute ausgelöst wurde, kann durch rechtes, positives, liebevolles Denken und Handeln wiedergutgemacht werden." (96) So müssen wir alles, was wir im jetzigen Leben unrechtmäßig erworben oder uns widerrechtlich angeeignet haben, in diesem oder in einem nächsten Leben wieder zurückerstatten, und zwar auf jener Ebene, auf der das Unrecht stattgefunden hat. Allerdings wird dieser Ausgleich nicht immer umgehend möglich sein, weil Zeit und Gelegenheit hierzu manchmal länger auf sich warten lassen. Daher können wir froh sein, dies in einem nächsten Leben nachholen zu können. Wiedergutmachung müsste letzten Endes dazu führen,

dass die Welt immer besser wird. Doch das Gegenteil scheint der Fall zu sein. Dies ist aber nur scheinbar so, weil der Nachschub für unseren Schulungsplaneten Erde stets von unten kommt, während jene, welche die Abschlussprüfungen bestanden haben, nach oben an höhere Ausbildungsstätten abwandern. Die Lektionen, die Lernprogramme und Prüfungsaufgaben bleiben auf jeder Schulstufe mehr oder weniger die gleichen, nur die Schüler wechseln von Schuljahr zu Schuljahr. So ist es auch bei unserem Schulungsplaneten Erde der Fall.

6. Das *Gesetz der Gerechtigkeit* weist uns darauf hin, dass es im ganzen Universum eine ordnende Kraft gibt, die dafür verantwortlich ist, dass überall Recht und Gerechtigkeit geschieht und Ungerechtigkeiten vermieden werden. Leider gibt es auch eine Gegenkraft, die dauernd darauf aus ist, Unrecht zu schaffen. Diese bewirkt seit dem großen Aufstand im Engelreich, der vor der Entstehung der materiellen Welt stattgefunden hat und zum Geisterfall führte, Unfrieden, Hass und Zwietracht unter den geistig heimatlos gewordenen Emigranten auf unserer Erde. Dieses Ur-Trauma wirkt weiter als Kampf zwischen dem Reich des Lichtes und dem Reich der Finsternis und führt bis zum heutigen Tag zu Auseinandersetzungen zwischen der guten und der bösen Geisterwelt. Dies wird so lange andauern, bis eines fernen Tages der letzte „Geist der Verneinung“ den Kampf gegen die göttliche Ordnung aufgeben wird.

„Gottes Gerechtigkeit führt zwangsläufig zum Gesetz des Karma“, bekräftigt *Peter Michel* in seinem Buch über das Geistchristentum. Nur auf diesem Weg ist die Rückkehr in unsere Ur-Heimat zu erreichen. Daher bezeichnet er Karma und Gnade, Vergebung und Wiedergutmachung als die zwei dualen Aspekte des menschlichen Daseins. „Immer steht der Mensch im Feld von Geschenktem und Selbst-Errungenem. Ohne die Gnade Gottes hätte es für die gefallenen Geistwesen nie eine Möglichkeit der Rückkehr zu ihrem Schöpfer gegeben. Doch nur wenn die Gnade auch ergriffen wird, kann sie sich verwirklichen.“ (97)

Ein oberflächliches und allzu großzügiges „Alles verstehen heißt alles verzeihen“ ohne Wiedergutmachung wäre ungerecht, weil es zur Gewissenlosigkeit und Verantwortungslosigkeit verleiten könnte. Deshalb müssen wir dem evangelischen Pfarrer *Till A. Mohr* beipflichten:

„Wer das Karma-Gesetz nicht kennt und um die Reinkarnation nicht weiß, muss hier an der Gerechtigkeit Gottes zweifeln und irre werden.“ (98)

7. Schließlich steht das *Gesetz der Gnade* nicht im Widerspruch zum Gesetz der Gerechtigkeit. Die Gnade besteht darin, dass dem schuldig Gewordenen die Gelegenheit geboten wird, sich von seiner Schuld zu befreien. Jemandem einen Gnadenerweis zu gewähren, bedeutet nicht, Vergangenes zu übersehen, als ob nichts geschehen wäre. Nicht Vergeltung, sondern Vergebung verlangt die Gnade. Wer verzeiht, von dem wird erwartet, dass er nicht nachtragend und rachesüchtig sei, dass er Milde walten lässt und an den Besserungswillen sowie an die Sinnesänderung des Fehlbaren glauben kann.

Karma und Gnade schließen sich nicht gegenseitig aus, wie oft behauptet wird. Im Gegenteil, sie ergänzen sich, indem die Gnade sich des Karma-Gesetzes bedient. Beide verhalten sich zueinander wie Schloss und Schlüssel und dienen als Türöffner, um eine Weiterentwicklung der Seele zu ermöglichen. In diesem Sinn lassen sich gültige Antworten finden auf folgende Fragen:

- Warum lässt Gott Leid und Schmerz, Elend und Not zu?
- Warum sind die Glücksgüter dieser Welt so ungleich verteilt?
- Warum gibt es unter den Menschen ausgesprochene Glückspilze und Pechvögel?
- Warum haben die einen ein langes Leben und andere sterben in der frühen Kindheit?
- Warum gibt es so viel ungesühnte Ungerechtigkeiten in dieser Welt?
- Warum werden Menschen in ein armes Land hineingeboren und andere in ein reiches Land?
- Warum sind die Entwicklungsbedingungen der Menschen so verschieden?

Nach der Karma-Lehre sind dies alles Folgeerscheinungen selbstgeschaffener Ursachen, die weit zurückliegen können und häufig genug auf frühere Existenzen und Leben hindeuten. Nur wer dies begreift, vermag die tieferen und verborgenen Zusammenhänge im Schicksal jedes Menschen, aber auch ganzer Familien, Völker und Nationen zu erahnen.

Auf die Frage nach dem Sinn unseres Erdendaseins können wir festhalten: Es geht darum, alles schlechte Karma abzubauen. Erst wenn wir alles ungute Karma in uns aufgelöst haben, können wir aus dem Rad der Wiedergeburten aussteigen, weil keine Notwendigkeit mehr besteht, ein neues Erdenleben auf sich zu nehmen. Auf die Frage, wie wir in unserem Leben schlechtes Karma abbauen und in Zukunft vermeiden können, lassen sich folgende zehn Hinweise geben:

- Vorurteile und Fehlurteile über andere Menschen sind zu vermeiden.
- Verleumdungen und üble Nachrede sollten wir richtigstellen.
- Unrechtmäßig erworbenes Gut muss zurückerstattet werden.
- Hass- und Rachegedanken lassen sich durch Segensgedanken ersetzen.
- Neid und Eifersucht sollten vermieden werden.
- Üble Nachreden und Verdächtigungen sind zu unterlassen.
- Falsche Behauptungen und Irrtümer müssen aus der Welt geschafft werden.
- Verwünschungen und Verunglimpfungen sind zu meiden.
- Selbstsüchtige und eigennützige Erwartungen sind aufzugeben.
- Durch verzeihendes und versöhnliches Denken schaffen wir Frieden und Harmonie.

Die nachfolgende Meditation, die Franz *von Assisi* (1181-1226) zugeschrieben wird, lehrt uns, wie wir unseren Denkfehlern eine segensbringende Gesinnung entgegenstellen können:

Herr, mach mich zum Werkzeug deines Friedens,
dass ich liebe, wo man mich hasst;
dass ich verzeihe, wo man mich beleidigt;
dass ich versöhne, wo Streit ist;
dass ich die Wahrheit sage, wo Irrtum herrscht;
dass ich Glauben bringe, wo Zweifel droht;
dass ich Hoffnung wecke, wo Verzweiflung quält;

dass ich Licht bringe, wo Finsternis regiert;
dass ich Freude schenke, wo Kummer wohnt.
Herr, lass mich danach trachten,
nicht, dass ich getröstet werde, sondern dass ich tröste;
nicht, dass ich verstanden werde, sondern dass ich verstehe;
nicht, dass ich geliebt werde, sondern dass ich liebe.
Denn wer gibt, der empfängt;
wer sich selbst vergisst, der findet;
wer verzeiht, dem wird verziehen;
und wer da stirbt, der erwacht zum ewigen Leben.

Auf ihrer langen Inkarnationsreise durchlaufen die Menschenseelen immer wieder neue Abschnitte in unterschiedlichen Phasen und Stufen, bis sie an ihrem Ziel angekommen sind. Daher kann es geschehen, dass auf unterschiedlichen Daseinsebenen gleichzeitig verschiedene Seelen unterwegs sind: Anfänger und Fortgeschrittene, Junge und Alte, Erlöste und Unerlöste. So lassen sich auch die vielen Ungleichheiten im Schicksal der Menschen erklären. (99)

Auf die Frage, wie oft ein Mensch wiedergeboren werden muss, gibt es keine andere allgemeingültige Antwort als diese: Bis alles, was uns von der göttlichen Welt je getrennt hat, wieder aufgehoben ist. Wenn behauptet wird, dass jede Seele den ganzen Inkarnationszyklus, symbolisch dargestellt durch die zwölf Tierkreiszeichen, durchwandern muss (100), oder wenn *Angela Heider* sich auf 49 (7 x 7) Erdenleben beschränkt, sind das spekulative Annahmen (101), die meines Wissens von keiner Jenseitsinstanz bestätigt werden.

Eher ist dem Dichter *Max Haushofer* zuzustimmen:

Das Dasein ist ja nur ein Flügelschlag der Zeit.
Und ist es ausgelebt und sinkt zu Grabe,
So blüht ein Neues auf zu neuem Streit,
Zu neuem Leiden, Schaffen, Lieben.
Und es ist im größten Buch geschrieben,
Dass nichts vergeht, nur hin und wieder
wallt des Daseins wechselnde Gestalt.

Auf was es ankommt

Mensch, werde wesentlich.
Denn wenn die Welt vergeht,
So fällt der Zufall weg,
Das Wesen aber, das besteht.
Angelus Silesius

Wenn wir uns fragen, was nach unserem Erdenleben für uns noch einen bleibenden Wert hat, müssen wir feststellen, dass der weitaus größte Teil, um den wir uns ein Leben lang gesorgt und geplagt haben, kaum von wesentlicher Bedeutung ist. Auch das meiste von dem, was unsere Medien an Berichten und Gerüchten rund um die Uhr mit großem Getöse verbreiten, ist ohne Belang. Vom riesigen äußeren Aufwand, den wir Tag für Tag treiben, bleibt am Ende recht wenig übrig. Rang und Stand, Titel und Mittel, die im irdischen Leben oft überbewertet werden, sind nun nicht mehr wichtig. Was aber bleibt, sind unsere Erinnerungen, unsere Verdienste und Unterlassungen, unsere geistigen Gewinne und Verluste und all unser Hassen und Lieben, welche in der Schlussbilanz unseres Lebens eine Rolle spielen. Vermutlich verleihen uns auch die kirchlichen Versprechungen und Lossprechungen, die Rituale und Zeremonien auf der Startrampe ins Jenseits wenig Schubkraft, wenn es an eigener geistiger Antriebskraft fehlt, die allein der Seele Flügel verleiht.

Wenn Menschen in ein fernes Land verreisen, sind sie gut beraten, in ihrem Reisegepäck nur das Wesentliche und Wichtige mitzunehmen, um sich nicht mit Beiläufigem und Zufälligem zu belasten. Dabei kommt es sehr darauf an, was sie an ihrem neuen Ort gebrauchen können und was ihnen dort nützlich sein wird. Auf manch Angewöhntes und Liebgewordenes müssen sie dabei verzichten, um einen Neuanfang zu wagen. Nicht anders ist es, wenn wir am Ende unseres Erdenlebens ins jenseitige Land auswandern. Was zählt dann noch? Was ist noch gültig? Was müssen wir zurücklassen, was ist dann überflüssig oder gar hinderlich? Solche Fragen sollten wir rechtzeitig überlegen, ehe es soweit ist. (102) *Arthur Schopenhauer* schreibt: „Gegen Ende des Lebens geht es wie gegen Ende eines Maskenballs, wenn die Larven abgenommen werden. Man sieht jetzt, wie diejenigen, mit denen man während seines Lebenslaufes in Berührung gekommen war, eigentlich gewesen sind. Denn die Charaktere haben sich an den Tag gelegt, die Taten haben ihre Früchte getragen, die Leistungen ihre gerechte Würdigung erhalten und alle Trugbilder sind gefallen." (103)

Hierzu gibt uns der medial übermittelte Erlebnisbericht eines Verstorbenen, der im Leben *Thomas* hieß, aus dem Jenseits näheren Aufschluss. Dieser glaubte zwar an Gott, doch hatte er keine Vorstellung von der geistigen Welt und von einem Weiterleben nach dem Tod. So lebte er, wie es viele tun, sein Leben in alltäglichen Gewohnheiten und Pflichten für sich und seine Familie, ohne sich um andere groß zu kümmern. Nachdem er in der jenseitigen Welt angekommen war, wurde er in ein Haus geführt, wo er sich zunächst von seiner Müdigkeit ausruhen und erholen konnte. Nachdem er aus dem Genesungsschlaf erwacht war, sah er sich um. Niemand nahm sich seiner an, niemand kümmerte sich um ihn; er kam sich ganz verlassen vor. Der Raum, in dem er sich befand, das zugewiesene Haus und dessen Umgebung gefielen ihm gar nicht. Alles war ungepflegt, ärmlich und karg eingerichtet, mehr einer Baracke ähnlich als einem Wohnhaus. „Ich kam mir so armselig vor, ich hatte auch gar nichts mehr an mir und bei mir, nur einige dünne Fetzen an mir, an meinem Leibe, sonst besaß ich gar nichts", erinnerte er sich. Auch als er ins Freie trat, sah er sich in einer armseligen, vernachlässigten Umgebung. Da kam ihm der Gedanke, er könnte sich hier selber ein anständiges Haus bauen. Als er auf die Suche nach geeignetem Baumaterial ging, begegnete er einem jenseitigen Geistwesen. Dieses fragte er, wo in der Nähe das nötige Material zu finden sei, um ein neues Haus zu bauen. Es antwortete: „Du kannst lange suchen, bis du das Material findest für dein Haus", und fügte hinzu: „Weißt du, für jeden Stein, für jedes Körnchen Sand musst du eine gute geistige Tat vollbringen. Das ist lange Arbeit, bis du ein ganzes Haus beisammen hast."

Ähnlich erging es einem anderen Menschen, der auf Erden ein großes Vermögen besaß, aber dieses mit niemandem teilen wollte. Für ihn bauten die jenseitigen Bauleute in der anderen Welt auch nur eine einfache Hütte, bestehend aus vier Bretterwänden und einem Strohdach. (104)

Womit können wir uns rechtfertigen, wenn es gilt, über unser Tun eines Tages Rechenschaft abzulegen. Hierzu gibt es seit Jahrhunderten unter den Theologen recht unterschiedliche Ansichten. Ist der „rechte Glaube" entscheidend, ist es die Lebensführung, das sittliche Verhalten oder sind es die guten Werke? Genügt es, ein unbescholtener Gutmensch zu sein, für Arme und Hilfsbedürftige regelmäßig Geld zu spenden, die Regeln des humanen Zusammenlebens zu beachten und mitzuhelfen, die Schöpfung zu bewahren? Oder ist es wichtiger, ungeachtet all der Not und des Elends in der Welt, die religiösen Pflichten getreu zu erfüllen, ohne dabei nach rechts oder links zu schauen? Beachten wir hierzu folgende Symbolgeschichte:

Eine gottesfürchtige Frau pflegte jeden Morgen zur Kirche zu gehen. Schon auf dem Weg dahin dachte sie an den Himmel, den sie sich dadurch verdienen wollte. In ihre frommen Gedanken versunken, achtete sie nicht auf die Leute, die sie im Vorübergehen freundlich grüßten. Sogar einen Bettler, der sie um ein Almosen bat, ließ sie wortlos stehen, um in ihrer Andacht nicht gestört zu werden. Wie diese Frau eines Tages wieder vor der Kirchentüre ankam, in der Absicht, wie gewohnt dem Gottesdienst beizuwohnen, fand sie das Portal verschlossen. Beunruhigt pochte sie an das harte Holz, doch niemand tat ihr auf. Der Gedanke, dass sie nun in all den Jahren zum ersten Mal die tägliche Messe versäumen sollte, ärgerte sie sehr. Als sie nun ratlos um sich sah, entdeckte sie an der Kirchenpforte einen Zettel, auf dem geschrieben stand: „Gott ist draußen."

Glaube und gute Werke sollen nicht gegeneinander ausgespielt werden. Beide gehören zusammen. Der Glaube ohne die guten Werke und die guten Werke ohne den Glauben an das Gute sind zwecklos. Gute Werke sind Taten der Liebe: der Gottesliebe und der Menschenliebe (Lk 10,27). Beim Glauben kommt es auf die eigene Überzeugung und Gesinnung an, nach der ein Mensch lebt und wirkt. Es kann jemand viel Gutes tun, mitmenschliche Liebe und Hilfsbereitschaft an den Tag legen und sich gleichzeitig als ungläubig im religiösen Sinn bezeichnen. Letztendlich entscheidend für das eigene Seelenheil ist weder das konfessionelle Glaubensbekenntnis noch die Zugehörigkeit zu einer bestimmten kirchlichen Gemeinschaft. Wir sollten klar zwischen Konfession und Religion unterscheiden. Die *Konfession* (lat. *confessio*: Bekenntnis) zeigt uns einen der möglichen Wege, die zum Ziel führen können, die *Religion* (lat. *religio*: Verbindung mit dem Göttlichen) aber gibt uns das Ziel unseres sittlichen Strebens an. So gesehen, bestehen zwar verschiedene Konfessionen, aber nur eine Religion, so wie es hinter den vielen beleuchteten Fenstern nur das eine Licht gibt. (106)

Weil unser letztes Ziel das Göttliche sein soll und Gott die Liebe ist, hat *Augustinus* bereits im 4. Jahrhundert die Liebe ins Zentrum all dessen gerückt, was letzten Endes entscheidend ist für unser Heil. Daher lautete seine Empfehlung: „Liebe und im Übrigen tue, was du willst." Dereinst wird für uns im Jenseits allein maßgebend sein, was wir im Leben geliebt, was wir an Liebe gegeben und durch liebendes Tun erreicht haben. Liebe ist das, „worüber hinaus wir nichts Besseres finden, nämlich Gott. Alle Liebe ist daher Gottesliebe. Wenn man fragt, ob einer ein guter Mensch sei, so fragt man nicht, was er glaubt, sondern was er liebt." (107)

Zur Frage, auf was es letztlich ankommt, damit der sündige Mensch vor der Gerechtigkeit Gottes bestehen kann, entstand im christlichen Abendland in der Zeit der Reformation im 16. Jahrhundert ein heftiger Meinungsstreit, der bis ins 20. Jahrhundert andauern sollte. Die Vertreter der protestantischen Kirche hielten an der Aussage *Martin Luthers* fest, dass allein der Glaube und die göttliche Gnade entscheidend sei für das Seelenheil des Menschen. Dabei beriefen sie sich auf den Schlüsselsatz des Apostels *Paulus*: „Der Mensch wird nicht gerechtfertigt durch Werke des Gesetzes, sondern allein durch den Glauben an Christus." (Gal 2,16 und Röm 3,20-28) Dagegen war das römisch-katholische Lehramt lange der Auffassung, dass es entscheidend auf die guten Werke ankomme, nämlich auf das Befolgen der religiösen Gebote und Pflichtvorschriften, auf Gebets- und Bußübungen, auf den

Empfang der Sakramente und nicht zuletzt auf die finanzielle Unterstützung kirchlicher Einrichtungen durch Steuerabgaben und Ablassgeld. Am 31. Oktober 1999 wurde dieser Meinungsstreit beigelegt, indem hochrangige Vertreter beider Konfessionen durch eine gemeinsame Erklärung zur Rechtfertigungslehre sich auf ein „Sowohl – als auch“ einigten. Danach sollen sowohl der Glaube als auch die guten Werke für das ewige Heil des Menschen maßgeblich sein. (108)

Immer noch stellt sich die praktische Frage: Womit sollen und wollen wir uns rechtfertigen, wenn wir dereinst vor dem Jenseitstor ankommen? Keine Verdienstorden, keine Berufsbezeichnungen und kein Kontoauszug werden da beachtet. Nur seelische und geistige Errungenschaften und Erfahrungswerte werden bewertet. Dann zählt nicht das, was man hat, sondern das, was man ist. So manches, was wir glaubten zu sein, sind wir nun nicht mehr. *Markolf Niemz* fragt sich: „Wer bin ich, wenn ich nicht mehr bin?” (109)

In der jenseitigen Welt werden wir uns allmählich bewusst, wer wir wirklich sind. Wir werden erkennen, warum und wozu wir Mensch geworden sind, warum unser Leben so verlaufen ist und auch, wie es hätte sein sollen. Wir lernen einzusehen, welche Folgen unsere einstigen Entscheidungen für uns und für andere hatten, welcher Entschluss schicksalsbestimmend war und welche Umwege wir uns hätten ersparen können. Wesentlich sind allein unsere Fortschritte auf dem Weg zur Vergeistigung. Hierzu gibt es nur zwei Wege – den Lernweg oder den Leidensweg.

Auf die Frage, worauf es letztlich ankommt, antwortet *Hans Küng*: „Dass der Mensch im Guten wie im Bösen auf gar keinen Fall je sein unbedingtes Vertrauen aufgibt“ und „nie Anlass zum Aufgeben und Verzweifeln hat. Dass er auch und gerade in all seiner Schuld getragen bleibt von dem, der nur als der Erbarmende richtig verstanden und ernstgenommen wird.“ (110) Hierzu gehört einerseits das Vertrauen in seine eigene Möglichkeit zur Umkehr und zur Wiedergutmachung und andererseits das Vertrauen, dass er niemals von Gott verlassen wird.

Das Höchste aber ist und bleibt die Liebe. Jemanden zu lieben, heißt, das Gute, Wahre und Schöne in ihm und für ihn zu erkennen und zu wollen. Da ist alle Menschenliebe und alle Gottesliebe in der All-

Liebe eingeschlossen, die zur Allversöhnung führen kann. Die so verstandene Liebe ist dann nicht ein Triebbedürfnis und nicht ein Gefühl, sondern die höchste Form des Bewusstseins. Letztlich steht das im Vordergrund, was allen Menschen zu verwirklichen möglich sein sollte, nämlich die *Liebe*. Fragen wir uns: Wollen wir uns die Worte des römischen Kaisers *Caligula* (12-41 n.Chr.) zu eigen machen: „Mögen sie mich hassen, wenn sie mich nur fürchten“ oder gilt für uns der Satz aus der Tragödie „Antigone“ von *Sophokles* (um 497-406 v.Chr.): „Nicht mitzuhassen, mitzulieben bin ich da“? Entscheidend ist, dass wir uns auf das besinnen, was wesentlich und daher endgültig ist. Dies meinte der Dichter *Angelus Silesius* in seinem „Cherubinischen Wandersmann“: (111)

Ein wesentlicher Mensch
ist wie die Ewigkeit,
die unberührt bleibt
von aller Äußerlichkeit.

Niemand geht verloren

So kann ich nimmer sterben,
kann niemals mehr vergehn.
Denn um mich zu verderben.
müsste Gott selbst untergehn.
Clemens Brentano

Die Lehre von der ewigen Verdammnis ist eine Irrlehre, die nicht logisch zu begründen ist. Sie widerspricht dem Wesen Gottes und seiner schöpferischen Absicht, nur Gutes zu schaffen und zu erhalten. So bezeichnet *Till A. Mohr* diese Doktrin als eine schwerwiegende Entstellung der biblischen Botschaft und des christlichen Glaubens, weil sie mit der Vollkommenheit Gottes und mit seiner Liebe, Barmherzigkeit und Gerechtigkeit sowie mit seinem klaren Heilswillen, dass alle gerettet werden sollen, unvereinbar ist. (112)

In der hebräischen Bibel wird die Hölle als ewiger Strafort für die Verdammten überhaupt nicht erwähnt. (113) Da ist lediglich die Rede von „Scheol" als einer Bleibestätte für alle Verstorbenen in der Unterwelt. *Gabriel Looser* weist uns darauf hin, dass auch im Judentum der Grundsatz gilt: „Es gibt keine ewige Verdammnis, sondern der Sünder muss für seine Sünden Strafe erleiden, und wenn er dafür gelitten hat, nimmt ihn Gott wieder in Gnade auf." (114)

Das deutsche Wort „Hölle" wird abgeleitet vom altgermanischen „Hella" für das Totenreich. In der Bibel erscheint hierfür das Wort „Gehenna", womit zunächst eine Abfallgrube im Hinnomtal nahe Jerusalem gemeint war. Seit dem zweiten vorchristlichen Jahrhundert wurde dieses Vorstellungsbild von der stets rauchenden und glimmenden Abfallhalde auf den höllischen Strafort übertragen „wo der Wurm nicht stirbt und das Feuer nicht erlischt" (Mk 9,48). So wurde aus dem zeitlichen Feuer ein „ewiges“ Feuer, das brennt, aber nicht verbrennt. Das Feuer gilt hier als Symbol der Reinigung und Läuterung und nicht als Ort ewiger Qual und Strafe; und das Wort „ewig“ bedeutet, wie bereits andernorts erklärt, eine lange Zeit und nicht Endlosigkeit. An keiner Stelle der christlichen Bibel wird die Feuerhölle als ewiger Strafort unmittelbar nach dem Tod erwähnt. (115)

Der bedeutendste Kirchenlehrer des christlichen Altertums, *Origenes* (um 185-254), lehrte die Erlösung aller Menschen. Im Jahr 325 ist diese Lehre auf dem Konzil von Nicäa durch Mehrheitsbeschluss verurteilt worden und deren Anhänger wurden mit dem Kirchenbann belegt. Dadurch wollte man an der Doktrin von der „ewigen Höllenstrafe“ festhalten, was dem Machterhalt der Kirche dienen sollte. (116)

Nach christlicher Tradition galt die „Hölle“ zunächst als vorläufiger Strafort bis zur Auferstehung für jene Engel und Menschen, die sich selbstverschuldet von Gott losgesagt haben. Erst nach dem Endgericht sollen die bösen Geister für immer in die Feuerhölle geworfen werden. Nicht wenige Theologen, allen voran der reformierte Bibelkritiker *Rudolf Bultmann,* sind der Ansicht, dass zahlreiche biblische Höllen-Drohungen erst nachträglich *Jesus* in den Mund gelegt wurden. Diese Einschüchterungen wurden von den Kirchen lange Zeit als erzieherisches Droh- und Druckmittel eingesetzt, damit die Gläubigen nicht gleichgültig werden. So hat *Papst Pius XII.* noch im Jahr 1949 seine Kleriker ermahnt, nicht müde zu werden, auf die ewige Höllenstrafe hinzuweisen. Er sah dies als wichtiges Mittel gegen die Entkirchlichung und forderte: „Die Priester sollten „mehr denn je die Schrecken der Hölle predigen, um die Menschen Gott wieder näher zu bringen“.“ (117)

Der Anthroposoph *Friedrich Rittelmeyer* hält diese Angstmacherei für „die schlimmste Priestererfindung der Weltgeschichte, erfunden um die Menschen einzuschüchtern“. (118) Die frühere katholische Professorin für Kirchengeschichte an der Universität Essen, *Uta Ranke-Heinemann* (*1954), findet, es sei Sadismus, an eine Hölle zu glauben, denn „Jesus war kein Höllenprediger. In der Botschaft von der Liebe Gottes hat die Lehre von der Möglichkeit der Hölle keinen Sinn. Jesu Verkündigung ist die Überwindung jeglicher Höllenpredigt.“ (119)

Den gleichen Gedanken finden wir in einer Schrift des Schweizer Theologen *Herbert Haag* (1915-2001), ehemals Professor an der Universität Tübingen: „Das schlimmste ist, dass der Geist Jesu verraten wird. Jesus wollte den Menschen das Leben nicht schwer machen, ihnen nicht Angst vor Teufel und Hölle einjagen, sondern leichter und froher machen… Zu lange wurde seine Frohbotschaft in eine Drohbotschaft verkehrt.“ (120)

Selbst Menschen, die aus recht unterschiedlichen Gründen durch Selbsttötung aus dem Leben geschieden sind, kommen nicht in die Hölle, obwohl dies durch die christlichen Kirchen während Jahrhunderten so gelehrt wurde. Auch sie bekommen in wiederholten Erdenleben eine neue Chance, ihre Aufgaben erneut anzugehen und ihren Entwicklungsweg fortzusetzen. Es ist noch nicht lange her, da wurde von der Katholischen Kirche verkündet, dass jene Menschen, die sich selbst das Leben nehmen, ewig verloren seien. Ihnen wurde ein kirchliches Begräbnis verweigert, und sie durften nicht in geweihter Erde bestattet werden. Ich kannte eine Frau, deren Bruder in jungen Jahren nach Amerika ausgewandert ist. Von dort hat sie nach Jahrzehnten die Nachricht erhalten, dass dieser sich das Leben genommen habe. Seither konnte sie nicht mehr froh werden, weil sie sich ständig vorstellen musste, dass ihr Bruder nach der Lehre der Kirche nun auf ewig in der Hölle verdammt sei. Gewiss hätte sie im Buch „Das Jenseits ist kein dunkler Ort“ der ehemaligen Krankenschwester und spirituellen Beraterin *Steffany Barton* (*1973) willkommene Tröstung erfahren. Diese versichert, dass jede der 3000 „Selbstmörderseelen“, mit denen sie im Verlauf der Jahre auf medialem Weg in Kontakt kam, schließlich ihren Weg ins Licht gefunden habe. (121)

Freilich ist es nicht immer so, dass alle, die freiwillig ihr Leben beendet haben, sogleich in ein Reich des Friedens und der Freiheit gelangen, wo sie mit Liebe und Wohlwollen empfangen werden. Es kommt sehr darauf an, aus welchen Motiven sie diesen Schritt in die andere Welt wagten. Menschen, die an schweren körperlichen oder seelischen Krankheiten litten, deren Leiden für sie unerträglich wurden, finden sicher größeres Verständnis als jene, die aus Feigheit aus dem Leben flüchteten, um sich einer Verantwortung oder Aufgabe zu entziehen. Wiederum anders zu beurteilen ist eine impulsive Kurzschlusshandlung. In diesen Fällen kommen die Verstorbenen meist rasch zur Einsicht, dass sie unüberlegt und voreilig gehandelt haben.

Viele wünschen sich, möglichst bald wieder in ein neues Erdenleben zurückzukehren, um ihren vorzeitig abgebrochenen Entwicklungsweg wieder aufnehmen und fortsetzen zu können.

Meiner Meinung nach können folgende zehn Gründe genannt werden, warum keine ewige Hölle existiert:

1. Es gibt nur das Gute an sich, das Böse existiert als selbstständige Wesenheit nicht. Das totale Fehlen an Gutem ist nicht das verdammungswürdige Böse, sondern das absolute Nichts. Was wir die Bosheit nennen, ist immer nur etwas Fehlerhaftes oder Mangelhaftes, das dem Guten anhaftet. So lässt sich sagen: Das Böse ist das Fehlen an Gutem und der Missbrauch des Guten. Fehlhandlungen werden immer nur verursacht durch Wesen, die ihr Gutsein falsch anwenden, verneinen, missbrauchen oder bekämpfen.

2. Das Gutsein gehört zum Wesen des Seins, gemäß dem philosophischen Lehrsatz: „Omne ens est bonum – Alles Sein ist gut." Daher ist das Sein besser als das Nicht-Sein. Die Nicht-Existenz von etwas ist daher weder gut noch schlecht, sondern unsinnig und wertlos. Ein Wesen, das vollständig nur aus einem Fehlen an Gutem besteht, ist nicht denkbar. Das Böse besitzt keinerlei Eigenständigkeit. Daher kann etwas Seiendes nicht vollkommen böse sein, sonst wäre es gar nicht existenzfähig. Auch eine ewige Höllenstrafe ist nicht durchführbar, weil sie nicht denkbar ist.

3. Aus diesem Grund kann weder eine böse Tat noch deren Verursacher als zu hundert Prozent böse bezeichnet werden. Des Menschen geistige Fähigkeiten zum Erkennen und Wollen des Guten und des Bösen sind nicht vollkommen, sondern beschränkt und begrenzt. Er ist nicht fähig, Gott in seiner Totalität zu erkennen und abzulehnen. Auch zu einer totalen Verweigerung gegenüber Gott sind wir Menschen nicht fähig, weil uns die vollständige Einsicht in sein Wesen fehlt. Daher kann ein zeitliches Abwenden des Menschen von Gott nicht eine zeitlose Strafe zur Folge haben.

4. Hinzu kommt, dass kein Mensch als unvollkommenes Wesen Gott in seiner vollkommenen Wesenheit zu beleidigen und zu entehren imstande ist. Gott ist in seiner Vollkommenheit unanfechtbar. *Johannes Greber w*urde seinerzeit darauf aufmerksam gemacht: „Eure Beleidigung reicht an Gott überhaupt nicht heran. Ihr fügt ihm nichts Böses zu, sondern euch selbst." (122) Hinzu kommt, dass der Mensch zu einer Beleidigung Gottes gar nicht in der Lage ist, weil ihm die Erkenntnisfähigkeit hierzu fehlt.

5. Es ist immer nur das unvollkommene Geschöpf selber, das sich durch sein Fehlverhalten ins Abseits zur göttlichen Schöpfungsordnung begibt. Wegen seiner mangelhaften Einsicht kann es sich niemals um eine volldurchdachte und freigewollte totale Abkehr vom Guten handeln. Was nicht in seiner Ganzheit erkannt wird, kann auch nicht in seiner Vollständigkeit abgelehnt werden. Demnach kann auch die Strafe hierfür nicht eine totale und unbegrenzte sein.

6. Der Mensch ist in seiner Begrenztheit gar nicht in der Lage, einen Entschluss von Ewigkeitsdauer zu fassen. Kein geschaffener Geist bringt eine ganze Ewigkeit lang die Ausdauer auf, sich gegen die unendliche Gottheit zu stellen. Es ist nicht Gott, der verdammt; es ist der Mensch selbst, der meint, einen Damm zwischen sich und Gott aufrichten zu können, um ihm ewig fern zu bleiben. Doch wird ihm dies auf Dauer nicht gelingen. „Kein endliches Wesen vermag durch sein zeitliches Tun zeitlose Folgen nach sich zu ziehen." (123)

7. Eine ewige Ausgrenzung oder Vernichtung eines von Gott geschaffenen Wesens ist nicht möglich, weil dadurch ein Teil aus der Gesamtschöpfung herausfallen würde. So müsste das von Gott geschaffene Weltganze in Stücke zerfallen, und das von ihm gewollte Ziel, dass „alles wieder eins und ganz werde" (Jh 17,11), bliebe unerreicht. Daher wäre eine ewige Verdammnis nur eines seiner Geschöpfe mit dem „allgemeinen Heilswillen Gottes" nicht vereinbar. (124)

8. Es müsste der Gerechtigkeit Gottes zuwiderlaufen, wenn er bei seinen abtrünnigen Geschöpfen in alle Ewigkeit keine Besserung und keine Wiedergutmachung zulassen würde. Eine ewige Höllenstrafe ist

mit der unendlichen Liebe und Barmherzigkeit Gottes nicht vereinbar. Der indische Weise *S. Radhakrishnan* sagte einmal: „Die Hölle, in die wir kommen können, muss ein Ende haben, wenn nicht Gott selbst den Teufel spielen will. In keinem von uns ist das Göttliche so ganz erloschen, dass er die ewige Verdammnis verdient hätte." (125) Daher fragt der Theologe *Hans Pfeil*: „Wie kann der allgütige und allbarmherzige Gott Menschen, die er zu ihrer Beseligung erschaffen hat, für kleine Vergehen zu furchtbaren und ewigen Strafen verurteilen?" (126)

9. Eine ewige Verdammnis widerspricht auch der göttlichen Absicht von der „Allversöhnung" (127), wonach Gott will, dass alle gerettet werden (Mt 18,12-14; Lk 15, 3-6). *Johannes Greber* wurde daher unterrichtet: „Gott verstößt kein Geschöpf für immer. Alle, die durch eigene Schuld von ihm abgewichen sind, kehren auch wieder zu ihm zurück." (128)

10. Da Gott nur Gutes schaffen kann, ist es nicht vorstellbar, dass er einen Ort der ewigen Höllenqualen einrichten oder zulassen könnte. Der evangelische Pfarrer *Johann F. Oberlin* fand: „Wenn Gott eines seiner Geschöpfe ewig verdammen könnte, würde er aufhören, der barmherzige Gott zu sein, er würde zum Teufel." (129) Dass niemand verloren geht, wird auch durch zahlreiche Jenseitsbotschaften bestätigt. (130) Aus dem Jenseits ließ sich die verstorbene Psychologin und Nonne *Frances Banks* über ihr Medium *Helen Greaves* vernehmen, indem sie zwar von der Hölle als jammervollem, beängstigendem Zustand spricht, dann aber versichert: „Diese Qualen dauern nicht ewig. Die Menschenseele muss in diesen psychischen Leiden nicht länger bleiben, als sie ihrer bedarf. Es steht der Seele frei, dem Hass, der Grausamkeit und den Lüsten der niederen Natur, die sie von ihrem Erdenleben zurückbehalten hat und die sie nun in einem dunklen Kerker inmitten gleichgesinnter Insassen festhalten, zu widerstehen. Sie kann sich jederzeit dafür entscheiden, dem Licht der Liebe, der Verzeihung und der Harmonie zu folgen. Und immer stehen gute Wesen bereit, ihr zu helfen, sie zu leiten und sie zu trösten. Keine Seele wird jemals ohne Trost gelassen, es sei denn, sie verwehrt ihn selbst." (131)

Der gesamte göttliche Heil- und Rückführungsplan ist darauf ausgerichtet, alle „verirrten Schafe“ wieder aufzufinden und heimzuführen. Dieses Bild vom *Guten Hirten* gebrauchte *Jesus* immer wieder in seinen Gleichnisreden. In einem *Paulus*-Brief lesen wir: „Gott will, dass alle Menschen selig werden und zur Erkenntnis der Wahrheit gelangen.“ (1 Tim 2,4) Dies ist der eigentliche Zweck der gesamten materiellen Schöpfung, die als Heimholungswerk und Rettungsaktion für alle auf Abwegen geratenen Wesen gesehen werden muss. Dies meint auch die christliche Lehre von der „Wiederbringung aller Dinge“ (Apokatastasis), wonach alle Geschöpfe aus der Gottferne wieder in die Gottesnähe zurückfinden werden. Die Hölle kann auf keinen Fall ewig dauern. Diese gibt es nicht als Ort, sondern hier als Zustand der Gottesfinsternis. Dieser wird so lange bestehen, als es geistige Wesen gibt, die aus freier Entscheidung in ihrer bewussten Gottverneinung verharren. Sobald das allerletzte Geistgeschöpf seine gottabweisende Haltung und seine selbstgewollte Gottverlassenheit aufgibt, hört die „Hölle“ auf zu existieren.

Das heutige Geistchristentum lehrt, dass es tatsächlich einen lichtlosen Zustand der selbstgewollten Gottferne und der freigewählten Gottabgewandtheit gibt. Doch niemand bleibt für immer darin gefangen. Ein jeder bekommt die Gelegenheit, sich wieder dem göttlichen Licht zuzuwenden. (132)

Niemand geht verloren, weil alle Hilfe erhalten, die Hilfe annehmen wollen. Deshalb vertritt *Alfred Dalliard* die Ansicht, „dass niemand und nichts aus der ganzen Schöpfung verloren gehen wird. Alles wird einst wieder heimkehren in die himmlische Welt. *Christus* hat den Weg für alle geebnet, sogar für Luzifer. Es gibt dann keine Trennung mehr von Gott.“ (133) Alle ehemals gefallenen Wesen, auch jene, die Mensch geworden sind, werden dereinst erlöst. Die ganze Schöpfung unterliegt dem göttlichen Erlösungsplan. Die Erlösung vollzieht sich in sehr langen Zeitperioden durch das Gesetz des Karma, das dafür sorgt, dass gerechte Vergeltung und Versöhnung möglich wird. Wohl gibt es eine zeitlich begrenzte Trennung von der göttlichen Welt, die wir selber verschuldet haben. Diese dauert aber nicht ewig. Daraus folgert der Philosoph *Peter Michel*: „Die ‘ewige Hölle‘, von der manche Glaubensgemeinschaften sprechen, gibt es nicht, auch wenn die

Zeit dieses Aufenthaltes für manche Seelen eine Ewigkeit zu währen scheint. Es gibt in den Läuterungssphären, wie man die Hölle besser bezeichnen sollte, ihrer Beschaffenheit nach sehr große Unterschiede. Was für die eine Seele ein angenehmer Aufenthaltsort ist, kann für eine andere einen höllischen Eindruck machen. Es kommt immer auf die Entwicklungsstufe an, von der aus man die Zustände einer Sphäre betrachtet." (134) Das biblische Gleichnis vom verlorenen Sohn, der wieder heimgekehrt ist und von dem geschrieben steht: „Er war verloren und ist wieder gefunden worden" (Lk 15,24), ist ein hoffnungsvolles Sinnbild für unsere menschliche Situation.

Dieser Gedanke führte in der gesamten Christenheit, trotz zahlreicher Einwendungen und Widersprüche, schließlich zur Lehre vor der *Allversöhnung.* Bereits die Kirchenlehrer *Clemens von Alexandrien* (150-215), *Origenes* (185-254) und *Gregor von Nyssa* (330-396) haben die Ansicht vertreten, dass Gott früher oder später jede gefallene und von ihm getrennte Geistseele wieder in sein Reich aufnehmen werde. In seiner Schrift „Eschaton" oder „Über das Ende und die Vollendung aller Dinge" schreibt *Origenes* über die Wiederbringung klar und deutlich: „Niemand ist verdammt auf ewig." Dies entspricht der gnostischen Weisheitslehre: „Da alles von Gott ausgegangen ist, kehrt alles einst zu Gott zurück."

Leider wurde diese Lehre auf dem 2. Allgemeinen Konzil von Konstantinopel im Jahr 543 verurteilt. Später wurde die Allversöhnung auch von *Augustinus* heftig bekämpft, der sogar behauptete, dass der größere Teil der Menschheit nicht selig werde. Sogar die ungetauften Kinder sollen nach ihm das Feuer der Hölle zu spüren bekommen. Gegen die Allversöhnung sprachen sich im Mittelalter auch die Reformatoren *Martin Luther* und *Johannes Calvin* aus. In neuerer Zeit findet die Idee von der Heimführung aller Menschen immer mehr Beachtung. Diese geht von folgender Überlegung aus: Seit *Christus* in den Tagen nach seinem irdischen Tod in die Hölle abgestiegen und die dort gefangen gehaltenen reumütigen Wesen befreit und ihnen den Weg zum Wiederaufstieg gewiesen hat, ist es nicht mehr zulässig, von „ewiger Hölle" im Sinne einer endlosen Verbannung und Verdammung zu sprechen.

In seinem Buch „Weltreligion" weist *Peter Michel* darauf hin „dass sämtliche Seelen, auch die gefallenen, von gleicher göttlicher Herkunft waren und einst gleichermaßen der Erlösung teilhaftig würden, wenn sie, durch ein wahrhaft philosophisches Leben, einmal wieder zum Geist zurückfänden. Nie konnte die Geistseele ganz in die Materie aufgehen, sie blieb stets, auch in der Inkarnation, ein Wesen zweierlei Welten." (135) Wir können daher dem schwedischen Psychologen *Jan Erik Sigdell* (*1938) zustimmen: „Das Positive an dieser Anschauung ist, dass keine Seele verloren geht. Sie kommen alle irgendwann wieder ins göttliche Dasein zurück und bleiben dort. Es gibt keine ewige Verdammnis, aber manche Seelen gehen viele lange Irrwege, bis sie dort angelangt sind." (136)

Ich habe mehrere Menschen kennen gelernt, die sich freimütig als konfessionslose Freidenker, als zweifelnde Agnostiker oder als ungläubige Atheisten bezeichneten. Sie haben sich mir dennoch als noble Charaktere mit edler Gesinnung und wohlwollendem Denken zu erkennen gegeben. Sie alle wollten ohne den Segen der „alleinseligmachenden Kirche" selig werden. Ich bin überzeugt, dass sie auf dem rechten Weg sind und dies früher oder später auch schaffen werden. Alle Wesen sind aufgerufen und berechtigt, am großen Erlösungswerk mitzuarbeiten und teilzunehmen, bis der letzte der Unerlösten heimgefunden hat in die All-Einheit der Schöpfung. Diese allumfassende Versöhnung wird dazu führen,

- dass alle ehemals gefallenen Geister wieder heimkehren ins Reich Gottes.
- dass dann niemand mehr ein erneutes Erdenleben auf sich nehmen muss.
- dass am Ende aller Wege die Hölle aufgehört hat zu existieren.
- dass alle Finsternis vom Licht besiegt sein wird.
- dass die allgemeine Versöhnung zu einem dauerhaften Frieden führt.
- dass alles Getrennte in die ursprüngliche Einheit zurückkehrt.
- dass die anfängliche geistige Schöpfungsordnung wiederhergestellt ist.
- dass von keinem Wesen angenommen werden darf, dass es für immer von Gott getrennt ist.

Das große Finale dieses allumfassenden Erlösungswerkes wird die Rückkehr aller Wesen, die sich ehemals ins gottferne Abseits begeben haben, ins himmlische Reich sein. Alles Trennende und Ausgrenzende wird einst aufgehoben, damit die ursprüngliche Einheit und Ganzheit der allumfassenden Schöpfung wiederhergestellt ist.

Es stellt sich noch die Frage, wie ergeht es in der Jenseitswelt jenen Kindern, die zu früh und daher nicht als lebensfähig zur Welt kommen? Wohin gehen die ungezählten Ungeborenen, die einer Abtreibung zum Opfer fallen oder einer verunglückten Schwangerschaft? Was geschieht mit den frühverstorbenen Kindern, die nicht getauft werden konnten? Warum haben die christlichen Kirchen während Jahrhunderten diesen ein christliches Begräbnis versagt? Ich erinnere mich an einen Mann, der mir in einem Walliser Dorf erzählte: „Nachdem mein jüngster Sohn tot zur Welt kam, ging ich zu unserem Dorfpfarrer und bat um einen Termin für eine ordentliche katholische Beisetzung. Doch der verweigerte diese, da das Kind nicht getauft war und somit nicht Mitglied der Mutter Kirche sei. Voller Zorn drohte dieser Mann: 'Herr Pfarrer, wenn sie mein Kind nicht nach Recht und Brauch in geweihter Erde bestatten lassen, schlage ich Ihnen das ganze Pfarrhaus in Trümmer!' Darauf gab der geistliche Herr nach und tat, wie von ihm verlangt wurde."

Nach der kirchlichen Glaubenslehre galt seit dem Konzil von Trient (1545-1549), als die christliche Erbsündenlehre zum unfehlbaren Dogma erhoben wurde, dass alle Menschen als Nachkommen der Stammeltern *Adam* und *Eva* und zufolge ihrer Paradiesessünde die seligmachende Gnade verloren haben und deshalb, wie der Kirchenlehrer *Augustinus* einmal sagte, zu einem „verdammungswürdigen Haufen" (Massa damnata) geworden sind. Deshalb sei es notwendig, jeden Menschen, ehe er stirbt, durch die Taufe von dieser Erbschuld zu befreien, denn einen anderen Weg zur ewigen Seligkeit gebe es nicht. Dies sollte auch für alle Ungetauften anderer Konfessionen gelten: Für die Juden, die Moslems, die Hindus, die Buddhisten und für alle, die einer Naturreligion angehören. Daher spottete der Ex-Priester und ehemalige Ethik-Professor *Peter de Rosa*: „Da die meisten Menschen nie von Christus oder der Taufe gehört hatten und da die meisten im

Kindesalter starben, muss die Hölle wohl gerammelt voll von Säuglingen sein.“ (137)

Weil den früh verstorbenen Kindern von kirchlicher Seite immerhin zugestanden wurde, dass sie keine persönliche Schuld auf sich geladen haben, wurde für diese im 12. Jahrhundert von spitzfindigen Theologen ein jenseitiger Ort erfunden, „Limnus puerorum“ genannt, eine Art Vorraum zum Jenseits, wo deren Bewohner in alle Ewigkeit weder Freuden noch Leiden erfahren sollen. Erst im Jahr 2007 hat Papst *Benedikt XVI.*, gestützt auf die Ergebnisse einer Internationalen Theologen-Kommission, diese widersprüchliche Lehre durch ein kirchliches Dekret aufgehoben mit der Begründung: „Der Ausschluss von unschuldigen Kindern aus dem Paradies widerspricht der besonderen Liebe Christi für die Kinder.“ (138) Nach der heutigen Jenseitswissenschaft ist weder die christliche Taufe noch die Zugehörigkeit zu einer bestimmten Konfession oder Kirche in der Jenseitswelt von entscheidender Bedeutung. Wichtig ist allein die Gesinnung und die Summe aller Taten aus dem jüngsten und aus früheren Leben.

Tröstliche Wort für Angehörige von früh verstorbenen Kindern, wie es auch einem meiner eigenen Kinder beschieden war, erhalten wir durch mediale Jenseitskundgaben. So teilte der anglikanische Bischof *Robert Hugh Benson* durch sein Medium *Anthony Borgia* aus dem Jenseits mit: „Sie wachsen hier, wie sie in der irdischen Welt herangewachsen wären. Dort werden die Kinder allen Alters mit einer Fürsorge und Umsicht behandelt, wie sie auf Erden nie möglich sein würde.“ (139) Zur gleichen Ansicht kam der Jenseitsforscher *Rudolf Schwarz*, der in einer medialen Mitteilung erklärte: „Das Kind wird drüben von himmlischen Wesen so erzogen und gelehrt wie auf Erden, nur dass es hier viel rascher begreift und lernt, da die Hindernisse des irdischen Gehirns wegfallen. Es gibt drüben Kinderheime, Kindergärten und Schulen, und man kann sich vorstellen, dass diese nur von besonders liebevollen und ganz selbstlos wirkenden Wesen betreut werden. So sind unsere früh hinübergegangenen Lieblinge in allerbesten Händen.“ (140)

In einem medialen Jenseitsvortrag aus dem Jahr 1967 wurde im Rahmen der „Geistigen Loge Zürich“ mitgeteilt: „Ein als Kind heimgekehrtes Menschenwesen wird in der geistigen Welt in ein Kinderparadies gebracht und dort betreut, gepflegt und aufgezogen, denn der geistige Leib eines solchen Kindes muss in der geistigen Welt langsam heranwachsen. Das Wachstum dort geht genau so langsam vor sich wie bei einem Menschenkind auf Erden. Solche Geistkinder trifft man in den verschiedenen Aufstiegsstufen. Jede geistige Ebene hat ihr eigenes Kinderparadies, wo diese Kindlein je nach ihrem geistigen Entwicklungsstand erzogen werden.“ (141)

In einer aus dem Jenseits inspirierten medialen Niederschrift erzählt die Leiterin eines jenseitigen Kinderheims von schönen und glücklichen Kindern. Diese seien tot zur Welt gekommen, hätten nie die Luft der Erde geatmet. Von diesen sagte sie, dass ihr Charakter anders geartet sei als jener der Lebendgeborenen, sogar verschieden von jenen, die nur kurze Zeit gelebt hätten. Deshalb würden sie einer anderen Betreuung zugeführt und seien früher bereit, sich Kenntnisse über ihre Jenseitssphäre anzueignen, weil sie dieser noch näherstehen als die gewöhnlichen Erdenbürger, die sich der Jenseitswelten meist rasch entfremden. (142)

Von den totgeborenen Kindern wusste der ehemalige Heilpraktiker *Friedrich Taschner,* der während des Zweiten Weltkriegs im Jahr 1944 als Soldat gefallen war, in einer medialen Durchsage zu berichten: „Es gibt bei uns eigene Helferwesen, die mit der Betreuung dieser Kinder beauftragt sind. Wenn diese als Embryo hierher zurückkommen, werden sie noch ganz von ihrem Schutzgeist getragen. Sie wachsen bis zu ihrer Geburtsreife heran. Nach diesem Stadium kommen sie in die Obhut von anderen Geistwesen, die sie entsprechend ihrer Entwicklungsmöglichkeiten betreuen.“ (143)

Wie in der jenseitigen Parallelwelt frühverstorbene Kleinkinder zu Jugendlichen und Erwachsenen heranreifen, zeigt folgendes Beispiel: Eine junge Frau wurde im Alter von etwa zwanzig Jahren wegen einer Blinddarmentzündung in einem Spital operiert. Während der Vollnarkose trat sie aus ihrem Körper aus. Danach schwebte sie durch die geschlossene Zimmertüre hinaus in den Korridor. Dort sei ihr ein junger, etwa 20-jähriger Mann entgegengekommen, habe sie begrüßt und ihr beteuert: „Ich bin dein Bruder.“ Tage danach habe sie dieses merkwürdige Vorkommnis ihren Eltern erzählt, und diese bestätigten ihr, sie hätte einen Zwillingsbruder gehabt, der ihre gemeinsame schwere

Geburt nicht überlebt habe. So hatte sich der frühverstorbene Knabe im Jenseits zu einem jungen Mann entwickelt.

Es kann aber auch sein, dass ein Kind, dem nur eine sehr kurze Lebenszeit auf Erden möglich war, nach kurzer Zeit einem erneuten Erdenleben zugeführt wird. Eine Frau, die ihre zweijährige Tochter bei einem Verkehrsunfall verloren hatte, berichtete mir, sie habe nach dem unerwarteten Tod ihres Kindes mehrmals geträumt, wie dieses sie zu trösten versuchte mit dem Hinweis: „Ich komme wieder zu dir, aber diesmal kommen wir zu zweit." Tatsächlich wurde sie nach einem halben Jahr wieder schwanger und brachte termingemäß Zwillingsmädchen zur Welt. Als die Mutter etwa drei Jahre später mit ihren Kindern erneut an der Straße vor ihrem Haus stand, sagte das eine Mädchen zu ihr. „Mama, hier bin ich früher einmal von einem Auto überfahren worden."

Darin liegt ein großer Trost, dass nicht nur ein einziges Leben entscheidend sein soll für unser ewiges Heil, sondern die Summe unserer Erfahrungen aus vielen Leben, durch die wir im Verlauf einer sehr langen Zeit gewandert sind. Mit dieser Gewissheit schreibt der holländische Sensitive *James van Praagh,* der seit fünfundzwanzig Jahren in der Lage ist, mit Verstorbenen medial in Kontakt zu treten:

„Es gibt keine Verdammung oder Verurteilung beim Übergang, sondern nur ein Bewusstsein für die Entscheidungen, die deine Seele treffen musste, um bestimmte Erfahrungen zu sammeln." (144)

Mit der gleichen Zuversicht können wir in *Goethes* Gedicht „Vermächtnis" lesen:

Kein Wesen kann zu nichts zerfallen!
Das Ewige regt sich fort in allen.
Am Sein erhalte dich beglückt!
Das Sein ist ewig; denn Gesetze
Bewahren die lebendigen Schätze,
Aus welchen sich das All geschmückt.

Teil V

Trauer und Trost

Es wird vielleicht auch noch die Todesstunde
Uns neuen Räumen jung entgegensenden,
Des Lebens Ruf an uns wird niemals enden...
Wohlan denn Herz, nimm Abschied und gesunde!

HERMANN HESSE

Vor etlichen Jahren hörte ich von einem Mann, dass er jeweils in Tränen ausgebrochen sei, wenn er vernahm, dass ein Kind zur Welt kam. Aber jedes Mal, wenn ihm mitgeteilt wurde, dass ein Mensch gestorben war, sei er erheitert und fröhlich gewesen. Offenbar hatte dieser eine andere Auffassung von Leben und Tod, als wir es gewohnt sind. Er sah das Geborenwerden als den Anfang von Mühsal und Leiden, während er den Tod als Befreiung empfand.

Es fällt mir auf, dass bei uns die meisten Menschen beim Sterben eines lieben Angehörigen in große Trauer verfallen, sich mit dem Verlust lange nicht abfinden können und deswegen recht untröstlich sind. Nicht selten sind sie schockiert, verzweifelt und verstehen die Welt nicht mehr. Einer der Gründe hierfür liegt im fehlenden Wissen um das, was im Tod und danach geschieht. Selbst die Vertreter der Kirchen, die es eigentlich von Amtes wegen wissen müssten, können den Hinterbliebenen wenig Trostreiches bieten, weil auch sie hierzu keine klare Vorstellung haben. Diese kommen mir vor wie Blinde, die Blinde führen wollen.

Wer mit leichtem Gepäck auf Reisen gehen will, der sollte sich von allem Überflüssigen verabschieden und wissen, dass das letzte Hemd keine Taschen hat. Beinahe alles, was wir unser Eigentum nennen, ist uns bloß geliehen. Lassen wir uns von den Worten des Schriftstellers Fritz Kudnig inspirieren:

> Tod ist kein Ende.
> Tod ist nur Schwelle.
> Schwelle vor einem neuen Leben.
> Tod ist ein Tal vor der nächsten Welle,
> die uns wieder empor wird heben.
> Tod ist kein trostloses jähes Ertrinken
> im schwarzen Meer eines grausigen Nichts.
> Tod ist ein stilles In-Gott-Einsinken
> und Neugeburt aus dem Quell seines Lebens.

Heilsame Trauerarbeit

Trauer ist die schmerzliche Reaktion der Seele auf ein tragisches Ereignis, auf einen bitteren Verlust oder auf einen schweren Schicksalsschlag. Trauer ist die seelische Antwort auf ein einschneidendes Verlusterlebnis, das zu einer tiefgreifenden Veränderung in der eigenen Lebenssituation geführt hat. Wir empfinden die Trauer ganz allgemein als ein seelisches Leid, welches sich beim Loslösen und Ablösen von etwas Angewöhntem und Liebgewordenem einstellt, als wäre es ein Teil von uns gewesen. Die daraus entstandene seelische Verletzung kann schmerzhaft sein und braucht lange, um auszuheilen. Die erforderliche Zeit hierzu gilt als Trauerzeit, die ein bis zwei Jahre dauern kann.

Wenn ein lieber Mensch, der uns Jahre und Jahrzehnte lang ans Herz gewachsen ist, von uns geht, und dies kann auch für ein liebgewonnenes Tier gelten, verursacht diese Trennung in unserer Seele eine Wunde, die weh tut. Eine tiefe Trauer ergreift uns und macht uns verwundbar. Wir fühlen uns auf einmal verlassen, allein gelassen und wie abgeschnitten vom heiteren Leben. Die Gewissheit, eine wichtige Bezugsperson unwiderruflich verloren zu haben, verursacht in der Seele der Trauernden zunächst ein Gefühl der Leere.

Wer einen lieben Menschen verloren hat, sei es durch den Tod oder infolge von Entfremdung, Trennung oder Scheidung, wird trauern und den Verlust bedauern. Der Trauernde wird sich dem Schmerz stellen müssen, so leid es ihm tut; es geht kein Weg daran vorbei. Daher ist die Trauer um etwas Verlorenes ein mühsamer und langwieriger Prozess, der einem viel Mut abverlangt. Trauern ist harte Seelenarbeit. Niemand sollte den Schmerz verdrängen. *C.G. Jung* sagte einmal: „Verdrängen ist ebenso unsinnig wie Enthauptung bei Kopfweh."

Der traurige und trauernde Mensch sollte seine Trauergedanken und Trauergefühle zulassen, durchdenken und durchfühlen, ohne sich von ihnen beherrschen zu lassen. Er muss an seiner Trauer arbeiten und sie abarbeiten, um sie zu verarbeiten. Trennung ist immer mit Trauer verbunden, aber es sollte nicht diese hoffnungslose, verzweifelte Trauer sein, die kein Ende nimmt und uns kaum weiterleben lässt. Statt dass man sich mit seinen Trauergedanken ständig im Kreise dreht, darin gefangen ist und sich einspinnt, um bald keinen Ausweg mehr zu finden, ist es besser, sich langsam daraus emporzuwinden wie in einer aufsteigenden Spirale, die uns schließlich über alle Trauerstimmung hinweghebt und zu einem großen Ausgesöhntsein und liebenden Einverständnis führt. Deshalb muss Trauer ausgehalten und durchgestanden werden, ehe sie sich verabschieden kann, entsprechend den Worten von *Friedrich Schiller*: „Wohl dem Menschen, wenn er gelernt hat zu ertragen, was er nicht ändern kann, und preiszugeben mit Würde, was er nicht retten kann."

Die neue Situation muss ohne Wenn und Aber angenommen werden, weil sie nicht mehr zu ändern ist. Wer sich dieser Leistung entzieht, der flüchtet oft in eine Scheinwirklichkeit, die ihm später vom Unbewussten her zu schaffen machen wird. Die Trauerbegleiterin *Barbara Lehner* hat die Erfahrung gemacht: „Wer die Trauer verdrängt, wird oftmals bei einem späteren Verlust von ihr eingeholt." (1)

Die Trauer ist wie ein Gedanken- und Gefühlsstrom, der durch die Seele fließt. Wir dürfen diesem Geschehen keine Gewalt und keinen Zwang antun, damit es nicht zu einem Gefühlsstau kommt, der die Seele verhärten und erstarren lässt. Das Fließenlassen, das Zulassen, das Geschehenlassen und das Zeitlassen führt schließlich zum abklingenden Loslassen. Wenn die Trauer wie ein Sturm durch die Seele zieht, sollten wir es machen wie die Möwe Jonathan im gleichnamigen Buch. (2) Sie bezwingt den Sturm, indem sie sich ihm überlässt.

Der in der Betreuung von Trauernden erfahrene Psychiater und Psychotherapeut *Hartwig Volbehr* ist der Ansicht: „Die Hinterbliebenen müssen ebenso loslassen, wie es der Verstorbene muss. Wenn wir den Verstorbenen nicht gehen lassen können, weil wir den Verlust nicht ertragen, dann bleibt er irgendwie gebunden und wir, die Hinterbliebenen, bleiben es auch. Das Trauern um einen lieben Menschen ist ein seelischer Vorgang, der vom Bewusstsein durchdrungen sein sollte, dass der Verstorbene nun einen Weg geht, auf dem wir ihn nur noch mit unseren guten und liebevollen Gedanken begleiten können. Dann wird er im guten Sinne uns immer irgendwie gegenwärtig sein." (3) Der Trost ist der Versuch, dem erlittenen Verlust einen Sinn zu geben.

Das Wort „Trauerarbeit" stammt aus der Begriffswelt von *Sigmund Freud* (1856-1939), der dieses Wort im Jahr 1915 in sein Therapiemodell eingeführt hat. Darunter verstand er nicht ein passives Erdulden der Trauer, sondern deren Bewältigung durch aktive Arbeit mit seinen Patienten. In diesem Sinne kann Trauerarbeit geschehen durch gedankliches Nacherleben und durch gefühlsmäßiges Nachempfinden der eigenen Trauersituation. Durch das Analysieren der entstandenen seelischen Notlage, durch das Bewusstmachen der bestehenden Verlust- und Verlassenheitsängste und durch das Vermeiden krankmachender Verdrängungsmechanismen kann der drohenden Depression vorgebeugt werden.

Die Trauerarbeit, die bei Frauen und Männern unterschiedlich ablaufen kann und sich bei extravertierten Menschen anders äußert als bei introvertierten, vollzieht sich als psychischer Prozess in der Regel in fünf *Trauerphasen.* (4) Diese werden allerdings nicht immer gleich ablaufen. Sie können sich verschieben, überlagern oder wiederholen.

In der *ersten Phase* fällt der trauernde Mensch nach dem schmerzlichen Verlust eines geliebten Menschen in eine Art körperlich-seelische Schockstarre, in eine Art „Totstellreflex". Eine unansprechbare Teilnahmslosigkeit lähmt ihn. Er verhält sich wie empfindungslos und gefühlstaub. Sein Blick geht ins Leere. Er ist fassungslos in seinem Schmerz. Noch vermag er nicht recht zu begreifen, was sich ereignet hat. Oder er gerät ins Gegenteil: In eine innere und äußere Unruhe nach der Art eines „Bewegungssturms", der begleitet wird von nervöser Betriebsamkeit und hastiger Geschäftigkeit. Beide Reaktionsformen sind uns auch aus dem Tierreich bekannt. Häufig wechseln diese Zustände miteinander ab und lösen eine Achterbahn der Gefühle und Stimmungen aus, über die der Betroffene keine Macht mehr hat. Dies umso eher, als der Verlust unerwartet und plötzlich erfolgte.

Oft wird das seelische Trauma zunächst verleugnet, indem man versucht sich einzureden, es könne doch nicht wahr sein, es handele sich bloß um einen „bösen Traum", dem ein befreiendes Erwachen folgen müsse. Wer so reagiert, lässt noch keine Trauergedanken aufkommen. Vielmehr verhält er sich so, als wäre nichts Schwerwiegendes geschehen. Das Ereignis hat für ihn noch kein spürbares Gewicht, weil er es einfach nicht wahrhaben will. So werden alltägliche Aufgaben und Verpflichtungen routinemäßig erledigt, und die eigene Betroffenheit wird überspielt. In einer anderen Reaktionsform sucht man sich nach außen abzuschotten und nach innen einzumotten in ein Gespinst von Trauer und Schmerz. Diese lebensverneinende Einstellung verursacht nicht selten Appetitlosigkeit, Schlaflosigkeit und lähmende Müdigkeit. Wenn der Schmerz nicht gerade das Herz bricht, kann er immerhin auf Dauer zu schweren Herz- und Kreislaufbeschwerden führen.

Ärzte und Psychologen der Mayo-Klinik in Rochester haben in Langzeitstudien festgestellt, dass in den ersten sechs Monaten nach dem Verlust des Lebens- oder Liebespartners von den Leidtragenden eine überdurchschnittlich hohe Zahl an einem Herzinfarkt starben. In der Mehrzahl traf es Männer unter sechsunddreißig Jahren und ganz besonders solche, die ihren Schmerz durch Alkohol, Drogen oder durch Flucht in die Arbeit abzuwehren versuchten.

Unsere gesellschaftlichen Erwartungen verlangen zwar, dass man sich in einer leidvollen Notlage zusammenreißt, auf die Zähne beißt, sich möglichst nichts anmerken lässt, keine Schwäche eingesteht und nicht die Nerven verliert. Dies ist aber nur äußere Tarnung und dient der Trauerabwehr. Hierzu passt der Liedtext aus *Franz Léhars* Operette „Das Land des Lächelns“: „Immer nur lächeln, immer vergnügt / Immer zufrieden, wie immer sich‘s fügt. / Lächeln trotz Weh und tausend Schmerzen. / Und wie‘s da drin ausschaut, geht niemand was an.“

Der Mensch, den man durch den Tod verloren hat, wird nun im Haus, in der Wohnung und in allen Zimmern gesucht in der zweifelhaften Erwartung, dass er doch noch anwesend sein müsse. Weil er nirgends mehr aufzufinden ist, bricht großes Unverständnis über die Seele herein. Unfassbare Gefühle der Verzweiflung, der Verlassenheit und der Ausweglosigkeit überfluten sie. Zorn und Wut machen sich breit. Auch stellen sich Fremdvorwürfe ein mit der Frage, ob etwas verpasst, übersehen oder vernachlässigt wurde. In diesem Chaos der Gedanken und Gefühle findet man sich kaum noch zurecht. Im schlimmsten Fall kommt es zu einem vorübergehenden Realitätsverlust oder zu einem depressiven Stimmungstief. Die Gedanken rotieren unentwegt um die Frage „Warum?“ und „Was soll jetzt aus mir, aus uns werden?“ Annehmbare Antworten gibt es kaum. Mögliche Erklärungsversuche lassen den Trauernden nicht mehr zur Ruhe kommen.

In der *zweiten Phase* wird dem Trauernden allmählich bewusst, dass nichts mehr so ist wie früher. Eine unsagbare innere Leere reißt die Seele auf. Die Schockstarre löst sich allmählich, und die bis dahin beherrschten Seelenkräfte brechen durch und überschwemmen die Seele mit negativen Gefühlen der Zukunftsangst und Ungewissheit, der Auflehnung und der Enttäuschung, oft gepaart mit Schuldzuweisungen und Schuldgefühlen.

Es wäre nun ganz verfehlt, die abgrundtiefe Trauer vorschnell wegtrösten oder totschweigen zu wollen. Besser ist es, der Trauer freien Lauf zu lassen. Tränen sind nun das heilsame Bad für die wunde Seele. Das Weinen wirkt krampflösend und baut negativen Stress ab. Ungeweinte Tränen sind deshalb gefährlich, weil sie in Seele und Körper das reinigende Fließen der Lebensenergien behindern.

Der befreiende Tränenstrom macht auch zugänglich und empfänglich für heilsame Trostgedanken aus einer höheren Welt, die uns Antworten geben können auf die Frage nach dem Sinn von Leid und Trauer in unserer Welt. Wohl dem, der auch religiösen Überlegungen zugänglich ist. In *Goethes* Roman „Wilhelm Meisters Lehrjahre“ finden wir den entsprechenden Hinweis:

Wer nie sein Brot mit Tränen aß,
Wer nie die kummervollen Nächte
Auf seinem Bette weinend saß,
Der kennt euch nicht, ihr himmlischen Mächte.

In der *dritten Phase* legt sich der unkontrollierte Gefühlssturm allmählich, und vernunftbetonte Gedanken gewinnen schrittweise die Oberhand. Langsam gelingt es, das Unwiederbringliche zu akzeptieren und den Verlust anzunehmen. Man fängt an, auf die eigene Um- und Mitwelt wieder zuzugehen. Daraus entsteht die Einsicht, dass sich neue Lebensmöglichkeiten bieten und ein Neuanfang gewagt werden muss. Indem man sich mit seinen Mitmenschen im Gespräch über den erlittenen Verlust gedanklich austauscht, fällt es leichter, bedrückende und belastende Gefühle loszulassen.

Erinnerungen an viele gemeinsame Erlebnisse tauchen jetzt im Bewusstsein auf. Nicht nur mit Bedauern, sondern auch mit Dankbarkeit wird daran gedacht, was das gemeinsame Leben einst bereichert hat. Mit der Zeit weicht die Trauer der Zuversicht, dass nichts für immer verloren ist, sondern dass so manches Schöne, Gute und Liebe im Gedenken weiterlebt. Langsam stellt sich die Daseinsfreude wieder ein; ein scheues Lächeln deutet an, dass sich im Haus der Seele die Fenster erneut öffnen und Begegnungen mit anderen Menschen wieder möglich werden.

Nun ist es an der Zeit, sich zu hinterfragen: Was muss ich aus meiner Trauer lernen? Man wird nun versuchen müssen, im erlittenen Verlust einen tieferen Sinn zu sehen. Dadurch vollziehen wir in uns einen heilsamen Stirb- und Werdeprozess, der uns neue Daseinsmöglichkeiten erschließen kann. Wem dies gelingt, der wird mit *Rilke* erleben: „Je stiller und offener wir als Traurige sind, umso tiefer und umso unbeirrter geht das Neue in uns ein, umso besser erwerben wir es, umso mehr wird es unser Schicksal sein, und wir werden uns ihm, wenn es eines späten Tages geschieht, im Innersten verwandt und nahe fühlen."

In der *vierten Phase* kommt es zu einer vorsichtigen Selbstfindung und zur Anpassung an die veränderte Lebenswirklichkeit, indem man sich mit der neuen Lebenssituation, die nicht mehr zu ändern ist, langsam abfindet. Die Trauer weicht der Einsicht: Das Leben muss weitergehen. Die Tränen verschleiern nun nicht mehr den Blick in die nahe Zukunft. Eine neue Sicht tut sich auf. Mit dem Wunsch nach veränderter Daseinsgestaltung fängt der Mensch an, sich selber und das Leben neu zu entdecken. Neuer Lebensmut, neue mitmenschliche Beziehungen, neue Lebensgewohnheiten und ein neuer Lebensstil lassen das Leben wieder erträglich werden.

Es ist ein tapferes „Trotzdem", mit dem man der eigenen Zukunft entgegengeht. Die Psychologin *Margrit Erni* nennt diese *Phase* „Die höchste Stufe der Leiderfahrung", welche neue Energien freisetzen kann. Nach durchlebter Trauerarbeit wird die verwundete Seele lernen, mit dem erlittenen Verlust weiterzuleben. Nun wird man zaghaft anfangen, wieder am Leben teilzunehmen und auf neue Freuden zu hoffen. Erleichtert kann dies werden, indem man neue Kontakte anknüpft, alte Freundschaften wieder aufleben lässt und neue eingeht.

Die *fünfte Phase* ist vielleicht die längste aller fünf Trauerphasen. Sie verlangt von uns, dass wir den geliebten Menschen, der von uns gegangen ist, nicht festhalten, uns nicht an ihn klammern, sondern ihn loslassen. Dies heißt nicht, ihn zu vergessen nach dem Motto „Aus den Augen, aus dem Sinn" oder die Erinnerung an ihn ausblenden zu wollen. Wenn wir einen verstorbenen Menschen loslassen, geben wir ihn frei für seine Weiterreise. Damit entlassen wir ihn in die Freiheit einer höheren Daseinsform. Für sein Weiterkommen im jenseitigen Land können wir ihm eine glückliche Reise wünschen. Es ist ähnlich, als wenn wir Angehörige, die in ein anderes Land auswandern wollen, wehen Herzens, aber mit allen guten Segenswünschen ziehen lassen, damit sie dort neuen Lebensmöglichkeiten entgegengehen können. Zum Loslassen gehört auch, dass wir alle früheren Unstimmigkeiten und Missverständnisse vergessen und jeden unversöhnlichen und nachtragenden Gedanken aufgeben, um den Verstorbenen nicht weiter damit zu belasten.

Auch alte Trauerreste müssen nun losgelassen werden, damit diese uns auf dem Weg zu neuen Lebensräumen nicht im Wege stehen. Dabei können Briefe, Gespräche, Tagebücher und Erinnerungsfotos uns dazu verhelfen, Vergangenes immer wieder zu durchdenken und nachzuempfinden, bis sie sich klären und ihre Schwere verlieren. Die Teilnahme an Selbsterfahrungsgruppen und gemeinsamen Gesprächsrunden sowie an fachlich betreuten Trauer-Seminaren kann dazu verhelfen, eine Brücke zu schlagen zwischen der realen Vergangenheit und der möglichen Zukunft. Es kann dauern, bis am Ende des Tunnels wieder ein Lichtblick erscheint, der die Hoffnung weckt zum veränderten neuen Leben. Damit kann die eigentliche Trauerarbeit zum Abschluss gebracht werden.

Die *Zeitdauer* eines Trauerprozesses wird bei unseren mitteleuropäischen Verhältnissen zwischen einigen Wochen und etlichen Jahren in Anspruch nehmen. Man muss der Trauer nicht nur Raum, sondern auch Zeit geben, denn Zeit heilt wirklich manche Wunde. Es ist durchaus sinnvoll, ein Trauerjahr einzuhalten (5), damit die Seele genügend

Zeit findet, sich zu erholen. Der Psychiater *Hanspeter Flury* bedauert: „Unsere Gesellschaft lässt Trauer nur kurz zu; sie erwartet rasches Weiterfunktionieren." (6) Weil das Trauern nicht nur ein Leidensprozess, sondern auch ein Lernprozess, manchmal auch ein Heilungsprozess ist, braucht es seine Zeit, bis es zur vollständigen *Trauerheilung* (7) kommt.

Ich habe mehrmals erlebt, dass Trauernde sogar mit Gott hadern, weil sie glaubten, er habe ihnen ihr Liebstes durch den Tod entrissen. Deswegen haben sie mit ihm noch eine Rechnung offen und fragen ihn vorwurfsvoll, warum er ihnen dieses Leid nicht erspart hat. In der Folge können sie ihres Lebens nie mehr richtig froh werden, weil das Trauma der Trauer wie eine Glut unter der Asche des Vergessens weiter schwelt. Sie leiden weiterhin mit Bitterkeit an ihrem scheinbar ungerechten Schicksal. Dieser Haltung liegt natürlich ein falsches Menschen- und Gottesbild zugrunde. Sie haben nicht verstanden, dass jeder Mensch mit einem vorgegebenen Lebens- und Schicksalsplan zur Welt kommt, in dem auch Geburt und Tod vorgesehen sind. Ob der Mensch sich an diesen Plan hält, ob er diesen sinnvoll zu verwirklichen bestrebt ist oder ob er ihn missachtet oder ihm eigenwillig auszuweichen versucht, das liegt weitgehend in seiner Entscheidungsfreiheit, die er eines Tages verantworten muss und deren karmische Folgen er auf sich zu nehmen hat.

Was wir heute bedauern, kann sich später als Vorteil erweisen; was wir vorerst verwünschen und verneinen, mag sich eines Tages als richtig herausstellen. Vor vielen Jahren traf ich an einem See eine junge Frau, die drohte, ins Wasser zu gehen. Als ich sie ansprach, schrie sie mich an in ihrer Verzweiflung und fragte mich: „Was habe ich getan, dass Gott mich so grausam straft?! Dann klagte sie mir, dass ihr 12-jähriger einziger Sohn vor zwei Tagen an Leukämie gestorben sei. In einer späteren Beratung versuchte ich, mit ihr ihre Trauer zu verarbeiten, um ihr neuen Lebensmut zu geben. Damit sie ihre seelische Leere wieder auffüllen konnte, habe ich ihr geraten, sich beruflich weiterzubilden. Dies tat sie auch, was ihr neue Zuversicht und Zukunftsaussichten schenkte. Bald danach begann sie eine psychologische Ausbildung. Heute betreibt sie mit Erfolg eine eigene Praxis für Lebensberatung. Jahre danach schrieb sie mir: „Wenn ich das Bild meines verstorbenen Sohnes betrachte, das in meinem Arbeitszimmer hängt, kommt es mir vor, als würde er zu mir sagen: 'Siehst du, Mama, wenn ich nicht gestorben wäre, hättest du Weg zu deiner heutigen sinnerfüllten Tätigkeit wohl nie gefunden.'"

Ein wichtiger Teil der Trauerarbeit liegt darin, dass wir den unabänderlichen Verlust, so schmerzvoll er auch sein mag, annehmen, uns damit abfinden und ihn vielleicht sogar bejahen können. Jeder leidvolle Abschied von einem lieben Menschen stürzt uns zunächst in eine ernste Lebenskrise, die uns beinahe aus der Bahn werfen kann. Da gilt es nun, seine eigene Lebensspur wiederzufinden. Mehr noch: Wir sollten versuchen, in der Krise auch eine Chance zu sehen, indem wir uns fragen: Wer weiß, wozu das gut ist? Ein Schicksalsschlag kann wie ein Schlag sein, der uns zum Erwachen bringt. Es geht also letztlich um eine Sinnfrage. Diese ist zunächst mit Vertrauen zu stellen, vielleicht als Fügung, als Vorsehung oder als hilfreiche Wende anzunehmen, damit wir daraus lernen. Schon die alten Römer wussten: „Volentem ducunt fata, nolentem trahunt – Den Willigen führt das Schicksal, den Unwilligen zieht und zerrt es an den Haaren herbei." So gibt es keinen blinden Zufall und kein sinnloses Schicksal. Daher hing in meinem Sprechzimmer über Jahrzehnte der Mahnspruch des *Thomas von Aquin*: „Hab dein Schicksal lieb. Es ist der Gang Gottes mit deiner Seele."

Eine heilsame Trauerverarbeitung gelang dem Dichter *Josef von Eichendorff* (1788-1857), der seine Trauer um den Tod seiner zweijährigen Tochter zehn Gedichten unter der Überschrift „Auf meines Kindes Tod" anvertraute. Im Jahr 2014 hat der Komponist *Adolf K. Böhm* diese in einem Liederzyklus vertont. (8) Ein Trauerschock kann manchmal auch zu einem seelisch-geistigen Wachstumsschub führen. So schreibt *Hans Stolp*: „Nicht umsonst bedeutet der Tod eines Kindes für viele Eltern auch einen starken Impuls hin zu geistiger Bewusstseinserhöhung – einen Impuls, um einen Weg wachsender Erkenntnis zu gehen und Einblick in das zu erhalten, was vor unseren physischen Augen verborgen ist. Sie sollten wissen, dass die spirituelle Erkenntnis, die sie sich zu Lebzeiten erarbeiten, ein großes Geschenk für ihr verstorbenes Kind bedeutet. Ihr Kind erfährt dann nämlich, dass seine Mission, seine Eltern zu einem spirituellen Bewusstsein zu führen, Früchte trägt – und das bereitet ihm Freude." (9)

Nur ein nicht bewältigter oder falsch verarbeiteter Trauerschock kann böse Folgen haben. Wie der Verlust des eigenen Lebenspartners zu gesundheitlichen Schäden führen kann, haben Wissenschaftler in Dänemark in einer groß angelegten Untersuchung festgestellt, die zu folgendem Ergebnis führte: Wer nach dem Tod seines Lebenspartners ein „gebrochenes Herz“ hat, lebt gefährlich. Das Risiko im ersten Trauerjahr an Herzrhythmusstörungen zu erkranken oder an einem Herzinfarkt zu sterben, ist um 41% höher als bei der Durchschnittsbevölkerung. Sie beobachteten außerdem, dass acht bis vierzehn Tage nach dem Verlust des Partners dieses Risiko am höchsten ist, dann aber stetig abnimmt, bis es nach einem Jahr wieder gleich hoch ist wie bei Menschen, die keine Trauer zu bewältigen haben. (10)

Es ist bei der Verarbeitung der Trauer von Bedeutung, ob sich der schmerzlich betroffene Mensch rechtzeitig ein Weltbild geschaffen hat, in das sich eine solche existenzielle Erschütterung konfliktfrei einordnen lässt, und ob das tragische Ereignis jedem Glaubenszweifel standhält. Gewiss nicht wenigen Menschen drängt sich in einem Trauerfall die Frage auf, ob mit dem Tod alles aus und vorbei ist, ob doch ein Weiterleben, vielleicht sogar ein Wiedersehen in einer anderen Welt oder in einem nächsten Leben möglich sei.

Nach dem Abschied von einem lieben Angehörigen merkt man erst, was wichtig und wertvoll im Leben ist und wie unbedeutend manche Dinge geworden sind. Unwesentliches sollten wir loslassen können und Wesentliches bewahren. Es gilt, sich mit der „himmlischen Rechenkunst“ des lettländischen Dichters *Werner Bergengruen* (1892-1964) vertraut zu machen, der empfiehlt:

Was dem Herzen sich verwehrt,
lass es schwinden unbewegt.
Allenthalben das Entbehrte
wird dir mystisch zugelegt.

Liebt doch Gott die leeren Hände,
und der Mangel wird Gewinn.
Immerdar enthüllt das Ende
sich als strahlender Gewinn.

Jeder Schmerz entlässt dich reicher.
Preise die geweihte Not
Und aus nie geleertem Speicher
nährt sich das geheime Brot.

Hilfreiche Trauerbegleitung

Die vorzüglichste, vielleicht die einzige Brücke
zwischen den Lebenden und den Verstorbenen,
wie überhaupt zwischen Menschen, ist die Liebe.

Otto Julius Hartmann

Wenn nasskalte Nebel der Trauer uns umwehen und den Blick trüben, ist es gut, einen Begleiter an unserer Seite zu wissen, der mit uns Schritt hält, der uns durch das Dunkel der Gefühle führt, der still und schweigsam an unserer Seite geht und uns mit seinen Gedanken des Mitleidens nahe ist und teilnimmt an dem, was uns bewegt und bedrückt. Diese Trauerbegleitung bedarf freilich nicht eines wortreichen Geredes. Viel eher ist mitfühlendes Schweigen angebracht. Freunde und Bekannte sollten nicht versuchen, den Trauernden mit gutgemeinten, aber wenig hilfreichen Ratschlägen zu bedrängen. Solches Bemühen mutet oft recht unbeholfen an, weil es nicht leicht ist, sich in einen trauernden Mitmenschen einzufühlen, zumal es diesem selber schwerfällt, seinem eigenen Trauerempfinden Ausdruck zu verleihen. Hinter manchem Wildwuchs wortreichen Tröstenwollens verbirgt sich oft das unbewusste Eingeständnis, dass man nicht wahrhaft mittrauern kann.

Wir vermögen kaum zu trösten, wenn wir einen trauernden Menschen mit einem Schwall von Trostworten zudecken. „Es tut weh", schreibt *Friedrich Zur Bonsen,* „wenn eine tiefe Wunde im Herzen mit Worten zugeschüttet werden soll. Wie Strohhalme brechen alle Worte zusammen unter der Last des Schmerzes." (11) Statt der vielen Worte ist jetzt rücksichtsvolles Schweigen angesagt im Sinne des indischen Philosophen *Sri Aurobindo* (1872-1950): „Kleine Dinge haben kleine Worte, große Dinge haben großes Schweigen."

Trauernde bedürfen weniger des verbalen als eher des emotionalen Trostes. Wir können Trauernde trösten, indem wir an ihrem Leid einfühlsam und behutsam teilnehmen. Es ist dies jene Haltung, die man heute Empathie (gr. *en-pathein*: mitfühlen, mitleiden) nennt. Selbst die eigene Betroffenheit und Unbeholfenheit in der Trauerbegleitung können tröstlich wirken, wie dies *Monika Müller* und *Matthias Schnegg* in ihrem Buch „Vom Sinn der Trauer“ beschreiben: „Ich wäre gerne mutig in der Begegnung mit deiner Trauer, aber ich bin es nicht. Ich wäre gerne mächtig im Lindern deines Leides, aber ich bin es nicht. Ich hätte gerne Klarheit und Weitsicht bei Ansicht deiner verwickelten Gefühle und deines gewundenen Trauerweges, aber ich habe sie nicht. Aber ich laufe nicht fort, ich fliehe nicht vor deiner Trauer, sondern bleibe neben dir. Das ist das Angebot meiner Stütze und meines Trostes.“ (12)

Vor Jahren wurde von Angehörigen eine Frau zu mir gebracht, die seit dem plötzlichen Tod ihres Mannes teilnahmslos und wie versteinert dahinlebte. Nach außen zeigte sie keine Trauer, sie vergoss keine Träne, sie klagte und jammerte nicht und auf meine Fragen antwortete sie nicht. So setzte ich mich wortlos an ihre Seite, hielt ihre eine Hand und betete still für sie das bekannte Herzensgebet. (13) Nach einer Stunde, in der kein lautes Wort gesprochen wurde, stand sie wieder auf und ging wortlos davon. Wenige Tage danach erfuhr ich von ihren Verwandten, dass sie zu Hause in ein heftiges Weinen ausgebrochen sei, das mehrere Stunden andauerte. Es schien, als ob in ihr ein Damm gebrochen, eine Mauer des Schweigens eingestürzt sei, denn von diesem Tag an war die Frau wieder ansprechbar und zugänglich. Erst viele Jahre später erfuhr ich, dass sie wieder den Weg in eine neue Partnerbeziehung gefunden hatte.

Aus diesem Erlebnis habe ich zwei Dinge gelernt. Zum einen, dass es für den trauernden Menschen wichtig ist, fremde Hilfe anzunehmen, mitmenschliche Nähe mit Vertrauen zuzulassen. Zum anderen gilt, was *Bernard Jakoby* bestätigt: „Wir können keinen Menschen trösten, wenn wir unter Trost das Ende der Qualen und die Auflösung der Verzweiflung verstehen. Trost ist bestätigende und beruhigende Zuwendung in einer Lage, die in Wirklichkeit keine Erwartungen und Hoffnungen auf schnelle Linderung zu hegen erlaubt. Tröstend ist, was dem Leidenden Bestätigung, Raum und Erlaubnis gibt.“ (14)

Manchmal ist professionelle Trauerbegleitung in einer Einzel- oder Gruppentherapie angebracht. Angeboten werden Trauer-Seminare und

Trauer-Workshops. Dabei soll es nicht darum gehen, Trauernde von ihrer Trauer zu befreien, sondern vielmehr darum, ihnen behilflich zu sein, den erlittenen Trauerschmerz als wichtige Lebenserfahrung anzunehmen und mit ihnen ein Stück des Trauerwegs zu gehen. Auch die Teilnahme an einer Selbsterfahrungsgruppe kann helfen, weil dort im vertrauten Kreis unter Gleichbetroffenen eine offene Aussprache über das eigene Trauererlebnis und ein intimer Erfahrungsaustausch möglich sein kann. Mancherorts gibt es ein Trauer-Café, wo sich Trauernde regelmäßig begegnen, um sich über ihre Trauer-Erlebnisse auszutauschen.

Bei der eigenen Trauerarbeit empfiehlt es sich auch, eine Art Schreibtherapie anzuwenden, um sich die Trauer und den Schmerz von der Seele zu schreiben. In einem symbolischen Brief an die verstorbene Person kann man eigenen Gefühlen und Gedanken befreienden Ausdruck verleihen.

Ärztliche Hilfe und medikamentöse Betreuung ist zweifellos da angebracht, wo Menschen durch ihre unbewältigte Trauer in eine Depression abgleiten, in krankmachende Gefühls- und Bewusstseinszustände fallen oder in eine Suizidgefahr geraten. Bei außerordentlichen Trauer-Ereignissen zufolge eines größeren Unfallgeschehens, wie dies bei Naturkatastrophen, Verkehrsunfällen oder Terrorangriffen der Fall ist, wird ein ganzes Team von Betreuern und Begleitern notwendig sein, um Erste Hilfe zu leisten. In einem solchen Care-Team kommen nicht bloß menschliche Hilfeleistungen zum Einsatz, sondern auch ganze Scharen von jenseitigen Helfergeistern, die den Verunglückten beistehen und ihnen Geleitschutz von oben anbieten. (15)

Es kommt auch vor, dass Verstorbene im Jenseits die Erlaubnis erhalten, ihre Angehörigen auf Erden aufzusuchen, um diese zu trösten, was auch häufig in deren nächtlichem Schlaf geschieht, ohne dass dies bewusst wahrgenommen wird. Manchmal finden Verstorbene über Träume einen Zugang zu ihren Lieben. Sie sind oft recht betrübt, wenn nach ihrem Abschied die gedankliche Verbindung zu ihnen vollständig abbricht. Dann versuchen sie durch ein Traumerlebnis, ihnen eine tröstende Botschaft zukommen zu lassen. Umgekehrt können die Lebenden sie bitten, in Traumbildern ihnen mitzuteilen, wie es ihnen geht.

Hans Stolp hat erfahren, dass sogar direkte Begegnungen zwischen Lebenden und Verstorbenen möglich sind. Er schreibt in seinem Buch „Begegnungen im Lichtreich“, wie in der Nacht, während wir schlafen, sich unser Astralleib und unser Geistkörper vom physischen Körper zu lösen vermag. Mit unserem feinstofflichen Körper kann es uns gelingen, in jene Sphären aufzusteigen, in denen sich unsere Verstorbenen aufhalten. „Dort 'sprechen' wir miteinander und sind in gegenseitiger Gesellschaft, bis es wieder Zeit wird, zur Erde zurückzukehren.“ (16)

Eine direkte Kontaktaufnahme mit den Angehörigen auf Erden ist oft nicht möglich, weil diese in ihrem Denken zu unerfahren und unzugänglich sind. Für sie besteht die Möglichkeit, durch die Vermittlung von hellsichtigen und hellhörenden Medien den Kontakt mit verstorbenen Personen herzustellen, um nach deren Befinden und nach deren Anliegen zu fragen. Dies kann den trauernden Hinterbliebenen eine Tröstung bedeuten und ihnen zugleich die Zusicherung geben, dass ihre Lieben immer noch da sind, wenn auch in einer anderen Dimension, auf einer anderen Daseinsebene. (17) Pfarrer *Stolp* erinnert sich: „Es kamen im Lauf der Zeit auch viele Verstorbene auf mich zu, die mich baten, an einen ihrer Lieben eine Botschaft weiterzureichen. Sie erzählten mir, wie sehr sie sich mit ihren geliebten Angehörigen auf Erden verbunden fühlten und wie gerne sie ihnen helfen und sie inspirieren würden. Es war ihnen allerdings nicht möglich – so sagten sie – ihren geliebten Freund auf Erden zu erreichen“, solange von dessen Seite kein Kontakt zustande kam. (18)

Manchmal werden Trösterengel zu den Trauernden auf Erden gesandt. Ein Verstorbener wurde in der Jenseitswelt von einem Engelwesen gefragt, ob er einen Wunsch habe. „Ja, ich hätte einen Wunsch“, antwortete dieser. „Ich wünsche mir, dass ein Engel zu meiner Frau geht, um sie zu trösten.“ Weiter berichtet er: „Der Wunsch wurde mir erfüllt. Ich durfte sogar den Engel begleiten und sehen, wie dieser meine Frau umarmte und streichelte und ihr immer wieder sagte: 'Deinem Mann geht es gut!' – bis sie es selber fühlte, dass es mir gut ging. Solche Besuche bei meiner Frau durfte ich immer wieder machen, bis sie sich gefasst hatte und getröstet war.“ (19)

Elisabeth Kübler-Ross war der Ansicht, dass wir auch von himmlischen Wesen begleitet werden und Tröstungen erfahren können. „Wenn wir nur Augen hätten“, schreibt sie, „die sehen können, so würden wir bemerken, dass wir niemals allein sind, dass uns jene Wesenheiten umgeben, die uns führen, uns in Liebe zugetan sind und uns beschützen. Sie versuchen, uns zu leiten und uns zu helfen, damit wir auf dem richtigen Weg bleiben, der zu unserer Bestimmung führt. Vielleicht können wir in Zeiten großen Schmerzes, großer Leiden und großer Trauer unsere Wahrnehmung derart erhöhen, dass wir ihrer Gegenwart gewahr werden." (20)

Es kommt auch vor, dass Verstorbene selber als Tröster zur Erde gesandt werden. Eine Frau teilte auf medialem Weg mit: „Ich darf traurige Menschen – Erdenmenschen – trösten. Ich gehe auf die Erde zu den Menschen, die man mir gezeigt hat, umarme sie mit meinen geistigen Armen und spreche ihnen Trost zu. Sie spüren mich natürlich nicht, aber von meiner geistigen Energie geht Kraft auf ihren Körper über und tut ihnen wohl. Auch meine Worte können sie nicht hören, aber ihre Seele nimmt sie auf. Es ist für mich eine Freude, wenn ich sehe, dass es ihnen leichter wird." (21)

Verstorbene sind oft traurig, wenn sie in der Jenseitswelt wahrnehmen müssen, dass ihre Angehörigen auf Erden um sie trauern und ihr Weggehen beweinen. Es ist dies dem einseitigen Blick zuzuschreiben, mit dem wir den Tod eines Menschen bedauern, während er für den Heimgegangenen ein freudiges Ereignis bedeuten kann.

Die Theologin *Kerstin Kiehl* gibt in ihrem Buch *„Er geleitet dich durch das Dunkel des Todes in sein Licht…"* praktische Hinweise und Anleitungen, wie Nahestehende, Freunde und Bekannte ihr Beileid den Trauernden mitteilen können. Auch vermittelt sie religiös begründete Trostgedanken. (22) Für die Trauerbegleitung können folgende Empfehlungen hilfreich sein:

Stilles Anteilnehmen am Leid und Schmerz der Trauernden, ohne daran zu rühren oder diese beschwichtigen oder kleinreden zu wollen.

Mit Mitgefühl den Trauernden begegnen, indem man mit einfühlsamem Verständnis und sensiblem Mitempfinden diese begleitet und ihnen bei alltäglichen Verrichtungen beisteht.

Mitgehen und begleiten ist besser, als zu versuchen, mit wohlwollenden, aber leeren Worthülsen sein Beileid und Bedauern ausdrücken zu wollen. Hier gilt die esoterische Weisung: „Wer spricht, weiß nicht, wer weiß, spricht nicht."

Zuhören zu können, ist wichtiger, als mit ständigem Zureden die erwünschte Ruhe und Stille zu stören oder mit gut gemeinten Ratschlägen vorschnell eingreifen zu wollen.

Ohne aufdringlich oder zudringlich zu wirken, kann eine stille Trauerbegleitung den Abschiedsschmerz der Trauernden mildern; denn geteiltes Leid ist halbes Leid.

Mit der eigenen emotionalen Stärke kann man als Begleiter den Trauernden die sichere Gewissheit verleihen, dass sie nicht allein und nicht verlassen sind.

Sprachlos heißt nicht, tatenlos zu sein. Es ist wichtig, den Trauernden tatkräftige Hilfe für alltägliche Besorgungen zu gewähren, beim Regeln administrativer Notwendigkeiten mitzuwirken oder bei Entscheidungen vor Ämtern, Behörden und Organisationen behilflich zu sein.

Es ist auch möglich, seine Anteilnahme durch ein handgeschriebenes Kondolenzschreiben zu bekunden.

Der folgende Trostgedanke der verstorbenen Dichterin *Luise Hensel* (1798-1876), aus dem Jenseits mitgeteilt, möge die Trauernden begleiten:

O weine nicht! Sieh, wie die Jahre schwinden,
Auch dich trägt bald ein Engel zu mir her.
Du wirst mich selig unter Sel'gen finden,
und ewig trennt uns kein Sterben mehr.

Rituale des Abschieds

Wie hab' ich das gefühlt, was Abschied heißt.
Wie weiß ich's noch; ein dunkles unverwundenes
grausames Etwas, das ein Schönverbundenes
noch einmal zeigt und hinhält und zerreißt.

RAINER MARIA RILKE

Seit jeher spielen Rituale beim Übergang vom Leben zum Tod eine bedeutungsvolle Rolle. Es handelt sich um symbolische Zeichen oder Handlungen, die es uns ermöglichen, unausgesprochenen Gedanken und Gefühlen einen sichtbaren Ausdruck zu verleihen. Dabei sind diese für die Hinterbliebenen sicher wichtiger als für die Verstorbenen. Sie wollen den Lebenden den Abschied von den Toten erleichtern (23) und sind Hilfen, um der Verstorbenen zu gedenken. Es können dies Blumen, Kerzen, religiöse Symbole und Gedenktafeln sein. Durch diese finden die Trauernden eine Gelegenheit und einen geeigneten äußeren Rahmen, um ihren Abschiedsschmerz in sinnenfälliger Form zu bekunden. Auf diese Weise kann ein gutes Stück Trauerarbeit geleistet werden. Immer häufiger sind es heute nicht nur kirchliche Religionsvertreter, sondern auch private Bestattungsinstitute, deren erfahrene Ritualbegleiter eine Trauerfeier nach individuellen Wünschen gestalten. So wie der Körper des sterbenden Menschen sich langsam von den vier Lebenskräften der Erde, des Wassers, der Luft und des Feuers löst, so können diese vier Elemente auch bei den Bestattungsritualen einen symbolischen Sinn erhalten.

Das *Feuer* gilt in vielen Kulturen als heilig und reinigend. In Feuerwelten wohnen nach antikem Vorstellungen die ewigen Götter, so der indische Feuergott *Agni*, oder *Hestia,* die griechische Göttin des *Herdfeuers.* Nach biblischem Bericht erschien der himmlische Herr dem Moses in einem brennenden Dornbusch (2 Mo 3,2). Dem israelitischen Volk soll bei dessen 40-jähriger Wanderung durch die Wüste Sinai des nachts eine leuchtende Feuersäule wegweisend vorausgegangen sein (2 Mo 13,21). Der persische Prophet *Zarathustra* nannte im 6. Jahrhundert v. Chr. seine Lehre „Feuerreligion“. Seine Anhänger verehren noch heute das Feuer als göttliche Urkraft, weshalb sie als Feuer-Anbeter bezeichnet werden. In der biblischen Apostelgeschichte wird erzählt, dass am Pfingstfest feurige Zungen auf die Jünger in Jerusalem niedergingen, um diese zu erleuchten (Apg 2,3).

Seit Jahrhunderten wohnt zahlreichen Feuerritualen und Lichterfesten ein magischer Zauber inne. Die Flamme einer brennenden Kerze spendet Licht und Wärme. Deshalb zünden wir zur Erinnerung an unsere lieben Verstorbenen Kerzen oder Grablichter an, um ihnen unsere Zuneigung zu bekunden. Damit wünschen wir ihnen in der jenseitigen Welt das Licht eines erhellten Daseins. Dieser Lichtschein soll auch ihr vergangenes Leben durchleuchten und ins richtige Licht rücken, damit so manches Vergängliche ihnen in einem anderen Licht erscheint. Das Feuer besitzt in diesem Sinne eine läuternde und klärende Kraft, die das Gültige vom Beiläufigen trennt.

Die Symbolik des Feuers findet auch bei der Bestattung ihre Bedeutung. Die *Feuerbestattung*, durch Verbrennen des Leichnams, gehört in Indien zur Regel. Im christlichen Abendland wurde sie während Jahrhunderten von den Kirchen mit der Begründung verboten, diese stehe im Widerspruch zum heute allerdings für überholt gehaltenen Auferstehungsglauben, wonach die Verstorbenen, die unter der Erde schlafen, beim Weltenende wieder erweckt und zur Auferstehung gelangen sollen. Die Katholische Kirche empfiehlt heute zwar weiterhin die Erdbestattung, erlaubt aber aus hygienischen und ökologischen Gründen auch die Feuerbestattung. Die orthodoxen Kirchen halten weiterhin am Kremationsverbot fest. Die evangelischen Kirchen standen bis zum Anfang des 20. Jahrhunderts der Feuerbestattung eher ablehnend gegenüber, danach setzte sich eine tolerantere Haltung durch. In ländlichen Gegenden sind die Erdbestattungen heute noch häufiger, während in größeren Städten 80 bis 90% der Verstorbenen kremiert werden. Eine Kremation ist auch viel kostengünstiger als eine Erdbestattung und vereinfacht die Grabpflege.

Die *Luft* gilt als Element der Freiheit und Leichtigkeit. Daher heißt es im Fliegerlied von *Reinhard Mey*: „Über den Wolken muss die Freiheit wohl grenzenlos sein. Alle Ängste, alle Sorgen, sagt man, bleiben darunter verborgen. Und dann würde, was uns groß und wichtig erscheint, plötzlich nichtig und klein." Die *Luftbestattung* der Verstorbenen ist seit Jahrhunderten beim Volk der Parsen im Vorderen Orient üblich. Dort werden die toten Körper der Menschen auf hohen Bäumen oder auf den „Türmen des Schweigens" den geflügelten Bewohnern der Lüfte zur Nahrung überlassen. Es herrscht auch die Meinung, dass mit dem letzten Ausatmen die hauchartige Seele den sterblichen Körper verlässt. Über einem Kindergrab sieht man manchmal einen Luftballon, der sich an einer langen Leine im Winde wiegt, als Symbol für die unbeschwerte Kinderseele, die zum Himmel schwebt.

Materialisierte Verstorbene, deren Gestalt sich vorübergehend verdichtet, damit wir Menschen sie zu sehen bekommen, lösen sich bald in Luft auf. Deshalb gilt die Luftregion als erdnahe Wohnstätte der Naturgeister, der entkörperten Seelen und der Engel. Sie alle werden in der sakralen Kunst gerne als beflügelte, leicht dahinschwebende Wesen dargestellt. In unserer Zeit kommt es vor, dass die Asche der sterblichen Überreste aus einem Flugzeug, Helikopter oder Gleitschirm in großer Höhe in der Luft verstreut wird. Manchmal lässt man mithilfe einer Rakete die Asche des Verstorbenen in einem farbenprächtigen Feuerwerk in der Luft verglühen. Eine Variante hierzu ist die luftdichte Unterbringung des Sarges oder der Urne in einer versiegelten Mauernische auf dem Friedhof.

Dem Element *Wasser* wird Lebensenergie und Erneuerungskraft zugeschrieben. Daher gilt es als Symbol des Lebens und der Wandlung. In der Mythologie wird das Wasser das Urelement der Schöpfung genannt, aus dem alles Lebendige hervorgegangen ist. Der Kreislauf des Wassers ist Sinnbild für den gesamten Lebenslauf des Menschen. *Goethe* dichtete angesichts des Staubbach-Wasserfalls von Lauterbrunnen im Berner Oberland in seinem „Gesang der Geister über den Wassern":

Des Menschen Seele
Gleicht dem Wasser:
Vom Himmel kommt es,
Zum Himmel steigt es
Und wieder nieder
Zur Erde muss es,
Ewig wechselnd.

Dem Wasser mit seiner reinigenden Kraft wird eine symbolische Bedeutung bei vielen religiösen Zeremonien zugeschrieben, so bei der Taufe oder bei Segnungen mit geweihtem Wasser. Bei der katholischen Trauerfeier verheißen rituelle Einsegnungen den Verstorbenen ewiges Leben und Schutz vor dämonischem Einfluss. Rituelle Waschungen kennen der Buddhismus und der Islam. Diese sollen die Seele von ihren Sünden befreien.

Die *Wasserbestattung* kommt bei Schifffahrtsnationen noch heute vor. Einem alten Brauch entsprechend, werden bei der Marine und bei der zivilen Hochseeflotte verstorbene Matrosen dem Wasser der Meere übergeben. Es kommt auch vor, dass die Asche von einem Schiff, von einer Brücke oder von einem Ufer aus ins Wasser gestreut wird. In einigen fernöstlichen Ländern wird diese Art der Bestattung verbunden mit der Vorstellung, die Seele des Verstorbenen werde durch das heilende und heilige Wasser erlöst. Ein stiller Teich oder ein plätschernder Brunnen auf dem Friedhofsgelände vermitteln auch bei uns ein Gefühl der inneren Gelassenheit und lassen die Trauernden ruhiger und besinnlicher werden.

Das Element *Erde* gilt seit frühesten Zeiten, ähnlich wie das Wasser, als Ursprungsort des Lebens. Beiden werden mütterliche Eigenschaften zugeschrieben. Der tote Körper wird der Mutter Erde zurückgegeben, von der er genommen ist. Noch heute werden in der katholischen Totenliturgie die Psalm-Worte gesprochen: „Gedenke, o Mensch, dass du Staub bist und wieder zum Staub zurückkehren wirst." (Ps 103,14; 104,29) In vielen Mythologien gilt die Erdmutter als die Urmutter des Lebendigen.

Das Erd-Element ist die am stärksten verdichtete Substanz der Schöpfung und Sinnbild für alles Grobstoffliche. Was unter der Erdoberfläche liegt, gilt als finstere Unterwelt und daher als Aufenthaltsort für alle jene Wesen, die noch nicht im Licht der ewigen Seligkeit sind. Nach biblischer Auffassung sollen die Verstorbenen in der Erde ruhen und schlafen bis zu ihrer Auferweckung am Jüngsten Tag. Nach Ansicht der heutigen Jenseitsforschung findet die Auferstehung nicht am Ende der Zeiten statt, sondern unmittelbar nachdem die unsterbliche Geistseele den sterblichen Körper kurz nach dem Eintritt des Todes verlässt und in eine andere Dimension hinübergeht. Auf diese Tatsache weisen uns die zahlreichen Nachtod-Erlebnisse hin. Demnach kommt es nicht zu einem langen Todesschlaf in der Erde bis zum Weltenende.

Die *Erdbestattung* galt in unserer abendländischen Kultur bis vor kurzem als die häufigste Form der Beisetzung. Daher spricht man von Be-erdigung. Diese ist bei uns noch heute in ländlichen Gegenden häufiger als in städtischen Verhältnissen, wo die Kremation schon aus Platzgründen öfter gewählt wird. Bei den Katholiken kommt sie allerdings seltener vor als bei den reformierten Christen. Im November 2016 hat der Vatikan in Anlehnung an die katholische Auferstehungslehre seine Weisungen zur Bestattung der Gläubigen in einem Dokument neu formuliert. Danach dürfen die sterblichen Überreste von Verstorbenen nur auf einem geweihten Friedhof, in einer Kirche oder an einem Ort, welche die Kirche hierfür vorgesehen hat, beigesetzt werden. In jedem Fall soll eine religiöse Trauerfeier stattfinden. Die heute immer häufiger vorgenommene Kremation ist nur erlaubt, wenn damit der Glaube an die Auferstehung nicht abgelehnt wird. Nach den Worten des deutschen Kardinals *Gerhard Müller* soll die traditionelle Erdbestattung bevorzugt bleiben, weil diese seiner Meinung nach eine größere Wertschätzung gegenüber den Verstorbenen bedeuten soll. (24) Nur in Ausnahmefällen und mit der besonderen Erlaubnis des zuständigen Bischofs dürfen Angehörige die Asche einer verstorbenen Person in der eigenen Wohnung oder im Hausgarten aufbewahren. Die Bestattung auf einem öffentlichen Waldfriedhof oder in der freien Natur bleibt weiterhin verboten. In den vergangenen Jahrzehnten haben sich die Gepflogenheiten bei der Friedhofsgestaltung deutlich verändert. So gibt es für eine Erdbestattung verschiedene Möglichkeiten, nämlich als Einzelgrab, als Reihengrab oder als Gemeinschaftsgrab. Gleiches gilt auch für die Urnenbeisetzung.

Eine Begräbnisstätte kann für die Hinterbliebenen ein Ort der Erinnerung und des Friedens sein. Für die Verstorbenen selber jedoch bedeutet diese meistens wenig oder nichts. Nur jene, die noch weiterhin an ihren Körper oder an irdische Verhältnisse gebunden bleiben, haben Mühe, sich davon zu befreien. *Angela Haider* schreibt in ihrem „Trostbüchlein für Verstorbene": „So etwas kümmert im Jenseits nur sehr einfache Gemüter. Ein geistig höherstehender Verstorbener beachtet das Grab nämlich gar nicht. Je höher die Schwingung des Jenseitigen ist, desto weniger sieht er die Materie. Aber er sieht das Kerzenlicht, das entfacht wird, oder den Blumenschmuck auf dem Grab. Ihn erreichen eure Gedanken, jedenfalls jene, die auf ihn gerichtet sind. Er hört es, wenn ihr für ihn ein Lied singt, das er geliebt hat, oder wenn ihr mit jemandem über ihn gute Gedanken austauscht." (25)

Alternative Bestattungsformen werden heute immer häufiger gewählt. So entscheiden sich nicht wenige für eine Bestattung in der freien Natur. Hierzu werden *Friedhofwälder, Waldfriedhöfe* oder *Gedächtnishaine* eingerichtet. Man kann auch in einem gewählten Waldstück einen lebenden Baum käuflich erwerben oder mieten und in dessen Wurzelbereich die Urne beisetzen. Im Gegensatz zu einem Friedhofgrab, das nach zwanzig bis fünfundzwanzig Jahren aufgehoben wird, hat man mit dem Baum eine Grabstätte, die man sein Leben lang aufsuchen kann. Ein solcher Baum, der besonders gekennzeichnet wird, kann auch als Gemeinschaftsgrab genutzt werden. Manchmal wird die Asche auch im eigenen Garten oder auf einer privaten Wiese verstreut. Richtlinien oder gesetzliche Verordnungen für die Beisetzung in der freien Natur gibt es hierzulande nicht. Erzeugnisse der Erde werden als Grabschmuck verwendet, wie Steine, Hölzer oder Pflanzen, um die Erinnerung an die Verstorbenen lebendig zu erhalten.

Allen Begräbnisritualen und Totenzeremonien ist gemeinsam, dass durch sie einerseits den Verstorbenen der Übergang in ihre jenseitige Daseinswelt erleichtert werden soll, andererseits die Hinterbliebenen die Möglichkeit erhalten, sich von ihren verstorbenen Angehörigen würdig und gebührend zu verabschieden. Wie wichtig dies ist, zeigt sich in jenen Fällen, wo eine Person für immer vermisst wird und schließlich nach Jahren für tot erklärt werden muss, ohne dass eine

Abschiedsfeier stattfinden konnte. Es fehlt dadurch für die Angehörigen etwas Abschließendes und Endgültiges.

Das sogenannte „letzte Geleit“, das wir einem verstorbenen Mitmenschen geben, führt in der Regel zu einer Begräbnisstätte, sei dies ein Friedhof oder sonst ein gewählter Beisetzungsort, wo er zur „Ewigen Ruhe“ gebettet wird. Diese Vorstellung ist freilich irreführend, zumal sie lediglich für eine beschränkte Zeit und nur für den verblichenen Körper gilt, nicht aber für den wahren Menschen, der in der jenseitigen Welt weiterlebt. Für ihn hat die Jenseitsreise eben erst begonnen. Dorthin müssten wir ihn in Gedanken suchen und begleiten.

Die traditionellen kirchlichen Feiern mit ihrer gleichförmig ablaufenden Totenliturgie sind heute immer weniger gefragt, zumal sich bei uns immer mehr Menschen als kirchenfern und konfessionslos erklären, ohne sich als unreligiös zu bezeichnen. Freischaffende und interkonfessionell arbeitende Seelsorger wählen heute zunehmend zeitgemäße Bestattungsformen, welche die Menschen besser ansprechen als die kirchlichen. Dabei können von Angehörigen Gebete, Gedichte, Briefe und ein Lebensrückblick des Verstorbenen vorgetragen werden. Als letzter Abschiedsgruß eignen sich Gesänge und Musikdarbietungen. Alle diese Rituale mögen für die „biografische Inszenierung, die therapeutische Sanierung und die gesellschaftliche Glorifizierung“ (26) wichtig und für die Hinterbliebenen hilfreich sein.

Heute wird bei frühverstorbenen Kindern zivilrechtlich vielfach ein Unterschied gemacht zwischen Totgeburt und Fehlgeburt. Die Weltgesundheitsorganisation WHO hat festgelegt: Eine Totgeburt ist ein Kind ab 500 Gramm Eigengewicht oder ein Kind, das nach Vollendung der 22. Schwangerschaftswoche leblos zur Welt gekommen ist. Dagegen werden ungeborene Kinder unter dieser Grenze, die nicht lebensfähig waren, als Fehlgeburten bezeichnet. Diese Unterscheidung ist zivilrechtlich von Bedeutung, weil nach dem Gesetz Totgeburten ein Anrecht haben auf einen anerkannten Eintrag ins öffentliche Geburtsregister und demzufolge einen Namen erhalten, während Fehlgeburten dieses Recht nicht zuerkannt wird. Heute sind allerdings Bestrebungen im Gang, diese Unterscheidung abzuschaffen, weil die formale Anerkennung von fehlgeborenen „Engelkindern“ für deren Eltern und das familiäre Umfeld bei ihrer Trauerarbeit wichtig sein kann. (27)

Bei den üblichen Trauerreden für erwachsene Verstorbene, die meistens nur die halbe Wahrheit enthalten, gilt immer noch die alte Höflichkeitsregel: „De absentibus nihil nisi bene – Über Abwesende soll man nur Gutes reden“! Ich habe noch keine Grabrede gehört, bei der nur ein Hauch von Unerfreulichem aus dem Lebenslauf eines Verstorbenen erwähnt wurde. Der Nachruf war stets besser als sein Ruf. Das ist nicht nur bei jeder Heiligsprechung so, sondern auch bei jeder offiziellen Totenklage. Verabschiedet werden so immer nur scheinbar unbescholtene Gutmenschen. Ob diese auf der anderen Seite als solche ankommen, bleibe dahingestellt.

Der Brauch, den Leichnam drei Tage aufzubahren, ist sinnvoll, denn die vitalen Lebenskräfte ziehen sich erst langsam aus dem verstorbenen Körper zurück. Eine Aufbahrung des Verstorbenen im eigenen Wohnraum kommt immer seltener vor, weil die Mehrzahl der Menschen nicht mehr zu Hause stirbt, sondern in einem Spital, Heim oder Hospiz. Stattdessen findet die Totenwache in einer Friedhofkapelle oder in einer Abdankungshalle statt. Auch die Loslösung der unsterblichen Geistseele geschieht nicht immer kurz nach Eintritt des Todes. Dies kann sich bei Koma-Patienten und Hirntoten schon Tage zuvor oder bei plötzlich jung verstorbenen Menschen erst Stunden und Tage danach vollziehen.

Es fällt auf, dass die heutigen *Todesanzeigen* in den Zeitungen immer weniger religiöse Gedanken enthalten. Die Erwähnung der Sterbesakramente oder ein konkreter Bezug zur Konfession und Kirchenzugehörigkeit des Verstorbenen ist gänzlich verschwunden. Von Tröstungen durch den kirchlichen Glauben ist immer seltener die Rede. Vielmehr sind es Gedanken der Erinnerung und der Dankbarkeit, welche erwähnt werden. Nach einer statistischen Auswertung weist nur noch knapp ein Drittel der Todesanzeigen christliche Symbole oder Leitgedanken auf. Andeutungen auf das Jenseits und auf ein Wiedersehen gibt es nur noch bei jeder zehnten Anzeige. (27) Dies weist darauf hin, dass religiöse Bekenntnisse immer mehr zur Privatsache werden. Trost wird eher im familiären Kreis als bei der breiten Anteilnahme in der Öffentlichkeit gesucht. So enthalten Traueranzeigen immer häufiger den Hinweis „Beisetzung im engsten Familienkreis“, verbunden mit der Bitte, von Beileidsbesuchen abzusehen. Diese passen kaum noch in die Hektik unserer schnelllebigen Zeit. Statt Blumen und Trauerkränze sind heute eher Geldspenden für gemeinnützige Werke erwünscht. So ist der Tod eines Menschen immer mehr zur privaten oder familiären Angelegenheit geworden. Die breite Öffentlichkeit nimmt daran kaum noch Anteil.

Um einem verstorbenen Mitmenschen die „letzte Ehre“ zu erweisen, schlossen sich früher Verwandte, Bekannte und Nachbarn einem Trauerzug an, der vom Wohnort zum Friedhof führte. Heute kommen die Trauernden im eigenen Auto am vorgesehenen Ort an, wo eine berufliche Bestattungsfirma alles Notwendige und Wünschbare vorbereitet hat. Auch werden immer häufiger private Bestattungsunternehmen beauftragt, um die notwendigen administrativen und organisatorischen Angelegenheiten zu regeln, bis hin zu Druckaufträgen, Pressemitteilungen und Vorauszahlungen.

In Mitteleuropa kennt man heute eine Vielzahl von alternativen Bestattungsformen im Rahmen der gesetzlichen Möglichkeiten, von der kirchlichen Einsegnung über die Naturbestattung bis zur industriellen oder künstlerischen Verarbeitung der sterblichen Überreste. Es kommt immer wieder vor, dass aus religiösen oder traditionellen Gründen die eine oder andere Form ausdrücklich gewünscht wird. Das Öffentlichkeitsrecht verlangt lediglich, dass in der Regel der verstorbene Mensch innerhalb von sechsundneunzig Stunden beigesetzt wird. Im Wesentlichen geht es bei der Bestattung um die Rückführung des materiellen Körpers in seine natürlichen Bestandteile, nämlich in die vier Grundelemente Erde, Feuer, Wasser und Luft. Danach richtet sich auch die Form der Beisetzung.

Zukunftsforscher suchen nach technischen Verfahren, wie der leblose Körper in einer Kältekammer eingefroren werden könnte, um nach langer Zeit wieder zum Leben erweckt zu werden. Dazu soll der Leichnam sofort nach Eintritt des Todes bei minus 196 Grad in flüssigem Sauerstoff schockgefroren werden. Der New Yorker Architekt *Stephen Valentine* hat bereits Pläne für ein gigantisches Mausoleum entworfen, in dem bis zu 50 000 Verstorbene eingefroren werden können, damit sie in diesem Zustand auf ihre Auferstehung in kommenden Jahrhunderten warten sollen. (28) Firmen und Stiftungen verdienen Milliarden damit, die Körper von Verstorbenen einzufrieren, um diese später für ein zweites Leben zur Verfügung zu haben. (29)

Derlei Vorstellungen sind nicht nur abwegig, weil die Rückkehr der Geistseele in einen leblosen Körper nicht möglich ist, um diesen nach langer Zeit wieder zu beleben; für einen verstorbenen Menschen kann diese irrige Meinung sogar dazu führen, dass er sich weiterhin an seinen Körper bindet in der Meinung, dieser würde ihm eines fernen Tages in aufgetauter Form wieder zur Verfügung stehen. Mehr als plumpe Geldmacherei kann ich hinter derartigen Unternehmen nicht sehen.

Kaum gefragt sind vorläufig noch die *Weltraum-Bestattungen.* Eine solche wurde vollzogen, als am 19. Januar 2006 beim Start der Weltraumsonde zur Erforschung des Zwergplaneten Pluto eine Urne mit der Asche des Astronomen *Clyde Tombanzgh* (1906-1997) mitgegeben wurde, der im Jahr 1930 diesen sonnenfernen Kleinplaneten entdeckt hat. Es ist technisch auch möglich, aus den sterblichen Überresten eines Verstorbenen eine bestimmte Menge Kohlenstoff zu entnehmen, der bei sehr hohen Temperaturen erhitzt und anschließend unter sehr hohem Druck zu einem Erinnerungsdiamanten gepresst wird, der dann in einen Ring oder in ein anderes Schmuckstück eingefügt wird. Eine andere Bestattungsmethode hat der Chemie-Lehrer *Philipp Backman* in Oregon, USA um das Jahr 1990 als Patent angemeldet. Er empfiehlt die Gefriertrocknung der Leiche, die anschließend zu organischem Dünger verarbeitet wird. Mit diesem sollen in speziellen Gewächshäusern die Lieblingsblumen des Verstorbenen herangezüchtet werden. (30)

In katholischen Gegenden besteht heute noch der Brauch, dass sich die Trauergemeinde dreißig Tage nach dem Tod eines Angehörigen erneut an dessen Begräbnisort versammelt, um seiner zu gedenken. Bei einer anschließenden Mahlzeit, die der Erinnerung an den Verstorbenen gelten sollte, wird dann kaum noch seiner gedacht, sondern Tagesgeschäfte und familiäre Angelegenheiten kommen wortreich zur Sprache. Auch bei der sogenannten „Jahrzeit" soll jedes Jahr an seinem Todestag mit einer religiösen Feier seiner gedacht werden.

Die alljährlichen Gedenktage von Allerheiligen und Allerseelen bei den Katholiken und der Totensonntag bei den Protestanten sind wichtige Anlässe für die Hinterbliebenen, um der Verstorbenen zu gedenken. Im Mittelalter glaubten die Menschen, dass an diesen Tagen die

Toten aus dem Jenseits zu ihren Angehörigen zurückkehren würden, um diesen für ihre Gebete zu danken.

Auch dem *Trauerkleid* kommt symbolische Bedeutung zu. Früher trugen trauernde Witwen während des Trauerjahres schwarze Trauerkleider. Männer trugen eine schwarze Armbinde, eine schwarze Krawatte oder einen schwarzen Trauerknopf am Kleiderkragen. Spätestens seit den 1980er Jahren wird in der westlichen Welt auf solche Rituale verzichtet, und Trauerkleidung ist meist nur noch beim Trauergeleit üblich. In westeuropäischen Ländern gilt Schwarz als Farbe der Trauer. In der Farbenpsychologie gilt sie als Symbol des Todes, des Endgültigen und Abschließenden. Demgegenüber ist Weiß die Farbe der Freiheit, der Hoffnung und der Freude. Daher tragen die Trauernden in jenen Ländern, wo man auf die Wiedergeburt in einem neuen und besseren Leben hofft, weiße Trauerkleider.

Ich kannte eine Frau, die nach dem plötzlichen Tod ihres Gatten sich während mehrerer Jahre in dunkle Trauerkleider hüllte, täglich sein Grab auf dem Friedhof besuchte und sich jede Männerbeziehung versagte, um so ihre eheliche Treue nach außen zu bekunden. Eines nachts träumte sie, ihr früherer Ehemann sei zu ihr auf Besuch gekommen. Doch schon bald habe er sich von ihr verabschiedet mit dem Hinweis, er gehe nun zu seiner neuen Freundin zurück, die er im Jenseits gefunden habe. Da war die trauernde Witwe dermaßen enttäuscht und wohl auch ernüchtert, dass sie schon am folgenden Tag in einer Zeitschrift ein Heiratsinserat aufgab.

Der Psychologie-Professor *Joachim Wittkowski* von der Universität Würzburg hat vor Kurzem eine Umfrage bei 500 Personen durchgeführt, um sich nach der Dauer der Trauer bei einem Todesfall zu erkundigen. Dabei zeigte sich, dass die Trauer nach dem traditionellen Trauerjahr selten bereits abgeschlossen ist. Die körperlichen und seelischen Anzeichen des Trauerprozesses sind häufig auch noch im zweiten Jahr nach dem erlittenen Verlust spürbar. Außerdem ergab sich als weiterer Befund, dass die Bewältigung des Verlustes eines geliebten Menschen auch zu einem persönlichen Fortschritt führen kann im Sinne einer zunehmenden Gelassenheit und erhöhten Bewusstheit um die eigene Vergänglichkeit. (31)

Weil wir Menschen sinnlich abhängige Wesen sind, brauchen wir sichtbare Zeichen, um uns das Unsichtbare zu vergegenwärtigen und das Unvorstellbare vorstellen zu können. Hilfreich können folgende Empfehlungen sein:

- Ein Bild des verstorbenen Menschen in der Wohnung aufbewahren und dieses mit einem Kerzenlicht oder mit Blumen zu schmücken.
- Ein Tagebuch führen, dem man seine Trauergefühle und Trauergedanken anvertrauen kann.
- Fotos aus gemeinsam erlebten Tagen in einem Album sammeln oder auf dem Heimcomputer speichern, um die Erinnerung daran lebendig zu erhalten.
- Den Ort aufsuchen, wo man gemeinsam glücklich war, und dort einen Gedenkstein setzen oder einen Erinnerungshinweis anbringen.
- Gedenktage beachten, wie den Geburtstag, oder den Todestag der Verstorbenen in Erinnerung rufen und diesen Anlass besonders feiern.
- Eine private Gedenkstätte in Haus oder Garten einrichten, wo man ganz persönliche Gespräche mit den Heimgegangenen führen kann.
- Bei Gedächtnistagen am Tisch einen Platz freihalten für den Verstorbenen, sozusagen als Einladung, dabei zu sein.
- Zur Erinnerung einen Baum pflanzen. Dies wird häufig für jene Angehörigen getan, die sich zu ihren Lebzeiten der lebendigen Natur besonders nahe fühlten.
- Im digitalen Zeitalter ist es möglich, für die Verstorbenen eine Gedenkseite im Internet einzurichten, die zur Erinnerung jederzeit abrufbar ist.
- Neuerdings gibt es die Möglichkeit, im Internet ein „virtuelles Grab" für Verstorbene zu schalten, um so unter dem Portal „Memorial" den Angehörigen die Möglichkeit zu geben, die Erinnerung an ihre Verstorbenen mit Bild und Text auf diese Weise zu erhalten.

Seien wir uns bewusst, dass dies nur äußere Zeichen der Erinnerung sind, solange wir nicht auch in unserem eigenen Denken und Fühlen den Verblichenen nahe bleiben und immer wieder in Liebe an sie denken.

Daher fragt *Hans Dienstknecht* und gibt uns zu bedenken:

Wo sucht ihr eure Toten? Ihr schmückt
Mit Blumen ihre Grabstätten,
Und trauert um eure Angehörigen.
Vielleicht sind einige unter ihnen,
Die lebendiger sind als ihr!

Quellen des Trostes

Wenn ihr mich sucht,
sucht mich in eurem Herzen.
Habe ich dort eine Bleibe gefunden,
werde ich immer bei euch sein.
R. M. Rilke

In den Tagen der Trauer dürfen wir uns an den Quellen des Trostes laben. Zahlreich sind die seelischen und geistigen Trostquellen in Natur und Übernatur, denen wir uns zuwenden können. Als hilfreiche Trostspender mögen uns folgende gelten: 1. Stille und Besinnlichkeit. 2. Anteilnahme und Hilfsbereitschaft. 3. Erinnerungen wachrufen. 4. Gedanken der Dankbarkeit. 5. Vergeben und Verzeihen. 6. Loslassen und Freigeben. 7. Nachrichten aus dem Jenseits. 8. Das Gebet für Verstorbene.

1. In der Trauer haben die Menschen das Bedürfnis, allein zu sein. Sie suchen die *Stille* und Orte der *Besinnlichkeit* auf, um ihren Schmerz annehmen und durchstehen zu können. Dies ist zu respektieren. Für Trauernde kann der Aufenthalt in der freien Natur etwas Tröstliches und Beruhigendes bieten. Die Ruhe in einem Wald, an einem Wasser oder auf einem Berg kann besänftigen. Hilfreich mag das Wandern am Ufer eines fließenden Flusses sein, der uns lehrt, wie alles unaufhörlich seinen Lauf nimmt und vorübergeht. Sich unter einem mächtigen Baum auszuruhen oder vor einer blühenden Wiese zu verweilen und den Duft der Blumen und Gräser einzuatmen, kann uns neuen Lebensmut schenken, weil jedem Verwelken und Vergehen ein neues Regen und Bewegen folgt. Das Besteigen eines Berggipfels weitet den Blick zu fernen Horizonten und lässt uns Abstand gewinnen zur bedrückenden Nähe des Alltags. Doch ist es auch ratsam, den trauernden

Menschen von Weitem im Auge zu behalten, damit er nicht in Gefahr gerät, in seiner Verzweiflung den Boden unter den Füßen zu verlieren.

2. Auch die mitmenschliche *Anteilnahme* und nachbarliche *Hilfsbereitschaft* können tröstlich sein. Dabei zeigt sich, welches unsere wahren Freunde sind. Es sind jene, die einem in der Not beistehen, die einem so manches unbedeutend gewordene und doch so notwendige Anliegen abnehmen. Gefordert sind jetzt jene, die in der Lage sind, einen kühlen Kopf und ein warmes Herz zu bewahren, um einem trauernden Menschen tröstlich und tröstend nahe zu sein. Es tut ihm gut, wenn er erfahren darf, wenn nahe Verwandte und Bekannte liebevoll an ihn denken und an seinem Leid mitfühlend teilnehmen. Hilfsbereite sollten in sich seelisch gefestigt und stark sein, um schwach und hilflos gewordenen Menschen tatsächlich eine Stütze und nicht eine Last zu sein.

3. Trostreich kann es sein, liebe *Erinnerungen* wieder wachzurufen. Wir fühlen uns beim schmerzvollen Verlust eines lieben Menschen getröstet, wenn wir uns an schöne gemeinsam erlebte Stunden erinnern oder Ferienerlebnisse wieder aufleben lassen, die wir zusammen genießen konnten. Wir können vergangene Ereignisse ins Gedächtnis rufen wie eine Reise, die wir unternommen, oder eine musikalische Darbietung, ein Theater- oder Kinobesuch, eine Ausstellung, ein Fest oder eine Feier, die uns erfreut haben. Hierzu gehören auch Interessen, die wir miteinander geteilt, oder Aufgaben, die wir mit vereinten Kräften bewältigt haben, etwa das Umsorgen gemeinsamer Kinder oder das Hegen und Pflegen von Pflanzen und Tieren. Dies alles mag uns helfen, Tage und Nächte der Einsamkeit und der Vereinsamung zu überbrücken und uns in eine neue Zukunft zu retten.

In einer Traueranzeige fand ich folgende tröstende Worte:

Eine Stimme, die uns vertraut war, schweigt.
Ein Mensch, der uns lieb war, ging.
Was bleibt, sind die Erinnerungen
an viele schöne Stunden, Tage und Jahre.
Und immer sind irgendwo Spuren des Lebens:
Gedanken, Bilder, Augenblicke, Gefühle, Erlebnisse.

Sie werden uns immer an die Verstorbenen erinnern
und sie nie vergessen lassen.

Wir können trostreiche Erinnerungen wiedererwecken, indem wir unser Familienfotoalbum durchsehen oder erhaltene Briefe erneut lesen. Diese Erinnerungshilfen verleihen den Trauernden Kraft und Zuversicht, um ihren Weg weiter zu gehen. „Das kostbarste Vermächtnis eines Menschen", schrieb *Albert Schweitzer* (1875-1965), „ist die Spur, die seine Liebe in unseren Herzen zurückgelassen hat."

Anderseits mag es hilfreich sein, wenn wir in den bisherigen Wohnräumen nicht alles beim Alten lassen, wie dies manchmal aus Pietätsgründen geschieht. Wir sollten eine Um- und Neugestaltung wagen, um uns zu beweisen, dass nun ein neuer Lebensabschnitt beginnt. Dies kann der Anfang sein für eine neue Lebensart, die eine veränderte Denkweise, neue Tätigkeiten und neue Aufgaben, neue Begegnungen und neue Beziehungen zulassen. So erfahren wir das Leben als einen Wechsel von leidvollen und freudvollen Erlebnissen. Wie das Meer, so kennt auch die menschliche Seele ihre Gezeiten. Wer sich nicht ständig erneuert, der erstarrt im Altgewohnten und entwickelt sich nicht mehr weiter. Jede Wendung und Windung auf unserem Lebensweg kann zu Überraschungen führen, die uns zuversichtlich machen. In ihrem Buch „Trost von der anderen Seite" schreiben *Doreen Virtue* und *James Van Praagh*: „In den dunklen Stunden unseres Lebens erscheint es, als ob wir dazu gezwungen werden, in den tiefsten Kern unseres Wesens einzudringen, um eine Stärke in uns neu zu entdecken, die wir zuvor nicht gekannt haben." (32)

4. Die Trauerarbeit wird uns erleichtert durch *Gedanken der Dankbarkeit* für die geschenkte Zeit des Beisammenseins, für die vielen Ereignisse, die uns zusammenhielten sowie für die gewonnenen Einsichten und Erfahrungen, die unverlierbar geworden sind. All dies verleiht uns die Kraft, die Vergangenheit loszulassen und der Zukunft gelassen entgegen zu gehen, – und wenn es sein muss auch allein. Von *Dietrich Bonhoeffer* stammen folgende tröstende Abschiedsworte: „Je schöner und reicher die Erinnerung, desto schwerer die Trennung. Aber die Dankbarkeit verwandelt die Erinnerung in stille Freude. Man trägt das

vergangene Schöne nicht wie einen Stachel, sondern wie ein kostbares Geschenk in sich.“

5. Auch *Vergeben* und *Verzeihen* erleichtern das Abschiednehmen. Tröstlich kann es sein, wenn am Ende eines Lebens der Eindruck entsteht, dass nun alles gut und alles bereinigt ist, dass alle Missverständnisse ausgeräumt sind und alles Trennende beseitigt ist. Auf alle Schuldgefühle und Schuldzuweisungen sowie auf jede Art von Selbstvorwürfen und Fremdbeschuldigungen sollte verzichtet werden, denn diese können die gegebene Situation ohnehin nicht ändern. Wichtig ist, sich gleichzeitig auch von allen unerfreulichen Erinnerungen zu befreien.

Ehe unsere letzte Stunde schlägt und bevor wir den letzten Atemzug getan haben, ist es wichtig, dass wir ohne Hader, ohne Gram im Frieden uns verabschieden und ohne unversöhnliche Bitterkeit unsere letzte Reise antreten. Jeder nachtragende Gedanke wird uns in der anderen Welt so lange belasten, bis wir uns von ihm befreit haben. Vor Jahren gestand mir eine geschiedene Frau: „Ich bete nur noch für eines, dass Gott meinem Ex-Mann tausendfach das heimzahlt, was er mir angetan hat.“ Ich warnte sie: „Wünschen Sie ihn nicht in die Hölle, sonst müssen sie ihm eines Tages dort begegnen, um sich mit ihm zu versöhnen.“ Darauf flehte sie mich an: „Bitte, nehmen Sie mir diesen Glauben nicht!“ Durch solche Unversöhnlichkeiten binden wir andere Menschen über den Tod hinaus an uns. Indem wir sie nicht loslassen, kommen sie von uns nicht los. Dies wird beide belasten. Es könnten nach irdischem Zeitmaß Jahrzehnte, wenn nicht Jahrhunderte dauern, bis wir wieder die Gelegenheit erhalten, uns mit jemandem auszusöhnen; denn dieser hält sich möglicherweise in einer anderen Jenseitssphäre auf, die für uns nicht zugänglich ist, oder er befindet sich in einer anderen Daseinsebene, so dass eine Begegnung nicht so leicht zustande kommt. Beherzigen wir die Mahnung des Dichters *Ferdinand Freiligrath* (1810-1876):

O lieb solang du lieben kannst,
O lieb so lang du lieben magst.
Es kommt die Zeit, es kommt die Zeit
Wo du an Gräbern stehst und klagst.

6. Eine weitere hilfreiche Quelle des Trostes kann das *Loslassen und Freigeben* der Verstorbenen bedeuten. Diese berichten immer wieder, wie das gedankliche Anklammern ihrer Angehörigen sie am Weiterkommen in der jenseitigen Welt hindert und ihren Aufstieg in höhere Sphären erschwert. Außerdem hinterlässt dieses Festhalten einen tiefen Trennungs- und Ablösungsschmerz bei jenen, die nicht freiwillig loslassen können. Es ist verständlich, wenn Angehörige ihre Lieben zurückwünschen. Jedoch sie weiterhin bei sich haben zu wollen, würde sie in ihrem Weiterkommen beeinträchtigen. Es ist etwa so, als wenn Auswanderer in ihrem neuen Land ständig von ihren Angehörigen aus ihrer alten Heimat ans Telefon gerufen würden. Sie müssten dies mit der Zeit als lästig empfinden, weil sie dadurch bei ihren neuen Aufgaben gestört werden.

Nach einem Jenseitsbericht begegnete eine Frau in der Astralwelt ihrem verstorbenen Ehemann, um den sie immer noch trauerte und den sie sich zurückwünschte. Dieser warf ihr in einer medialen Durchsage vor: „Du hältst mich mit deiner Trauer immer noch fest. Hör endlich auf, mich zurückzuhalten, damit ich gehen kann.“ Befreit von aller Erdenschwere und Diesseitslast möchte die Seele ihre Schwingen breiten und dem Licht entgegenfliegen. Daher ist es wünschenswert, dass sie sich von allen irdischen Abhängigkeiten befreit.

Jeden besitzergreifenden Wunsch- und Sehnsuchtsgedanken sollten wir loslassen, denn das, was wir nicht mehr an uns binden, kann uns auch nicht mehr länger bedrängen, belasten oder bedrohen. Der 86-jährige Ingenieur *Bruno Sigg* hat im Jahr 2016 für seine eigene Todesanzeige folgende Worte niedergeschrieben: „Freundlich kommt der Tod zu jenen Menschen, deren Hand nicht länger halten mag, deren Augen nicht mehr wachen wollen, deren Stimme sanft uns nun versichert: Es ist genug – das Leben war schön.“ (33)

7. Tröstend können auch *Nachrichten aus dem Jenseits* sein, die durch die direkte Stimme oder auf medialem Weg zu uns kommen. Diese beweisen uns, dass es für die Verstorbenen ein Weiterleben nach dem Tod tatsächlich gibt. Auch freuen sich die Heimgegangenen, wenn sie uns hilfreich beistehen können. „Es ist für uns ein großes Glück, denen helfen zu können, die wir lieben“, teilte der verstorbene *Roland de Jouvenel* seiner trauernden Mutter in einer Jenseitsbotschaft mit.

Bei anderer Gelegenheit ließ er sie wissen: „Wir werfen unablässig Leitern von Schwingungen zu euch hin; an euch ist es, ihre Stufen zu erklimmen.“ (34)

Trost aus dem Jenseits kann uns auch zukommen durch einen *Traum*. So können sich die Worte des großen Künstlers *Michelangelo* (1475-1564) bewahrheiten:

Ich bin nicht tot. Ich tauschte nur die Räume.
Ich bin bei euch und gehe durch eure Träume.

Eine Frau erzählte in einem Trauer-Seminar, wie sie geträumt habe, dass ihr verstorbener Mann sie fest in die Arme genommen und ihr versichert habe, dass sie sich keine Sorgen machen solle um ihren gemeinsamen Sohn. Dieser war zu jener Zeit im Ausland beruflich tätig. Wie zur Bestätigung des Traumes hatte ihr Sohn zwei Tage danach angerufen und ihr mitgeteilt, dass er einen Arbeitsunfall erlitten habe und deswegen ins Krankenhaus gebracht worden sei, dass es ihm inzwischen aber wieder gut gehe. (35) Ob es sich bei diesem Traum tatsächlich um eine Jenseitsbotschaft handelte oder um ein telepathisches Fernfühlen der Mutter oder gar um eine Wunscherfüllung aus dem Unbewussten der Träumenden, kann hier nicht ermittelt werden. Alle drei Erklärungsweisen sind vorstellbar.

Es sind auch direkte Kontaktnahmen der Verstorbenen mit ihren Hinterbliebenen auf Erden denkbar. So hat *Angela Haider* die Weiterreise von zahlreichen Verstorbenen in die jenseitige Lichtwelt anhand empfangener Jenseitsbotschaften beschrieben. (36) Ihre Erfahrungen zeigen, dass Verstorbene manchmal aus dem Jenseits zu ihren Angehörigen auf Erden zurückkehren und sich bei diesen bemerkbar machen. Das Psychologen-Ehepaar *Bill* und *Judy Guggenheim* hat zahlreiche Beispiele derartiger Erlebnisse in ihrem Buch „Trost aus dem Jenseits“ zusammengetragen. Hierzu drei Beispiele:

- Eine amerikanische Erzieherin erhielt völlig unerwartet Besuch von ihrem vor fünf Jahren verstorbenen Vater, als sie in ihrem Büro am Schreibtisch saß. Plötzlich spürte sie eine zarte Berührung. Da wusste sie: „Das war Daddy!“ Er hatte seine Wange gegen meine gepresst, und genau so hatte er uns als Kinder immer geküsst.

- Eine Krankenschwester versicherte, dass sie ganz deutlich die Berührung von ihrem 12-jährigen Sohn spürte, der vor Kurzem an den Folgen eines Unfalls verstorben war. Sie fühlte sich von etwas Tröstlichem umhüllt und berührt, als ihr Sohn seine astrale Hand zärtlich auf ihre linke Schulter legte.
- Eine Kindergärtnerin konnte sich nicht damit abfinden, dass ihr Mann mit fünfunddreißig Jahren an Herzversagen plötzlich starb. Bei ihrem Besuch an seinem Grab spürte sie seine Gegenwart und seine Nähe, als dieser seine unsichtbare Hand um sie legte, um sie zu trösten. (37)

Eine weitere Möglichkeit zur Kontaktnahme mit Verstorbenen bietet das mediale *Channeling* (engl. *channel*: Kanal), durch das ein sprachlicher Verbindungskanal zum Jenseits hergestellt werden kann. (38) Es ist in letzter Zeit vielfach Mode geworden, sich auf diesem Weg nach dem Befinden von Verstorbenen zu erkundigen. Mehr oder weniger seriöse Angebote hierzu finden sich in vielen Unterhaltungsblättern oder im Internet unter den Rubriken „Hellsehen, mediale Vermittlung oder mediale Beratung“. Wie weit diese glaubwürdig sind, hängt einerseits von den Fähigkeiten und von der ehrlichen Zuverlässigkeit des Mediums ab, andererseits auch von der Lauterkeit der jenseitigen Informationsquelle. Jene, die solche Kontaktmöglichkeiten suchen, hoffen Beweise zu erhalten, dass ihre Verstorbenen sich melden und Auskunft geben können über ihren Aufenthalt und ihr Weiterleben. Die Sensitiven, die auf diese Weise arbeiten, behaupten, dass die meisten Verstorbenen nicht in eine unerreichbare Welt entrückt sind, sondern dass diese uns nahe sind, sie sich für das Wohlergehen ihrer Hinterbliebenen interessieren und diese durch ihr Leben begleiten möchten. (39)

Gordon Smith schildert in seinem Buch „Mein Blick ins Jenseits“, wie er Begegnung und Wiedersehen in der nachtodlichen Welt erlebt hat: „Wenn es ein echtes Band der Liebe zwischen Menschen gibt, kann nicht einmal der Tod sie trennen. Wahre Liebe erlaubt den Betreffenden, ihr innerstes Wesen zu durchdringen, und ermöglicht den Verstorbenen, ihren Liebsten Botschaften zu übermitteln. Auch wenn Trauer das Gefühl aufkommen lässt, dass dieses Band der Liebe durchtrennt worden sei, vermag sich früher oder später die Wolke der Trauer so weit zu lichten, dass die Liebe wieder hindurchscheinen kann.“ (40)

Für trauernde Angehörige kann kaum etwas tröstlicher sein als die gewährte Gewissheit, dass diese in einer anderen Welt weiterleben und es ihnen dort gut geht. Um davon zu erfahren, bietet sich die Gelegenheit, durch fähige Medien den erforderlichen Kontakt zur Jenseitswelt herstellen zu können. Es gibt immer wieder medial veranlagte und begabte Menschen, welche es zu ihrem Beruf machen, den Kontakt zwischen Lebenden und Verstorbenen zu ermöglichen. (41-43)

Seriöse Medien geben von sich aus keinerlei Informationen. Sie erkundigen sich auch nicht bei den Lebenden nach den Verstorbenen. Ihre einzige Informationsquelle ist der lebendige Austausch, den sie mit der geistigen Welt haben. Das Medium ist nur das Sprachrohr für die durchgegebenen Botschaften. Es stellt lediglich die Verbindung zum Jenseits her, durch den die Kontaktnahme zustande kommt. (44) Seine eigenen Gedanken und Gefühle müssen dabei völlig zurückgestellt werden. Das einzige Motiv für seine mediale Tätigkeit darf nichts anderes sein als der Wunsch, hilfesuchenden Menschen beizustehen. Auch hat dies nichts zu tun mit der Befragung von Totengeistern, wie sie in der Bibel erwähnt wird. (Jes 8,19)

Noch einfacher ist die unmittelbare Kontaktnahme der Lebenden mit den Verstorbenen, indem wir mit unseren Gedanken eine direkte Verbindung mit ihnen herstellen. Da Gedankenenergien schneller sind als das Licht und jedes materielle Hindernis überwinden, können diese ihr Ziel in der feinstofflichen Welt nicht verfehlen. Es mag trostreich für Verstorbene sein, wenn ihre Lieben ihnen von der Erde aus wohlwollende Gedanken zusenden. Wie dies auch versöhnend wirken kann, zeigt uns ein Bericht, den ich einmal anlässlich eines medialen Gottesdienstes der „Geistigen Loge Zürich" von einem Jenseitigen gehört habe: Zwei benachbarte Bauernfamilien waren während Jahrzehnten wegen Grenzstreitigkeiten verfeindet und lebten in Unfrieden miteinander. Als der eine Bauer starb, wurde dieser auf einer niederen Jenseitsstufe durch eine geheimnisvolle Kraft angehalten. Bald danach kam ein Engel auf ihn zu und belehrte ihn, dass es hier für ihn kein Weiterkommen gebe, solange er sich mit seinen ehemaligen Nachbarsleuten nicht ausgesöhnt habe. Er solle sich darum bemühen, mit diesen Kontakt aufzunehmen.

Nun begab sich der Verstorbene zurück zur Erde, wo er versuchte, sich seinen Nachbarn zu nähern und mit ihnen ins Gespräch zu kommen. Doch diese merkten nichts davon. Auch behielten sie ihren alten Groll weiterhin in ihren Gedanken. Als sich der Verstorbene deswegen bei seinem Schutzgeist beklagte, riet ihm dieser, er möge es doch einmal über seinen Schäferhund versuchen, den er auf seinem Hof zurücklassen musste. Dieser war bisher dem benachbarten Hund auch nicht wohlgesonnen. Beide knurrten und fauchten sich bei jeder Gelegenheit an, als würden sie die Zwietracht unter ihren Besitzern spüren. Trotzdem machte sich der verstorbene Bauer an sein Tier heran, redete ihm zu und forderte es auf, sich auf den Nachbarhof zu begeben und seinem Artgenossen freundlich zu begegnen. Das tat dieser auch, und sogleich begegneten sich die beiden Wachhunde keineswegs feindlich. Sie fingen sogar an, miteinander zu spielen. Wie die Bauersleute an einem Nachmittag aus dem Fenster ihrer Wohnung auf ihren Hof schauten, waren sie erstaunt zu sehen, dass sich die beiden Hofhunde dort friedlich verhielten. Auf einmal sagte die Bäuerin zu ihrem Mann: „Ja nun, wenn die beiden Tiere sich jetzt vertragen, wollen wir dem verstorbenen Nachbar, Gott habe ihn selig, auch nichts mehr nachtragen." In diesem Moment sei es gewesen, so erzählte der Verstorbene, als ob in der Jenseitswelt für ihn eine Barriere hochgegangen wäre, um ihm den Weg für seinen weiteren geistigen Aufstieg freizumachen.

8. Eine weitere kraftvolle Quelle des Trostes ist das *Gebet für Verstorbene.* Mit diesem können wir den Dahingegangenen liebevoll gedenken. Es ist dies eine Art Liebesdienst, den wir ihnen erweisen. Mit unseren Liebesgedanken können wir eine Brücke zu ihnen bauen, über die sowohl ihnen wie auch uns Hilfe und Trost zukommen mag. Hilfreich sind unsere Gebete insbesondere für jene Verstorbenen, die den Weg zum Licht noch nicht gefunden haben und im Schattenreich noch der seelischen Reinigung und Läuterung bedürfen. Die Seherin *Anna Katharina Emmerich* (1774-1824) bedauerte nach einer visionären Jenseitsschau: „Es ist traurig, wie wenig den armen Seelen geholfen wird. Und ihr Elend ist doch so groß; sie selber können sich gar nicht helfen. Wenn aber jemand für sie betet, etwas für sie stellvertretend tut, ein Almosen für sie spendet, das kommt ihnen augenblicklich zugute." (45)

Aufgrund zahlreicher Jenseitskundgaben dürfen wir annehmen, dass Gebete für die Verstorbenen eine Wohltat und echte Hilfe bedeuten. Diese verleihen ihnen die Kraft und den Mut, sich um ihren geistigen Aufstieg zu kümmern und sich der himmlischen Welt zuzuwenden. Außerdem wird ihnen damit bestätigt, dass sie von ihren Angehörigen auf Erden nicht vergessen werden, was für sie Lichtblicke der Tröstung und Gruß-Botschaften der Liebe bedeuten. Hellsichtige und medial veranlagte Menschen bemühen sich, erdgebundene Seelen, die noch an Orte ihres früheren Lebens gefesselt sind, mit Hilfe von Ablösungsgebeten zu befreien und ins Licht zu führen. (46)

Wir sollten für die Verstorbenen beten, damit sie sich aus ihren Verflechtungen mit dem Diesseits befreien, von irdischen Bindungen und Verpflichtungen lösen und sich von ihren vergangenen Belastungen erleichtern können. Statt nur ihr diesseitiges Grab zu pflegen, ist ihnen mit einem Gebet, das sie im Jenseits erreicht, sicher besser geholfen. So sieht es der jenseitskundige Psychologe *Alfred Dalliard*: „Wiederholtes Beten für die Verstorbenen ist für sie ganz allgemein eine Hilfe und wird von ihnen wohltuend erlebt. Es gibt ihnen Ansporn und Mut, sich um den Aufstieg zu bemühen und auf der Aufstiegsleiter weiterzugehen. Dies gilt auch für jene Verstorbenen, die als Menschen nicht an Gott und ein Fortleben in einer Jenseitswelt glaubten." (47)

Es ist also nicht so, dass unsere Verstorbenen in der Erde ruhen und schlafen und für unsere Gedanken und Gebete nicht empfänglich wären. Der Tod bringt keine vollständige Trennung zwischen den Lebenden und den Verstorbenen. Über die Todesschwelle hinweg sind sich Hinterbliebene und Hinübergegangene nahe, solange sie durch das Band der Liebe verbunden bleiben. Dies meint *Otto Riemach* mit folgenden Versen:

Und keine Frage soll uns quälen,
Ob ihr uns fern, ob ihr uns nah;
Uns soll das tiefe Glück beseelen:
Ihr *lebt* mit uns, und ihr seid da.

Wir müssten auch für jene beten, die nicht fähig oder nicht willig sind, selber eine Bitte oder einen Hilferuf zum Himmel zu senden. Es gibt genug Seelen, an die niemand denkt und für die niemand betet. So werden die „unadressierten“ Gebetsgaben jenen zugeleitet, die sonst leer ausgehen würden. Umgekehrt können auch Verstorbene ihren Angehörigen auf Erden hilfreich zur Seite stehen. Weil sie nun einen klareren Blick auf unsere irdischen Lebenswege gewinnen, wissen sie um unsere alltäglichen Probleme und kennen die Gefahren, die uns bedrohen, frühzeitig im Voraus. Daher versuchen sie, uns durch eine innere Eingebung oder durch einen Traum zu beraten oder zu warnen. Sie können uns auch geistige Kräfte und hilfreiche Mächte zusenden. (48)

Dem trauernden Menschen stehen als Tröster auch *jenseitige Helfergeister* zur Seite. Es sind dies in der Regel hochentwickelte Geistseelen und Schutzgeister, deren Aufgabe es ist, leidgeprüften Erdenmenschen beizustehen, sofern deren Hilfeleistungen von der jenseitigen Welt zugelassen werden. *Frances Banks* begegnete in der Lichtwelt einem solchen Helfergeist. Sie teilte ihrem Medium *Helen Greaves* mit: „Ich erkannte in ihm ein Wesen von solcher Schönheit, dass ich nicht weitergehen konnte und eine Weile stehen bleiben musste, nur um in der Aura dieses Großen zu verharren. Ich erfuhr später, dass er auf der Erde ein Heiliger war, ein großer Mystiker, wenn auch kein studierter Philosoph. Nun ist er Leiter einer Gruppe von Helfern hier.“ (49)

Trostreich ist der Gedanke des Philosophen *Johann Gottlieb Fichte* (1762-1814):

Ich sterbe überhaupt nicht für mich,
sondern nur für die Zurückbleibenden,
aus deren Verbindung ich gerissen wurde.
Für mich selbst ist die Todesstunde die
Stunde der Geburt zu einem neuen,
herrlichen Leben.

Hoffen auf ein Wiedersehen

Ich werde die wiedersehen,
die ich auf Erden geliebt habe,
und jene erwarten, die mich liebten.
ANTOINE DE SAINT-EXUPÉRY

Wenn die Erinnerungen an unsere Verstorbenen allmählich verblassen, heißt dies nicht, dass sie die Verbindung zu uns aufgegeben haben oder sich für uns nicht mehr interessieren. Es liegt eher an uns, dass wir sie aus den Augen verloren haben und deshalb ihre Gegenwart nicht mehr wahrnehmen. Es ist nicht so, dass die Verblichenen ins Nichts verschwunden sind und wir sie nie mehr wiedersehen werden. *Charles Leadbeater* versichert uns: „Wir sind nicht getrennt von unseren Verstorbenen, denn sie umgeben uns beständig. Das Empfinden von Trennung ist auf unser begrenztes Bewusstsein zurückzuführen. Nicht unsere Lieben haben wir verloren, sondern eher die Kraft, sie zu sehen." (50)

Seit Jahrtausenden und bis zum heutigen Tag ist bei allen Völkern der Gedanke lebendig geblieben, dass es ein Wiedersehen mit den Verstorbenen gibt, ja geben muss; denn anders wäre eine gerechte und von Liebe gelenkte Welt nicht denkbar. Kein Verlust und keine Trauer sind endgültig. Tröstlich ist der Gedanke des sensitiven *Shaw Desmond,* der uns in seinem Buch „Die Liebe nach dem Tode" versichert, dass „Menschen, die sich hier auf Erden in inniger Liebe verbunden waren, auch in der Jenseitswelt wieder zueinander finden, auch wenn sie vorübergehend in verschiedenen Leben getrennt wurden". (51) Dabei ist es auch wichtig, falsche Vorstellungen über den Verbleib der Verstorbenen loszulassen. Einmal klagte mir eine junge Mutter, wie untröstlich sie sei bei dem Gedanken, dass ihre verstorbene Tochter nun im Grab auf dem Friedhof langsam vermodere und verwese. Ich habe ihr zu erklären versucht, dass ihr Kind keineswegs unter der Erde liege, dass dies bloß mit ihrem vergänglichen Körper geschehe, aber sicher nicht mit ihrer Geistseele, die als unsterbliches Wesen in eine höhere Welt eingegangen sei, wo sie auf ein Wiedersehen hoffen dürfe.

Trostreich sind die letzten Worte von *Friedrich Hebbel* an seine Familie und Freunde:

Geliebte, wenn mein Geist geschieden,
so weint mir keine Träne nach;
denn, wo ich weile, dort ist Frieden,
dort leuchtet mir ein Neuer Tag.

Wo aller Erdengram verschwunden,
soll euer Bild mir nicht vergehen.
Und Linderung für eure Wunden,
für euren Schmerz will ich erflehen.

Weht nächtlich seine Seraphenflügel
der Friede übers Weltenreich,
so denkt nicht mehr an meinen Hügel,
denn von den Sternen grüß' ich euch.

Nicht nur mit unseren Lieben, mit denen wir im Erdenleben vereint waren, gibt es ein Wiedersehen. Wir werden, je nach unserer geistigen Entwicklungsreife, auch mit jenen zusammentreffen, die unsere Bekannten und Zeitgenossen waren; ebenso mit jenen, die wir bewundert und verehrt haben als unsere Leitbilder und Vorbilder: Künstler, Schriftsteller, Erfinder und berühmte Wissenschaftler. Wir werden dann erleben können, dass wir alle zu derselben großen Menschheitsfamilie gehören und alle auf dem gleichen Weg nach Hause sind.

Die Kraft, die uns in höhere Sphären führt, ist die Liebe. Von ihr schreibt der Anthroposoph *Otto Julius Hartmann,* ehemaliger Professor an der Universität Graz: „Die vorzüglichste, vielleicht die einzige Brücke zwischen Lebenden und Verstorbenen, wie überhaupt zwischen Menschen, ist die Liebe." (52) Der Psychologe *Daniel Berthold* fügt hinzu: „Die Liebe ist der beste Weg und das tragfähigste Fundament, um dem Tod sein Geheimnis zu lassen und nicht in Angst, Verzweiflung und Hoffnungslosigkeit zu sterben. Von der Liebe ist nicht zu lassen, weil sie die einzige Kraft ist, die stärker ist als der Tod." (53)

Die wahre Liebe will nicht ergreifen und besitzen, denn sie ist ein Kind der Freiheit. Mit dem Festhalten tun wir einem Menschen, der sich verabschiedet hat, nichts Gutes. Wenn wir meinen, aus selbstsüchtigen Gründen ihn zurückhalten oder am Weitergehen hindern zu können, ist es so, als wenn wir einen lieben Menschen, der sich auf Reisen begeben will, am Einsteigen in den Zug hindern wollten. Der Theosoph *Erhard Bäzner* schreibt aufgrund seiner hellsichtigen Jenseitskontakte, dass „die anhaltende Trauerstimmung nicht Wohltat, sondern Beunruhigung und Beängstigung" bedeutet. Wir bereiten den Dahingegangenen „nur Leid, Sorge und Schmerzen damit, denn unsere persönliche Sehnsucht ruft sie zurück und bindet sie an die Erde. Es überkommt sie die gleiche Trauerstimmung, die leidvolle Erinnerungen an früher weckt. Diese Erinnerungsbilder bewirken, dass der Verstorbene seinen höheren Bewusstseinszustand allmählich verliert und sich an die dichteren Sphären der Astralwelt heftet." (54) Die Folge wird sein, dass wir dereinst unsere Lieben nicht im Himmel, sondern in niederen Sphären wiedersehen werden, an die wir sie mit unserer Selbstsucht geheftet haben. Vielmehr sollten die Angehörigen die heimkehrwilligen Seelen mit allen guten Wünschen ziehen lassen in der Hoffnung auf ein glückliches Wiedersehen in einer höheren Geisteswelt.

Wo es dereinst in der anderen Welt ein Wiedersehen geben wird, hängt von der geistigen Schwingungsebene ab, in der die Verstorbenen sich befinden. Ist der geistige Zustand zu unterschiedlich, wird es nicht so schnell zu einer gegenseitigen Annäherung kommen. Es ist aber möglich, dass die Bewohner höherer Welten hinabsteigen und ihre Angehörigen auf niederen Ebenen besuchen können, um ihnen Trost und Hilfe zu bringen. Ein Aufsteigen in eine höhere Sphäre ist diesen aber nur möglich aufgrund eines entsprechenden geistigen Fortschritts.

Mit liebenden Gedanken können sich Lebende und Verstorbene mit der Zeit über alle Schranken und Grenzen hinweg immer wieder begegnen. Der Tod bewirkt lediglich eine äußere Trennung. Die inneren seelischen und geistigen Verbindungen bleiben bestehen. Daher ist ein gedankliches Wiederbegegnen zu jeder Zeit möglich. Durch den Tod werden die Brücken zwischen unserer Welt und der Welt der Heimgegangenen keineswegs abgebrochen. Der Kontakt nach beiden Seiten hin geht nicht verloren, wenn durch das Andenken, das wir bewahren, die Bande der Liebe erhalten bleiben. Diese Hoffnung enthalten die Worte der Naturdichterin *Annette von Droste-Hülshoff* (1797-1848):

> Der Tod ist nichts.
> Ich bin nur in das Zimmer nebenan gegangen.
> Ich bin ich, ihr seid ihr.
> Das, was ich für euch war, bin ich immer noch.
> Gebt mir den Namen, den ich immer trug.
> Sprecht mit mir, wie ihr es früher getan habt.
> Seid nicht traurig, lacht weiterhin und seid fröhlich.
> Denkt an mich, so wie ihr es immer getan habt.
> Warum sollte ich nicht in euren Gedanken sein,
> nur weil ich nicht mehr in eurem Blickfeld bin?
> Das Leben ist das gleiche, was es immer war.
> Der Kontakt zwischen uns ist nicht abgebrochen.
> Ich bin nicht verschwunden, sondern nur
> auf die andere Seite des Weges gegangen.
> Es hat sich nichts verändert. Ich warte auf euch,
> irgendwo sehr nahe bei euch. Alles ist gut!

Das Gefühl der Trauernden, verlassen und allein gelassen zu sein, ist also unbegründet. Trostreich sind hier die Worte der „Weisen Frau vom Mittelberg“: „Die Angst vor dem Verlust wird wohl so lange das Leben der Menschen verdunkeln, bis die Schranke zwischen Diesseits und Jenseits sich gehoben hat. Wer still und achtsam nach innen spürt, wird die Anwesenheit jener wahrnehmen, die nur eine Hülle ablegen durften.“ (55) Dieser Hoffnung geht freilich stets eine Trennung und ein Weggehen eines lieben Menschen voraus. Ohne den Abschiedsschmerz ist die Wiedersehensfreude nicht denkbar. Betrachten wir den Tod wie den Horizont unserer irdischen Wahrnehmung, hinter dem wir auf eine Wiederbegegnung mit den Vorausgegangenen warten dürfen. Nachfolgende Gedanken lassen uns auf ein Wiedersehen mit unseren Verstorbenen hoffen:

Die im Tod uns vorausgingen, sind nicht wirklich tot. Sie haben bloß ihren Aufenthaltsort gewechselt und sind auf die andere Seite gegangen, wo sie weiterleben und uns erwarten.

Die Heimgegangenen haben uns nicht verlassen oder vergessen. Sie sind uns weiterhin nahe, obwohl wir sie wegen der Begrenzung unserer Sinne zurzeit nicht wahrnehmen können. Ihr gegenwärtiger Daseinsbereich liegt auf einer anderen Schwingungsebene, die wir das Jenseits nennen.

Dort, wo unsere Verstorbenen jetzt sind, werden auch wir dereinst hinkommen. Da, wo wir jetzt sind, waren sie mit uns in ihrem irdischen Leben. Diesseits und Jenseits bilden eine einzige Welt. Ihre beiden Seiten verhalten sich zueinander wie die Außenseiten eines Hauses zu dessen Innenräumen.

Wir können den Verstorbenen mit unserem liebenden Denken nahe sein, denn Gedanken sind weder an Zeit noch an Raum gebunden und überwinden alle Schranken. Daher dürfen wir auf ein Wiedersehen mit ihnen hoffen.

Zahlreiche Rückführungen in frühere Leben deuten darauf hin, dass wir im gegenwärtigen Dasein mit Menschen schicksalshaft verbunden sind, die wir bereits in früheren Erdenleben gekannt haben. Auch in diesem Sinne gibt es ein Wiedersehen mit unseren Lieben. Die Bindungen an diese werden fortbestehen, solange wir in Gedanken mit ihnen verbunden bleiben.

Auch in der Zukunft können frühere Beziehungen wiederaufleben, indem wir wieder mit jenen Menschen in einem neuen Erdenleben zusammenkommen, mit denen wir in vergangenen Leben in enger Verbindung standen; diesmal vielleicht in einer neuen Rolle und zu einem anderen Auftrag.

Karmische Bindungen oder Abhängigkeiten aus früheren Existenzen können der Grund sein für manche unerklärlichen Sympathien oder Antipathien zwischen Menschen im gegenwärtigen Erdendasein sowie für Aufgaben und Verpflichtungen im jetzigen Leben.

Daher ist es ratsam, niemanden zu hassen und alle zu lieben, damit es zu keiner Belastung kommt zwischen den Lebenden und den Verstorbenen. Hassgedanken sind die schlimmsten Hindernisse und Hemmnisse, die unserem geistigen Weiterkommen entgegenstehen. Mit unseren Liebesgedanken befinden wir uns hüben wie drüben in guter Gesellschaft.

Während wir auf Erden um einen Menschen trauern, freuen sich jenseits der Grenze andere auf ein Wiedersehen mit ihm. *Charles Henry Brent* hat hierfür ein anschauliches Bild zum Vergleich gefunden:

Ein Schiff segelt hinaus, und ich beobachte,
wie es am Horizont verschwindet. Jemand an meiner Seite
sagt: „Jetzt ist es verschwunden“! Verschwunden wohin?
Verschwunden aus meinem Blickfeld – das ist alles.

Das Schiff ist nach wie vor groß, wie es war,
als ich es gesehen habe. Dass es immer kleiner wird
und dann völlig aus meinen Augen verschwindet,
liegt an mir; es hat mit dem Schiff nichts zu tun.

Und gerade in dem Moment, wenn jemand neben mir
sagt, es ist verschwunden, gibt es andere,
die es am anderen Ufer von weitem kommen sehen,
und andere Stimmen, die da freudig rufen:
„Da kommt es!“ So ist das Sterben.

Es gibt nicht nur ein Wiedersehen mit unseren Lieben in der Jenseitswelt. Es kann auch zu einem *Wiederbegegnen* in einem erneuten Erdenleben kommen. Daraus können sich neue Bindungen und Beziehungen in ähnlicher oder veränderter Form mit unseren früheren

Angehörigen ergeben. Dies soll dazu führen, dass wir miteinander fortführen, was wir einst gemeinsam begonnen oder im vergangenen Leben noch nicht abgeschlossen und nicht endgültig bereinigt und vollendet haben.

Die Psychologin *Helen Wambach* hat diese Möglichkeiten in ihren Rückführungsversuchen erforscht und fand dies immer wieder bestätigt. So hat sie festgestellt, dass von ihren 850 Versuchspersonen immerhin 18% es als ihre „Aufgabe im jetzigen Leben sehen, mit einem oder mehreren Menschen zusammen zu sein, die sie im vergangenen Leben gekannt hatten, um ihre Beziehungen zu vervollkommnen". (56) Solches Bemühen kann sich über mehrere Erdenleben fortsetzen, was zu immer neuen Wiedersehensfreuden führen wird. Mit *Christian Morgenstern* (1871-1914) dürfen wir hoffen:

Die in Liebe dir verbunden,
Werden immer um dich bleiben,
Werden klein' und große Runden
Treugesellt mit dir beschreiben.
Und sie werden an dir bauen
Unverwandt, wie du an ihnen,
Und vereint zu *einem* Schauen
Werdet ihr wetteifernd dienen.

Heimkehr ins Licht

Der Tod ist das Tor zum Licht
am Ende eines mühsamen Weges.

Franz von Assisi

Mir begegnen immer wieder betagte Menschen, die körperlich und geistig noch recht lebensfroh und unternehmungslustig daherkommen. Da der Ausblick in ihre Zukunft immer enger wird, legen sie ein erstaunliches Nachholbedürfnis an den Tag. Nicht wenige geraten sogar in eine Art Torschlusspanik, weil sie meinen, für sie sei bald der letzte Zug abgefahren und danach sei nichts mehr zu erwarten. Daher wollen sie möglichst noch erleben, was sie glaubten in früheren Jahren verpasst zu haben oder sich nicht leisten konnten. So neigen sie in ihrem Diesseitsdenken den Worten des Schriftstellers *Bertold Brecht* (1898-1956) zu. (57)

Lasst euch nicht verführen!
Es gibt keine Wiederkehr.
Der Tag steht in den Türen:
Ihr könnt schon Nachtwind spüren:
Es kommt kein Morgen mehr.
Lasst euch nicht betrügen!
Das Leben wenig ist.
Schlürft es in schnellen Zügen!
Es wird euch nicht genügen
Wenn ihr es lassen müsst!

Jene, die so denken, haben vergessen, dass wir ehemals als geistige Lichtfunken die Reise ins irdische Leben angetreten haben und nun auf dem Heimweg sind. Das Licht unseres Bewusstseins weist auf unseren geistigen Ursprung hin. In unserer geistigen Heimat sollen wir das Licht des Erkennens und Liebens zum Leuchten bringen. Licht ist ein Symbol für unsere geistige Wesenheit, welches uns erkennen lässt, dass wir Lichtgeschöpfe sind.

Wir Menschen sind in doppelter Hinsicht lichtgeborene Wesen: Unser materieller Körper besteht aus Atomen, die anfänglich in den Sternen entstanden sind. Daher sind wir, körperlich gesehen, aus Sternenlicht geschaffen, aus Sternenstaub geboren. Wir sind also Sternenkinder oder Kinder des Kosmos. (58) Auch dem Geiste nach sind wir „Kinder des Lichts" (1 Th 5,5), erschaffen vom „Vater des Lichts" (Jak 1,17). Die erste Schöpfung war demnach eine ausschließlich geistige Welt. Symbolisch gesprochen, sind wir Lichtwesen, die vom göttlichen Ur-Licht ins Dasein gerufen wurden. (59)

Diese Lichterwelt gilt als der Bereich, in dem die seligen und heiligen Geister wohnen. Jenseitige Lehrer und Meister bestätigen uns immer wieder, dass auch wir Menschen ursprünglich als reine Lichtwesen in der himmlischen Lichtwelt beheimatet waren. Den Engeln gleich waren wir einst erhabene Geistwesen, durchstrahlt von der Leuchtkraft unseres erhellten Geist-Bewusstseins. Nachdem wir selbstverschuldet das Wohnrecht in der Himmelswelt verloren haben, sind wir in die lichtlose materielle Welt gefallen. Dabei haben wir unsere anfängliche Leuchtkraft eingebüßt und sind in die Abhängigkeit finsterer Mächte geraten. So ist die materielle Welt aus der geistigen Welt hervorgegangen und zwar aufgrund einer präkosmischen Katastrophe, welche die Trennung von Licht und Finsternis zur Folge hatte.

Walther Hinz schreibt: „Grund und Ursache menschlichen Lebens auf Erden ist der viele Jahrmilliarden zurückliegende Abfall von Gott. Wir alle, die wir auf diesem Planeten leben, sind gefallene Engel", (60) und sind ins gottferne Abseits geraten. Erst nachdem wir durch die Erlösungstat *Christi* aus diesem Zustand befreit wurden und durch ihn die Möglichkeit erhielten (Jh 14,6), über zahlreiche Aufstiegsstufen den Heimweg ins Himmelreich anzutreten, dürfen wir hoffen, dass eines Tages alle gefallenen Geistwesen wieder in die paradiesische Lichtwelt zurückgeführt werden.

Als Aufstiegsmöglichkeiten wurde uns die Menschwerdung auf Erden ermöglicht. Seither können Legionen von gefallenen Geistwesen die erdnahen Schwingungsebenen überwinden und in höhere Lichtsphären emporsteigen. Von diesem Umweg waren anfänglich nur jene hohen Geister aus dem Lichtreich befreit, die freiwillig die Menschwerdung auf sich nahmen, so die Mutter *Jesu* oder einige Propheten und Heilige aller Konfessionen, um einen besonderen Auftrag im Dienste der Erlösung zu leisten. (61) Der Sinn unseres Menschseins liegt darin, dass wir uns aus den Tiefen der Schatten- und Dunkelwelten emporarbeiten, um von der Erde aus auf verschlungenen Wegen, in mehreren Erdenleben und über viele Aufstiegsstufen hinweg wieder in unsere ursprüngliche Lichtheimat zurückzukehren. (62) Die Rückführung aller lichtlosen Geschöpfe ins universelle Licht ist das Ziel jenes riesigen Aufwandes, den wir die materielle Schöpfungsgeschichte nennen.

So dürfen wir für alle, die wir uns noch in der Finsternis der Gottferne aufhalten, eine Heimkehr ins Licht erhoffen; denn die ganze Schöpfung ist einem universellen Heimkehrplan unterworfen, der uns heimwärts führen soll. Dessen Ziel ist unsere Vergeistigung und Wiedervereinigung mit dem göttlichen Ur-Licht. Auf diesem Weg werden die gefallenen Seelen jenen himmlischen Platz wieder einnehmen können, der ihnen am Anfang zugedacht war. Sinn und Aufgabe des menschlichen Lebens ist es daher, bereits hier auf Erden das göttliche Licht in uns zum Leuchten zu bringen, indem wir unser Erkenntnisvermögen klären und unsere Liebesfähigkeit vermehren, um so wieder geistig hell und lichterfüllt zu werden.

Unsere endgültige geistige Heimat ist unser himmlisches Herkunftsland. Diese ist nicht hier auf unserer materiellen Diesseitswelt zu finden, sondern in der geistigen Jenseitswelt; denn diese ist unvergänglich, jene ist vergänglich. Wenn es in der Vaterunser-Bitte heißt „Dein Reich komme!“, dann ist damit nicht eine neue Erde, sondern ein neuer Himmel gemeint, nämlich unsere geistige Ur-Heimat, aus der wir Menschen als geistbegabte Wesen ursprünglich stammen.

Aus dieser Sicht gleicht das ganze Weltgeschehen in Natur und Übernatur einer allgemeinen Aufstiegs- und Heimwärtsbewegung. Wir alle sind auf dem Heimweg von der Dunkelheit ins Licht. Dies war auch die Vision von *Rudolf Steiner,* des Begründers der Anthroposophie. Er war überzeugt: „Es strebt nicht nur der Mensch, solange er lebt; es strebt jedes Wesen; die ganze Welt strebt; das ganze Universum strebt von Vollkommenheitsstufe zu Vollkommenheitsstufe.“

(63) Frieden und Harmonie im ganzen Universum werden erst dann wiederhergestellt sein, wenn der letzte der gefallenen Geister heimgekehrt ist in sein himmlisches Heimatland.

Bevor wir in das jenseitige Lichterreich kommen können, müssen wir zuerst den göttlichen Lichtfunken in uns selbst wieder zum Leuchten bringen. Durch diesen können wir in uns jene Leuchtkraft wecken, die ursprünglich unserem geistigen Wesen eigen war, nämlich jene der Wahrheit, des Friedens und der Liebe. „Die Sprache des Lichts ist die Liebe", schrieb *Susanne Hühn.* (64) Die nachfolgende Symbolgeschichte von *Gabriele Unkelbach* zeigt uns, auf was es dabei ankommt:

Es kam der Tag, da sagte das Zündholz zur Kerze: „Ich habe den Auftrag dich anzuzünden." „O nein, nur das nicht!", antwortete verängstigt die Kerze, denn wenn ich brenne, sind meine Tage gezählt. Niemand mehr wird meine Schönheit bewundern." Das Zündholz gab zu bedenken: „Anzünden ist das Einzige, was ich kann. Zünde ich nicht an, verpasse ich meinen Auftrag und gehe an meiner eigentlichen Bestimmung vorbei. „Gut, das sehe ich ein", meinte die Kerze, „aber was hat das mit mir zu tun?" Das Zündholz erwiderte: „Du bist eine Kerze", dazu bestimmt, Licht zu spenden. Willst du denn dein Leben lang kalt und starr bleiben, ohne deine Aufgabe erfüllt zu haben?" „Aber brennen tut doch weh", seufzte die Kerze. „Und wenn du mich anzündest, schwinden meine Kräfte dahin." „Ja, das stimmt", anerkannte das Zündholz. „Aber ist es nicht das Geheimnis unserer Berufung, Licht zu spenden? Du sollst für andere leuchten. Alles, was du dabei als Schmerz erfährst und an Kraft verlierst, wenn dich die Flamme verzehrt, wird in wärmendes Licht verwandelt, an dem sich viele erfreuen können. Wenn du dich aber versagst, breitet sich Finsternis aus, dort, wo du stehst." Da besann sich die Kerze eine Weile, dann spitzte sie ihren Docht und sprach voller Erwartung: „Zünde mich an!" (65)

Wir können uns die Himmelswelten als lichtdurchflutete Sphären vorstellen. Die dunkle Materie wird sich dort in reines Licht verwandeln. Licht ist die Essenz aller Dinge, denen wir dort begegnen. Da Licht keinen Schatten wirft, ist dort alles klar und wahr. Die einzige

Lichtquelle ist das Leuchten aus dem Inneren jedes Wesens. Je vergeistigter dort die Dinge sind, desto strahlender ist ihr Anblick. *Frances Banks* berichtete aus einer lichten Himmelsregion: „Licht ist hier buchstäblich die Substanz und der Träger unseres Gedankenlebens. In dem Maß, in dem unsere Gedanken sich einstimmen in die Schwingung der schöpferischen Gottheit, wandelt sich die Substanz unserer Körper, wird weniger dicht und strahlt mehr Licht aus. Wir tragen in uns unser eigenes Licht. Je größer daher unsere Selbstlosigkeit und die Erleuchtung unseres Inneren ist, und je positiver wir auf die höhere Schwingung ansprechen, desto reiner und heller ist das Licht, das wir ausstrahlen. In den Lichtregionen erscheinen die vergeistigten Wesen in ihrem Lichtleib, der aus lauter Licht besteht. Dieser ist nicht dicht und stofflich, dumpf und schwer wie der physische Leib. Es gibt kein Sich-hinuntergezogen-fühlen in die Materie. Unser Leib ist nicht mehr substanzarm, schattenhaft und unwirklich wie der Astralleib, sondern strahlend wie aus Lichtzellen erbaut und verklärt." (66)

Dies ist der Zustand des spirituellen Bewusstseins, das jedem Geistwesen zukommt, das in die himmlische Heimat heimgekehrt ist. So lässt sich mit dem Geistlehrer *Josef*, der sich während drei Jahrzehnten in der „Geistigen Loge Zürich" durch sein Medium *Beatrice* kundtat, sagen. „Je höher die Entwicklung schreitet, desto schöner ist das Licht, das wir ausstrahlen." (67) Alle ehemals gefallenen Engel, die zur Menschwerdung gelangt sind, befinden sich auf dem Heimweg. Diese Heimkehr ist nur von den wenigsten in einem einzigen Erdenleben zu schaffen. Die meisten legen den weiten Weg nach Hause in Etappen zurück. Ein einziges Menschenleben genügt wohl kaum und ist viel zu kurz bemessen, um die weite Strecke von der Finsternis ins Licht in einem einzigen Anlauf zu bewältigen.

Unter den Heimkehrenden befinden sich auf unterschiedlichen Ebenen junge Seelen, reife Seelen und alte Seelen, je nach ihrem geistigen Fortschritt und Entwicklungsstand. (68) Einige wenige wählen wohl den kürzeren, aber beschwerlicheren Weg auf engen und steilen Pfaden, die sie schneller vorwärts und aufwärts führen. Wahrscheinlich sind es jene, deren Leben nicht einem „Spaziergang unter Palmen" gleicht. Die große Menge aber lässt sich Zeit und geht den gemächlichen Lebensweg, der wenig Anstrengung verlangt. Daher geraten viele immer wieder auf Umwege, Abwege und Irrwege. So geht ihr

Aufstieg meist durch viele Tode und Tore im Diesseits und Jenseits, verbunden mit Zwischenaufenthalten und Wiederholungen in mehreren Erdenleben. (69) Schließlich gibt es solche, welche unbekümmert auf der breiten Straße der Selbstsucht, der brutalen Rücksichtslosigkeit und des blinden Hasses sich aufhalten, die geradewegs ins Verderben führt.

Wir können zum Vergleich annehmen, dass jeder Mensch anfänglich von seinem Schöpfer ein wunderschönes Mosaikbild zum Geschenk erhalten hat, um seinen Seelenraum zu schmücken. Beim Fall aus den himmlischen Hallen ist so manches dieser Bilder beschädigt worden, und viele seiner Steine haben ihre Leuchtkraft verloren. Nun hat der göttliche Galeriebesitzer einem jeden Menschen zugesichert, dass sein Mosaik den ursprünglichen Platz wieder zurückerhält, sobald er alle bunten Steine wieder gereinigt hat. So machen sich die Menschen also ans Werk. Einige arbeiten zuerst an den gefälligen Steinen, um die sie bewundert werden. Andere bemühen sich um die weniger ansehnlichen Steine, die auch dazu gehören. Dann gibt es solche, die an den allerletzten dunklen, schwarzen und mausgrauen Mosaiksteinen schleifen, weil sie alle anderen schon früher aufpoliert haben. Diese Bilder können als Erste an ihren ursprünglichen Platz zurückgeführt werden. So bewahrheitet sich das biblische Jesus-Wort: „Die Ersten werden die Letzten und die Letzten werden die Ersten sein.“ (Mt 19,30)

Gemäß der geistchristlichen Lehre bleibt nach der Erlösung durch *Christus* der Weg zur Rückkehr in das Lichtreich für alle offen, denn keiner wird letzten Endes für immer verdammt. Daher schreibt die Mystikerin *Flower A. Newhouse*: „Die Hölle gleicht nicht annähernd jenem Schreckensbild, wie es von Furchtsamen gezeichnet wird. Sie bildet vielmehr eine Stätte, in der die ‘Verstorbenen’ lernen, sich von ihren selbstauferlegten Qualen zu lösen.“ (70) Doch bis der Letzte heimgekehrt ist, dauert es wohl noch eine geraume Zeit, denn der dämonische Einfluss auf unserer Erde ist, wie uns die heutige Weltlage klar zeigt, immer noch recht groß.

Betrachten wir das menschliche Leben als einen Weg vom Dunklen ins Licht. So sieht es auch der eingeweihte Dichter *Manfred Kyber* (1880-1933) in seiner Schrift „Die drei Lichter der kleinen Veronika“ aus dem Jahr 1929:

Vertrau' dem Licht in dir,
Dem Gott in deinem Sein,
Dann gehst du stark und rein
Den Gang durch Grab und Grauen
Bis zu deinem sterblich Ende.
Tod und Leben reichen sich die Hände.
Es werde Licht!
Und auf des Tempels höchsten Stufen
Schaust du die Wesenheiten, die dich rufen,
Schaust unter dir, zu deinen Füßen
Vergangene Leben aus der Dämmerung grüßen.

Reise zur Unsterblichkeit

Und am Ende meiner Reise
hält der Ewige meine Hände,
und er winkt und lächelt leise.
Und die Reise geht zu Ende.

Matthias Claudius

Um sich über das Weiterleben der menschlichen Geistseele nach dem Tod ernsthaft Gedanken zu machen, empfiehlt es sich, zunächst die Begriffe Weiterleben und Unsterblichkeit klar zu unterscheiden. Wenn gesagt wird, ein Mensch könne in der Erinnerung seiner Nachkommen fortleben, oder wenn angenommen wird, ein genialer Künstler oder Wissenschaftler werde durch seine bedeutenden Werke Unsterblichkeit erlangen, weil man noch in Jahrhunderten oder Jahrtausenden von ihm spricht und seine geistige Hinterlassenschaft in Museen und Bibliotheken zeitlose Berühmtheit erlangt hat, dann hat dies mit einer virtuellen Form des begrenzten *Weiterlebens* zu tun. Dieser Begriff kann aber auch in einem erweiterten und übertragenen Sinne verstanden werden als ein persönliches Leben über den körperlichen Tod hinaus. Persönliches Weiterleben bedeutet mehr als ein In-Erinnerung-bleiben, ist auch mehr als nur ein zeitloses Überdauern eines Lebenswerkes. Weiterleben meint auch mehr als ein Zurücksinken unserer Individualität in die kollektive Weltseele, wie Teile des Buddhismus und Hinduismus dies lehren.

Die zahlreichen Nachtod-Erfahrungen und Jenseitsberichte beweisen, dass unser Leben unmittelbar nach dem Tod weitergeht. Im Tod kommt es zu keinem vollständigen Verlust der eigenen Existenz. Unser Bewusstsein schläft nur ganz kurz ein, um bald danach in einem außerkörperlichen Zustand wieder zu erwachen. Daher sind die Vorstellungen von „ewiger Ruhe“ und „ewigem Frieden“ nicht zutreffend.

Nach dem Übergang auf eine andere Daseinsebene kommt es sogleich zu einer Weiterexistenz in einer anderen Schwingungswelt, deren Zustand vom erreichten Bewusstseinsgrad abhängt, den die Geistseele in ihrem Erdendasein erreicht hat.

Eine Vorstellung von einem Weiterleben nach dem Tod kannten bereits die alten Ägypter. Sie glaubten, dass der grobstoffliche Ka-Körper zunächst im Grabe ruht, bis er vom Totengott *Osiris* geweckt und mit der Ba-Seele wieder vereint wird. Demzufolge müsse der Körper, so dachten sie, über den Tod hinaus erhalten bleiben, damit die Seele von dessen Lebensenergie in alle Ewigkeit zehren könne. (71) Um dies sicherzustellen, wurde der Leichnam einem aufwändigen und teuren Mumifizierungsprozess unterzogen, den sich wohl nur die Reichen leisten konnten. Auch wurde die Mumie zum Schutz vor Grabräubern mit magischen Amuletten, Zaubersprüchen und Grabbeigaben versehen und in tiefen, unzugänglichen Schächten im Wüstensand beigesetzt, wie dies heute noch in den Nekropolen im „Tal der Könige“ zu sehen ist. (72)

Aus dem jüdischen und christlichen Glauben kennen wir die Lehre von der Auferweckung und der leiblichen Auferstehung der Toten. Früheste Hinweise hierfür finden sich in den Schriften des persischen Religionsstifters und Propheten *Zarathustra.* Dieser lehrte im 5. vorchristlichen Jahrhundert, dass beim Weltgericht am Ende aller Zeiten die Verstorbenen ihre Körper zurückerhalten werden. Dann würden alle, die Guten und die Bösen, mit reinigendem Feuer übergossen. Für die Guten sei dies wie ein Bad in warmer Milch, für die Bösen aber als wenn sie in siedendes Wasser getaucht würden. Dadurch sollen alle Seelen gereinigt werden, um anschließend ins Paradies aufgenommen zu werden. (73)

Diese mythischen Vorstellungsbilder von einem reinigenden Feuer sind im 2. Jahrhundert vor unserer Zeitrechnung ins Judentum übergegangen und tauchten später in den biblischen Schriften des Alten und Neuen Testaments immer wieder auf. (74) Häufig wird im Alten Testament das Feuer gleichgesetzt mit dem Zorn Gottes (5 Mo 32,22; Jes 66,15; Am 7,4). Im Neuen Testament ist wiederholt die Rede vom „höllischen Feuer“ (Mt 5,22; 18,8; 25,41; Heb 10,27).

In der Bibel finden wir auch mehrfach Hinweise auf eine *Auferweckung* vom Tod. So schreibt der Prophet *Jesaja*: „Deine Toten werden leben, werden auferstehen; aufwachen und jubeln werden die Bewohner des Staubes." (Jes 26,19) Damit wollte er bekunden, dass Gott *Jahwe* stärker ist als der Tod. Im Daniel-Buch, verfasst von einem unbekannten jüdischen Schriftsteller um das Jahr 165 v. Chr., wird noch deutlicher auf die Erweckung der Verstorbenen hingewiesen. Dort lesen wir: „Und viele von denen, die schlafen im Erdenstaub, werden erwachen, die einen zum ewigen Leben, die anderen zur Schmach, zur eigenen Abscheu." (Dan 12,2)

Die *Sadduzäer*, die Partei der gehobenen Bevölkerungsschicht Israels, lehnten die Idee von der Auferstehung ab. Sie hielten an der „Scheol" als dem unterschiedslosen Totenreich fest, das sie ansahen als einen Ort „der Finsternis und des Schweigens, der Kraftlosigkeit und der Vergessenheit, wo die Menschen zu einem gespensterhaften Dasein verurteilt sind." (75) Dagegen bewahrten die *Pharisäer*, zu deren Volksgruppe auch *Jesus* gehörte, den Glauben an die Auferstehung. Dieser ist so ins frühe Christentum und von da auch in den Islam übergegangen.

Dass *Jesus* nicht an eine Auferstehung erst am Weltenende, sondern unmittelbar nach dem Tod glaubte, geht aus seinen Worten hervor, die er am Kreuz an den rechten Schächer richtete: „Noch heute wirst du mit mir im Paradiese sein." (Lk 23,43) Dagegen herrscht auch in den Schriften des Neuen Testaments teilweise die Meinung vor, dass die Verstorbenen bis zum Jüngsten Tag unter der Erde schlafen, um dann am Jüngsten Tag vom Posaunenschall der Legionen des Erzengels *Michael* aus ihrem Todesschlaf geweckt und zum Endgericht gerufen zu werden (Mt 24,31; Th 4,16).

Der Reformator *Martin Luther* hat sich dieser Meinung angeschlossen, indem er die Gebete für die Verstorbenen als überflüssig bezeichnete, weil diese seiner Meinung nach „nicht hören" und nicht in ihrer Totenruhe gestört werden sollen. (76)

Mit dem Apostel *Paulus* tritt im Glauben an die leibliche Auferweckung eine Wandlung ein. In seinem ersten Brief an die Korinther schreibt er: „Es wird gesät in Verweslichkeit, es wird auferweckt in Unverweslichkeit" und „Es wird gesät ein natürlicher Leib, es wird auferweckt ein geistiger Leib" (1 Ko 15,42-44). In diesem Sinne handelt es sich um einen Wechsel von der grobstofflichen Existenzform in eine feinstoffliche, die durchaus unmittelbar nach dem Tod erfolgen kann. Trotzdem hielt die christliche Glaubenslehre noch über Jahrhunderte an dem Hinweis fest, dass am „Jüngsten Tag", beim allgemeinen Welt- und Endgericht, auch der fleischliche Körper auferweckt wird. So wurde bis in unsere Tage die „Auferstehung des Fleisches" verkündet. (77) Neuerdings ist dieser Passus im Glaubensbekenntnis ersetzt worden durch den Glauben an die Auferstehung der Toten.

Thomas von Aquin lehrte im Mittelalter, dass der auferstandene Körper der gleiche sein müsse wie der verstorbene, da die Auferstehung dem ganzen Menschen zuteil werde. (78) Darin liegt auch der Irrtum der modernen Ganztod-Theologie, die den Menschen als untrennbares körperlich-seelisch-geistige Ganzes versteht und daher behauptet, dass vom Tod nicht nur der Körper, sondern der ganze Mensch betroffen sei. Daher müssen bei der Auferstehung Körper und Seele gleichzeitig miteinander wiedervereinigt werden. (79) Dieser falschen Glaubensauffassung von der ganzheitlichen Wiederbelebung und dem körperlich-seelischen Weiterleben des Menschen liegt der theologische Irrtum zugrunde, dass Körper und Geistseele des Menschen eine untrennbare Einheit bilden und daher nicht als unabhängig voneinander gedacht werden dürfen.

Die heutige Todes- und Jenseitsforschung widerspricht diesen traditionellen Ansichten und beweist, dass der Mensch nach seinem Tod nicht in einen zeitlosen Dauerschlaf fällt, aus dem er erst am Ende der Welt geweckt wird. Es ist auch nicht denkbar, dass der tote fleischliche Körper dann wiederbelebt und mit seiner Seelensubstanz auf wundersame Weise erneut vereint wird. Vielmehr zeigen zahlreiche Nachtod-Erfahrungen, dass die feinstoffliche Geistseele kurz nach dem Eintritt des biologischen Todes aus dem grobstofflichen Körper austritt, ähnlich wie ein Fahrer sein Fahrzeug verlässt und dieses an Ort und Stelle stehenlässt, sobald es seine Fahrtüchtigkeit endgültig aufgegeben hat, um anschließend weiter seines Weges zu gehen. Es mag vorkommen, dass den verstorbenen Menschen in der Jenseitswelt zunächst ein kurzzeitiger Anpassungs- und Genesungsschlaf gewährt wird, damit sie sich von den Mühen und Strapazen ihres Erdenlebens erholen können.

Danach erwachen sie aber bald zu einem selbstständigen Weiterleben in der jenseitigen Welt. (80)

Heute wissen wir aufgrund zahlreicher Jenseitsbotschaften, dass die Geistseele den grobstofflichen Körper nicht braucht, um ein Weiterleben im Jenseits zu ermöglichen. Da der Geist nicht wesentlich von der Materie abhängt und auch nie aus ihr hervorgegangen ist, wie *Teilhard de Chardin* noch annahm (81), vermag dieser auch unabhängig vom materiellen Körper zu existieren. Dies beweisen die zahlreichen außerkörperlichen Erfahrungen und die vielen Nachtod-Mitteilungen, die in letzter Zeit bekannt geworden sind. Damit würde die Antwort *Jesu* auf eine Fangfrage der Sadduzäer verständlich, mit der er darauf hinwies, dass die Verstorbenen im Jenseits „sind wie Engel im Himmel“ (Mt 22, 309), das heißt, ohne den grobstofflichen Körper. Da die Geistseele gar nie stirbt, sondern den Tod überlebt, muss sie auch nicht körperlich auferstehen. Für ein mögliches erneutes Erdenleben bekommt sie ohnehin einen neuen Körper als Fahrzeug, so wie der Fahrer für seine nächste Etappenstrecke ein neues Vehikel erhält, weil das alte ausgedient hat.

Wenn in der Bibel von den „Toten“ die Rede ist (Mt 8,22; Lk 20,35), sind damit nicht die Verstorbenen, sondern die von Gott Getrennten gemeint. Unter Auferstehung im geistchristlichen Sinne ist der Wiederaufstieg der gefallenen Geister ins Reich Gottes zu verstehen. Dieser ist erst möglich geworden, als durch die Erlösungstat *Christi* vor rund zweitausend Jahren die Befreiung der Verstorbenen aus dem „Reich der geistig Toten“ ermöglicht wurde. Deren Aufstieg vollzieht sich seither und heute noch über zahlreiche Entwicklungsstufen, auf vielen Daseinsebenen und im Verlauf wiederholter Erdenleben. Es ist eine gewaltige geistige Heimwärtsbewegung, die erst enden wird, wenn der letzte der Gefallenen wieder heimgekehrt ist. (82)

Die Lehre vom Weiterleben nach dem Tod unterscheidet sich wesentlich von der Unsterblichkeitslehre. Der Begriff *Unsterblichkeit* bezieht sich auf die Geistseele des Menschen. In seinem Dialog „Phaidon“ erklärte *Platon,* die geistige Seele des Menschen sei unsterblich, da diese nicht materieller, sondern geistiger Natur sei. (83) Diese Ansicht wurde zunächst von der religiösen Gemeinschaft der Essener übernommen. Von dieser schrieb der jüdische Geschichtsschreiber *Josephus Flavius* (37-100 n.Chr.): „Mit allem Nachdruck sind sie davon überzeugt, dass der Körper vergeht und die Materie nicht von Dauer ist, dass jedoch die Seelen unsterblich sind für immer und ewig.“ (84)

Wenn wir heute von Unsterblichkeit sprechen, kommen wir nicht darum herum, die beiden Begriffe Seele und Geist klar gegeneinander abzugrenzen und nicht, wie es heute immer noch häufig geschieht, miteinander zu verwechseln oder gar als gleichbedeutend zu verwenden. Wo in der Psychologie und Psychiatrie von Seele gesprochen wird, meint man in der Regel die Psyche des Menschen im Sinne der belebenden Energie, also die *Vitalseele.* Diese Lebensenergie wird beim Tod eines Lebewesens, sei es Pflanze, Tier oder Mensch, nicht vernichtet, sondern in andere Energieformen umgewandelt. Sie ist demnach keine eigenständige Wesenheit, sondern eine Eigenschaft, die jedem Lebewesen angehört, die aber nicht unabhängig von ihm existieren kann.

Demgegenüber versteht man in der Philosophie und Theologie unter Seele den Geist des Menschen, nämlich seine *Geistseele.* (85) Diese gilt als selbstständige geistige Substanz, die nicht-materieller Natur ist. Deshalb kann sie auch, ohne mit dem grobstofflichen Körper verbunden zu sein, nach dem Tod eigenständig weiter existieren. Der Gedanke an die Unsterblichkeit ergibt sich demnach aus dem Wesen der menschlichen Geistseele. Deren Bewusstsein ist nicht vergänglicher, sondern unvergänglicher Natur.

Träger des Ich-Bewusstseins ist weder das Gehirn noch die Vitalseele, sondern einzig die Geistseele. Deren Ursprungsland ist nicht die materielle Welt, sondern die geistige Welt, nicht das materielle Diesseits, sondern das spirituelle Jenseits. Die Geistseele bewahrt also ihre geistige Substanz und damit ihre unteilbare selbstbewusste Individualität. Sie lebt nach dem Übergang in eine andere Dimension selbstständig weiter. Ob ihr Weiterleben dort von ewiger Dauer sein wird und sie Unsterblichkeit erlangt, ist eine reine Glaubensfrage und kann von der Erfahrung her weder bewiesen noch geleugnet werden. Wir können hierzu lediglich theoretische Überlegungen anstellen. Ein gültiger Erfahrungsbeweis für unsere Unsterblichkeit lässt sich nicht erbringen.

Der Unsterblichkeitsgedanke stammt nicht aus der jüdisch-christlichen Tradition. In der Bibel kommt dieser Begriff überhaupt nicht vor. Vielmehr stammt er aus der griechischen Philosophen-Schule von *Sokrates* und *Platon*. Diese großen Denker nahmen im 4. vorchristlichen Jahrhundert an, dass der Geist als Gedanke in der göttlichen Ideenwelt seit Ewigkeit besteht und auch ewig bestehen wird. Dagegen hat ihr philosophischer Gegenspieler *Aristoteles* nur dem göttlichen Geist eine Ewigkeitsqualität zugesprochen, nicht aber dem menschlichen Geist. (86) *Immanuel Kant* sah sich außerstande, die Unsterblichkeit der Geistseele des Menschen rational zu begründen. Er empfahl aber aus Gründen der praktischen Vernunft, dennoch daran zu glauben, weil wir Menschen dadurch zu sittlichem Leben und Streben veranlasst würden. (87)

Eine andere Begründung für die Unsterblichkeit der Seele gab *Alexander von Humboldt*, als er schrieb: „Der Unsterblichkeitsgedanke entspricht so sehr der innersten Natur des Menschen, dass es psychologisch fast unmöglich ist, ganz mit ihm zu brechen." (88) Auch *Goethe* bekräftigte in einem Gespräch: „Den Beweis der Unsterblichkeit muss jeder in sich tragen; von außen kann er ihm nicht gegeben werden. Wohl ist alles in der Natur Wechsel, aber hinter dem Wechsel ruht ein Ewiges." (89)

Unsterblichkeit meint, dass ein Wesen ohne Ende lebt und niemals stirbt. Beim Menschen kann dies weder vom Körper noch von der Vitalseele gesagt werden, sondern einzig von der Geistseele, die ihrem spirituellen Wesen nach nicht materieller Natur und daher unteilbar, unauflösbar und unzerstörbar ist. Diese ist auch unabhängig von der irdischen Raumzeit. Der Nobelpreisträger für Physik, *Erwin Schrödinger* (1887-1961), schreibt in seinem Buch „Geist und Materie": „Ich wage den Geist unzerstörbar zu nennen, denn er hat sein eigenes und besonderes Zeitmaß; nämlich er lebt jederzeit im Jetzt." (90) Wenn es die Unsterblichkeit wirklich gibt, werden wir nie an ihre Grenzen stoßen. Wohl ist sie als Idee denkbar. In einem Brief an *Pater Mersenne* gesteht der Philosoph *René Descartes* (1596-1650): „Wenn Sie sagen, ich hätte die Unsterblichkeit der Seele mit keinem Wort erwähnt, so darf Sie das nicht wundern. Denn ich wäre gar nicht imstande zu beweisen, dass Gott sie nicht vernichten könnte, sondern nur, dass sie eine ganz andere Natur hat als unser Körper und daher nicht das natürliche Schicksal hat, mit ihm zu sterben." (91)

Wenn wir davon sprechen, die Verstorbenen seien in der Ewigkeit, meinen wir damit, sie befänden sich außerhalb der messbaren irdischen Zeit. Ewig kann eine unbegrenzte und ununterbrochene Zeitdauer bedeuten, so etwa, wenn wir vom „ewigen Frieden", von einem „ewigen Vertrag" oder von „ewiger Liebe" sprechen. Im alltäglichen Sprachgebrauch verstehen wir unter Ewigkeit eine unbeschränkte Gegenwart ohne Anfang und ohne Ende. Dieser Ausdruck entspricht einer bloßen Denkvorstellung, für die es aus der Sinneserfahrung keinerlei messbare Anhaltspunkte gibt. Mit dem „ewigen Leben" ist also eine immerwährende Fortexistenz des Menschen in einer immateriellen Welt jenseits von Raum und Zeit gemeint. Diese entzieht sich freilich jedem Erfahrungsbeweis und ist allein als Idee denkbar und kann in der Realität auch infrage gestellt werden. (92)

Eine unsterbliche Fortexistenz des Menschen über den Tod hinaus lässt sich nur denken, wenn auch gleichzeitig eine Vorexistenz der Geistseele angenommen wird. Deren *Präexistenz* lehnt die christliche Lehre seit dem Konzil von Konstantinopel aus dem Jahr 543 ab und hält stattdessen an der wenig glaubhaften Behauptung fest, Gott würde im Augenblick jeder menschlichen Zeugung aus dem Nichts eine unsterbliche Seele in die befruchtete Elternzelle hinein erschaffen. Wenn dem wirklich so wäre, könnte jedes Menschenpaar, dem es gewollt oder ungewollt geschieht, ein Kind zu zeugen, Gott zwingen, schöpferisch tätig zu sein, weil zum Wesen des Menschen unbedingt eine Geistseele gehört. Dieser Gedanke widerspricht völlig der absoluten Freiheit Gottes.

Ebenso ist es nicht denkbar, dass Gott am Ende der Zeiten durch eine unmittelbare *Neuschöpfung* die Geistseele des Verstorbenen aus dem Nichts in ein erneutes Dasein ruft, weil diese durch den Tod gar nicht vernichtet werden kann. Diese theologischen Spekulationen aus dem Mittelalter erweisen sich als überflüssig, wenn wir annehmen, dass die Geistseele schon vor der materiellen Schöpfung existierte und nur vorübergehend menschliche Gestalt in der materiellen Körperwelt angenommen hat und danach in die unstoffliche geistige Welt zurückkehrt. Die parapsychologischen Beweise, die *Arthur Brunner* als „Unsterblichkeitsbeweise" bezeichnet und in einem Buch veröffentlicht hat (93), beweisen im besten Fall ein Weiterleben nach dem Tod, nicht aber die Unsterblichkeit der Geistseele.

Aufgrund unseres Geistes, der es uns ermöglicht, geistig tätig zu sein, sollten wir auch fähig sein, unsere Geistnatur zu erkennen. Diese bildet nämlich einen wesentlichen Teil unseres Menschseins. Durch sie sind wir nicht nur in der Lage, über uns selber nachzudenken, um uns unserer Sonderstellung in der Natur bewusst zu werden, sondern auch über uns selbst hinaus zu denken. Dadurch können wir uns eine Fortexistenz in einer spirituellen Dimension vorstellen, die uns Unsterblichkeit verleihen wird.

Es ist schwer denkbar, dass die großen genialen Meister und Geister der Menschheitsgeschichte, die während ihres Erdenlebens unsterbliche Werke schufen, mit ihrem irdischen Tod ein für alle Mal zur völligen Untätigkeit verurteilt sind und ihre zeitlose Zukunft in ewigem Nichtstun zubringen sollen. Sie werden gewiss ihre genialen Schöpferkräfte auch weiterhin einsetzen können, um noch genialere Leistungen zu vollbringen.

Unsere Reise in die Unsterblichkeit beginnt nicht erst nach dem Übergang in die jenseitige Welt. Bereits unsere früheren Erdenleben und unsere Jenseitsaufenthalte, die miteinander abwechseln, sind Etappen auf unserem Weg nach Hause. Das Ziel dieser Reise ist die endgültige Heimkehr ins himmlische Vaterhaus, von dem wir vor Milliarden von Erdenjahren ausgezogen sind. Diese Rückkehr ist erst dann abgeschlossen, wenn alle Wesen in der ganzen Natur und Übernatur ihren Heimweg in die Einheit mit der göttlichen Welt vollendet haben und alles wieder eins wird, was vorher getrennt war. (94) In diesem Sinne verstand *Krishnamurti* (1895-1986) die Unsterblichkeit als eine „unendliche Gegenwart" und als ein „unaufhörlicher Beginn". (95)

Eine weitere Begründung für die Unsterblichkeit verdanken wir dem amerikanischen Arzt und Bewusstseinsforscher *Larry Dossey,* der in seinem Buch „One Mind" davon ausgeht, dass im Geist der Ursprung von allem liegt, der Geist das All erfüllt und durchwaltet und dieser Geist räumlich und zeitlich unbegrenzt und unsterblich ist. (96) Er geht von dem Gedanken aus, dass Energie niemals zerstört werden kann, daher sei es auch nicht möglich, Geist zu zerstören. Nun ist aber Geist mehr als bloße Energie. Er ist Träger des unsterblichen Bewusstseins.

Unsterblichkeit kann demnach allein aus der Geistnatur des Menschen abgeleitet werden. Diese ergibt sich aus seiner Fähigkeit, zu hoffen und zu glauben, zu hassen und zu lieben sowie über Raum und Zeit hinaus zu denken. Das vermag kein Tier, sondern nur der Mensch. Deshalb bekennt *Goethe* in seinem Gedicht „Das Göttliche“:

Nur allein der Mensch
Vermag das Unmögliche;
Er unterscheidet,
Wählet und richtet;
Er kann dem Augenblick
Dauer verleihen.

Es gibt viele Wege, die zur Unsterblichkeit der Geistseele führen sollen. Sie sind uns als *Konfessionen* bekannt. Es handelt sich um unterschiedliche Pfade, die uns zur Höhe der geistigen Wahrheit führen können. Diese lassen sich vergleichen mit den verschiedenen Aufstiegsrouten auf den Gipfel eines hohen Berges. Entscheidend ist letztlich nicht, welchen Weg wir gewählt haben, sondern einzig, dass wir zum Gipfel gelangt sind. Daher ist es wichtig, dass wir trotz aller Meinungs- und Glaubensverschiedenheiten stets auf der Zielgerade bleiben, deren Endziel unsere Rückkehr in die geistige Heimat ist. Der Kompass, der uns sicher dazu hinführt, ist stets die Liebe, die es uns ermöglicht, das Gute, Wahre und Schöne zu erkennen und zu wollen. Die Liebe ist die stärkste und unsterbliche Kraft im ganzen Universum.

Der Sinn unseres Aufenthaltes auf dieser Erde ist es, hier die wahre Liebe kennen zu lernen, zu verstehen, zu leben und zu verwirklichen. Das letzte Wort behält nicht der Tod, sondern die *Liebe*. Der Philosoph *Karl Jaspers* (1883-1969) wusste: „Wir sind sterblich als bloßes Dasein, aber unsterblich als Liebende.“

Was das Glück der Heimgekehrten bedeuten kann, hat der Dichter *Friedrich Rückert* (1788-1866) mit folgenden Worten beschrieben:

Herr, deine Welt ist schön, Herr, deine Welt ist gut;
gib mir nur hellen Sinn, gib mir frommen Mut!
Ich fühle, dass ich bin, ich fühle, dass du bist,
dass mein Sein von dir ein sel'ger Abglanz ist.
Die Welt beseligst du, beseligst dich in ihr;
sollt' ich nicht selig sein, Allseliger, auch in dir!

Teil VI

Schlussgedanken

Worte des Abschieds

Da ist ein Land der Lebendigen
und ein Land der Verstorbenen.
Die Brücke zwischen ihnen ist die Liebe.
THORNTON WILDER

Fragen wir uns, welche letzten Worte einst den bekannten und berühmten Menschen auf ihren Lippen erstarben, finden wir in biographischen Schriften hierzu zahlreiche Hinweise. Ich beschränke mich im Folgenden auf eine kleine Auswahl aus der deutschsprachigen Literatur. (1)

Mozarts letzte Worte waren: „Ich fühle, dass die Abschiedsstunde schlägt. Ich bin zu Ende, bevor ich mein Talent noch genießen konnte." Dann fügte er hinzu: „Einmal noch möchte ich meine Zauberflöte hören." Als *Beethoven* im Sterben lag, schoben Freunde eine Kiste Wein in sein Zimmer. „Schade, zu spät", waren seine letzten Worte. „Nun ist es aus!", rief der Dichter *Matthias Claudius* und verschied. Mit der Bitte „Reich mir die Hand, mein Freund, ich sterbe" verabschiedete sich der italienische Dichter *Alfieri* von seinem letzten Besucher. Kaiser *Karl der Große* wies seine Ärzte von sich mit den Worten: „Lasst mich in Ruhe; ich sterbe besser ohne eure Medikamente." Ähnliches empfand der Philosoph *Johann Gottlieb Fichte.* Als ihm jemand ein Stärkungsmittel geben wollte, sagte er: „Schon gut. Ich brauche keine Medizin mehr. Ich fühle, dass ich geheilt bin." Als der Arzt ihr eine Spritze verabreichen wollte, meinte die Physikerin *Marie Curie*: „Ich will das nicht. Ich will, dass man mich in Ruhe lässt." Zu seiner Frau, die seinen Kopf heben wollte, um das Kissen zurechtzurücken, flüsterte der norwegische Erzähler *Knut Hamsun*: „Lass sein, Marie, jetzt sterbe ich." Der hochbetagte irische Dramatiker *Bernhard Shaw* sagte zu seiner Krankenschwester: „Sie versuchen mich wie eine alte Sehenswürdigkeit am Leben zu erhalten, aber ich bin fertig, am Ende, ich sterbe." Liebende Zuwendung empfand der sterbende *Franz Joseph Haydn* mit den Worten: „Seid fröhlich Kinder, ich bin wohlauf." Sterbend fragte König *Ludwig XIV*: „Warum weint ihr? Habt ihr geglaubt, ich sei unsterblich?" Als der Schriftsteller *Mark Twain* in seinen letzten Zügen lag, meinte er zu seiner Frau: „Auf Wiedersehen, meine Liebe, falls wir uns wiedersehen." Der italienische Freiheitskämpfer *Giuseppe Garibaldi* winkte kurz vor seinem Abschied zwei Buchfinken, die oft auf seinem Fensterbrett saßen, und bat: „Füttert sie, wenn ich nicht mehr da bin."

Eher selten sind Äußerungen von Furcht und Angst, doch leicht gestorben sind nicht alle, deren letzte Worte uns überliefert sind. *Thomas von Aquin* klagte: „Oh Tod, wie bist du bitter!" „Mir ist so bange", seufzte der Dichter *Josef von Eichendorff*. Von einem erneuten Herzinfarkt getroffen, stöhnte *Teilhard de Chardin*: „Diesmal ist es ganz schrecklich." „Oh Gott, hab Erbarmen mit mir, ich kann nicht mehr denken", waren die Abschiedsworte des Armenpriesters *Alexander Vinets*. „Es wird mir im Kopf so düster", gestand der sterbende Pastor *Franz Overbeck*. Der Dichter *D'Annunzio* bat: „Bitte schnell etwas Champagner, denn ich habe Angst vor dem Sterben". „Ach, ich bin so müde", sprach sterbend *Carl Huter*.

Während der Philosoph *Voltaire* jammerte. „Ich bin von Gott und den Menschen verlassen", gab sich der Maler *Perugino* eher neugierig: „Ich bin gespannt, wie es jemandem ergeht in der anderen Welt, der ohne Beichte stirbt." Dagegen verschied der große Naturforscher *Charles Darwin* völlig angstfrei mit den Worten. „Ich habe nicht die geringste Angst zu sterben." Auch der Dichter *Paul Claudel* gestand: „Lasst mich sterben, ich habe keine Angst." Voller Erwartung sagte der französische Humanist *Rabelais*: „Ich gehe jetzt ein großes Vielleicht suchen." Seiner Sache nicht mehr so ganz sicher war der große philosophische Zweifler *Ernst Renan*, als er sterbend betete: „Vater im Himmel, falls du existierst, rette meine Seele, falls ich eine habe." Die gleiche Haltung bewies der englische Philosoph *Matthew Tindal*: „Oh Gott – wenn es einen Gott gibt – habe Erbarmen mit mir." Mit den Worten „Lieber Gott" starb der Humanist *Erasmus von Rotterdam*.

Der Dichter *E. T. A. Hofmann* fand: „Es ist Zeit, ein wenig an Gott zu denken." Der amerikanische Schriftsteller *Edgar Allan Poe* flehte: „Gott, sei meiner armen Seele gnädig." Zuversichtlicher meinte der Dichter *Heinrich Heine*: „Gott wird mir verzeihen, das ist schließlich sein Beruf."

Recht erbost zeigte sich der Komponist *Jean Rameau* in seiner letzten Aufregung, als der Pfarrer ihm ein Sterbelied vorsang: „Wie zum Teufel singen Sie, Herr Pfarrer! Zwei Töne zu hoch." Als im amerikanischen Freiheitskampf ein Priester den tödlich verwundeten *Ethan Allen* mit den Worten trösten wollte: „Die Engel warten schon", erwiderte dieser ärgerlich: „Was, sie warten? Ha, zum Teufel mit ihnen, sollen sie warten!" Nichts von einem geistlichen Beistand wissen wollte auch der spanische Kulturphilosoph *Ortega y Gasset*, als ein Priester ihn zum christlichen Glaubensbekenntnis aufforderte. Er wehrte ihn unwirsch ab mit dem Ausruf: „In diesem Land lässt man einen nicht einmal im Frieden sterben!" Seinen Frieden haben wollte auch der polnische Komponist *Frédéric Chopin,* als er einen Besucher bat: „Stören Sie mich nicht!"

In einem letzten Aufbäumen ihrer Kräfte wollten einige Sterbende noch zu großen Taten schreiten. So befahl *Napoleon Bonaparte* seinem Diener, ihm Uniform, Stiefel und Sporen anzuziehen und rief kampfbereit: „Frankreich!... Armee!... Vorwärts!" Ähnlich forderte *Gottfried Arnold* mit letzter Kraft: „Frisch auf, frisch auf! Die Wagen her und fort!" Die Prinzessin *Louise*, die Tochter des Franzosenkönigs *Ludwig XV.,* sah sich hoch zu Pferd und befahl: „Tempo! Galopp! Zum Paradies!" *Karl May* wusste sich im letzten Kampf und rief: „Sieg! Großer Sieg!"

„Sei willkommen, Bruder Tod", rief *Franz von Assisi*, als ihm der Arzt seinen Tod ankündigte. Gefasst und guten Mutes starb der große Philosoph *Immanuel Kant*: „Es ist gut", hauchte er mit letzter Kraft. Mit gutem Vertrauen verließ der Dichter *Jean Paul* diese Erde: „Lassen wir den Dingen ihren Lauf." Ähnliche Zuversicht bewies der deutsche Gelehrte *Johann Josef Görres* im Sterben: „Jetzt wird alles seinen geordneten Gang gehen." Der norwegische Komponist *Edvard*

Grieg gab sich einverstanden: „Gut, wenn es sein muss." Der erste deutsche Bundeskanzler *Konrad Adenauer* verabschiedete sich, indem er seine Angehörigen beruhigte: „Kein Grund zum Weinen." *Arthur Schopenhauer* gab sich zufrieden mit seinem Lebenswerk: „Na also, das haben wir doch gar nicht so schlecht gemacht." Desgleichen fand der Naturforscher *Louis Pasteur*: „Ich habe getan, was ich tun konnte", und *Albert Einstein* wusste: „Meine Arbeit ist getan."

Manchmal waren es nur banale Worte, mit denen große Menschen ihr Erdenleben beendeten. *Fritz Reuter,* der norddeutsche Dichter, wandte sich sterbend seiner Frau zu: „Louise, lull mich in Schlaf." Der amerikanische Präsident *Theodor Roosevelt* bat: „Macht bitte das Licht aus." *Winston Churchill* fand: „Es ist alles so langweilig." Der Schriftsteller *Thomas Mann* verlangte: „Gebt mir meine Brille."

Auch kommt es vor, dass kreative Menschen in ihrer letzten Stunde großartige Einsichten gewinnen, die sie der Nachwelt noch mitteilen wollen. Der berühmte Bildhauer *Michelangelo* empfand: „Erst jetzt fange ich an, in der Kunst die ersten Schritte zu machen." Als *Renoir* an seinem Todestag sein allerletztes Bild malte, meinte er: „Ich glaube, allmählich verstehe ich etwas davon." Ähnlich fühlte es der japanische Maler *Hokosai*, als er seinem Tode nahe war: „Noch zehn, noch fünf Jahre, und ich wäre ein großer Maler geworden." *Franz Schubert* erkannte: „Völlig neue Harmonien und Rhythmen gehen mir im Kopf herum." Der Komponist *Max Reger* ereiferte sich, als er in den letzten Zügen lag: „Ich habe noch gar nichts geschrieben, jetzt möchte ich schreiben." „Ach, jetzt habe ich es gesehen, jetzt weiß ich es", rief der Theologe *Möhler* aus München.

Der Mystiker und Visionär *Jakob Böhme* verkündete freudig: „Nun fahre ich hin ins Paradies." Ähnliches erlebte der französische Philosoph *Jean-Jacques Rousseau,* als er sterbend versicherte: „Du siehst, wie rein und heiter der Himmel ist. Nun gut, dorthin gehe ich." Als seine Frau dem sterbenden *Johann Sebastian Bach* eine rote Rose reichte, eröffnete er ihr: „Magdalena, da, wo ich hingehe, da werde ich schönere Farben sehen und die Musik hören, von der wir, du und ich, bislang nur geträumt haben. Und schauen wird mein Auge den Herrn selbst." Mit einer letzten Anstrengung forderte *C. G. Jung* seinen Sohn auf. „Schnell, hilf mir aus dem Bett, ich möchte den Sonnenuntergang sehen. Ist das nicht wunderbar!" Auch der Urwalddoktor *Albert Schweitzer* staunte mit letztem Blick: „Ist das nicht wundervoll!"

Einen Blick ins Jenseits tat der berühmte Erfinder *Thomas Edison*, als er ausrief: „Es ist sehr schön hier auf der anderen Seite." Mit klarem Bewusstsein wollte die österreichische Kaiserin *Maria Theresia* in die andere Welt hinübergehen, als sie wenige Augenblicke vor ihrem Tod sagte: „Ich könnte jetzt wohl schlafen, wenn ich wollte, aber ich darf nicht; der Tod ist nahe, er könnte mich überraschen. Während der letzten fünfzehn Jahre habe ich mich darauf vorbereitet, ich will ihm wachend begegnen." Mit Gottvertrauen sprach der große Kanzelredner *Henry Beecher*: „Jetzt kommt die letzte Wahrheit." Voller Zuversicht schritt *Dietrich Bonhoeffer* in einem Nazi-Gefängnis zum Galgen: „Für mich ist es nicht das Ende, sondern der Anfang eines neuen Lebens." Am Abend des 8. August las der 85-jährige *Hermann Hesse* seiner Frau Ninon das Gedicht „Knarren eines geknickten Astes" vor, wohl sein Lebensende ahnend. Dieses endet mit den Worten: „Zu langen Lebens, zu langen Sterbens müd." Als er geendet hatte, sagte sie zu ihm, das sei das Schönste, was er je geschrieben habe. „Na, dann ist ja gut", erwiderte der greise Dichter, ging zu Bett und wachte am nächsten Morgen nicht mehr auf. (2)

Wenn es den Tod nicht gäbe

Der physische Tod ist nicht die göttliche Strafe für einen vermeintlichen Ungehorsam der ersten Menschen im irdischen Paradiesgarten, den es in dieser Form gar nie gegeben hat. Die dafür oft zitierte Bibelstelle (1 Mo 2,16-17) ist nur als Symbol richtig zu verstehen und bezieht sich auf den präkosmischen Fall eines Teils der Engelwelten aus der himmlischen Einheit in die zwiespältige Zweiheit der materiellen Schöpfung. (3) Ein anderes Bild, das in der jüdischen Geheimlehre „Kabbala" hierfür verwendet wurde, spricht vom „Bruch der Gefäße". (4)

Die ganze lebendige Natur ist von Anfang an dem Naturgesetz von Geburt und Tod, von Entstehen und Vergehen unterworfen. Der Tod gehört zum Leben wie die untergehende Sonne zum nächsten Sonnenaufgang. So gesehen ist der Tod ein natürliches Phänomen, das der biologischen Entwicklung dient. Dieses kann daher als kluge Erfindung der Evolution bezeichnet werden. Den Tod gibt es in der Tierwelt schon Millionen von Jahre bevor die ersten Menschen hier auf unserer Erde auftraten. So können wir sagen: Gäbe es den Tod nicht, wären wir nicht hier. Die Aufeinanderfolge von Geburt und Tod ist ebenso natürlich wie der Wechsel von Tag und Nacht. Mit Recht fragt der Schriftsteller *Carlo von Ah* (*1940): „Wären wir überhaupt das, was wir sind, wenn unsere Eltern, Großeltern und alle unsere Vorfahren nicht gestorben wären?" (5)

Heutzutage haben viele Menschen kein natürliches Verhältnis zum Tod; weder zum eigenen Tod noch zum Tod der anderen. Vielfach wird er als Betriebsunfall angesehen, den es eigentlich nicht geben dürfte. Man möchte ihn am liebsten nicht wahrhaben, ihn als den größten Feind des Menschen bis zum Äußersten bekämpfen, am liebsten ganz beseitigen. Deshalb spricht man möglichst wenig von ihm. Er ist zum

Tabu-Thema geworden. Man will möglichst nichts mit ihm zu tun haben und frönt dem Jugendwahn. Jedermann will alt *werden*, doch alt *sein* will keiner. Es ist der Wissenschaft bis heute nicht gelungen, ein Mittel zu erfinden, das den Tod aus der Welt schafft. Die Medizin hat in den vergangenen Jahrzehnten zwar bewundernswerte Fortschritte gemacht, doch die Menschen sind dabei nicht gesünder geworden, sondern nur weniger krank. Auch die „ewige Jugend" blieb ein leeres Versprechen.

Der tschechische Schriftsteller *Karel Capek* (1890-1938) hat ein Theaterstück verfasst, in welchem es um die hochbetagte Opernsängerin *Emilia Marty* geht, die dank eines Verjüngungselixiers, das ihr Vater erfand, und das sie erstmals im Alter von zweiundvierzig Jahren eingenommen hat, um dreihundert Jahre älter geworden ist. Jetzt steht sie im Alter von dreihundertzweiundvierzig Jahren vor der Frage, ob sie nochmals eine Dosis dieses Wundermittels einnehmen soll. Doch es stellt sich heraus, dass sie ihres bisherigen langen Lebens längst überdrüssig geworden ist und sich daher zu Tode langweilt. Nichts mehr kann sie erfreuen oder interessieren. Daher verzichtet sie auf diese lebenserhaltende Droge, da sie inzwischen begriffen hat, dass der Tod zum Leben gehört und der Traum vom todlosen Leben mit den Jahren zum Albtraum wird. (6)

In einer alten Legende heißt es: „Hätte Gott nicht den Tod erschaffen, so würde der Mensch ihn wegen dieses Versäumnisses anklagen. Darum habe Gott dem Tod etwas bittere Galle beigemischt, damit er dem Menschen bitter vorkomme und dem Leben nicht allzu leicht entfliehen wolle."

In meiner Walliser-Heimat erzählt man sich die Geschichte vom „*Tod im Weinfass*". Diese lässt uns ahnen, welch schreckliches Unglück es wäre, wenn es den Tod nicht gäbe. So wird berichtet:

„An einem schwülheißen Sommertag stand ein Weinbauer breitspurig vor seinem Gehöft. Zufrieden schaute er auf seine nahegelegenen Rebberge, wo an sonnigen Halden an der Mittagshitze die Weintrauben reiften. In seinem linken Arm trug er behutsam, ähnlich wie eine junge Mutter ihren Säugling, sein „Boutillji"; ein kleines hölzernes Weinfässchen, aus dem er ab und zu einen kräftigen Schluck nahm. Wie er so dastand, sah er auf einmal von weitem eine magere, hagere Gestalt auf sein Weingut zukommen: ein dünnes, dürres Männchen. Als der Fremde schon in Rufnähe kam, rief der Bauer: „Ja, wo kommst denn du daher und wo willst du hin?“ „Ich bin der Tod!“, gab dieser zurück, „ich komme von überall her und gehe nach überall hin. Früher oder später klopfe ich bei jedem an. Keine Türe bleibt mir verschlossen und kein Tor ist für mich verriegelt. Keine Spalte ist mir zu schmal und keine Ritze an der Wand zu dünn, dass ich nicht hindurch käme. Ich finde jeden, und keiner kann sich mir entziehen.“ „Aber durch das Spundloch meines Weinfässchens kommst du wohl nicht hinein“, spottete der Weingutsbesitzer. „Und ob!“, gab der Tod zurück, und flugs war er im kleinen Holzfässchen verschwunden. Schnell setzte der Bauer einen Korken drauf und schlug mit der Faust kräftig zu. Jetzt war der Tod eingesperrt! Er hatte keinen Zugriff mehr auf die Lebenden.

Von nun an starb niemand mehr im breiten Tal der Rhone und in den weitläufigen Seitentälern, weil der Tod gefangen war. Keiner, weder von den Jungen noch von den Alten, verfiel dem Schnitter Tod. Alle freuten sich ob dieser Wohltat – doch sie freuten sich zu früh; denn bald begann im Wallis eine schlimme Zeit. Seit es den Tod nicht mehr gab, wollten die Leute nur noch ihr Leben genießen. Es war eine egoistische Zeit voller Rücksichtslosigkeit und Eigennutz, in der jeder nur noch an sich dachte. Niemand kümmerte sich um den anderen: die Eltern nicht um ihre Kinder und die Kinder nicht um ihre Eltern; der Mann nicht um seine Frau und die Frau nicht um ihren Mann. Denn es starb ja niemand, seitdem der Tod gebannt war. Jeder wollte mehr haben als der andere, da er nicht fürchten musste, eines Tages seinen Besitz wieder hergeben zu müssen. Es gab auch keine Erbstreitigkeiten mehr, denn für die Nachkommen gab es nichts zu erben, weil die Vorfahren nicht abtraten. Aber auch die Streitereien in den Dörfern und Tälern hörten nicht auf. Die Advokaten, welche früher die zerstrittenen Parteien vor Gericht zu vertreten und zu verteidigen hatten, schlossen ihre Fälle nie ab, damit die Honorare munter weiter flossen. Deshalb kam es zu keinem friedlichen Vergleich und zu keiner Aussöhnung. So wurden Neid und Missgunst unter den Talleuten immer unerträglicher. Es erloschen die Nachsicht, das Verzeihen, das gegenseitige Wohlwollen und zuletzt auch die Liebe.

Auch die Kirchen in den Dörfern wurden immer leerer, weil niemand mehr hineinging. Wozu auch! Wenn es den Tod nicht mehr gibt, dann gibt es auch keinen Himmel und keine Hölle, dachten die Leute. Auch die Geistlichen wurden nicht mehr zum Spenden der Sterbesakramente gerufen, und der Totengräber war auf einmal arbeitslos. Weil die betagten Leute nicht starben, lebten diese, so lange es ihnen gefiel, in ihren alten Häusern, und die jungverheirateten Paare fanden keine eigene Wohnung. Eine Generation bedrängte die andere, und bald gab es keinen Platz mehr für die Nachkommen. Auch die Arbeitsplätze wurden rarer und der Verdienst immer kleiner. Die Überalterung der Bewohner fiel allen zur Last. Die jungen Leute sahen keine Zukunft vor sich. Weil alles beim Alten blieb, gab es kaum einen Fortschritt und kein Weiterkommen.

Was aber besonders folgenschwer war: Die ganze Natur geriet durcheinander. Auch die Tiere starben nicht mehr. Das einzige Gute daran war, dass die Menschen gezwungen waren, sich nur noch von Pflanzen und Früchten zu ernähren. Doch das Ungeziefer auf den Äckern nahm überhand, und den Schädlingen in den Hängen, wo die Reben gedeihen sollten, war nicht mehr beizukommen. Es kam so weit, dass es in den Weinbergen nichts mehr zu ernten gab. Die Kelter blieben leer, die Fässer tönten hohl. Auch das Vieh in den Ställen wurde vernachlässigt, die Felder ließ man verkommen. So verwilderte und verkam das Land zusehends. Mit den Jahren hörten die Leute auf, sich des Lebens zu freuen, das sie sich nicht einmal selber nehmen konnten, weil es den Tod nicht mehr gab. Dies war eine trostlose, eine fürchterliche Zeit!

Wie unser Bauer wieder einmal an einem schwülen und heißen Sommertag vor seinem Haus stand und ihn brennender Durst in der staubtrockenen Kehle plagte, sagte er sich: „Irgendwo müsste doch noch ein Schluck Wein zu finden sein“. Da erinnerte er sich, dass er vor Jahren zuhinterst im Schuppen ein kleines Fässchen, gefüllt mit köstlichem Johannisberger oder Fendant, als Notvorrat versteckt hatte. Und wirklich: Es lag noch da. Wie der Bauer das kleine Gebinde schüttelte, war er nicht enttäuscht: „Da ist noch was drin!“, rief er vergnügt. Begierig zog er den Zapfen heraus und – oh Schreck, der Tod, der bis dahin eingesperrt war, fuhr wütend heraus, geriet ihm an die Gurgel und erwürgte ihn. Dann raste der grimmige Sensemann das Land hinauf und das Land hinab, und die Leute starben in Scharen, so dass eine Tochter in einer einzigen Nacht drei Erbschaften machen konnte. Es war der schwarze Tod, der damals umging, es war die Zeit der Pest.

Aber mit dem Tod kehrte auch die Nächstenliebe wieder zurück, die Friedfertigkeit und die mitmenschliche Anteilnahme. Man kümmerte und sorgte sich wieder umeinander. Man begegnete den anderen wieder mit Wohlwollen. Auch gedachte man wieder der Verstorbenen im frommen Gebet. So kam die ganze Natur wieder ins Gleichgewicht. Regen und Sonnenschein wechselten sich in schöner Regelmäßigkeit ab, so dass in den Weinhalden die Reben wieder gedeihen konnten. Nun war die friedlose, die trostlose und todlose Zeit vorüber. Niemand mehr wünschte sie wieder herbei. Auch der Tod wurde wieder angenommen und willkommen geheißen, denn alle verstanden: Wenn es den Tod nicht gäbe, wäre das Leben nicht lebenswert.“ (7)

So erweist sich der Tod immer wieder als der große Freund der Menschen. *Arie Boogert* schreibt in seinem Buch „Der Weg der Seele nach dem Tod“ von der Wohltat des Todes und meint: „Ohne den Tod würden auch wir Menschen den Widersachermächten völlig ausgeliefert sein und unserer geistigen Heimat völlig entfremden.“ (8) Ohne den natürlichen Tod gäbe es keine Entwicklung, keinen Fortschritt und keine Erneuerung. Alles würde beim Alten bleiben. Sicher ist der Tod nicht der Feind des Lebens und nicht der „Sünde Sold“ (Rö 6,23), sondern der große Menschenfreund, der Überbrücker von einem Leben zum nächsten Leben.

Die Tatsache unserer Sterblichkeit ist demnach nicht eine Katastrophe, sondern eine große Wohltat für unser geistiges Weiterkommen. Sie lehrt uns und hält uns an, die Gunst der gegebenen Lebensmöglichkeit sinnvoll zu nützen, denn diese ist begrenzt und nicht unerschöpflich. Große Kulturgüter wären nie entstanden, wenn es den Tod nicht gäbe. Auch zahlreiche Sozialwerke, die sich um bedürftige, arme, kranke, alte und sterbende Menschen kümmern, wären nie zustande gekommen. Wären wir Menschen nicht sterblich, würde sich für die meisten Menschen die Frage nach unserem Woher und Wohin gar nicht stellen. Auch der religiöse Glaube hätte sich nicht entfalten können, denn dieser steht seit jeher mit dem Totenkult und mit den Jenseits-Vorstellungen der Völker im Zusammenhang. Der Gedanke an das Weiterleben über den Tod hinaus gehört nach *C. G. Jung* zu den ältesten archetypischen Vorstellungs- und Wunschbildern der Menschheit. Für ihn zählte dieser Urgedanken, „sinnreicher und tiefer als wir dachten, zu den wahren Heilmitteln der Seele“. (9)

Die kurze Zeitspanne, die wir unser Erdenleben nennen, ist uns gegeben, damit wir sie sinnvoll nutzen, um eines Tages nicht mit leeren Händen dazustehen. Diesen bedenkenswerten Gedanken hat der Dichter *Matthias Claudius* in folgende Worte gekleidet:

Der Mensch lebt und besteht
nur eine kleine Zeit,
und alle Welt vergeht
mit aller Herrlichkeit.
Es ist nur Einer ewig und ohne Enden,
und wir sind in seinen Händen.

Anmerkungen

ABKÜRZUNGEN:

gr.: griechisch; lat.: lateinisch; engl.: englisch;
o. J.: ohne Erscheinungsjahr.

QUELLEN DER BIBEL-ZITATE:

Die Bibel. Altes und Neues Testament. Herder Verlag, Basel, Wien 1980

Die Heilige Schrift des Alten und Neuen Testaments. Verlag der Zürcher Bibel, Zürich 1942.

Die Bibel nach Martin Luther. Württembergische Bibelanstalt. Stuttgart 1932.

Bibel von A bis Z. Wortkonkordanz. Württembergische Bibelanstalt, Stuttgart 1969

Kleine Konkordanz zur Lutherbibel. Christliche Verlagsanstalt. Neukirchen-Vluyn, 3. Aufl. 1995

LITERATURHINWEISE:

Vorwort

1. Alexander, Eben: Vermessung der Ewigkeit. Ansata Verlag, München 2015, S, 183.

Einleitung

1. Wilzbach, Erich (Hrsg.): Ramana Maharshi. Gespräche des Weisen vom Berge Arunachala. Ansata Verlag, Interlaken 1984, S. 31, 65.
2. Heiß, Robert: Allgemeine Tiefenpsychologie. Verlag Hans Huber, Bern, Stuttgart 1956, S. 29 f.
3. Kälin, Bernard: Logik und Metaphysik. Lehrbuch der Philosophie. Verlag des Benediktinerkollegiums Sarnen, Sarnen 1940, S. 245 ff.

4. Dalliard, Alfred: Lexikon der Geistchristlichen Lehre. Verlag Ph. C. W. Schmidt, Neustadt an der Aisch 2010, S. 470.
5. Furger, Andres: Das Bild der Seele. Verlag Neue Zürcher Zeitung, Zürich 1997, S. 39, 120, 124, 186.
6. Champdor, Albert: Das ägyptische Totenbuch. Scherz Verlag Bern, München, Wien 1977, S. 151.
7. Campbell, Josef: Der Irrtum mit der Seele. Scherz Verlag, Bern, München, Wien 1973, S. 106.
8. Hell, Daniel: Die Wiederkehr der Seele. Wir sind mehr als Gehirn und Geist. Herder Verlag, Freiburg, Basel, Wien 2009, S. 18.
9. Kälin, Bernard: Logik und Metaphysik. Lehrbuch der Philosophie. Verlag des Benediktinerkollegiums Sarnen, Sarnen 1940, S. 275.
10. Apuzzo, Stefano und D'Ambrosio, Monica: Auch Tiere haben Seelen. Aquamarin Verlag, Grafing 2008, S. 175 ff.
11. Luyten, Norbert: Todesverständnis und Menschenverständnis. In: Grenzerfahrungen, Bd. 10, Verlag Karl Albert, München 1980, S. 191.
12. Pannenberg, Wolfhart: Was ist der Mensch? Verlag Vandenhoeck & Ruprecht, Göttingen, 8. Aufl., 1995, S. 35.
13. Cullmann, Oscar: Unsterblichkeit der Seele oder Auferstehung der Toten? Kreuz Verlag, Stuttgart 1962, S. 19.
14. Sträuli, Robert: Origenes – der Diamentene. ABZ Verlag, Zürich 1987, S. 319 ff.
15. Imhof, Beat: Woher wir kommen, wohin wir gehen. Aquamarin Verlag, Grafing 2014, S. 207-237, 307-310.

Kapitel 1

1. Heidegger, Martin: Sein und Zeit. Max Niemeyer Verlag, Tübingen 1927, S. 258.
2. Imhof, Beat: Wege zur Weisheit. Bd. III von „Wahrheit und Weisheit". Symbolgeschichten. Rothus Verlag, Solothurn, 3. Aufl. 2006, S. 39.
3. Imhof, Beat: Woher wir kommen, wohin wir gehen. Aquamarin Verlag, Grafing 2014, S. 151.
4. Condrau, Gion: Der Mensch und sein Tod. Benziger Verlag, Zürich, Einsiedeln 1984, S. 139.

5. Gander, Josef: Stoff und Geist, Raum und Zeit. Böhlhaus Verlag, Wien, Köln, Graz 1984, S. 327.
6. Allmend, Peter: Elision. Begegnung mit einer Weisen. Aquamarin Verlag, Grafing, 3. Aufl., 2014, S. 64,
7. Rilke, Rainer Maria: Gedichte. Ges. Werke, Bd. 3. Insel Verlag, Wiesbaden 1959, S. 343.
8. Waggerl, Karl Heinrich: Alles Wahre ist einfach. Otto Müller Verlag, Salzburg, 2. Aufl. 1979, S. 110.
9. Thomas von Kempis: Das Buch von der Nachfolge Christi. Reclam Verlag, Stuttgart 1980, S. 45.
10. Montandon, Raoul: Das Geheimnis des Todes und des Lebens. Eine Studie über den Vorgang des Todes und das Leben danach. Verlag Neue Kultur, Zürich 1946, S. 4.
11. Hinz, Walther: Neue Erkenntnisse über die Schöpfung Gottes. ABZ Verlag, Zürich 1991, S. 115-116.
12. Wachsmuth, Günther: Kosmische Aspekte von Geburt und Tod. Philosophisch- anthroposophischer Verlag am Goetheanum, Dornach 1956, S. 7 und 114 f.
13. Rüegg, Walter (Hrsg.): Natur und Bestimmung des Menschen. Texte aus der Antike. Buchclub Ex Libris Zürich, Zürich 1964, S.533 f.
14. Horneffer, August: Symbolik der Mysterienbünde. Ansata Verlag, Schwarzenburg 1979, S. 47, 51.
15. Keystone, Rungroj Yongrit: Neues Leben aus dem Sarg. In: Neue Luzerner Zeitung, Nr. 7, 2016, S. 30.
16. Frank, Eduard: Gustav Meyrink, Werk und Wirkung. Avalun-Verlag, Büdingen-Gettenbach 1957, S. 17.
17. Wils, Jean-Pierre: Ars moriendi – Über das Sterben. Insel Verlag, Frankfurt a. M. 2007, S. 12 f.
18. Bo Yin Ra: Das Buch vom Jenseits. Kober'sche Verlagsbuchhandlung, Basel, Leipzig 1929, S. 25.
19. Hinz, Walther: Jenseitskunde – Eine Wissenschaft von morgen. ABZ Verlag, Zürich 1967, S. 2.
20. Kübler-Ross, Elisabeth: Interview mit Sterbenden. Kreuz Verlag, Stuttgart, 6. Aufl., 1978.
21. Kübler-Ross, Elisabeth: Leben bis wir Abschied nehmen. Kreuz Verlag, 3. Aufl., 1982.

22. Kübler-Ross, Elisabeth: Verstehen was Sterbende sagen. Kreuz Verlag, 3. Aufl., Stuttgart 1982.
23. Kübler-Ross, Elisabeth: Ein Leben für gutes Sterben. Kreuz Verlag, Stuttgart, 2. Aufl., 1996.
24. Wiesenhütter, E. Selbsterfahrung im Sterben. Blick nach drüben. In: Praxis der Psychotherapie, Bd. 18, 1973, S. 7-11 und 54-63.
25. Frey-Rohm, L.: Sterbeerfahrungen psychologisch gedeutet. In: Fischli, L. und Hinshaw, R.: Im Umkreis des Todes. Daimon Verlag, Zürich 1980.
26. Kübler-Ross, Elisabeth: Reif werden zum Tode. Kreuz Verlag, Stuttgart, 6. Aufl. 1983, S. 35 ff.
27. Serrano, Miguel: Meine Begegnung mit C. G. Jung und Hermann Hesse. Daimon Verlag, Zürich 1968, S. 135.
28. Roesermueller, Wilhelm Otto: Um die Todesstunde. Karl Rohm Verlag, Bietigheim, 5. Aufl., 1970, S. 10.
29. Hampe, Johann Christoph: Sterben ist doch ganz anders. Kreuz Verlag, Stuttgart, 2. Aufl., 1975, S. 14.
30. Zur Bonsen, Friedrich: Zwischen Leben und Tod. Verlag L. Schwann, Düsseldorf, 2. Aufl., 1929, S. 51.
31. Nahm, Michael: Wenn Dunkelheit ein Ende findet. Terminale Geistesklarheit und andere Phänomene in Todesnähe. Crotona Verlag, Amerang 2012, S. 23, 106, 130.
32. Schiebeler, Werner: Der Tod als Brücke zu neuem Leben. Verlag „Die Silberschnur“, Melsbach / Neuwied 1988, S. 29.
33. Faller, Adolph: Biologisches vom Sterben und Tod. In: Anima, Nr. 11, 1956, S. 250 ff.
34. Kardec, Allan: Des Lebens letzter Augenblick. In: Die andere Welt, Nr. 7, 1965, S. 578-581.
35. Billand, Eva: Wir und das Jenseits. Verlag Europabuch, Unterägeri 1983, S. 47.
36. Brown, Robert: Das Leben im Jenseits. Botschaften aus der Geistigen Welt. Giger Verlag, Altendorf 2008, S. 159-160.
37. Spittler, Johann Friedrich: Hirntod – Tod des Menschen. In: Spektrum der Wissenschaft. Nr. 12, 1995, S . 108-110.
38. Hampe, Johann Christoph: Sterben ist doch ganz anders. Kreuz Verlag, Stuttgart, Berlin, 2. Aufl., 1975, S. 52-53.
39. Bäzner, Erhard: Das Rätsel des Lebens und das Geheimnis des Todes. Aquamarin Verlag, Grafing, 3. Aufl., 2007, S. 37-38, 100.

40. Pearson, Patricia: Blick ins Jenseits. Wahrnehmungen an der Schwelle des Todes. KOHA-Verlag, Burgrain 2015, S. 175.
41. Alexander, Eben: Vermessung der Ewigkeit. Ansata Verlag, München 2015, S. 89-90.
42. Radke, Gertraud: Prana. Aquamarin Verlag, Grafing 2008, S. 128-132.
43. Weigl, Gisela und Wenzel, Franz: Der entschleierte Tod. Aquamarin Verlag, Forstinnig 1984, S. 109-112.
44. Picard, Max: Das letzte Antlitz. Knorr & Hirth Verlag, München, Ahrbeck bei Hannover 1959, S. 6.
45. Adorf, Mario: Interview. In: TV-Illustrierte „Hören und Sehen, Nr. 48, 1970, S. 8.
46. Becker, Ernst: Dynamik des Todes. Die Überwindung der Todesfurcht. Walter Verlag, Olten, Freiburg i. Br. 1976, S. 33 f.
47. Bo Yin Ra: Das Buch vom Jenseits. Kober'sche Verlagsbuchhandlung, Basel, Leipzig 1929, S. 17.
48. Montandon, Raoul: Das Geheimnis des Todes. Verlag Neue Kultur, Zürich 1946, S. 361.
49. Bahle, Julius: Keine Angst vor dem Sterben. Zur Psychologie des angstfreien und schönen Sterbens. Kulturpsychologischer Verlag, Hemmenhofen am Bodensee 1963, S. 12, 36.
50. Pekketier, Kenneth: Unser Wissen von Bewusstsein. Kösel Verlag, München 1982, S. 241.
51. Hampe, Johann Christoph: Sterben ist doch ganz anders. Kreuz Verlag, Stuttgart, Berlin, 2. Aufl., 1975, S. 14 f, 41 f.
52. Von Jankovich, Stefan: Ich war klinisch tot. Drei Eichen Verlag, München, Engelberg, 2. Aufl., 1985, S. 49 f.
53. Delacour, Jean-Baptiste: Aus dem Jenseits zurück. Berichte von Totgeglaubten. Econ Verlag, Düsseldorf, Wien 1973, S. 180-181.
54. Bronnie: 5 Dinge, die Sterbende bereuen: Verlag Goldmann, München 2015, CD 1-5.
55. Moody, Raymond: Das Licht von drüben. Rowohlt Verlag, Reinbek bei Hamburg, 2. Aufl. 2006, S. 85
56. Taschner, Uta: Das Jenseits ist anders. Durchgaben aus der geistigen Welt. Verlag Bruno Runzheimer, Fulda, 2. Aufl. 1994, S. 9.
57. Imhof, Beat: Wie auf Erden so im Himmel. Aquamarin Verlag, Grafing, 3. Aufl. 2013, S. 116.

58. Nahm, Michael: Wenn die Dunkelheit ein Ende findet. Crotona Verlag, Amerang 2012, S. 238, 251.
59. Stolp, Hans: Die ersten drei Tage im Jenseits. Was die Seele unmittelbar nach dem Ablegen des Körpers erlebt. Aquamarin Verlag, Grafing 2014, S. 5.
60. Grof, Stanislav: Geburt, Tod und Transzendenz. Kösel Verlag, München 1985, S. 124.
61. Steiner, Rudolf: Das Leben nach dem Tod. Verlag Freies Geistesleben. Stuttgart, 5. Aufl., 2006, S. 162.
62. Pearson, Patricia: Blick ins Jenseits. KOHA-Verlag. Burgrain 2015, S. 238.
63. Rüegg, Walter: Natur und Bestimmung des Menschen. Texte aus der Antike. Artemis Verlag, Zürich 1964, S. 47.
64. Jung, Carl Gustav: Die Dynamik des Unbewussten. Walter Verlag, Olten, Freiburg i. Br. Bd. 8, 1971, S. 470.
65. Wheeler, David: Reise ins Jenseits. Erlebnisse und Erfahrungen in der anderen Welt. Ansata Verlag, München 1982, S. 25 f.
66. Currie, Ian: Niemand stirbt für alle Zeit. C. Bertelsmann Verlag, München 1979, S. 189, 208.
67. Würz, Anton (Hrsg.): Mozart in seinen Briefen. Reclam Verlag, Stuttgart 1956, S. 73.
68. Georg. Hans: Vom Sinn des Todes. Texte aus drei Jahrtausenden. Swedenborg Verlag, Zürich 1975, S. 73.
69. Küng, Hans: Was ich glaube. Piper Verlag, München, 3. Aufl. 2009, S. 287.
70. Begemann, Verena u.a.: Sterben und Gelassenheit. Von der Kunst, den Tod ins Leben zu lassen. Verlag Vandenhoeck & Ruprecht, Göttingen 2013, S. 21 f.
71. Schmidt, Karl Otto: Und der Tod wird nicht mehr sein. Drei Eichen Verlag, München 1973, S. 19.
72. Taschner, Uta: Das Jenseits ist anders. Durchgaben aus der geistigen Welt. Verlag Bruno Runzheimer, Fulda, 2. Aufl.1994, S. 9.
73. De Saint-Exupéry, Antoine: Der kleine Prinz. Rauch Verlag, Düsseldorf 2012, 72. Auflage, S. 24.
74. Stolp, Hans: Die Sterbestunde. Bewusstes Abschiednehmen. Aquamarin Verlag, Grafing 2013, S. 130.
75. El Souessi, Karin: Die Angst vor dem Tod überwinden. Sterben als transpersonaler Prozess. Verlag Via Nova, Petersberg 2014, S. 37.

76. Allmend, Peter: Elision. Begegnung mit einer Weisen. Aquamarin Verlag, Grafing, 3. Aufl. 2014, S. 63-64.
77. Wiesenhütter, Eckart: Blick nach drüben. Selbsterfahrung im Sterben. Furche-Verlag, Hamburg 1974, S. 66.
78. Condrau, Gion: Der Mensch und sein Tod. Benziger Verlag, Einsiedeln, Zürich 1984, S. 446, 460.
79. Buckingham, Robert: Hospiz. Sterbende menschlich begleiten. Menschenwürdig leben im Angesicht des Todes. Herder Verlag, Freiburg, Basel, Wien 1993, S, 56.
80. Borasio, Gian Domenico: Über das Sterben. C. H. Beck Verlag, München 8. Aufl. 2012, S. 11, 25, 121-127.
81. Gruss, Peter: Wo ist die Heimat der Seele und was haben Hirnchirurgie und Sterbebegleitung gemeinsam. Verlag Books on Demand, Norderstedt 2012, S. 151-152.
82. Grimm, Herman: Das Leben Goethes. Alfred Körner Verlag, Stuttgart 1959, S. 485.
83. Weber, Ursi: Heimkehr durchs Seelenfenster. Vortrag von Carlo Zumstein zur Sterbebegleitung. In: Neue Luzerner Zeitung, Nr. 85, 2008, S. 29.
84. Kübler-Ross, Elisabeth: Was können wir noch tun? Antworten auf Fragen nach Sterben und Tod. Kreuz Verlag, Stuttgart, 5. Aufl., 1987, S. 135-138.
85. Renz Monika: Hinübergehen. Was beim Sterben geschieht. Annäherungen an letzte Wahrheiten unseres Lebens. Herder Verlag, Freiburg i. Br. 2016 und „Der Tod offenbart sein Geheimnis" In: Sprechstunde Doktor Stutz, Nr. 5, 2016, S. 46.
86. Kutschera, Thomas: „Der Tod wurde mein Freund". Interview mit der 63-jährigen sterbenden Basler Ärztin Kathryn Schneider. In: Schweizer Illustrierte, Nr. 49, 2014, S. 56-59.
87. Looser, Gabriel: Die Seele ins Licht begleiten. Kösel Verlag. München 2001.
88. Taschner, Uta: Diesseitsfragen und Jenseitsantworten. Dialoge mit der geistigen Welt. Selbstverlag, 2007, S. 54-55.
89. Seelig, Carl: Albert Einstein. Eine dokumentarische Biographie. Europa Verlag, Zürich, Stuttgart, Wien 1954, S. 258.
90. Jaffé, Aniela: Erinnerungen, Träume, Gedanken von C. G. Jung. Rascher Verlag, Zürich 1963, S. 330 f.
91. Dölle, Wolfgang: Der manipulierte Tod? In: Der Mensch und sein Tod, hrsg. von Johannes Schwartländer. Verlag Vanderhoeck & Ruprecht, Göttingen 1976, S. 61-81.

92. Jakoby, Bernard: Das Leben danach. Was geschieht, wenn wir sterben. Verlag Langen Müller, München, 2. Aufl. 2002, S. 45.
93. Schwarzenegger, Christian: Mehrheit für legale Sterbehilfe. In: Neue Luzerner Zeitung, Nr. 204, 2010, S. 1 und 3.
94. Reichmuth, Christoph: Exit und Dignitas kritisieren Bundestag. In: Neue Luzerner Zeitung, Nr. 258, 2015, S. 9.
95. Briner, Maja: Starke Zunahme bei Sterbehilfe. In: Luzerner Zeitung vom 12. Oktober 2016, S. 4.
96. Schweizer Depechen Agentur: Mehr Mitglieder bei Dignitas. In: Luzerner Zeitung vom 6. Januar 2017, S. 4.
97. Von Wartburg, Deborah: Wenn der letzte Wille nicht klar ist. In: Neue Luzerner Zeitung, Nr. 29, 2016, S,12.
98. Noll, Peter: Diktate über Sterben und Tod. Taschenbuch Verlag, München 1987, S. 83.
99. Meier, Christian Peter und Müller, Melissa: Fasten bis zum Tod. In: Luzerner Zeitung vom 31. März 2017, S. 33.
100. Imhof, Beat: Warum und wozu sind wir auf Erden? Eine Antwort auf die Frage nach dem Lebenssinn. Aquamarin Verlag, Grafing 2015, S. 285-289.
101. Sommer, Andreas Urs: Die Kunst der Seelenruhe. Anleitung zum stoischen Denken. Verlag C. H. Beck, München 2009, S. 17.
102. Kennedy, Ludovic: Sterbehilfe. Ein Plädoyer. Verlag Knesebeck & Schuler. München 1991, S. 31-32.
103. Jens, Walter und Küng, Hans: Menschenwürdig sterben. Piper Verlag, München, Zürich, 3. Aufl., 2013, S. 21 ff.
104. Küng, Hans: Glücklich sterben. Interview mit Anne Will. Piper Verlag, München, Zürich, 2. Aufl., 2014, S. 22 f, 35 .
105. Spong, John S.: Jenseits von Himmel und Hölle. Eine neue Vision vom ewigen Leben. Patmos Verlag, Ostfildern 2011, S. 198.
106. Jung, Carl Gustav: Briefe. Walter Verlag, Olten, Freiburg i. Br., Bd. II, 1942, S. 44.
107. Lukas, Elisabeth: Auch dein Leiden hat Sinn. Herder Verlag Freiburg, Basel, 3. Aufl. 1990, S. 291.
108. Greber, Johannes: Der Verkehr mit der Geisterwelt. Selbsterlebnisse eines katholischen Pfarrers. Verlag Johannes Greber Memorial Foundation. Teaneck / N.J., 10. Aufl. 1987, S. 83.
109. Von Vay, Adelma: Studien über die Geisterwelt. Leipzig 1874, S. 361.

110. Wickland, Carl: Dreißig Jahre unter den Toten. Otto Reichl Verlag, Buschoven, 7. Aufl. 1957, S. 166.
111. Leadbeater, Charles: Das Jenseits. Hellsichtige Beobachtungen. Aquamarin Verlag, Grafing 2012, S. 49.
112. App, Rolf: Leben trotz Schwarzen Löchern. Das Leben von Stephen Hawking. In: Neue Luzerner Zeitung, Nr. 210, 2013, S. 6.
113. Imhof, Beat: Wege nach Innen. Bd. I von „Wahrheit und Weisheit". Symbolgeschichten. Rothus Verlag, Solothurn 2006, S. 38.
114. Murphet, Howard: Jenseitswelten und Jenseitsleben. F. Hirthammer Verlag, München 1991, S. 258.
115. Heider, Angela: Berichte aus dem Jenseits. Books on Demand. Norderstedt 2006, S. 77.
116. Hinz, Walther (Hrsg.): Geleit von oben. Verlag Geistige Loge Zürich, Zürich 1975, S. 72.
117. Brunner, Beatrice: Die Verbindung mit dem Schutzgeist und mit höheren Führergeistern. In: Geistige Welt. Zeitschrift für christliche Geisteslehre und Jenseitswissen. Nr. 3, 2016, S. 3-11.
118. Jakoby, Bernard: Wir sterben nie. Nymphenburger Verlag, München 2007, S. 114.
119. Schiebeler, Werner: Nachtodliche Schicksale. Geistige Hilfe zwischen Diesseits und Jenseits. Wersch Verlag, Ravensburg, 2. Aufl. 1996, S.70.
120. Schiebeler, Werner: Nachtodliche Schicksale. Wersch Verlag, Ravensburg, 2. Aufl. 1996, S. 86.
121. Pearson, Patricia: Blick ins Jenseits. KOHA-Verlag, Burgrain 2015, S. 36.
122. Osis, Karlis und Haraldsson, Erlunder: Sterbeerfahrungen amerikanischer und indischer Patienten. In: Zeitschrift für PARA-Psychologie, Nr. 1, 1981, S. 26-31 und Nr. 4, 1981, S. 4-10.
123. Van Dan, Willem: Tote sterben nicht. Erfahrungsberichte zwischen Leben und Tod. Weltbild Verlag, Augsburg 1995, S. 10.
124. Stolp, Hans: Die Sterbestunde. Bewusstes Abschiednehmen. Aquamarin Verlag, Grafing 2013. S. 21.
125. Gottschalk, Karl: Das Weiterleben nach dem Tode. Löwen-Verlag, Braunschweig 1955, S. 72- 73.
126. Hinz, Walther: Woher – Wohin. ABZ Verlag, Zürich, 1980, S.11-12.
127. Snell, Joé: Der Dienst der Engel diesseits und jenseits. Erlebnisse einer Krankenschwester an Kranken- und Sterbebetten. Turm Verlag. Bietigheim 1960, S. 19-20.

128. Gottschalk, Karl: Dein Weiterleben nach dem Tode. Löwen-Verlag, Braunschweig 1955, S. 80- 81.
129. Dalliard, Alfred: Abschied und Ankunft. Der Sterbevorgang in geistiger Sicht. Medium Nr. 45, 2006, S. 7-8.
130. Passian, Rudolf: Der verhängnisvollste Irrtum unserer Zeit. Amadeus Verlag, Fichtenau 2011, S. 75.
131. Schiebeler, Werner: Nachtodliche Schicksale. Wersch Verlag, Ravensburg, 2. Aufl. 1996, S. 38, 104-105, 142-148, 169-170, 197.
132. Oetinger, Manuela: Transformation und Zeitenwandel. Aquamarin Verlag, Grafing 2014, S. 63.
133. Schiebeler, Werner: Jenseitserlebnisse Verstorbener. Wersch Verlag, Ravensburg 1995, S. 47.
134. Markides, Kyriacos: Der Berg des Schweigens. Begegnung mit einem christlichen Meister. Aquamarin Verlag, Grafing 2015, S. 172.
135. Clausner, Johannes: Das Herzensgebet. Crotona Verlag, Amerang 2015, S. 95 f., 102 ff.
136. Taylor, Samantha: „Es ist ein heiliger Moment“. Erfahrungsbericht von Barbara Rüegg. In: Zuger Zeitung vom 25. 3. 2017, S. 23.
137. Stolp, Hans: Die ersten drei Tage im Jenseits. Aquamarin Verlag, Grafing 2014, S. 5.

Kapitel 2

1. Von Balthasar, Hans Urs: Eschatologie. In: Fragen der Theologie heute. Hrsg. Von Feiner, Trüsch und Böckle. Benziger Verlag, Einsiedeln, Zürich, Köln 1957, S. 403.
2. Kübler-Ross, Elisabeth: Über den Tod und das Leben danach. Verlag „Die Silberschnur“, Melsbach, Neuwied, 2. Aufl. 1984, S. 3-4.
3. Moody, Raymond: Leben nach dem Tod. Rowohlt Verlag, Reinbek bei Hamburg 1977.
4. Hoffmann, Arne: Nahtod-Erfahrungen. In: Lexikon des Jenseits. Verlag „Die Silberschnur“. Güllesheim 2005, S. 124-130.
5. Schröter, Michael: Das Jenseits in uns. In: Psychologie Heute, Nr. 6, 1993, S. 64-69.
6. Von Jankovich, Stefan: Ich war klinisch tot. Der Tod – Mein schönstes Erlebnis. Drei Eichen Verlag, München, Engelberg, 2. Aufl. 1985, S. 57.

7. Nestle, Wilhelm (Hrsg.): Platon. Hauptwerke. Alfred Kröner Verlag, Stuttgart 1965, S. 245 ff.
8. Heim, Albert: Notizen über den Tod durch Absturz. In: Jahrbuch des Schweizer Alpenclubs, Nr. 27, 1892, S. 327-337.
9 . Bühlmann, Theo: „Der Tod ist für mich wie eine Geburt." Interview mit Bo Katzmann über seine Nah-Toderfahrung. In: Neue Luzerner Zeitung, Nr. 77, 2000, S. 13.
10. Mattiesen, Emil: Das persönliche Überleben des Todes. Eine Darstellung der Erfahrungsbeweise. Walter de Gruyter-Verlag, Neuauflage, Berlin 1962 und 1987, S. 134 ff.
11. Ritchie, George und Sherrill, Elizabeth: Rückkehr von Morgen. Larman-Verlag, Marburg a. d. Lahn, 16. Aufl. 1990, S. 36 ff.
12. Moody, Raymond: Leben nach dem Tod. Die Erforschung einer unerklärlichen Erfahrung. Rowohlt Verlag, Reinbek bei Hamburg 1975.
13. Osis, Karlis und Haraldsson, Erlunder: Der Tod – ein neuer Anfang. Visionen und Erfahrungen an der Schwelle des Seins. Hermann Bauer Verlag, Freiburg i. Br. 1978.
14. Ring, Kenneth: Den Tod erfahren – das Leben gewinnen. Erkenntnisse und Erfahrungen von Menschen, die an der Schwelle zum Tod standen und überlebt haben. Buchclub Ex Libris Zürich, Zürich 1987, S. 17 ff.
15. Knoblauch, Hubert: Berichte aus dem Jenseits. Mythos und Realität der Nahtod-Erfahrung. Herder Verlag, Freiburg i. Br. 1999, S. 12.
16. Van Lommel, Pim: Endloses Bewusstsein. Neue medizinische Fakten zur Nahtoderfahrung. Patmos Verlag, Ostfildern 2009, S. 105.
17. Jakoby, Bernard: Die Brücke zum Licht. Nahtoderfahrungen als Hoffnung. Verlag Langen Müller, München, 2. Aufl. 2012, S. 26.
18. Zaleski, Carol: Nahtod-Erlebnisse und Jenseitsvisionen. Insel Verlag, Frankfurt a. M., Leipzig 1995, S. 70 ff.
19. Charbonnier, Jean-Jacques: Sieben Gründe für ein Leben nach dem Tode. Verlag Via Nova, Petersberg 2015, S. 19-20.
20. Rommer, Barbara: Der verkleidete Segen. Die andere Seite der Nah-Toderfahrungen. Erschreckende Nah-Todeserfahrungen und ihre Verwandlung. Santiago Verlag, Goch 2004, S. 45 f.
21. Berman, Philipp: Wir sind nicht getrennt vom Himmel. Crotona Verlag, Amerang 2012, S. 45.
22. Zehntbauer, Josef: Körpereigene Drogen. Artemis & Winkler Verlag, Düsseldorf, 4. Aufl., 2003, S. 48, 83 ff.

23. Högl, Stefan: Nahtoderfahrungen und Jenseitsreisen. Der Blick auf die andere Seite der Wirklichkeit. Tectum Verlag, Marburg 2000, S. 97-109, 121-122.
24. Looser, Gabriel: Wohin geht die Seele? Ein Reiseführer ins Jenseits. Kösel Verlag, München 2012, S. 37.
25. Andreas, Peter: Der Blick zurück aufs Leben. In: Esotera, Nr. 5, 1981, S. 410.
26. Küng, Hans: Ewiges Leben? Piper Verlag. München, Zürich 1982, S. 36.
27. Hoffmann, Arthur: Das Leib-Seele-Problem. In: Die Sterbeerfahrung als möglicher Beitrag zur Bewältigung des Leib-Seele-Problems. In: Evangelium und Wissenschaft, Nr. 2, 1987, S. 32-41.
28. Ring, Kenneth und Elsaesser, Evelyn: Im Angesicht des Lichtes. Ariston Verlag, Genf 1999, S.46.
29. Long, Jeffrey: Beweise für ein Leben nach dem Tod. Die umfassende Dokumentation von Nahtoderfahrungen aus der ganzen Welt. Goldmann Verlag, München 2010, S. 136-138.
30. Tart, Charles: Was wir von Sterbenden lernen können. In: Psychologie Heute, Nr. 1, 2000, S.15.
31. Arnold Heike und Baukhage, Manon: Mysterium Nahtod. In: P. M. Nr. 10, 2007, S. 70.
32. Nahm, Michael: Wenn die Dunkelheit ein Ende nimmt. Crotona Verlag, Amerang 2012, S. 180.
33. Coopes, Christopher: Der Himmel ist ganz anders. Nahtod-Erfahrungen. Aquamarin Verlag, Grafing 2012, S. 44-46.
34. Neal, Mary C.: Einmal Himmel und zurück. Der wahre Bericht einer Ärztin über ihren Tod, den Himmel, die Engel und das Leben, das folgte. Ullstein Verlag, Berlin 2013, S. 77, 98.
35. Berman, Philip: Wir sind nicht getrennt vom Himmel. Crotona Verlag, Amerang 2012, S. 55.
36. Sartori, Penny: Nahtod-Erfahrungen als Neuanfang. Was wirklich wichtig ist im Leben. Aquamarin Verlag, Grafing 2015, S. 17-24.
37. Alexander, Eben: Blick in die Ewigkeit. Die faszinierende Nahtoderfahrung eines Neurochirurgen. Ansata Verlag, München, 2013, S. 104, 185.
38. Jaffé, Aniela: Erinnerungen, Träume, Gedanken von C. G. Jung. Rascher Verlag, Zürich, Stuttgart 1963, S. 294.
39. Leadbeater, Charles: Die Astralwelt. Aquamarin Verlag, Grafing, 3. Aufl., 2009, S. 78-83.

40. Besant, Annie: Der Mensch und seine Körper. Aquamarin Verlag, Grafing 2011, S. 45 ff.
41. Muldoon, Sylvan und Carrington, Hereward: Die Aussendung des Astralkörpers. Hermann Bauer Verlag, Freiburg i. Br. 1983, S. 12.
42. Moser, Fanny: Das große Buch des Okkultismus. Walter Verlag, Olten, Freiburg i. Br. 1974, S. 872 und 875.
43. Mircea, Eliade: Schamanismus. Rascher Verlag, Zürich 1957, S. 25 ff.
44. Williams, Strephon: Durch Traumarbeit zum eigenen Selbst. Ansata Verlag, Interlaken 1984, S. 337-339, 358.
45. Swedenborg, Emanuel: Ausgewählte Schriften, hrsg. von M. Lamm. Simons-Verlag, Marburg 1949, S. 121 f.
46. Sculthorp, Frederick: Meine Wanderungen in der Geisterwelt. Hermann Bauer Verlag, Freiburg i. Br. 1962, S. 30.
47. Weber, Ursi: Heimkehr durchs Seelenfenster. Zum Vortrag von Carlo Zumstein. In: Neue Luzerner Zeitung, Nr. 85, 2008, S. 29.
48. Grof, Stanislav: Geburt, Tod und Transzendenz. Neue Dimensionen in der Psychologie. Kösel Verlag, München 1985, S. 41 f, 53, 61 f. .
49. Muldoon, Sylvan: Die Aussendung des Astralkörpers. Hermann Bauer Verlag, Freiburg i. Br. 2. Aufl., 1966, S. 24 f.
50. Monroe, Robert: Der zweite Körper. Expeditionen jenseits der Schwelle. Ansata Verlag, Interlaken 1987, S. 15 ff.
51. Töppner, Adalbert: Erfahrbarkeit außerkörperlicher Daseinsebenen. Reisen im Feinstoffkörper. Verlag „Die Silberschnur“, Melsbach / Neuwied 1986, S. 78.
52. Zurfluh, Werner. Quellen der Nacht. Ansata Verag, Interlaken 1983, S. 25 f, 49, 361 f,
53. Lischka, Alfred: Erlebnisse jenseits der Schwelle. Paranormale Erfahrungen im Wachzustand und im luziden Traum bei Astralprojektionen und auf Seelenreisen. Ansata Verlag, Schwarzenburg 1979, S. 21 ff.
54. Engel, Herbert: Der Sphärenwanderer. Reisen, Begegnungen und Offenbarungen in einer anderen Dimension. Ansata Verlag, Schwanenburg 1982.
55. Waelti, Alfred: Der dritte Kreis des Wissens. Außerkörperliche Erfahrungen – eine Mystik der Naturwissenschaft. Ansata Verlag, Interlaken 1983, S. 34, 103, 113.

56. Doswald, Werner: Verantwortung für Seele und Geist. In: Medium, Nr. 86, 2016, S. 18-19.
57. Meckelburg, Ernst: Hyperwelt. Erfahrungen mit dem Jenseits. W. Heyne Verlag, München 1998, S. 267.
58. Jakoby, Bernard: Wir sterben nie. Was wir heute über das Jenseits wissen können. Nymphenburger Verlag, München 2007, S. 218-219.
59. Sculthorp, Frederick: Meine Wanderungen in der Geisterwelt. Hermann Bauer Verlag, Freiburg i. Br. 1962, S. 30 f.
60. Charbonnier, Jean-Jacques: 7 Gründe für ein Leben nach dem Tod. Verlag Via Nova, Petersberg 2015, S. 30.
61. Jakoby, Bernard: Das Leben danach. Verlag Langen Müller, München, 2. Aufl. 2002, S. 79.
62. Keller, Werner: Was gestern noch als Wunder galt. Die Entdeckung geheimnisvoller Kräfte des Menschen. Droemer Knaur Verlag, Zürich 1973, S. 336.
63. Jaffé, Aniela: Erinnerungen, Träume, Gedanken von C. G. Jung. Rascher Verlag, Zürich 1963, S. 293.
64. Smith, Gordon: Mein Blick ins Jenseits. Begegnungen mit Verstorbenen. Ullstein Verlag, Berlin 2009, S. 59, 81.
65. Lees, Robert James: Reise in die Unsterblichkeit. Drei Eichen Verlag, München, 2 Bde. 1961 und 1968.
66. Ford, Arthur: Berichte vom Leben nach dem Tode. Scherz Verlag, Bern, München, Wien, 14. Aufl., 1983, S. 215 f.
67. De Jouvenel, Marcelle: Weisungen aus dem Jenseits. Walter Verlag, Olten, Freiburg i. Br. 1953, S. 25 ff.
68. Desmond, Shaw: Die Liebe nach dem Tode. Hermann Bauer Verlag, Freiburg i. Br. 1959, S. 37, 54, 105.
69. Desmond, Shaw: Wie du lebst, wenn du gestorben bist. Hermann Bauer Verlag, Freiburg i. Br. 1960, S.91, 151 f.
70. Borgia, Anthony: Das Leben in der unsichtbaren Welt. Verlag „Die Silberschnur", Melsbach/ Neuwied 1985, S. 13, 161 f.
71. Borgia, Anthony: Begegnungen in der unsichtbaren Welt. Verlag „Die Silberschnur", Melsbach/Neuwied 1988, S. 8, 32 f, 48 f.
72. Gallup, George und Proctor, William: Begegnung mit der Unsterblichkeit. Erlebnisse im Grenzbereich zwischen Leben und Tod. Universitas Verlag, München, 2. Aufl. 2004, S. 13.

73. Taschner, Uta: Das Jenseits ist anders. Durchgaben aus der geistigen Welt. Verlag Bruno Runzheimer, Lindau, 2. Aufl. 1994, S. 89 f.
74. Taschner, Uta: Botschaften aus dem Jenseits. Verlag U. Taschner-Seifert, Lindau 1977, S. 159.
75. Taschner, Uta: Dieseitsfragen und Jenseitsantworten. Verlag U. Taschner-Seifert, Lindau 2007, S. 135 f.
76. Miers, Horst E. (Hrsg.): Lexikon des Geheimwissens. Verlag Hermann Bauer, Freiburg i. Br. 1970, S. 31.
77. Grof, Stanislav und Christina: Jenseits des Todes. An den Toren des Bewusstseins. Kösel Verlag 1984, S. 37 ff.
78. Dalliard, Alfred: Lexikon der Geistchristlichen Lehre. Verlag PH. C. W. Schmidt, Neustadt a. d. Aisch 2010, S. 294, 327.
79. Wehr, Gerhard: Carl Gustav Jung, Leben und Wirken. Kösel Verlag, München 1985, S. 402.
80. Pearson, Patricia: Blick ins Jenseits. Wahrnehmungen an der Schwelle des Todes. KOHA-Verlag, Burgrain 2015, S. 14 ff.
81. Moody, Raymond: Über die Schwelle zum Jenseits. In: Das Beste aus Reader‘s Digest, Nr. 9, 1977, S. 16-82.
82. Moser, Fanny: Das große Buch des Okkultismus. Walter Verlag, Olten, Freiburg i. Br. 1974, S. 353-354.
83. Schwab, Johann: Eine Erinnerung an Goethes letzten Stunden: In. Die Gartenlaube, Heft 16, 1860, S. 248-251.
84. Elaesser-Valarino, Evelyn: Erfahrungen an der Schwelle des Todes. Wissenschaftler äußern sich zu Nahtoderfahrungen. Ariston Verlag, Genf 1995, S, 65 ff.
85. Brunner, Beatrice: Was uns erwartet. ABZ Verlag, Zürich, 5. Aufl., 2012, S. 17-20.
86. Moser, Fanny: Das große Buch des Okkultismus. Walter Verlag. Olten, Freiburg i. Br. 1974, S. 360.
87. Emde, Günter: Grundlagen einer transzendenzoffenen Theorie paranormaler Vorgänge. In: Fortleben nach dem Tode. Imago Mundi, Bd. VII, Resch Verlag, Innsbruck 1980, S. 690-692.
88. Lang, Rudolf: Erlebnisse im Umkreis von Sterben und Tod. In: Resch, Andreas: Fortleben nach dem Tod. Imago Mundi Bd. 7, Resch Verlag, Innsbruck 1980, S. 461.
89. Moody, Raymond und Perry, Paul: Blick hinter den Spiegel. Botschaften aus einer anderen Welt. Goldmann Verlag, München 1994, S. 12 ff.

90. Zahrada, Hella: Die Ephides-Gedichte. Eine Auswahl aus dem Gesamtwerk. Adyar Verlag, Graz 1978, S. 150.
91. Klimsch-Grabinski, Bruno: Leben die Toten? Verlag Otto Walter, Olten 1949, S. 149.
92. Althaus, Paul: Die letzten Dinge. Lehrbuch der Eschatologie. Gütersloher Verlag, Gütersloh, 9. Aufl. 1964.
93. Poppelbaum, Hermann: Schicksalsrätsel. Verkörperungen und Wiederverkörperungen. Philosophisch-Anthroposophischer Verlag am Goetheanum, Dornach, 1949, S. 93 f.
94. Bühlmann, Walbert: Leben, Sterben, Leben. Styria Verlag, Graz, Wien 1985, S. 144.
95. Koch, Kurt: Jenseitiger Himmel? In: Luzerner Zeitung, Nr. 59, 1993, S. 35.
96. Resch, Andreas: Frage der Eschatologie. In: Grenzgebiete der Wissenschaft, Nr. 4, 1976, S. 260.
97. Bühlmann, Benno: Leben nach dem Tod. In: Neue Luzerner Nachrichten vom 13. 9. 1989, S. 12.
98. Ratzinger, Josef: Eschatologie. Tod und ewiges Leben. Verlag Friedrich Pustet. Regensburg 2007, S. 137.
99. Pfister, Philipp: Papst erklärt: Das geschieht nach dem Tod. In: Blick, Nr. 252, 1998, S, 1.
100. Lindenberg, Wladimir: Über die Schwelle. Gedanken über die letzten Dinge. E. Reinhardt Verlag, Basel, München 1972, S. 183 f.
101. Koch, Otto: Was sagt die Bibel über das Fortleben des Menschen nach dem Tod? In: Imago Mundi, Resch Verlag, Innsbruck, Bd. 7, 1980, S. 703-733.
102. Cullmann, Oscar: Unsterblichkeit der Seele oder Auferstehung der Toten. Kreuz Verlag, Stuttgart 1992, S. 19.
103. Tenhaeff, Wilhelm H.: Kontakte mit dem Jenseits? Universitas Verlag, Berlin 1974, S. 258.
104. Boros, Ladislaus: Mysterium mortis. Der Mensch in der letzten Entscheidung. Walter-Verlag, Olten, Freiburg i. Br. 1964, S. 9 f, 15, 33 f, 43 f, 90 f.
105. Finkenzeller, Josef: Was kommt nach dem Tod? Don Bosco Verlag, München, 2. Aufl. 19789, S. 57-63.
106. Bäzner, Erhard: Das Rätsel des Lebens und das Geheimnis des Todes. Aquamarin Verlag, Grafing, 3. Aufl. 2007, S. 54.
107. Herrmann, Horst: Die sieben Todsünden der Kirche. Goldmann Verlag, München 1992, S. 96.

108. Bergien, Willi: Die übersinnliche Welt und ihre Geheimnisse. Emil Oesch Verlag, Thalwil o. J., S. 171-172.
109. Spong, John S.: Jenseits von Himmel und Hölle. Patmos Verlag, Ostfildern 2011, S. 103.
110. Hanselitsch, Werner: Seele, Tod und Jenseits. LIT-Verlag, Berlin, Wien 2009, S. 42-43.
111. Altomonte, Antonio: Dante. Eine Biographie. Rowohlt Verlag. Reinbek bei Hamburg 1987, S. 367 ff, 371-375.
112. Lange-Eichbaum, Wilhelm: Genie, Irrsinn und Ruhm. Ernst Reinhardt Verlag, Basel, München, 5. Aufl., 1956, S. 295.
113. Sartory, Thomas und Gertrude: In der Hölle brennt kein Feuer. Kindler Verlag, München 1968, S. 82-83.
114. Leadbeater, Charles W.: Das Jenseits. Hellsichtige Beobachtungen. Aquamarin Verlag, Grafing 2012, S. 431-432.
115. Beltz, Walter: Die Mythen der Ägypter. Claassen-Verlag, Düsseldorf 1982, S. 231.
116. Freud, Sigmund: Der Mann Moses und die monotheistische Religion. Verlag Ex Libris Buchclub Zürich, Zürich 1977, Bd. 9, S. 457-581.
117. Orthbandt, Eberhardt: Geschichte der großen Philosophen. Verlag Werner Dausien. Hanau a. M., o. J., S. 36.
118. Schmidt, Karl Otto: Und der Tod wird nicht mehr sein. Drei Eichen Verlag, München, Engelberg 1973, S. 163.
119. Stausberg, Michael: Zarathustra und seine Religion. C. H. Beck Verlag, München 2005, S. 72.
120. Ebd., S. 15 ff.
121. Singh, Sant Kirpal: Das Mysterium des Todes. Origo Verlag, Bern , 2. Aufl., 1993, S. 104.
122. Nestle, Wilhelm (Hrsg.): Platon. Die Ewigkeit der Seele. In: Hauptwerke. Kröner Verlag, Stuttgart 1965, S. 149, 245 f.
123. Borgia, Anthony: Das Leben in der Unsichtbaren Welt. Verlag „Die Silberschnur“, Melsbach/Neuwied, 2. Aufl., 1986, S. 16.
124. Lawrence, Thomas Edward: Tagebuch von drüben. Erkenntnis, Läuterung und Entwicklung nach dem Tode. Hrsg. Von Jane Sherwood. Ansata Verlag, Interlaken 1989, S. 152.
125. Van Lommel, Pim: Endloses Bewusstsein. Neue medizinische Fakten zur Nahtoderfahrung. Patmos Verlag, Ostfildern 2009, S. 5.

126. Muranyi, Monika: Die menschliche Akasha. Die persönlichen Lebenslektionen entschlüsseln. KOHA Verlag, Burgrain 2015, S. 12.
127. Töppner, Adalbert: Erfahrbarkeit außerkörperlicher Daseinsebenen. Verlag „Die Silberschnur“, Melsbach/Neuwied 1986, S. 26.
128. Von Jankovich, Stefan: Ich war klinisch tot. Drei Eichen Verlag, München, 2. Aufl., 1985, S. 57-58, 74-75.
129. Sigdell, Jan Erik: Durch den Tod ins Leben. Ansata Verlag, München 2007, S. 124-125.
130. Greaves, Helen: Zeugnis des Lichts. Ein Erfahrungsbericht vom Leben nach dem Tod. Anthos Verlag, Hemsbach 1982, S. 11, 54.
131. Schiebeler, Werner: Nachtodliche Schicksale. Wersch Verlag, Ravensburg, 2. Aufl. 1996, S. 131.
132. Hinz, Walther: Neue Erkenntnisse über die Schöpfung Gottes. ABZ Verlag, Zürich 1991, S. 162.
133. Stead, Estelle: Die blaue Insel. G. E. Schroeder Verlag. Garmisch-Partenkirchen 1961, S. 76-77.
134. Brunner, Beatrice: Was uns erwartet. 12 Erlebnisberichte aus dem Jenseits. ABZ Verlag, Zürich, 5. Aufl., 2012, S. 230-234.
135. Dalliard, Alfred: Lexikon der Geistchristlichen Lehre. Verlag PH. C. W. Schmidt, Neustadt a.d. Aich 2010, S. 238-239.
136. Imhof, Beat: Wege zur Weisheit. Bd. III von „Wahrheit und Weisheit“. Symbolgeschichten. Rothus Verlag, Solothurn, 3. Aufl. 2006, S. 73-74.
137. Ford, Arthur: Bericht vom Leben nach dem Tod. Scherz Verlag, Bern, München, Wien 1972, S. 81.
138. Helbling, Hans Rudolf: Was kommt danach? Verlag der reformierten Kirche Bolligen 2003, S. 44.
139. Zimmermann, Alfred: Auferstehung als neue Geburt? In: Reformiert. Nr. 4, 2011, S. 13.
140. Benz, Ernst: Parapsychologie und Religion. Herder Verlag, Freiburg i. Br., 1983, S. 30.
141. Stolp, Hans: Die Sterbestunde. Aquamarin Verlag, Grafig 2013, S. 52.
142. Bäzner, Erhard: Wo sind unsere Toten? Sehen wir sie wieder. Aquamarin Verlag, Grafing 2007, S. 43.
143. Newton, Michael: Die Reise der Seelen. Verlag Astrodata, Wettswil, 12. Aufl., 2013, S. 15 ff.
144. Haas, Jana: Jenseitige Welten. Die Reise der Seele ins Licht. Knaur Verlag, München 2012, S. 113.

145. Dalliard, Alfred (Hrsg.): Lexikon der Geistchristlichen Lehre. Verlag PH. C. W. Schmidt, Neustadt a. d. Aisch 2010, S. 527-529.
146. Stolzmann, Silvia: Besetzungen. Aquamarin Verlag, Grafing 2015.
147. Hänni, Peter: Wanderer in zwei Welten. Begegnungen mit Totengeistern. AT Verlag, Aarau, München 2010, S. 20 ff.
148. Bonin, Werner: Lexikon der Parapsychologie. Scherz Verlag, Bern, München, Wien 1976, S. 170.
149. Wickland, Carl: Dreißig Jahre unter den Toten. Otto Reichl Verlag, Buschoven, 7. Aufl. 1957, S. 14 f, 120 ff.
150. Palm, Diana: Erdgebunden. Aquamarin Verlag, Grafing 2015.
151. Rosenberg, Alfons: J. F. Oberlin. Bleibestätte der Toten. Turm Verlag, Bietigheim 1951, S. 132.
152. Styger, Anton: Erlebnisse in den Zwischenwelten. Styger Verlag, Oberägeri, 3 Bde., 2008-2011.
153. Von Bernus, Alexander: Unsterblichkeit und Wiederkehr. Verlag Hans Carl, Nürnberg 1975, S. 7-9.
154. Braun, Hans-Jürg: Das Jenseits. Die Vorstellungen der Menschheit über das Leben nach dem Tod. Verlag Artemis & Winkler, Zürich, Düsseldorf 1996, S. 417.
155. Haider, Angela: Botschaften aus dem Himmel. Verlag Books on Demand. Norderstedt 2015, S. 25.
156. Besant, Annie: Der Mensch und seine Körper. Edition Adyar. Aquamarin Verlag, Grafing 2011, S. 13 ff.
157. Jung, Carl Gustav: Briefe 1906-1945. Walter Verlag, Olten, Freiburg i. Br. 1. Bd. 1972, S. 425.
158. Brunner, Beatrice: Behandlung in jenseitigen Sanatorien und mit feinstofflichen Medikamenten. In: Geistige Welt, Nr. 1. 2017, S. 12-19.
159. Dethlefsen, Thorwald: Schicksal als Chance. C. Bertelsmann Verlag, München 1979, S. 123.
160. Boogeert, Arie: Der Weg der Seele nach dem Tod. Unser Leben nach dem Leben. Verlag Urachhaus, Stuttgart, 2. Aufl. 2012, S. 11.

Kapitel 3

1. Imhof, Beat: Wege zur Weisheit. Bd. III von „Wahrheit und Weisheit“. Symbolgeschichten. Rothus Verlag, Solothurn, 3. Aufl. 2006, S. 37.

2. Korrodi, Eduard: Goethe im Gespräch. Manesse Verlag, Zürich 1944, S. 562.
3. Von Jankovich, Stefan: In der Welt von Osiris-Isis-Horus. Drei Eichen Verlag, München und Engelberg 1986, S. 13.
4. Knoblauch, Hubert: Berichte aus dem Jenseits. Herder Verlag, Freiburg, Basel, Wien 2002, S. 36.
5. Giebel, Marion: Das Geheimnis der Mysterien. Antike Kulte in Griechenland, Rom und Ägypten. Artemis Verlag, Zürich, München 1990, S. 69 ff.
6. Burkert, Walter: Antike Mysterien. C. H. Beck Verlag, München 1990, S. 49, 61-66, 74.
7. Stapleton, Michael und Servan, Elizabeth: Lexikon der griechischen und römischen Mythologie. Xantos Verlagsgesellschaft, Hamburg 1978, S. 181, 249, 289.
8. Götte, Johannes: Vergil. Aeneis. Artemis Verlag. München, 6. Aufl. 1983.
9. Hämmerling, Elisabeth: Orpheus' Wiederkehr. Der Weg des heilenden Klanges. Ansata Verlag, Interlaken 1984, S. 265.
10. Alighieri, Dante: Die göttliche Komödie. Hrsg. Von Friedrich von Falkenhausen, Insel Verlag, Frankfurt a. M. 1974.
11. Swedenborg, Emanuel: Von Seele, Geist und Leib. Swedenborg Verlag, Zürich 1956, S. 25 ff.
12. Rosenberg, Alfons: Die Seelenreise. Turm Verlag, Bietigheim 1971, S. 97 f.
13. Schmidt, Karl Otto: Und der Tod wird nicht mehr sein. Todesüberlegenheit und Jenseitsgewissheit. Drei Eichen Verlag, München 1973, S. 122.
14. Lees, Robert James: Reise in die Unsterblichkeit. Drei Eichen Verlag, München-Pasing, 1. Bd. 1961, 2. Bd. 1968.
15. Van Praagh, James: Abenteuer Seelenreise. Ansata Verlag, München 2015.
16. Gruss, Peter: Wo ist die Heimat der Seele, und was haben Hirnchirurgie und Sterbebegleitung gemeinsam? Books on Demand. Regensburg 2012, S. 106.
17. Furger, Andreas: Das Bild der Seele. Verlag Neue Zürcher Zeitung, Zürich, 1997, S. 15 f, 207.
18. Passian, Rudolf: Der verhängnisvollste Irrtum unserer Zeit. Amadeus Verlag, Fichtenau 2011, S. 163.
19. Guggenheim, Bill und Judy: Trost aus dem Jenseits. Scherz Verlag, Bern, München, Wien, 3. Aufl. 1999, S. 19 f.
20. Grabinski, Bruno: Was wissen wir vom Jenseits? Verlag Siegfried Häcker, Hildesheim, 3. Aufl. 1976, S. 146.

21. Küng, Hans und Jens, Walter: Menschenwürdig sterben. Piper Verlag, München, Zürich, 3. Aufl., 2013, S. 32.
22. Knobel, Robert: Interview mit Hans Küng. In: Neue Luzerner Zeitung / Sonntagszeitung Nr. 2, 2009, S. 9.
23. Bühlmann, Benno: Unsterbliches Leben vor dem Tod. Zu einem Vortrag von Eugen Drewermann. In: Neue Luzerner Zeitung vom 13. 9. 1989, S. 12.
24. Currie, Ian: Niemand stirbt für alle Zeit. Berichte aus dem Reich jenseits des Todes. C. Bertelsmann Verlag, München 1979.
25. Sherwood, Jane: Das jenseitige Land. Die Brücke zu höheren Welten. Ansata Verlag, Interlaken 1991.
26. Geiser, Samuel und Schüpbach, Sabina: Was kommt danach? In: Sämann, Nr. 11, 2006, S. 3.
27. Swedenborg, Emanuel: Himmel und Hölle. Swedenborg Verlag, Zürich 1967, S. 493.
28. Feuerstein, Otto: Wie sieht es im Jenseits aus? Turm Verlag, Bietigheim, 2. Aufl. 1965, S. 10.
29. Wickland, Carl: Dreißig Jahre unter den Toten. Otto Reichl Verlag, Buschoven, 7. Aufl., 1957, S. 31.
30. Leadbeater, Charles W.: Das Jenseits. Hellsichtige Beobachtungen. Aquamarin Verlag, Grafing 2012, S. 432.
31. Bäzner, Erhard: Wo sind unsere Toten? Sehen wir sie wieder? Aquamarin Verlag, Grafing 2007, S. 60.
32. Stead, Estelle: Die blaue Insel: Ein Einblick in das Leben im Jenseits. G. E. Schroeder Verlag, Garmisch-Partenkirchen 1961, S. 81.
33. Braun, Hans-Jürg: Das Jenseits. Die Vorstellungen der Menschheit über das Leben nach dem Tod. Verlag Artemis & Winkler. Zürich, Düsseldorf 1996, S. 419.
34. Taschner, Uta: Diesseitsfragen und Jenseitsantworten. Selbstverlag Dr. med. Uta Taschner, Lindau 2007, S. 199.
35. Hall, Judy: Liebe – Schicksal oder Geschenk des Himmels. Aquamarin Verlag, Grafing 2011, S. 26, 216, 253.
36. Schiebeler, Werner: Nachtodliche Schicksale. Wersch Verlag, Ravensburg 1993, S. 103, 249.
37. Brunner, Arthur: Eine Fülle von Unsterblichkeitsbeweisen. ABZ Verlag, Zürich, 2. Aufl., 1973, S. 88.
38. Brunner, Beatrice: Darnach. 13 Erfahrungsberichte aus dem Jenseits. ABZ Verlag, Zürich 1983.

39. Tenhaeff, Wilhelm: Kontakte mit dem Jenseits. Universitas, Berlin 1974, S. 235 ff.
40. Moser, Fanny: Das große Buch des Okkultismus. Walter Verlag, Olten, Freiburg i. Br. 1974, S. 158, 566, 570.
41. Bonin, Werner F.: Lexikon der Parapsychologie. Scherz Verlag, Bern, München, Wien 1976, S. 373-374, 398-399.
42. Studer, André: Manu. Die Geschichte vom Archipel Gaia. Rothenhäusler Verlag, Stäfa 1996.
43. Raudive, Konstantin: Überleben wir den Tod? Otto Reichl Verlag, Remagen 1973.
44. Jürgenson, Friedrich: Sprechfunk mit Verstorbenen. Hermann Bauer Verlag, Freiburg i. Br. 1967.
45. Schmid, Leo: Wenn die Toten reden. Erfahrungen im Umgang mit dem Stimmenphänomen. Rex Verlag, Luzern, München 1976.
46. Greber, Johannes: Der Verkehr mit der Geisterwelt. Johannes Greber Memorial Foundation. Teaneck NJ, 10. Aufl., 1987, S. 104-117, 136 f.
47. Hoffmann, Arne: Lexikon des Jenseits. Verlag „Die Silberschnur“, Güllesheim 2005, S. 113.
48. Wilson, Colin: Nach dem Tode. Aussagen, Zeugnisse, Beweise. Droemersche Verlagsanstalt, München 1987, S. 19 f.
49. Imhof, Beat: Wie auf Erden so im Himmel. Aquamarin Verlag, Grafing, 3. Aufl. 2013, S. 49.
50. Imhof, Beat: Woher wir kommen, wohin wir gehen. Aquamarin Verlag, Grafing 2014, S. 423-424.
51. Clausner, Johannes: Das Herzensgebet. Crotona Verlag, Amerang 2015, S. 89.
52. Markides, Kyriacos: Der Berg des Schweigens. Aquamarin Verlag, Grafing 2015, S. 82 f.
53. Looser, Gabriel: Wohin geht die Seele? Ein Reiseführer ins Jenseits. Kösel-Verlag, München 2012, S. 31.
54. Hinz, Walther: Geleit von oben. Erfahrungen und Belehrungen aus der geistigen Welt. Verlag Geistige Loge Zürich, Zürich 1975, S. 7.
55. Dalliard, Alfred: Unterdrückte Wahrheitskünder. In: Lexikon der Geistchristlichen Lehre. PH. C. W. Schmidt Verlag, Neustadt an der Aisch 2010, S. 572-573.
56. Michel, Peter: Das Geistchristentum. Aquamarin Verlag. Forstinnig-München 1983.

57. Imhof, Beat: Woher wir kommen, wohin wir gehen. Aquamarin Verlag, Grafing 2014, S. 684.
58. Korrodi, Eduard (Hrsg.): Goethe im Gespräch. Manesse Verlag, Zürich 1944, S. 573.
59. Schüle, Christian: „Warum glaubt der Mensch? In: Geo, Nr 1, 2006, S. 25-50.
60. Ford, Arthur: Bericht vom Leben nach dem Tode. Scherz Verlag, Bern, München, Wien 1972, S. 15.
61. Jung, Carl Gustav: Die Lebenswende. In: Die Dynamik des Unbewussten. Walter Verlag. Olten, Freiburg i. Br. 1971. Bd. 8, S. 443 ff.
62. Kälin, Bernard: Logik und Metaphysik. Lehrbuch der Philosophie. Verlag des Benediktinerkollegiums Sarnen, Sarnen 1940, S. 245 f, 251, 276-279.
63. Imhof, Beat: Woher wir kommen, wohin wir gehen. Aquamarin Verlag, Grafing 2014, S. 257, 303 ff.
64. Henry, Maurice: Der wissenschaftliche Beweis unseres Weiterlebens nach dem Tode. Karl Rohm Verlag. Lorch / Württ. 1963, S. 79, 104-107, 117.
65. Kupfer, Karl Heinz: Unzerstörbare Energie. Der Mensch auf dem Weg zur Entdeckung seiner Unsterblichkeit. Ariston Verlag, Genf 1987, S. 86 ff.
66. Bedford, J. und Kensington, W. B.: Das Delpasse-Experiment. Econ Verlag, Düsseldorf, Wien 1974, S. 43 f.
67. Charbonier, Jacques: 7 Gründe für ein Leben nach dem Tod. Wissenschaftliche Studie eines Mediziners. Verlag Via Nova, Petersberg 2015, S. 12 ff.
68. Schamoni, Wilhelm: Auferweckung vom Tode. Texte aus kirchlichen Heiligsprechungsakten. Im Selbstverlag des Verfassers. Paderborn 1968, S. 11 f, 110 f.
69. Mattiesen, Emil: Das persönliche Überleben des Todes. Verlag W. De Gruyter, Berlin, 3 Bände, 1962 und 1987.
70. Brunner, Arthur: Eine Fülle von Unsterblichkeitsbeweisen. ABZ Verlag, Zürich 1973.
71. Imhof, Beat: Wie auf Erden so im Himmel. Wie das Leben als Mensch das Leben im Jenseits bestimmt. Aquamarin Verlag, Grafing, 4. Aufl. 2017, S. 68, 80-92, 181-185.
72. Ritchie, George und Sherrill, Elizabeth: Rückkehr von morgen. Larman Verlag, Marburg a. d. Lahn 1990, S. 10.
73. Sheldrake, Rupert: Der Wissenschaftswahn. Warum der Materialismus ausgedient hat. O. W. Barth Verlag, München 2012, S. 279-282.
74. Schiebeler, Werner: Der Tod, die Brücke zu neuem Leben. Beweise für

ein persönliches Fortleben nach dem Tod. Verlag „Die Silberschnur“, Neuwied/Melsbach 1988, S. 233.

75. Küry, Hans: Der wissende Tod. Von der verborgenen Botschaft der Natur. Ansata Verlag, Interlaken 1982, S. 11.
76. Haisch, Bernard: Die verborgene Intelligenz im Universum. Crotona Verlag, Amerang 2015, S. 20.
77. Jaffé, Aniela: Erinnerungen, Träume, Gedanken von C. G. Jung. Rascher Verlag, Zürich 1962, S. 302.
78. Jung, Carl Gustav: Seele und Tod. Walter Verlag, Olten, Freiburg i. Br. 1982, S. 455.
79. Jung, Carl Gustav: Vorwort zu „Das uneingeschränkte Weltall“ von Steward White. Origo Verlag, Zürich 1963, S. 11.
80. Meckelburg, Ernst: Hyperwelt. Erfahrungen mit dem Jenseits. W. Heyne Verlag, München 1998, S. 267.
81. Rees, Martin: Vor dem Anfang. Die Geschichte des Universums. Fischer Verlag, Frankfurt a. M., 2. Aufl. 2001, S. 239.
82. Rhine, Joseph Banks: Die Reichweite des menschlichen Geistes. Deutsche Verlags-Anstalt, Stuttgart 1950.
83. Kant, Immanuel: Träume eines Geistersehers. Hrsg. von Rudolf Malter. Reclam Verlag, Stuttgart 1976, S. 65.
84. Snell, Joé: Der Dienst der Engel. Turm Verlag, Bietigheim 19060, S. 55.
85. Dalliard, Alfred: Erdgebundene und gebannte Geister. Medium Nr. 5, 1999, S. 1-21.
86. Korf, Georg: Die andere Seite der Welt. Aquamarin Verlag, Grafing 2011, S. 162.
87. Goethe, Johann Wolfgang: Faust I. Verlag Birkhäuser, Basel 1944, S. 103.
88. Dienstknecht, Hans: Die Reise deiner Seele. Verlag Universelles Leben. Würzburg 1987. S. 54.
89. Hinz, Walther: Neue Erkenntnisse über die Schöpfung Gottes. ABZ Verlag, Zürich 1991, S. 172-177.
90. Brunner, Beatrice: Gebundenes geistiges Leben. In: Geistige Welt, 1978, S. 52.
91. Witteck, Gabriele: Die Reise deiner Seele. Verlag Universelles Leben. Würzburg 2. Aufl. 1990, S. 182.
92. Palm, Diana: Erdgebunden. Aquamarin Verlag, Grafing 2015.
93. Roesermueller, Wilhelm Otto: Geister warnen vor Geistern. Turm Verlag, Bietigheim 1968, S. 12 f.

94. Styger, Anton: Erlebnisse mit den Zwischenwelten. Seelenbefreiungen. Styger Verlag, Oberägeri, Bd 1, 2008, S. 402-404.
95. Myers, Erica: Meine Toten leben noch. G. E. Schroeder Verlag, Garmisch-Partenkirchen 1961, S. 47.
96. Platon: Hauptwerke. Der Staat. Hrsg. von Wilhelm Nestle. Alfred Kröner Verlag, Stuttgart 1965. S. 151 ff.
97. Sheldrake, Rupert: Der Wissenschaftswahn. Warum der Materialismus ausgedient hat. O. W. Barth Verlag, München 2012, S. 15-16.
98. Dawkins, Richard. Der Gotteswahn. Ullstein Verlag, Berlin, 8. Aufl. 2010, S. 100, 315, 479 f.
99. Goethe, Johann Wolfgang: Faust. Verlag Birkhäuser, Basel 1944, S.157.
100. Nestle, Wilhem (Hrsg.): Platon. Hauptwerke. Phaidon. Alfred Kröner Verlag, Stuttgart 1965, S. 79 ff.
101. Schmidt, Karl Otto: Und der Tod wird nicht mehr sein. Drei Eichen Verlag, München 1973, S. 122.
102. Moody, Raymond: Blick hinter den Spiegel. Botschaften aus einer anderen Welt. Weltbild Verlag, Augsburg 2000.
103. Korrodi, Eduard (Hrsg.): Goethe im Gespräch. Manesse Verlag, Zürich 1944, S. 26-27.
104. Dalliard, Alfred: Wirklichkeit. In: Lexikon der Geistchristlichen Lehre. Verlag Ph. C. W. Schmidt, Neustadt a. d. Aisch 2010, S. 606.
105. Schiebeler, Werner: Leben nach dem irdischen Tod. Verlag „Die Silberschnur“, Melsbach/ Neuwied, 2. Aufl. 1993, S. 107.
106. Voggenhuber, Pascal: Leben in zwei Welten. Giger Verlag, Altendorf 2007.
107. Alexander, Eben: Vermessung der Ewigkeit. 7 fundamentale Erkenntnisse über das Leben nach dem Tod. Ansata Verlag, München 2015, S. 141.
108. Pascal, Blaise: Gedanken. Verlag Ph. Reclam, Stuttgart 1980, S. 31.
109. Eccles, John: Die Evolution des Gehirns – die Erschaffung des Selbst. Piper Verlag, München 1993, S. 389.
110. Currie, Ian: Niemand stirbt für alle Zeit. Berichte aus dem Reich jenseits des Todes. C. Bertelsmann Verlag, München 1979, S. 210.
111. Hartmann, Otto Julius: Wir und die Toten. Verlag Josef Kienreich, Graz 1947, S. 182.
112. Hirzenberger, Gottfried: Erkundigungen des Jenseits. Der Blick auf die andere Seite der Wirklichkeit. Herder Verlag, Freiburg i. Br. 1988.
113. Rilke, Rainer Maria: Worte der Wandlung. Herder Verlag, Freiburg i. Br., Basel, Wien, 3. Aufl. 1999, S. 38.

114. Jaffé, Aniela: Erinnerungen, Träume, Gedanken von C. G. Jung. Rascher Verlag, Zürich, Stuttgart 1963, S. 360-361.
115. Bô Yin Râ: Das Buch vom Jenseits. Kober'sche Verlagsbuchhandlung. Basel, Leipzig 1929, S. 119.
116. Schmidt, Karl Otto: Die Götter des Sirius. Kosmische Visionen. G. E. Schroeder Verlag, Kleinjörgl bei Flensburg, 2. Aufl. 1980, S. 53.
117. Lees, Robert James: Reise in die Unsterblichkeit. Drei Eichen Verlag. München 1968, S. 23.
118. Jeans, James: Der Weltraum und seine Rätsel. Deutsche Verlagsanstalt, Stuttgart 1931, S. 46.
119. Matt, Daniel C.: Der Urknall. Der Geist hinter der Schöpfung. Crotona Verlag, Amerang 2015, S. 115.
120. Risi, Armin: Licht wirft keinen Schatten. Govinda Verlag, Neuhausen, Jestetten, 2. Aufl. 2005, S. 125 f, 160 f, 359-360.
121. Stausberg, Michael: Zarathustra und seine Religion. C. H. Beck Verlag, München 2005, S. 72.
122. Risi, Armin: Gott und die Götter. Govinda Verlag, Zürich, 6. Aufl. 2007, S. 325, 415-416.
123. Clauss, Manfred: Mithras. Kult und Mysterien. C. H. Beck Verlag, München 1990, S. 103.
124. Oetinger, Manuela: Die Aura. Die Energiefelder des Menschen. Aquamarin Verlag, Grafing 2001, S. 64-66.
125. Michel, Peter: Die Botschafter des Lichtes. Aquamarin Verlag, Forstinnig / München, 2 Bde 1983 und 1984.
126. Berman, Philipp: Wir sind nicht getrennt vom Himmel. Crotona Verlag, Amerang 2012, S. 17.
127. Doore, Gary: Gibt es ein Leben nach dem Tod? Kösel Verlag, München 1999, S. 197.
128. Greber, Johannes: Der Verkehr mit der Geisterwelt. Verlag Johannes Greber Memorial Foundation, Teaneck NJ, 10. Aufl. 1987, S. S. 225.
129. Olford, John: Wie es im Jenseits aussieht. In: Wendezeit. Nr. 3, 2009, S. 49-50.
130. Greaves, Helen: Zeugnis des Lichts. Ein Erfahrungsbericht vom Leben nach dem Tod. Anthos-Verlag, Hemsbach 1982, S. 169, 191.
131. Schmidt, Karl Otto: Und der Tod wird nicht mehr sein. Drei Eichen Verlag, München 1973, S. 170.

132. Dalliard, Alfred: Lexikon der Geistchristlichen Lehre. Verlag PH, C. W. Schmidt. Neustadt a. d. Aisch 2010, S. 284.
133. Coppes, Christophor: Der Himmel ist ganz anders. Aquamarin Verlag, Grafing 2012, S. 85.
134. Mohammed: Der Koran. Das heilige Buch des Islam. Orbis Verlag, München 1993, S. 436.
135. Staudinger, Josef: Das Jenseits. Schicksalsfrage der Menschenseele. Benziger Verlag, Einsiedeln, Zürich, Köln 3. Aufl. 1950, S. 184-220.
136. Dalliard, Alfred: Lexikon der Geistchristlichen Lehre. Verlagsdruckerei PH. C. W. Schmidt, Neustadt an der Aisch 2010, 2. Aufl., S. 425, 507 f.
137. Herrmann, Hans: Ein grüner Pionier im Bußgewand. In: Reformiert, Nr. 10, 2016, S. 9.
138. Doswald, Werner: Tiere im Himmel und auf Erden. In: Medium Nr. 88, 2016, S. 108 ff.
139. Arz de Falco, Andrea: „Die Einstellung zum Tier neu überdenken". Interview von Katharina Kilchenmann. In: Reformiert, Nr. 10, 2016, S. 3.
140. Bäzner, Erhard: Wo sind unsere Toten? Sehen wir sie wieder? Drei Eichen Verlag, München 1966, S. 65.
141. Bäzner, Erhard: Das Rätsel des Lebens und das Geheimnis des Todes. Aquamarin Verlag, Grafing, 3. Aufl. 2007, S. 86.
142. Jung, Carl Gustav: Die Archetypen und das kollektive Unbewusste. Walter Verlag, Olten, Freiburg i. Br. 1976, S. 38 f.
143. Stolzmann, Silvia: Besetzungen – Sich von Fremdeinflüssen lösen. Aquamarin Verlag, Grafing 2015.
144. Weigl, Gisela und Wenzel, Franz: Die entschleierte Aura. Aquamarin Verlag, Forstinnig 1983, S. 25-26.
145. Styger, Anton: Erlebnisse mit den Zwischenwelten. Styger Verlag, Oberägeri, 3 Bde, 2008-2011.
146. Imhof, Beat: Wege zur Weisheit. Bd. III von „Wahrheit und Weisheit". Symbolgeschichten. Rothus Verlag, Solothurn 3. Aufl., 2006, S. 40.
147. Stolp, Hans und van den Brink, Margarete: Begegnungen im Lichtreich. Aquamarin Verlag, Grafing, 2. Aufl. 2015, S.168.
148. Schiebeler, Werner: Nachtodliche Schicksale. Wersch Verlag, Ravensburg, 2. Aufl 1996, S. 304-305.
149. Greaves, Helen: Zeugnis des Lichts. Ein Erfahrungsbericht vom Leben nach dem Tod. Anthos-Verlag, Hemsbach 1982, S. 125, 136-137, 178.

150. Heider, Angela: Berichte aus dem Jenseits. Selbstverlag. Norderstedt 2006, S. 85-86.
151. Brunner, Beatrice: Was uns erwartet. ABZ Verlag, Zürich, 5. Aufl. 1012, S. 45 f.
152. Hinz, Walther: Ein Jenseitsbericht. In: Geistige Welt Nr. 17, 1977, S. 231.
153. Speer, Herbert Viktor: Im Nebelland. In: Wendezeit. Nr. 6, 2012, S. 17-20.
154. Schwarz, Rudolf: Mehr Licht aus dem Jenseits. Lebensweiser Verlag, Büdingen-Gettenbach 1956, S. 97-98.
155. Schiebeler, Werner: Der Mensch und seine Bindung an Gott. Wersch Verlag, Ravensburg 1990, S. 94-95.
156. Schiebeler, Werner: Nachtodliche Schicksale. Wersch Verlag, Ravensburg, 2. Aufl, 1996, S. 178.
157. Snell, Joé: Der Dienst der Engel. Turm Verlag, Bietigheim 1980, S. 65-66.
158. Schiebeler, Werner: Nachtodliche Schicksale. Gegenseitige Hilfe zwischen Diesseits und Jenseits. Wersch Verlag, Ravensburg 2. Aufl. 1996, S. 150-152.
159. Allmend, Peter: Elision. Begegnung mit einer Weisen. Aquamarin Verlag, Grafing, 3. Aufl. 2014, S. 44.
160. Greaves, Helen: Zeugnis des Lichts. Anthos-Verlag, Hemsbach 1982, S. 135.
161. Schiebeler, Werner: Nachtodliche Schicksale. Gegenseitige Hilfe zwischen Diesseits und Jenseits. Wersch Verlag, Ravensburg, 2. Aufl., 1996, S. 150-152.
162. Sculthorp, Frederick: Meine Wanderung in der Geisterwelt. Herman Bauer Verlag, Freiburg i. Br. 1962, S. 47-48.
163. Mohr, Viktor: Franchezzo. Ein Wanderer im Lande der Geister. Turm Verlag, Bietigheim, 5. Aufl., 1961, S. 44.

Kapitel 4

1. Osis, Karlis und Haraldsson, Erlundur: Der Tod, ein neuer Anfang, H. Bauer Verlag, Freiburg i. Br. 1977, Neuauflage 2001, S, 34 ff.
2. Renggli, Arno: „Drüben gibt es keine Zeit." Interview mit Bo Katzmann. In: Neue Luzerner Zeitung, Nr. 260, 1012, S. 8.
3. Küng, Hans: Der Anfang aller Dinge. Naturwissenschaft und Religion. Piper Verlag. München, Zürich, 2. Aufl., 2005, S. 139 f.

4. Sterneder, Hans: Das kosmische Weltbild. H. Bauer Verlag, Freiburg i. Br. 1969, S. 54-55.
5. Zülly, Jürgen und Knab, Barbara: Unsere innere Uhr. Herder Verlag, Freiburg i. Br. 2000, S. 98.
6. Jung, Carl Gustav und Wilhelm, Richard: Das Geheimnis der goldenen Blüte. Rascher Verlag, Zürich 1939, S. XII.
7. Dethlefsen, Thorwald: Schicksal als Chance. C. Bertelsmann Verlag, München 1987, S. 105-106.
8. White, Stewart E.: Das uneingeschränkte Weltall. Mit einem Vorwort von C. G. Jung. Origo Verlag, Zürich 1963, S. 113 ff.
9. Schiebeler, Werner: Nachtodliche Schicksale. Wersch Verlag, Ravensburg, 2. Aufl. 1996, S. 190.
10. Schiebeler, Werner: Nachtodliche Schicksale. Wersch Verlag, Ravensburg 2. Aufl. 1996, S. 179.
11. Stead, William: Die blaue Insel. G. E. Schroeder Verlag, Garmisch-Partenkirchen 1961, S. 46.
12. Newhouse, Flower A.: Fragen und Antworten I. Aquamarin Verlag, Grafing 1991, S. 91-94.
13. Imhof, Beat: Wie auf Erden so im Himmel. Aquamarin Verlag, Grafing 4. Aufl. 2017, S. 391-392.
14. Borgia, Anthony: Das Leben in der Unsichtbaren Welt. Verlag „Die Silberschnur", Melsbach/Neuwied 1985, S. 160-167.
15. Die Wortkonkordanz. Stuttgarter Nachschlagewerk zur Bibel. Hrsg. von der Württembergischen Bibelanstalt, Stuttgart 1969, S. 190-193.
16. Augustinus, Aurelius: Bekenntnisse. Hrsg. von Wilhelm Thimme. Verlag Philipp Reclam, Stuttgart 1977, S. 333.
17. Küng, Hans: Ewiges Leben? R. Piper Verlag, München, Zürich 1982.
18. Lang, Bernhard und McDannell, Coleen: Der Himmel. Eine Kulturgeschichte des ewigen Lebens. Insel Verlag, Frankfurt a. M., Leipzig 1996, S. 437.
19. Augustinus, Aurelius: Bekenntnisse. Hrsg. Von Wilhelm Thimme. Artemis Verlag, Zürich 1950, S. 69, 398.
20. Nietzsche, Friedrich. Also sprach Zarathustra. Verlag Philipp Reclam, Stuttgart 1977, S. 210-211.
21. Augustinus, Aurelius: Bekenntnisse. Verlag Philipp Reclam, Stuttgart 1950, S. 435.

22. Lang, Bernhard und McDannell, Colleen: Der Himmel. Insel Verlag, Frankfurt a. M., Leipzig 1988, S. 131.
23. Althaus, Paul: Die letzten Dinge. Gütersloher Verlag, Gütersloh, 9. Aufl., 1964, S. 148-149.
24. Cullmann, Oscar: Unsterblichkeit der Seele oder Auferstehung der Toten? Kreuz Verlag, Stuttgart 1962, S. 53 f.
25. Finkenzeller, Josef: Was kommt nach dem Tod? Don Bosco Verlag, München, 2. Aufl., 1979, S. 81 f, 97 ff.
26 Kimball, James: Heaven. Verlag Gould & Lincoln. Boston 1857, S. 266.
27. Staudinger, Josef: Das Jenseits. Schicksalsfragen der Menschenseele. Benziger Verlag, Einsiedeln, Zürich, Köln, 3. Aufl. 1950, S. 82, 184, 199 f.
28. http:/neukom-alfred.de/menue/00000005/alois/aloisius.htm
29. Lang, Bernhard und McDannell, Colleen: Der Himmel. Eine Kulturgeschichte des ewigen Lebens. Insel Verlag Frankfurt a. M., Leipzig 1988, S. 130.
30. Kant, Immanuel: Kritik der praktischen Vernunft. Verlag de Gruyter, Berlin 1968, S. 122.
31. Leibniz, Gottfried Wilhelm: Philosophische Schriften. Hrsg. von Hans Holz. Verlag Wissenschaftliche Buchgesellschaft, Darmstadt 1965, Bd. 1, S. 437.
32. Korrodi, Eduard (Hrsg.): Goethe im Gespräch. Manesse Verlag, Zürich 1944, S. 573.
33. Schneider, Wilhelm: Das andere Leben. Verlag Schöningh, Paderborn, 16. Aufl., 1923, S. 376.
34. Radke, Gertraud: Das Leben nach dem Tod aus der Sicht Emanuel Swedenborgs. Aquamarin Verlag, Grafing 2009.
35. Swedenborg, Emanuel: Himmel und Hölle. Swedenborg Verlag, Zürich 1977, S. 94.
36. Bäzner, Erhard: Das Rätsel des Lebens und das Geheimnis des Todes. Eine umfassende Schau über den Weg der Seele nach dem Verlassen des Körpers. Aquamarin Verlag, Grafing, 3. Aufl. 2007, S. 11-12, 123.
37. Greber, Johannes: Der Verkehr mit der Geisterwelt. Verlag der Johannes Greber Memorial Foundation, Teaneck N. J., 10. Aufl. 1987, S. 378.
38. Rilke, Rainer Maria: Das Buch vom mönchischen Leben. Sämtliche Werke. Insel Verlag, Frankfurt a. M., 3. Bd., 1959, S. 307.
39. Marx, Helga: Das Buch der Mythen aller Zeiten aller Völker. Styria Verlag, Graz, Wien, Köln.

40. Miers, Horst E.: Lexikon des Geheimwissens. Verlag Hermann Bauer, Freiburg i. Br. 1970, S. 325-330.
41. Besant, Annie: Der Mensch und seine Körper. Edition Adyar. Aquamarin Verlag, Grafing 2011.
42. Radke, Gertrud: Die höheren Körper des Menschen. Aquamarin Verlag, Grafing 2009.
43. Von Vay, Adelma: Die Sphären zwischen der Erde und der Sonne. Irmgard Herrmann Verlag, Vierhöfen 2007, S. 42 ff.
44. Stolp, Hans: Die ersten drei Tage im Jenseits. Aquamarin Verlag, Grafing 2014, S. 71 f, 101 f und 111 f.
45. Leadbeater, Charles W.: Die Astralwelt. Aquamarin Verlag, Grafing 3. Aufl. 2009.
46. Atkinson, William W.: Die Astralwelt. Reisen durch die feinstofflichen Welten. Aurinia Verlag, Hamburg, 3. Aufl. 2015, S. 13 ff.
47. Leadbeater, Charles W.: Das Jenseits. Hellsichtige Beobachtungen. Aquamarin Verlag, Grafing 2012, S. 165
48. Leadbeater, Charles W.: Die Mentalwelt. Aquamarin Verlag, Grafing 2008.
49. Michel, Peter: Karma und Gnade. Aquamarin Verlag, Grafing 1988.
50. Lawrence, Thomas Eduard: Tagebuch von drüben. Erkenntnis, Läuterung und Entwicklung nach dem Tode. Aufgezeichnet von Jane Sherwood. Ansata Verlag, Interlaken 1989, S. 50.
51. Oetinger, Manuela: Die Aura. Die Energiefelder des Menschen. Aquamarin Verlag, Grafing 2001, S. 64-66.
52. Lehmann, Johannes: Buddha. Leben und Lehren des Erleuchteten. W. Heyne Verlag, München 1980, S. 190.
53. Sherwood, Jane: Das jenseitige Land. Die Brücke zu höheren Welten. Ansata Verlag, Interlaken 1991, S. 66-67.
54. Rinpoche, Sogyal: Das tibetische Buch vom Leben und Sterben. Scherz Verlag, Bern, München, Wien, 21. Aufl. 1998, S. 339.
55. Hinz, Walther: Neue Erkenntnisse über die Schöpfung Gottes. ABZ Verlag, Zürich 1991, S. 216.
56. Greaves, Helen: Zeugnis des Lichts. Ein Erfahrungsbericht vom Leben nach dem Tod. Anthos Verlag, Hemsbach 1982, S. 170.
57. Hinz: Walther: Neue Erkenntnisse über die Schöpfung Gottes. ABZ Verlag, Zürich 1991, S. 215.
58. De Jouvenel, Marcelle: Weisungen aus dem Jenseits. Walter Verlag, Olten, Freiburg i. Br. 1953, S. 42.

59. Stead, Estelle: Die blaue Insel. Mit der Titanic in die Ewigkeit. G. E. Schroeder Verlag, Garmisch-Pertenkirchen, 1961, S. 20-21.
60. Engel, Leopold: Im Jenseits. Führung einer Seele. Lorber Verlag, Bietigheim 1981, S. 52.
61. Greber, Johannes: Der Verkehr mit der Geisterwelt. Seine Gesetze und sein Zweck. Verlag der Johannes Greber Memorial Foundation, Teaneck, N. J., 2. Aufl. 1937, S, 255 ff.
62. Heider, Angela: Berichte aus dem Jenseits. Verlag Books on Demand, Norderstedt 2006, S. 72.
63. Desmond, Shaw: Wie du lebst, wenn du gestorben bist. Hermann Bauer Verlag, Freiburg i. Br. 1960, S. 191.
64. Schiebeler, Werner: Nachtodliche Schicksale. Wersch Verlag, Ravensburg, 2. Aufl. 1996, S. 157.
65. Greaves, Helen: Zeugnis des Lichts. Ein Erfahrungsbericht vom Leben nach dem Tod. Anthos Verlag, Hemsbach 1982, S. 189.
66. Stead, Estelle: Die blaue Insel. G. E. Schroeder Verlag, Garmisch-Partenkirchen 1961, S. 36.
67. Borgia, Anthony: Das Leben in der Unsichtbaren Welt. Verlag „Die Silberschnur", Melsbach/ Neuwied 1985, S. 60, 67.
68. Passian, Rudolf: Abschied ohne Wiederkehr? Verlag Rudolf Fischer, Pforzheim 1973, S. 318.
69. Borgia, Anthony: Das Leben in der Unsichtbaren Welt. Verlag „Die Silberschnur", Melsbach/Neuwied 1985, S. 147.
70. Brunner, Beatrice: Retter aus großer Not. Spezialisten im Einsatz. In: Geistige Welt. Nr. 3, 2016, S. 21.
71. Taschner, Uta: Diesseitsfragen und Jenseitsantworten. Neueste Dialoge mit der geistigen Welt. Selbstverlag Dr. med. Uta Taschner, Lindau 2007, S. 210.
72. Sherwood, Jane: Das jenseitige Land. Die Brücke zu höheren Welten. Ansata Verlag, Interlaken 1991, S. 72.
73. Schiebeler, Werner: Nachtodliche Schicksale. Wersch Verlag, Ravensburg, 2. Aufl. 1996, S. 307.
74. Brunner, Beatrice: Was uns erwartet. 12 Erlebnisberichte aus dem Jenseits. ABZ Verlag, Zürich, 5. Aufl., 2012, S. 179.
75. Schiebeler, Werner: Nachtodliche Schicksale. Wersch Verlag, Ravensburg, 2. Aufl. 1996, S. 157-158.

76. Ellis, Ryan: Sternenflüstern. Eine jahrhundertealte mystische Verbindung. Aquamarin Verlag, Grafing 2016, S. 25.
77. Braun, Hans-Jürg: Das Jenseits. Artemis & Winkler Verlag, Zürich, Düsseldorf 1996, S. 420 f, 422.
78. Leadbeater, Charles: Das Jenseits. Hellsichtige Beobachtungen. Aquamarin Verlag, Grafing 2012, S. 181.
79. Finkenzeller, Josef: Was kommt nach dem Tod? Don Bosco Verlag, München, 2. Aufl. 1972, S. 160.
80. Hinz, Walther: Neue Erkenntnisse über die Schöpfung Gottes. ABZ Verlag, Zürich 1991, S. 215.
81. Dostal, Werner: Aufstiegstufen. Medium Nr. 82, 2015, S. 18.
82. Lawrence, Thomas E.: Tagebuch von drüben. Erkenntnis, Läuterung und Entwicklung nach dem Tode. Hrsg. Von Jane Sherwood. Ansata Verlag, Interlaken 1989, S. 116-117.
83. Sigdell, Jan Erik: Reinkarnation. Christentum und das kirchliche Dogma. Ibera Verlag, Wien 2001, S. 31.
84. Rahner, Karl: Fegfeuer. In: In Sorge um die Kirche. Schriften zur Theologie. Benziger Verlag Einsiedeln, Zürich, Bd. 14, 1980, S. 447-449.
85. Dethlefsen, Thorwald: Das Erlebnis der Wiedergeburt. C. Bertelsmann Verlag, München, Wien 1976, S. 111.
86. Brunton, Paul: Karma – Kette von Ursache und Wirkung. Hermann Bauer Verlag, Freiburg i. Br., 1984, S. 57
87. Imhof, Beat: Wie auf Erden so im Himmel. Wie das Leben als Mensch das Leben im Jenseits bestimmt. Aquamarin Verlag, Grafing, 4. Aufl. 2017, S. 423-438.
88. Wiesendanger, Harald: Zurück in frühere Leben. Möglichkeiten der Reinkarnationstherapie. Kösel Verlag, München 1991, S. 85-125.
89. Muranyi, Monika: Die menschliche Akasha. Die persönlichen Lebenslektionen entschlüsselt. KOHA Verlag, Burgrain 2015, S. 20, 138 f, 154 ff.
90. Humphreys, Christmas: Karma und Wiedergeburt. Die Schicksalsstufen des Menschen als Weg zu seiner Vollendung und Vollkommenheit. Scherz Verlag, Bern, München, Wien 1974, S. 40.
91. Korf, Georg: Die andere Seite der Welt. Aquamarin Verlag, Grafing 2011, S. 134.
92. Wambach, Helen: Seelenwanderung. Wilhelm Goldmann Verlag, München 1978, S. 65 ff

93. Dethlefsen, Thorwald: Schicksal als Chance. C. Bertelsmann Verlag, München, Wien 1979, S. 244.
94. Haisch, Bernard: Die verborgene Intelligenz im Universum. Crotona Verlag, Amerang 2015, S. 23.
95. Schmidt, Karl Otto: Wir leben nicht nur einmal. Rückerinnerungen an frühere Leben. Drei Eichen Verlag, Engelberg, München, 4. Aufl. 1973, S. 343.
96. Schiebeler, Werner: Der Mensch und seine Bindung an Gott. Wersch Verlag, Ravensburg 1990, S. 140.
97. Michel, Peter: Das Geistchristentum. Aquamarin Verlag, Forstinning-München 1983, S. 166,168.
98. Mohr, Till A.: Kehret zurück, ihr Menschenkinder! Aquamarin Verlag, Grafing 2004, S. 498.
99. Hasselmann, Varda und Schmolke, Frank: Junge Seelen – Alte Seelen. Arkana Verlag, Göttingen 2016, S. 12.
100. Sorge, Johannes Martin: Reinkarnation aus neuer Sicht. Ariston Verlag, Genf 1989, S. 177 ff.
101. Heider, Angela: Wege aus der Finsternis. Verlag Books on Demand. Norderstedt 2004, S. 14.
102. Kallwass, Angelika: Was am Ende zählt. Mein Umgang mit dem Tod. Verlag Bastei Lübbe, Köln 2015, AS, 65 f.
103. Schopenhauer, Arthur: Vom Unterschied der Lebensalter. Sämtliche Werke. Bd. IV, Insel Verlag, Stuttgart, Frankfurt a. M. 1963, S. 130.
104. Brunner, Beatrice: Was uns erwartet. ABZ Verlag, Zürich 2012, S. 20 ff.
105. Dostal, Werner: Glaube und gute Werke. Medium Nr. 53, 2008, S. 3 ff.
106. Bühlmann, Benno: „Hinter allen Fenstern das eine Licht." Interview mit Willigis Jäger. In: Neue Luzerner Zeitung, Nr. 115, 2005, S. 15.
107. Jaspers, Karl: Drei Gründer des Philosophierens: Plato, Augustin, Kant. Piper Verlag, München 1964, S. 145-151.
108. Pesch, Otto H.: Rechtfertigungslehre. In: Lexikon der Theologie. Reclam Verlag, Stuttgart, 2. Aufl. 2007. S. 250-253.
109. Niemz, Markolf H.: Bin ich, wenn ich nicht mehr bin? Ein Physiker entschlüsselt die Ewigkeit. Kreuz Verlag, Freiburg i. Br., 3. Aufl. 2012.
110. Küng, Hans: Christ sein. Piper Verlag, München, 2. Aufl. 1974, S. 579.
111. Gnädinger, Louise (Hrsg.): Angelus Silesius: Cherubinischer Wandersmann. Manesse Verlag, Zürich 1986, S. 134.

112. Mohr, Till A.: Kehret zurück, ihr Menschenkinder! Aquamarin Verlag, Grafing 2004, S. 553, Fußnote 1262.
113. Kieffer, Paul: Eine Hölle, die nicht mehr so heiß brennt. In: Gute Nachricht, Nr. 2, 2016, S. 17.
114. Looser, Gabriel: Wohin geht die Seele? Ein Reiseführer ins Jenseits. Kösel Verlag, München 2012, S. 163.
115. Finkenzeller, Josef: Was kommt nach dem Tod? Don Bosco Verlag, München 2. Aufl. 1979, S. 165.
116. Sträuli. Robert: Origenes der Diamantene. ABZ Verlag, Zürich 1987, S. 319 f.
117. Wittek, Gabriel: Das Leben nach dem Tod. Die Reise deiner Seele. Verlag Universelles Leben. Würzburg 1990, S. 132.
118. Rittelmeyer, Friedrich: Gemeinschaft mit den Verstorbenen. Verlag Urachhaus, Stuttgart, 2. Aufl., 1983, S. 25.
119. Heinemann-Ranke, Uta: Nein und Amen. Anleitung zum Glaubenszweifel. Verlag Hoffmann und Campe, Hamburg 1992, S. 291, 300.
120. Haag, Herbert: Kommt der Teufel wieder? In: Küng, Hans und Gränicher, Norbert (Hrsg.): Katholische Kirche – Wohin? Piper Verlag, München 1986, S. 259-265.
121. Barton, Steffany: Das Jenseits ist kein dunkler Ort. Der Weg der Seele nach dem Suizid. Heilender Trost für die Hinterbliebenen. Nymphenburger Verlag in der F. A. Herbig Verlagsgesellschaft, München 2016, S. 51, 78 f, 88 f.
122. Greber, Johannes: Der Verkehr mit der Geisterwelt Gottes. Verlag Johannes Greber Memorial Foundation. Teaneck N. J., 10. Aufl. 1987, S. 376.
123. Michel, Peter: Der Anti-Weltkatechismus. Aquamarin Verlag, Grafing 1995, S. 44.
124. Finkenzeller, Josef: Was kommt nach dem Tod? Don Bosco Verlag, München, 2. Aufl. 1979, S, 168.
125. Sartory, Thomas und Gertrude: In der Hölle brennt kein Feuer. Kindler Verlag, München 1968, S. 6.
126. Pfeil, Hans: Unser Glaube ans Jenseits. Was erwartet uns nach dem Tod? Johannes-Verlag, Leutersdorf 1982, S. 19
127. Köberle, Adolf: Allversöhnung oder ewige Verdammnis. In: Rosenberg, Alfons (Hrsg.): Leben nach dem Sterben. Kösel Verlag, München 1974, S. 127.

128. Schiebeler, Werner: Der Mensch und seine Bindung an Gott. Wersch Verlag, Ravensburg 1950, S. 137.
129. Rosenberg, Alfons: J. F. Oberlin. Die Bleibestätten der Toten. Turm Verlag, Bietigheim 1951, S. 89.
130. Hinz, Walther: Neue Erkenntnisse über die Schöpfung Gottes. ABZ Verlag, Zürich 1991, S. 258.
131. Greaves, Helen: Zeugnis des Lichts. Ein Erfahrungsbericht vom Leben nach dem Tod. Anthos Verlag, Hemsbach 1982, S. 135.
132. Funcke, Friedrich: Geistchristentum. Aquamarin Verlag, Grafing 2013, S. 219.
133. Dalliard, Alfred: Lexikon der Geistchristlichen Lehre. Verlag C. W. Schmidt, Neustadt an der Aisch 2010, S. 540.
134. Michel, Peter: Das Geistchristentum. Aquamarin Verlag, Forstinning-München 1983, S. 146-147.
135. Michel, Peter: Weltreligion. Das Bewusstsein bestimmt das gesellschaftliche Sein. Aquamarin Verlag, 2001, S. 110.
136. Sigdell, Jan Erik: Durch den Tod ins Leben. Ansata Verlag, München 2007, S. 74.
137. De Rosa, Peter: Der Jesus-Mythos. Über die Krise des christlichen Glaubens. Droemer Kraur Verlag, München 1991, S. 139.
138. Schweizer Depechen Agentur: Die „Vorhölle" hat ausgedient. In: Neue Luzerner Zeitung, Nr. 93, 2007, S. 8.
139. Borgia, Anthony: Das Leben in der Unsichtbaren Welt. Verlag „Die Silberschnur", Melsbach/Neuwied 1986, S. 208.
140. Schwarz, Rudolf: Mehr Licht aus dem Jenseits. Lebensweiser Verlag, Büdingen-Gettenbach 1956, S. 82.
141. Hinz, Walther: Woher – Wohin. ABZ Verlag, Zürich, 3. Aufl., 1989, S. 236 f.
142. Owen, Vale: Die Tieflande des Himmels. In: Medium Nr. 145, 2001, S. 3 f.
143. Taschner, Uta: Das Jenseits ist anders. Durchgaben aus der geistigen Welt. Fulda, 2. Aufl., 1974, S. 17.
144. Van Praagh, James und Virtue, Doreen: Trost von der anderen Seite. Scorpio Verlag, Berlin, München 2015, S. 21.

Kapitel 5

1. Meier, Christian Peter: „Beim Trauern gibt es kein Patentrezept". In: Luzerner Zeitung vom 31. Oktober 2016, S. 19.

2. Bach, Richard: Die Möwe Jonathan. Ullstein Verlag, Frankfurt a. M. 1970, S. 12.
3. Volbehr, Hartwig: Was die Welt zusammenhält. Verlag Via Nova, Petersberg 2014. S. 169.
4. Kast, Verena: Trauern. Phasen und Chancen des psychischen Prozesses. Kreuz Verlag, Stuttgart, 8. Aufl. 1987.
5. Terhorst, Eva: Das erste Trauerjahr. Kreuz Verlag, Freiburg i. Br. 2015, S. 126 f.
6. Flury, Hanspeter: Trauern. Wie lange gilt als normal? In: Vista. Schweizer Gesundheits-Magazin. Nr. 8, 2016, S. 34-35.
7. Cardinal, Claudia: Trauerheilung. Topos Verlag, Kevelaer 2011, S. 20-21.
8. Von Eichendorf, Josef: Auf meines Kindes Tod. Ein Liederzyklus von Adolf K. Böhm. CD, Vertrieb Record Partner, Hamburg 2015.
9. Stolp, Hans: Die ersten drei Tage im Jenseits. Aquamarin Verlag, Grafing 2014, S. 51.
10. Schweizer Depechen Agentur: Gefährliche Trauer. In: Neue Luzerner Zeitung, Nr. 80, 2016, S. 32.
11. Zur Bonsen, Friedrich: Zwischen Leben und Tod. L. Schwann Verlag, Düsseldorf, 2. Aufl. 1929, S. 153.
12. Müller, Monika und Schnegg, Matthias: Unwiederbringlich – Vom Sinn der Trauer. Hilfen bei Verlust und Tod. Verlag Herder, Freiburg i. Br. 1997, S. 150.
13. Clausner, Johannes: Das Herzensgebet. In der Stille liegt die Kraft. Crotona Verlag, Amerang 2015, S. 89 f.
14. Jakoby, Bernard: Die Brücke zum Licht. Verlag Lange Müller in der F. A. Herbig Verlagsbuchhandlung, München, 2. Aufl. 2002, S. 167.
15. Hinz, Walther: Geleit von oben. Erfahrungen mit Belehrungen aus der geistigen Welt. Verlag Geistige Loge Zürich, Zürich 1975, S. 103 f.
16. Stolp, Hans: Begegnungen im Lichtreich. Aquamarin Verlag. Grafing, 2. Aufl. 2015, S. 142.
17. Voggenhuber, Pascal: Nachricht aus dem Jenseits. Meine Kontakte mit Verstorbenen und der Geistigen Welt. Giger Verlag, Altendorf, 4. Aufl. 2009, S. 197 f.
18. Stolp, Hans: Die Sterbestunde. Bewusstes Abschiednehmen. Aquamarin Verlag, Grafing 2013, S. 24-25.
19. Heider, Angela: Berichte aus dem Jenseits. Verlag Book on Demand, Norderstedt 2006, S. 73.

20. Kübler-Ross, Elisabeth: Über den Tod und das Leben danach. Verlag „Die Silberschnur", Güllesheim, 25. Aufl. 1998, S. 79.
21. Heider, Angela: Berichte aus dem Jenseits. Verlag Books on Demand, Norderstedt 2006, S. 24.
22. Kiehl, Kerstin: „Er geleitet dich durch das Dunkel des Todes in sein Licht". Fromm Verlag, Saarbrücken 2014, S. 23.
23. Courtenay, Elfie: Endlichkeit und Ewigkeit. Ansata Verlag, München 2015, S. 15 f.
24. Kälin, Karl: Neue Regeln verunsichern Gläubige. In: Luzerner Zeitung vom 12. November 2016, S. 40.
25. Haider, Angela: Trostbüchlein für Verstorbene. Verlag Books on Demand, Norderstedt 2015, S. 34-35.
26. Hanselitsch, Werner: Seele, Tod und Jenseits. LIT-Verlag, Berlin, Wien 2009, S. 199.
27. Bruder, Balz: „Engelkinder" erhalten einen Namen. In: Zuger Zeitung vom 15. 4. 2017, S. 3.
28. Herrmann, Hans: Technik soll den Tod austricksen. In: Reformiert, Nr 2, 2016, S. 9.
29. Kaiser, Tina: Das Geschäft mit dem zweiten Leben. In: Zentralschweiz am Sonntag, Nr. 41, 2014, S. 12.
30. Jardine, Anja: Revolution im Totenreich. In: Neue Zürcher Zeitung Nr. 275, 2014, S. 30-34.
31. Wittkowski, Joachim: Ein Trauerjahr ist oft nicht genug. In: Zentralschweiz am Sonntag, Nr. 7, 2016, S. 42.
32. Virtue, Doreen und Van Praagh, James: Trost von der anderen Seite. Botschaften der Liebe bei Abschied und Verlust. Scorpio Verlag, Berlin, München 2013, S. 47.
33. Vigdell, Jan Erik: Durch den Tod ins Leben. Ansata Verlag, München 2007. S. 122.
34. De Jouvenel, Marcelle: Weisungen aus dem Jenseits. Walter Verlag, Olten, Freiburg i. Br. 1953, S. 54, 249.
35. Schmidt, Gordon: Mein Blick ins Jenseits. Begegnungen mit Verstorbenen. Ullstein Verlag, Berlin 2006, S. 107-108.
36. Heider, Angela: Botschaften aus dem Himmel. Verlag Book on Demand, Norderstedt 2015
37. Guggenheim, Bill und Judy: Trost aus dem Jenseits. Scherz Verlag. Bern, München, Wien. 3. Aufl. 1999, S. 52-55.

38. Jacobi, Eleonore: Channeling. Ansata Verlag, München 2015.
39. Brown, Robert: Das Leben im Jenseits. Botschaften aus der Geistigen Welt. Giger Verlag, Altendorf 2008, S. 211 f.
40. Smith, Gordon: Mein Blick ins Jenseits. Begegnungen mit Verstorbenen. Ullstein Verlag, Berlin 2009, S. 105, 246.
41. Jackson, Laura Lyanne: Das Licht zwischen uns. Ansata Verlag, München 2016.
42. Jannes, Kim-Anne: Das Jenseits und die geistige Welt. Edition Mens Sana im Knaur Verlag, München 2009.
43. Voggenhuber, Pascal: Nachrichten aus dem Jenseits. Meine Kontakte mit Verstorbenen und der geistigen Welt. Giger Verlag, Altendorf, 4. Aufl. 2009.
44. Renggli, Arno: Draht ins Jenseits. Interview mit einem Medium. In: Neue Luzerner Zeitung, Nr. 57, 2004, S. 39.
45. Schmöger, Karl E.: Anna Katharina Emmerich. Christiana Verlag. Stein am Rhein 1974, S. 25.
46. Styger, Anton: Erlebnisse mit den Zwischenwelten. Seelenbefreiungen. Styger Verlag, Oberägeri 2008, S. 596-610.
47. Dalliard, Alfred: Gebet für die Verstorbenen. Medium Nr. 31, 2004, S. 9.
48. Roesermueller, Wilhelm Otto: Hilfe aus dem Jenseits. Turm Verlag, Bietigheim, 8. Aufl. 2012, S. 42 f.
49. Greaves, Helen: Zeugnis des Lichts. Ein Erfahrungsbericht vom Leben nach dem Tod. Anthos Verlag, Hemsbach 1982, S. 116.
50. Leadbeater, Charles: Das Jenseits. Hellsichtige Beobachtungen. Aquamarin Verlag, Grafing 2012, S. 93.
51. Desmond, Shaw: Die Liebe nach dem Tode. Hermann Bauer Verlag, Freiburg i. Br. 1959, S. 141.
52. Hartmann, Otto Julius: Wir und die Toten. Verlag J. A. Kienreich, Graz 1947, S. 59.
53. Berthold, Daniel u. a.: Sterben und Gelassenheit. Von der Kunst, den Tod ins Leben zu lassen. Verlag Vandenhoeck & Ruprecht, Göttingen 2013, S. 135.
54. Bäzner, Erhard: Das Rätsel des Lebens und das Geheimnis des Todes. Aquamarin Verlag, Grafing, 3. Aufl., 2007, S. 181.
55. Allmend, Peter: Elision. Begegnung mit einer Weisen. Aquamarin Verlag, Grafing, 3. Aufl., 2014, S. 66.

56. Wambach, Helen: Leben vor dem Leben. Wilhelm Goldmann Verlag, München, 1980, S. 86 f, 93 f.
57 Brecht, Bertold: Gegen Verführung. Gedichte. Suhrkamp Verlag, Freiburg i. Br. Ges. W., Bd. 8, 1967, S. 260.
58. Schmidt, Karl Otto: Kinder des Kosmos. Drei Eichen Verlag, Engelberg, München 1972, S. 12.
59. Risi, Armin: „Ihr seid Lichtwesen." Ursprung und Geschichte des Menschen. Govinda Verlag, Zürich, Jestetten 2013, S. 21 f, 291 f.
60. Hinz, Walther: Woher – Wohin. ABZ Verlag, Zürich 1980, S. 63-64.
61. Imhof, Beat: Woher wir kommen, wohin wir gehen. Aquamarin Verlag, Grafing 2014, S. 36 f, 223 f, 307 f, 413 f.
62. Haider, Angela: Wege aus der Finsternis. Verlag Books on Demand. Norderstedt 2004, S. 14.
63. Steiner, Rudolf: Über das Ereignis des Todes und Tatsachen der nachtodlichen Zeit. Verlag Rudolf Steiner Nachlassverwaltung, Dornach, 3. Aufl. 1967, S. 18.
64. Hühn, Susanne: Sprache des Lichts. Schirner Verlag, Darmstadt 2014, S. 36.
65. Imhof, Beat: Wege zum Glück. Symbolgeschichten. Bd. I von „Wahrheit und Weisheit". Rothus Verlag, Solothurn 3. Aufl. 2006, S. 76-77.
66. Greaves, Helen: Zeugnis des Lichts. Anthos Verlag, Hemsbach 1969, S.169.
67. Brunner, Beatrice: Der Aufstieg durch das Pflanzen- und Tierreich. Meditationswoche 1979. Verlag Geistige Loge Zürich, Zürich 1980, S. 121.
68. Hasselmann, Varda und Schmolke, Frank: Junge Seelen – alte Seelen. Die große Inkarnationsreise des Menschen. Arkana Verlag, 2. Aufl., München 2016, S. 26 f, 161 f, 364.
69. Fortune, Dion: Durch die Tore des Todes zum Licht. Smaragd Verlag, Neuwied 1990, S. 55 f.
70. Michel, Peter: Die Botschafter des Lichtes. Aquamarin Verlag, Forstinning/München I. Band, 1983, S. 180.
71. Champdor, Albert: Das ägyptische Totenbuch. Scherz Verlag. Bern, München, Wien 1977, S. 151- 153.
72. Tempelman, Orith: Totenkult und Mumien im Alten Ägypten. In: Wendezeit Nr. 5, 2011, S. 25-40.
73. Braun, Hans-Jürg: Jenseits. Verlag Artemis & Winkler, Zürich 1996, S. 148.

74. Ranke-Heinemann, Uta: Nein und Amen. Anleitung zum Glaubenszweifel. Verlag Hoffmann und Campe, Hamburg 1992, S. 164, 278, 283.
75. Küng, Hans: Ewiges Leben? Piper Verlag, München 1982, S. 111.
76. Luther, Martin: Tischgespräche. Hrsg. Von Kurt Aland. Verlag Vandenhoeck & Ruprecht, Göttingen 1984, S. 92.
77. Werner, Martin: Die Entstehung des christlichen Dogmas. Verlag Paul Haupt, Bern 1941, S. 135, 396, 672, 684.
78. Kälin, Bernard: Logik und Metaphysik. Selbstverlag des Benediktinerkollegiums Sarnen, 1940, S. 245 ff.
79. Finkenzeller, Josef: Was kommt nach dem Tod? Don Bosco Verlag, München, 2. Aufl. 1979, S. 53-57.
80. Van Lommel, Pim: Endloses Bewusstsein. Neue medizinische Fakten zur Nahtod-Erfahrung. Patmos Verlag, Paderborn 2009, S. 15 ff.
81. Delfgaauw, Bernard: Teilhard de Chardin und das Evolutionsproblem. C. H. Beck Verlag, München 1964, S. 126.
82. Dalliard, Alfred (Hrsg.): Lexikon der Geistchristlichen Lehre. Verlag PH. C. W. Schmidt, Neustadt an der Aisch, 2010, S. 51-53.
83. Nestle, Wilhelm (Hrsg.): Platon. Hauptwerke. Alfred Kröner Verlag, Stuttgart 1965, S. 85-90, 102.
84. Heinemann-Ranke, Uta: Nein und Amen. Anleitung zum Glaubenszweifel. Verlag Hoffmann und Campe, Hamburg 1992, S. 285.
85. Imhof, Beat: Woher wir kommen, wohin wir gehen. Aquamarin Verlag, Grafing 2014, S. 247 f, 303 f.
86. Orthbandt, Eberhardt: Geschichte der großen Philosophen. Verlag Werner Dausien, Hanau o.J., S. 114 ff.
87. Kant, Immanuel: Kritik der reinen Vernunft. Hrsg. W. Weischedel, Suhrkamp Verlag, a. M., Bd. II, 1956-1964, S. 617.
88. Klimsch-Grabinski, Bruno: Leben die Toten? Walter Verlag, Olten 1949, S. 163.
89. Korrodi, Eduard (Hrsg.): Goethe im Gespräch. Manesse Verlag, Zürich 1944, S. 141.
90. Schrödinger, Erwin: Geist und Materie. Suhrkamp Verlag, Berlin 2008, S. 76.
91. Descartes, René: Meditation über die Erste Philosophie. Hrsg. Von Gerhardt Schmidt. Reclam Verlag, Stuttgart 1991, S. 219.
92. Küng, Hans: Ewiges Leben? Piper Verlag, München, Zürich 1982, S. 99 ff.

93. Brunner, Arthur: Eine Fülle von Unsterblichkeitsbeweisen. ABZ Verlag, Zürich 1973.
94. Jakoby, Bernard: Auch du lebst ewig. Rowohlt Verlag, Hamburg 2004, S. 29.
95. Michel, Peter: Krishnamurti. Ein Mensch der Zukunft. Biographie. Aquamarin Verlag, Grafing, 2007, S.182.
96. Dossey, Larry: One Mind. Alles ist mit allem verbunden. Crontona Verlag, Amerang 2014, S. 51.

6. Kapitel

1. Herbert, Nette: Adieu les belles choses. Verlag Ex Libris Zürich, Zürich 1971, S. 27 ff.
2. Katzmann, Bo: Du bist unsterblich. Giger Verlag, Altendorf 2015, S. 216.
3. Imhof, Beat: Wie auf Erden so im Himmel. Aquamarin Verlag, Grafing 2012, S. 116-119.
4. Hoffman, Edward: Wir sind der Kosmos. Jüdische Mystik und moderne Psychologie. Crotona Verlag, Amerang 2016, S. 79.
5. Von Ah, Carlo: Quantensprung und rechter Glaube. Suche nach der letzten Wahrheit. Komplett-Media, München/Grünwald 2016, S. 182.
6. Huemer, Werner: Unsterblich?! Verlag Komplett-Media, München/ Grünwald 2015, S. 368-369.
7. Imhof, Beat: Wege zum Glück. Bd. II von „Wahrheit und Weisheit", Symbolgeschichten. Rothus Verlag, Solothurn, 3. Aufl., 2006, S. 63-65.
8. Boogert, Arie: Der Weg der Seele nach dem Tod. Unser Leben nach dem Leben. Urachhaus, Stuttgart, 2. Aufl. 2012, S. 245.
9. Jung, Carl Gustav: Die Dynamik des Unbewussten. Walter Verlag, Olten, Freiburg i. Br. 1971, S. 459.

Danksagung

Mein Dank gilt in erster Linie *Dr. Peter Michel* für die Herausgabe meines vierten Buches im Aquamarin Verlag. *Annette Wagner* danke ich für die Textverarbeitung, für die sorgfältige grafische Gestaltung und für die stets freundliche Zusammenarbeit. Erneut möchte ich meiner Frau *Nelly* danken, die auch am Entstehen dieses Werkes durch ihre Unterstützung und Mithilfe einen wichtigen Beitrag geleistet hat. Insbesondere hat sie mit großer Hingabe alle Texte gelesen und korrigiert. Dafür gebührt ihr mein besonderer Dank.

Woher wir kommen, wohin wir gehen

Beat Imhof
Woher wir kommen, wohin wir gehen
Der Himmel ist unsere Heimat
(ISBN 978-3-89427-655-3
Hardcover, 688 Seiten

Es ist die Tragik der abendländischen Kultur, dass sie vergessen hat, woher das Leben auf Erden wirklich kommt! Diese Leere hat dazu geführt, dass für viele Menschen ein umfassender Lebenssinn verloren gegangen ist, weil mit der Frage nach dem „Woher" auch jene nach dem „Warum" unbeantwortet bleibt. Mit diesem Buch liefert Dr. Imhof Antworten auf die großen Lebensfragen und zeigt den spirituellen Weg auf, den jeder Mensch auf seine je eigene Weise zu beschreiten hat. Es wird, vor allem anhand von Quellen aus der Tradition des Geistchristentums, deutlich, dass jede menschliche Seele einst in einer geistigen Heimat zu Hause war, die sie durch eigenes Verschulden verlassen musste, um nun auf oft mühsamen Pfaden wieder den Weg zurück in die himmlischen Welten zu finden. Wenn der Mensch seine ganze Geschichte kennt, beginnt er zu verstehen, warum er sich in dieser Welt, bei diesen Eltern und in diesem Umfeld erneut inkarniert hat. Er versteht die Gesetze von Sympathie und Antipathie, von Gesundheit und Krankheit und von Glück und Unglück. Es zeigt sich ihm, welcher unendlich weise Sinn in den langen Entwicklungsprozessen des Lebens liegt. Am Ende dieses Weges wird jede Seele wieder in ihrer einstigen geistigen Ursprungswelt angekommen sein. Denn: „Der Himmel ist unsere wahre Heimat!" Ein epochales Werk, das erneut Himmel und Erde, Alpha und Omega verbindet und jenen Sinn stiftet, nach dem die Menschheit so sehnsüchtig verlangt!